21 世纪会计学系列教材

总主编　江希和　熊筱燕

CAI WU GUAN LI JIAO CHENG YU AN LI

财务管理教程与案例

王　佩　主　编
赵自强　副主编

立信会计出版社
LIXIN ACCOUNTING PUBLISHING HOUSE

图书在版编目(CIP)数据

财务管理教程与案例 / 王佩主编. —上海：立信会计出版社,2009.11
(21世纪会计学系列教材)
ISBN 978-7-5429-2380-6

Ⅰ.财… Ⅱ.王… Ⅲ.财务管理—高等学校—教材 Ⅳ.F275

中国版本图书馆 CIP 数据核字(2009)第 197841 号

策划编辑	徐小霞
责任编辑	徐小霞 王斯龙
封面设计	周崇文

财务管理教程与案例

出版发行	立信会计出版社		
地 址	上海市中山西路 2230 号	邮政编码	200235
电 话	(021)64411389	传 真	(021)64411325
网 址	www.lixinaph.com	电子邮箱	lxaph@sh163.net
网上书店	www.shlx.net	电 话	(021)64411071
经 销	各地新华书店		
印 刷	常熟市梅李印刷有限公司		
开 本	787 毫米×960 毫米	1/16	
印 张	20.5		
字 数	380 千字		
版 次	2009 年 11 月第 1 版		
印 次	2018 年 7 月第 7 次		
印 数	16 601—17 700		
书 号	ISBN 978-7-5429-2380-6/F		
定 价	32.00 元		

如有印订差错,请与本社联系调换

总序

中国的高等教育在"九五"期间实现了超常规、跨越式发展。在大发展的同时,也面临着新的挑战:内涵提高和外延发展如何协调进行?人才培养质量如何保证?教育教学水平如何提高?为了解决好这些问题,引导高校教学的改革、建设和发展,并同时落实国家关于"本科教育要把重点放在提高质量上"的方针,教育部从2003年开始,正式确立了周期性教学工作评估制度,并以一定形式向社会公布评估结果。可见,国家对高校本科教育的重视程度。

21世纪是知识快速更新、科学技术综合交叉发展的新世纪,也是世界历史上国际市场竞争最为激烈的一个世纪。国际竞争的胜负,取决于各个国家科技发展的创新程度,但归根结底,取决于创新人才的培养效果。高校作为培养创新人才的重要基地,其教材建设是决定能否培养出创新人才的一个重要因素。也正因为如此,国家对高校教材建设的重视力度日益加强,国家级规划教材建设的大规模启动,就是很好的例证。

为了培养适应当代市场需要的创新型、实用型人才,根据教育部印发《关于进一步加强高等学校本科教学工作的若干意见》的通知(教高[2005]1号)中关于加强教材建设的精神,对高校教材建设的基本要求应该是:有利于学生实际动手能力、创新能力和分析问题、解决问题能力的培养,要与案例教学方法的应用密切结合,要符合教育规律,同时,还要便于教师安排教学。基于这样的要求以及我国会计教材的现状,由南京师范大学会计与财务管理系江希和教授以及熊筱燕主任规划和设计,并组织南京师范大学部分会计与财务管理系教师,编写了本系列教材。

本系列教材的选题范围是在教育部工商管理类学科专业教学指导委员会制订的会计学专业指导性教学计划(2002年)所列

的主干课程基础上,结合会计教育发展和本校会计学专业建设的特点确定的。具体包括:《初级会计学教程与案例》、《中级财务会计教程与案例》、《高级财务会计教程与案例》、《成本会计教程与案例》、《财务管理教程与案例》等。

本系列教材的主要特色是:

(1) 以生动有趣的案例作为引言,导出教学主要内容,以明确学生的学习目标。

(2) 内容规划上,突出适度新颖、强化理论基础、多用案例、重在应用、加强对学生实际操作能力培养的教学宗旨。

(3) 正文中设计了问题与思考栏目,有的章节还设有小案例分析、知识库等内容,在大多数章后还设计了内容全面、重点突出的同步测试题,并且备有参考答案(在电子教案中),以方便教师教学。

(4) 设计了案例讨论题。每一案例都可作为课堂实施案例教学法的教学内容。案例内容来源于实践,又不拘泥于实践,使之既与实际紧密结合,又便于教学。通过案例教学,能进一步激发学生的学习积极性,培养学生分析问题、解决问题的能力,使学生在轻松愉快的讨论中,掌握核心知识。

由于时间以及作者水平有限,本系列教材中不妥与错误之处在所难免,恳请广大读者和同行多提意见,以备日后修改与完善。

江希和

2009 年 1 月

前言

财务管理历来是企业的一项基本管理活动。它是根据财经法规制度,按照财务管理的原则,组织企业财务活动、处理财务关系的一项经济管理工作。随着近几年理财环境的急剧变化,尤其是资本市场的日益发达,企业的财务活动越来越复杂,对财务人员的要求也越来越高。一个优秀的财务人员应当是战略管理者、价值创造者和优秀的沟通者,而不仅仅是记账员。全球最大的会计师事务所普华永道成为北京2008年奥运会的"会计服务供应商"时,很多媒体称它们是北京奥运会的账房先生,它们就曾对此提出异议:"普华永道做的可不仅仅只是一个账房先生,我们的工作也不止是算账那么简单……我们与北京奥组委的合作是宏观的、战略层面的,包括财务规划、风险控制、谈判支持、预算风险、税务财务管理、招投标,甚至决策支持等许多方面的工作。"作为百年奥运历史上第一家以赞助商身份参与奥运会的会计咨询公司,普华永道几乎参与了北京奥运会筹备的每个环节。这,从一个侧面反映了新时期财务管理的地位、职能与作用的变化。

市场的变化和需求对高校财务管理人才的培养提出了更高的要求。为适应新要求,我们组织编写了这本教材。本教材的特点是:

(1) 新知识与传统理论的结合。财务管理中的经典传统理论是必须保留的,在此基础上,我们以我国最新颁布的各项会计制度、财务制度、公司法等法规制度为依据,由浅入深、循序渐进地阐述了企业的筹资、投资、资金营运、资金分配等财务管理活动,以及财务预测与计划、财务分析的方法和技巧等内容。

(2) 理论与实务相结合。每章都以生动有趣的案例作为引言,导出本章的主要教学内容;正文中设计了问题与思考专栏,在有的章节中还插入了小案例分析、知识库等资料;每章最后还安排了现实中的实际案例作为讨论题,以使读者对本教材所涉及的知识有更深入的理解和认识。

(3) 财务内容与资本市场创新的结合。企业的投融资活动与资本市场密不可分。为此,对资本市场中的创新产品,我们也作了一些前沿性的介绍。

本教材适合财经类专业及相关专业的本科生学习,也适合作为在职人员培训及经济管理领域工作人员的参考用书。

本教材共分九章,具体编写分工如下:第一、第六章由柏檀编写,第二章由范存斌编写,第三、第七章由李芸、赵自强编写,第四、第五章由赵自强编写,第八、第九章由王佩编写。王佩负责拟定提纲及总纂。本教材在编写过程中,得到了江希和教授的支持和帮助,在此表示感谢。同时也感谢立信会计出版社徐小霞编辑的大力支持和帮助。本教材还参考和引用了其他学者的研究成果,在此一并表示感谢。

由于作者水平有限,教材中难免有不当和错误之处,欢迎广大读者和同行批评指正,以便今后对本教材作进一步的修改和完善。

作 者
2009 年 10 月

目录

第一章　绪论 ·· 001
　　学习目标 ·· 001
　　引言 ··· 001
　　第一节　企业的组织形态与性质 ··· 002
　　第二节　财务管理的基本内容 ·· 005
　　第三节　财务管理的目标 ·· 006
　　第四节　财务管理的环境 ·· 011
　　第五节　财务管理理论的发展 ·· 016
　　本章小结 ·· 019
　　复习思考题 ··· 019
　　案例讨论题 ··· 019
　　同步测试题 ··· 021

第二章　财务管理基本观念 ··· 023
　　学习目标 ·· 023
　　引言 ··· 023
　　第一节　货币的时间价值 ·· 023
　　第二节　风险价值 ··· 034
　　本章小结 ·· 041
　　复习思考题 ··· 041
　　案例讨论题 ··· 042
　　同步测试题 ··· 042

第三章　金融市场和企业筹资工具 ·· 046
　　学习目标 ·· 046
　　引言 ··· 046
　　第一节　金融市场 ··· 046
　　第二节　企业筹资概述 ··· 049
　　第三节　权益资本的筹集 ·· 060

　　第四节　债务资本的筹集 …………………………………… 071
　　第五节　混合证券融资 …………………………………………… 089
　　本章小结 …………………………………………………………… 094
　　复习思考题 ………………………………………………………… 094
　　案例讨论题 ………………………………………………………… 095
　　同步测试题 ………………………………………………………… 096

第四章　公司筹资决策 …………………………………………… 099
　　学习目标 …………………………………………………………… 099
　　引言 ………………………………………………………………… 099
　　第一节　资本成本 …………………………………………………… 100
　　第二节　杠杆理论 …………………………………………………… 107
　　第三节　资本结构理论与资本结构决策 …………………………… 115
　　本章小结 …………………………………………………………… 130
　　复习思考题 ………………………………………………………… 130
　　案例讨论题 ………………………………………………………… 130
　　同步测试题 ………………………………………………………… 132

第五章　公司投资决策 …………………………………………… 135
　　学习目标 …………………………………………………………… 135
　　引言 ………………………………………………………………… 135
　　第一节　投资概述 …………………………………………………… 135
　　第二节　项目投资的现金流量分析 ………………………………… 138
　　第三节　项目投资决策评价的标准 ………………………………… 146
　　第四节　证券投资 …………………………………………………… 156
　　本章小结 …………………………………………………………… 170
　　复习思考题 ………………………………………………………… 171
　　案例讨论题 ………………………………………………………… 171
　　同步测试题 ………………………………………………………… 174

第六章　营运资金管理 …………………………………………… 178
　　学习目标 …………………………………………………………… 178
　　引言 ………………………………………………………………… 178
　　第一节　营运资金的含义与特点 …………………………………… 179
　　第二节　现金管理 …………………………………………………… 181
　　第三节　应收账款管理 ……………………………………………… 186
　　第四节　存货管理 …………………………………………………… 192

第五节　营运资金的筹资组合策略 ………………………………… 205
　　本章小结 ……………………………………………………………… 211
　　复习思考题 …………………………………………………………… 211
　　案例讨论题 …………………………………………………………… 212
　　同步测试题 …………………………………………………………… 212

第七章　公司股利决策 …………………………………………………… 216
　　学习目标 ……………………………………………………………… 216
　　引言 …………………………………………………………………… 216
　　第一节　利润分配概述 ……………………………………………… 217
　　第二节　股利政策原理及其影响因素 ……………………………… 218
　　第三节　股利政策类型 ……………………………………………… 222
　　第四节　股利支付的程序和方式 …………………………………… 226
　　第五节　股票股利、股票分割和股票回购 ………………………… 230
　　本章小结 ……………………………………………………………… 234
　　复习思考题 …………………………………………………………… 235
　　案例讨论题 …………………………………………………………… 235
　　同步测试题 …………………………………………………………… 236

第八章　财务预测与计划 ………………………………………………… 239
　　学习目标 ……………………………………………………………… 239
　　引言 …………………………………………………………………… 239
　　第一节　财务预测概述 ……………………………………………… 239
　　第二节　财务预测的方法 …………………………………………… 242
　　第三节　财务预算 …………………………………………………… 251
　　第四节　财务预测信息的分析 ……………………………………… 254
　　本章小结 ……………………………………………………………… 257
　　复习思考题 …………………………………………………………… 258
　　案例讨论题 …………………………………………………………… 258
　　同步测试题 …………………………………………………………… 258

第九章　财务分析 ………………………………………………………… 265
　　学习目标 ……………………………………………………………… 265
　　引言 …………………………………………………………………… 265
　　第一节　财务分析概述 ……………………………………………… 266
　　第二节　财务核心比率 ……………………………………………… 272
　　第三节　上市公司特有财务比率 …………………………………… 282

　　第四节　财务综合分析 …………………………………………… 286
　　第五节　财务信息质量分析 ………………………………………… 291
　　本章小结 ………………………………………………………………… 301
　　复习思考题 ……………………………………………………………… 302
　　案例讨论题 ……………………………………………………………… 302
　　同步测试题 ……………………………………………………………… 303

附录 ……………………………………………………………………… 308

参考文献 ………………………………………………………………… 316

第一章 绪 论

 学习目标

- 明确企业组织形式及其对财务管理活动的影响,理解财务管理的目标
- 熟悉财务管理的内容,了解财务管理的发展历程
- 掌握财务管理的基本概念,了解理财活动在企业中的地位

引 言

 1991年,摩托罗拉公司正式决定建立由77颗低轨道卫星组成的移动通信网络,并以在元素周期表上排第77位的金属"铱"命名。1997年,摩托罗拉公司铱星移动通信网络投入商业运营,成为第一个真正能覆盖全球每个角落的通讯网络系统。公司股票大涨,其股票价格从发行时的每股20美元飙升到1998年5月的70美元。崇尚科技的人士尤其看好铱星系统。1998年,美国《大众科学》杂志将其评为年度全球最佳产品之一。

 就高科技而言,铱星系统不但采用了复杂、先进的星上处理和星间链路技术,使地面实现无缝隙通讯,而且解决了卫星网与地面蜂窝网之间的跨协议漫游。铱星系统开创了全球个人通信的新时代,使人类在地球上任何能到达的地方都可以相互联络。

 然而,功能强大的"铱星"价格也不菲,高昂的价格使其在通讯市场上遭受了冷遇。据估算,它必须发展到50万用户才能盈利,而其用户最多时才5.5万户。由于巨大的研发费用和系统建设费用,铱星背上了沉重的债务负担,整个铱星系统耗资达50多亿美元,每年仅系统的维护费就要几亿美元。除了摩托罗拉等公司提供的投资和发行股票筹集的资金外,铱星公司还举借了约30亿美元的债务,每月仅是债务利息就达4 000多万美元。从一开始,铱星公司

（续上）

就一直在与银行和债券持有人等组成的债权方集团进行债务重组的谈判，但双方最终未能达成一致。债权方集团于1999年8月3日向纽约联邦法院提出了迫使铱星公司破产改组的申请，加上无力支付两天后到期的9000万美元的债券利息，铱星公司被迫于同一天申请破产保护。2000年3月18日，铱星背负40多亿美元债务正式破产。

第一节 企业的组织形态与性质

在现实经济中，绝大多数经济活动是以企业的形式而不是由个人来实现的。"企业"一词源于英语中的"enterprise"，原意为企图冒险从事某项事业，后来用以指"应用资本赚取利润的经济组织实体"。就企业的本质而言，它属于追求盈利的营利性组织。

企业作为一个生态有机体，有着多种属性与复杂形态。随着经济的发展，企业的组织形式也在不断发生变化。不同的企业组织形式，需要有不同的财务结构、财务关系、财务风险和财务管理方式与之相适应。按照出资构成形式和剩余索取形式，企业组织形式可分为个人独资企业、合伙制企业和公司制企业。

一、个人独资企业

个人独资企业是指由单个自然人出资兴办的企业。个人独资企业的财产为投资者个人所有，与其私人财产无异。投资者具有对企业完全的决策权和经营权，个人独自享受企业的利润，独自承担经营责任和风险。

个人独资企业有如下主要特征：

（1）企业设立容易，内部结构简单，开办费用低，政府限制少。

（2）企业的所有权、经营权、剩余索取权高度统一，经营者无需外部的激励。

（3）投资者需以其个人的全部资产对企业债务负有无限责任，投资者承担的风险大。

（4）不需支付企业所得税，企业所得只需按个人所得税规定纳税。

（5）企业资金来源有限，筹资相对困难，故发展较慢，规模较小，抵御财务风险和经营风险的能力较弱。

（6）企业的存续期受制于投资者的生命期，存续期短。

二、合伙制企业

合伙制企业是指由两个或两个以上合伙人共同出资、共同经营、共享收益和共担风险的企业。与个人独资企业相比,合伙制企业的基本特征是其业主多于1人。合伙制企业又可分为两种类型:一般合伙制企业和有限合伙制企业。在一般合伙制企业中,所有合伙人按出资比例参与公司经营,分享相应的利润或亏损,每个合伙人都对企业的债务承担无限清偿责任。而在有限合伙制企业中,投资者又分为普通合伙人与有限合伙人。一个或多个普通合伙人负责经营企业并对企业债务负有无限责任,而有限合伙人则不参与实际经营,且对企业的债务责任以其出资额为限。

除了有两个或更多个所有者(合伙人)之外,合伙制企业与个人独资企业相类似,具有如下特征:

(1) 合伙制企业中至少有1名普通合伙人对所有债务承担无限责任,如果其中1个普通合伙人不能履行其承诺,其他普通合伙人需负连带责任。

(2) 合伙制企业的管理控制权归属一般合伙人,重大事件通常需要通过投票表决来决定。

(3) 合伙制企业的一般合伙人若要转让产权,必须得到所有合伙人的一致同意,因此在没有宣布解散的情况下,一般合伙人转让产权是很困难的。但有限合伙人则可以自由出售其在企业的权益。

(4) 合伙制企业不需支付企业所得税,合伙人的收入只需按个人所得税规定纳税。

(5) 由于一般合伙人对企业债务承担无限责任,在加重了合伙人责任心的同时,也加大了其经营风险。

(6) 合伙制企业要筹集大量的资金也十分困难,权益资本的规模通常受到合伙人自身能力的限制。

(7) 合伙制企业权力分散,多头领导,易产生意见分歧,决策缓慢。

三、公司制企业

公司是现代企业的重要组织形式。它是依照公司法登记设立,由股东作为出资者,以其全部法人财产进行自主经营、自负盈亏的法人企业。公司享有由股东投资形成的全部法人财产权,依法享有民事权利,并承担民事责任。公司出资者以其出资额为限,对企业债务承担有限责任。按照《中华人民共和国公司法》规定,公司制企业分为股份有限公司和有限责任公司。

(一) 股份有限公司

股份有限公司(简称股份公司)是现代公司最基本的组织形式。它是指注册资本由等额股份构成并通过发行股票筹集资本,股东以其所认购的股份对公司承担有限责任和义务,公司以其全部资产对公司债务承担责任的企业法人。其基本特征为:

(1) 股份有限公司将其资本总额划分为等额股份,每股金额相等,并以发行股票的方式作为出资凭证,且同股同权、同股同利。

(2) 股东可以依法转让其所持有的股份。

(3) 股份有限公司的设立程序复杂,法律要求严格。股东人数必须达到法定人数,股东可以是自然人也可以是法人。

(4) 股份有限公司涉及大量的公开信息披露,包括公司章程、招股说明书、发行公告、财务报告、关联交易及其他重大事项等。

(5) 股份有限公司需交纳企业所得税,股东在获得股利时还需交纳个人所得税,因此,对股东来说,属于"双重纳税"。

(二) 有限责任公司

有限责任公司(简称有限公司)是由两个或两个以上股东共同出资,每个股东以其出资额为限对公司债务承担有限责任,公司以其全部资产对其债务承担责任的企业法人。其基本特征为:

(1) 有限责任公司的设立程序比股份有限公司简单得多,公司亦无需向公众公开披露信息。

(2) 有限责任公司不发行股票,由公司出具股权证明,作为股东对公司的权益凭证。

(3) 有限责任公司的股份不能自由买卖。在向股东以外的人转让股份时,必须经过半数以上股东同意,且老股东有优先购买权。

(4) 有限责任公司的股东人数有限定,为2人以上,50人以下。

(5) 有限责任公司内部管理机构设置灵活,大股东有可能亲自经营企业,因此所有权和经营权的分离程度较低。

通过以上分析,我们可以发现,股份有限公司与其他企业组织形式相比,具有以下显著的特殊性:

(1) 股份有限公司通过发行股票可以广泛吸收社会资金,而这些资金可为公司带来更大的成长机会,提高公司的抗风险能力。

(2) 股份有限公司的有限责任降低了投资者的风险,在其他条件相同的情况下,低风险即意味着高价值。

(3) 股份有限公司的股票可以在市场上自由买卖,使得公司的所有权更容易转移,这提高了公司制组织形式的商业价值。

(4) 股份有限公司的所有权和经营权是分离的,当管理者目标和股东的目标不一致时,有可能产生较大的代理成本。

股份有限公司的上述特殊性,一方面使其具有现代企业组织的典型形态,同时也使其在企业的财务结构、财务关系、财务风险和财务管理方式等方面都表现出公司的独特性和复杂性。

【问题与思考 1-1】

甲和乙合伙出资经营南方公司,出资比例为 3:7。因经营不善,甲、乙终止合作。终止前尚欠东方公司货款 10 万元,变卖公司财产得 4 万元。请问:如何安排还款?

第二节　财务管理的基本内容

任何一个商业组织的运作都不可避免地以某种资金运动的形式表现出来,资金运动的规划和控制活动即是财务管理活动。财务管理是对企业资金运动过程的管理,具体地说,就是对企业资金的筹集、投向、运用、分配以及相关财务活动的全面管理。其目的是有效利用企业资源,最大限度地实现企业的财务目标。

从资金的运动过程来看,财务管理的主要内容可概括为筹资管理、投资管理、营运资金管理和分配管理。

(一) 筹资管理

筹资是指企业为了满足投资和用资的需要,集中和筹措资金的过程。筹资管理解决的主要问题是如何取得所需要的资金,包括向谁、在什么时候、筹集多少资金。筹资是资金运动的起点,是企业生存和发展的基础。

概括地说,任何企业都可以从两方面筹集资金从而形成两种性质的资金来源:一是企业自有资金,即由企业投资者投入所形成的资金,包括通过吸收直接投资、发行股票、企业内部留存收益等方式取得的资金。二是企业债务资金,即企业通过银行借款、发行债券、应付款项等方式从企业投资者以外取得的资金。

在筹资过程中,企业应主要考虑三个方面:① 确定恰当的筹资总规模,以保证投资所需的资金。② 选择合适的筹资渠道、筹资方式或工具。③ 确定合理的筹资结构,即确定各种资金来源在总资金中所占的比重。其中,筹资结构是影响筹资成本和风险的最主要因素。

(二) 投资管理

投资是指以收回现金并获得利益为目的而发生的现金流出,是将企业筹集到的资金投放到预定项目的过程。筹资是为投资服务的,投资是筹资的目的和归属。企业投资可以分为广义投资和狭义投资两种。广义投资是指企业将筹集的资金投入使用的过程。它包括企业内部使用资金的过程(如购置流动资产、固定资产、无形资产等),以及对外投放资金的过程(如投资购买其他企业的股票、债券或与其他企业联营等)。狭义投资仅指对外投资。

在投资活动中,企业应主要考虑的问题是:① 确定投资规模。② 选择投资方向、方式。③ 确定合理投资结构。不同种类的投资有不同的风险和收益,合理的投资组合能帮助投资者全面捕捉获利机会,规避投资风险。

(三)营运资金管理

企业的营运资金,主要是为满足企业日常经营活动的需要而垫支的资金。它是指流动资产减去流动负债后的差额。流动资产是指可以在1年或超过1年的一个营业周期内变现或使用的资产。它主要包括现金、有价证券、应收账款、存货等。流动负债是指在1年或超过1年的一个营业周期内必须清偿的债务。它主要包括银行短期借款、应付账款、应付票据、预售账款、应计费用等。营运资金的周转与生产经营周期具有一致性,在一定时期内资金周转越快,就越是可以利用相同数量的资金,生产出更多的产品,取得更多的收入,获得更多的回报。因此,对营运资金进行管理,一方面应当合理估计企业在各个时期对各种流动资产的需求量,确定各种流动资产的最佳持有量;另一方面还必须加速流动资产的周转,制定各种政策和方法,减少资金在某一项流动资产上的较长占用,从而提高流动资产的使用效率。

(四)分配管理

分配管理是指企业对筹资、投资、营运活动的结果进行分配的过程。分配管理的核心是股利政策的确定。股利分配是指将企业赚取的利润进行分配,确定发放给股东的数额,以股利或红利的形式表现。分配给股东后剩余的部分作为企业的留存收益,是再投资的资金来源之一。股利支付的数额和比例对企业有很大的影响:过高的股利支付率使得企业的留存收益很少,影响企业的再投资能力,从而使得未来收益减少,引起股价下跌;过低的股利支付率,又容易招致股东的不满,同样会引起股价下跌。

因此,分配管理的主要内容包括决定公司采取什么样的股利政策,在公司股利分配和留存收益之间如何进行选择,并分析股利分配政策对企业资本结构、公司价值、股票价格等的影响。

第三节 财务管理的目标

财务管理目标是指企业在特定的理财环境中,通过组织财务活动,处理财务关系所要达到的目的。它是评价企业理财活动是否合理的标准,它决定着企业财务管理的基本方向。财务管理的目标离不开企业的总目标,并且受到企业财务活动本身特点的制约。

关于财务管理的目标,理论界有多种提法,也一直存在一些争论。随着财务经济学的发展和企业管理实践的变革,财务管理的目标也在不断变化。财务管理目标之所以重要,就在于它既是财务理论和实践的逻辑起点,又是检验财务活动成果的终结点。众多的研究者从不同的角度提出了相应的财务管理目标。本节着重介绍在理论和实践中具有广泛影响并曾经被人们普遍接受或认同的三种主要观点,即利润最大化、股东财富最大化和企业价值最大化。

一、利润最大化

利润最大化的观点,在经济学中根深蒂固,在理论和实践中具有相当广泛的影响。它假定在企业投资收益确定的情况下,财务管理行为将朝着有利于企业利润最大化的方向发展。以利润最大化作为财务管理的目标有其科学成分,企业追求利润最大化,就必须不断加强管理、降低成本、提高劳动生产率、提高资源利用效率。追求利润最大化,反映了企业的本质动机,也为企业的经营管理提供了动力。而且,利润目标简单明了,易于理解,便于人们接受。

但是,利润最大化目标在实践中也存在以下明显的缺陷:① 没有考虑资金的时间价值。例如,在投资决策上,对未来年度的利润仅以数额大小来衡量,忽视现金流入时间,会导致错误的选择。② 没有考虑风险因素。在投资决策上,利润最大化仅仅要求对不同项目的预期收益或加权平均收益进行比较,而忽视项目可能面临的风险,因此也会导致错误的决策。③ 容易导致短期行为。利润最大化目标往往追求眼前利润的增长,缺乏对企业长远利益的考虑。④ 没有考虑投资金额的大小与利润关系,即投资报酬率。尤其对于股份公司而言,未考虑原有股东的利益。⑤ 利润指标本身易受企业管理当局操控,不利于企业稳健成长。

二、股东财富最大化

股份公司的典型特征是所有权与经营权的分离。股东不直接参与企业的经营管理,而是委托给经营者,委托代理就成为一种普遍的现象。根据委托代理理论,企业经营者应该最大限度地谋求股东或委托人的利益。因此股东财富最大化这一目标就自然受到人们的重点关注。

股东财富最大化的表现形式是公司每股市价最大化。公司股价是所有市场参与者对该公司价值的共同预期和判断的集中反映,是公司经营状况的晴雨表,它在很大程度上反映了公司管理效率的高低和给投资者带来的收益。公司股东可以通过对股票的买进和卖出影响股价,并以此反映对管理者的绩效评价。因此管理者必须从股东利益出发,在进行财务决策时,充分考虑投资报酬率、投资风险、资本结构和股利政策等可能影响股票市价的因素,积极为股东创造价值。

从企业本身来看，股价的高低取决于企业的报酬率和风险，而企业的报酬率和风险又是由企业的投资项目、资本结构和股利政策等决定的。一般而言，影响股东财富最大化目标实现的因素包括以下几方面。

（一）企业的报酬率

企业的报酬率，也就是每股盈余。它是指公司的税后净利除以流通在外的普通股股数。在风险相同时，每股盈余体现了股东财富的大小。公司的盈利总额不能反映股东财富的大小，其中投入量的多少很重要。例如，某公司有100万股，税后净利20万元，每股盈余为0.2元。如果持有该公司股票1股，则可分享到0.2元利润。假设企业为增加利润拟扩大规模，再发行100万普通股，预计增加盈利10万元。由于总股数增加到200万股，利润增加到30万元，每股盈余反而降到0.15元，持有1股分享的利润将减少到0.15元。由此可见，股东财富的大小要看每股盈余或者投资报酬率，而不是净利总额。

（二）企业的风险

兴办企业或投资企业，本身就是一种商业冒险活动。任何投资活动都是面向未来的，并且会有或多或少的风险，决策时需要权衡风险和报酬，才能获得良好的效果。投资时不仅要考虑每股盈余，而且还要考虑风险。例如，某公司有两种投资机会：一种方案使每股盈余增加1元，风险极低，几乎可以忽略不计；另一种方案也可使每股盈余增加1元，但是成功率只有一半，若方案失败则每股盈余不会增加。在此情况下，当然前一方案更优。由此可见，财务决策不能不考虑风险，只有风险和其额外的收益相称时，方案才是可取的。

（三）投资项目

投资项目是决定企业报酬和风险的首要因素。一般来说，被企业采纳的投资项目，都会给企业带来报酬，并且都有风险。不同项目的区别在于预期的现金流入和流出不同，并导致报酬高低和风险大小不同。企业的投资计划会改变企业的报酬率和风险，并影响股票的价格。投资决策分析，实际上就是分析其报酬率和风险，选择高报酬、低风险的项目来投资。

（四）资本结构

资本结构是指所有者权益和债权人权益的比例关系。资本结构会影响企业的报酬率和风险。一般情况下，企业借债的利息率低于其投资的预期报酬率。通过借债取得资金会提高公司的预期每股盈余，但也会同时增加其风险。因为一旦情况发生变化，如销售萎缩等，使实际的报酬率低于借款利率，则负债不但没有提高每股盈余，反而因负债使每股盈余减少，甚至可能因不能按期支付本息而破产。选择高负债还是低负债的资本结构，实际上是决定企业是冒险争取高报酬，还是为了稳健而安于较低的报酬的收益和风险的转换问题。

（五）股利分配政策

股利分配政策是指公司赚得的当期盈余中，有多少作为股利发给股东，有多少保留下来作为再投资用的一种策略。股利政策也会影响企业的报酬率和风险。加大保留盈余的比例，必然减少当期股利，其目的是扩大未来的每股盈余即提高报酬率，对股东来说，是拿更多的钱去冒险。因此，扩大保留盈余是高报酬、高风险的方案。与此相反，加大当期股利的比例，减少了股东的风险，也牺牲了未来每股盈余成长的前景，因此是低风险、低报酬的方案。

股东财富最大化观点考虑了时间价值和风险价值，在一定程度上能够克服企业追求短期利润的行为，并且容易量化，便于考核和奖惩。但这种观点只强调了股东的利益，而忽视了其他利益相关者的利益。而且由于信息不对称，在经营者利益和股东利益相背时，可能会引发经营者的逆向选择和道德风险。如果经营者自身利益被忽视，就会充分利用自身拥有的关于企业经营的信息比股东多的优势，采取机会主义行为。即：在约束力强的公司治理机制下，经营者会尽可能使用最少的时间、智力和精力，达到股东给定的目标，获取约定的利益；而在约束力弱的公司治理机制下，经营者会充分利用股东投入企业的资源来弥补自己被忽略了的那部分利益，既包括虚报、粉饰利润、高估所有者权益、哄抬股票价格、挪用公款等能从中渔利的舞弊行为，也包括用股东的钱购置豪华办公设施等非经营性投资、增加非经营性开支以改善自身工作条件等不道德行为。同时，在股东财富最大化的目标下，经营者的任期制也使得经营者会更多地关注企业在其任期内的股价走势，从而制定适合企业中短期发展的目标，而不是制定符合企业长期发展的战略目标，这对于企业的未来股价走势以及未来的股东财富最大化是极为不利的。此外，股票价格受企业经营情况以外的多种因素影响，因此把受不可控因素影响的股价作为财务管理的目标显然不完全合理。

三、企业价值最大化

所谓企业价值最大化，是指通过企业财务上的合理经营，采用最优的财务政策，充分考虑资金的时间价值和风险与报酬的关系，在保证企业长期稳定发展的基础上，使企业总价值达到最大。其基本思想是将企业长期稳定发展摆在首位、强调在企业价值增长中满足各方利益关系。

现代企业理论认为，企业是多边契约关系的总和，股东、债权人、经理阶层、一般员工等缺一不可。各方都有各自的利益，共同参与构成企业的利益制衡机制。企业财务目标应与企业多个利益集团有关，是这些利益集团相互作用、相互妥协的结果，但在一定时期、一定环境下，某一集团利益可能会占主导地位，但从企业长远发展来看，不能只强调某一集团的利益，而置其他集团利益于不顾。而企业价值最大化这一目标具有与相关利益者的利益相一致,保证企业战略发展的长期性、考虑风险及货币时间价值的风险性和时间性等特征。因此,以企业价值最大化作为企业的理财目标是现代企业发展的必然要求,它是企业财务目标的最优选择。同时,以企业价值最大化作为企业的理想目标,有利于企业长期、稳定、健康发展,它具有深刻的现实意义,也体现了现代企业制度的要求。现代企业制度的建立,要求企业产权明晰化,并在此基础上建立股东对经营者及债权人对企业的监督和约束机制,建立产权的归属主体,要求企业的各个利益主体基于维护自身利益的需要,使企业形成一个相互制衡的机制,在企业价值最大化时,达到各自利益的均衡。另外,企业价值最大化是一个动态的指标,它促使企业在生命周期内追求价值的持续增长,具有长期性、可持续发展性。

关于企业价值的计量模式,目前有多种方法,其中股票市价法和贴现现金流量法最为流行。前者是以发达成熟的证券市场为前提,对我国目前尚不规范成熟的证券市场来说,其应用还相当困难。而随着我国现金流量表正式进入财务报表体系、现金流量概念逐步为人们所熟悉之后,贴现现金流量法模式将会更适合作为我国的企业价值计量模式。依据资产内在价值的计算原理,任何资产内在价值等于预期未来现金流量以适当的贴现率折现的价值。因此,确定企业价值的贴现现金流量法计算的基本模式为:

$$V_o = \sum_{t=1}^{n} \frac{CF_t}{(1+k)^t}$$

式中:V_o 表示企业价值,它可以是总价值也可以是某一时期的价值;CF_t 表示企业第 t 年获得的现金流量;k 表示每年所获现金流量进行贴现时所用的贴现率;t 表示企业取得现金流量的具体时间;n 表示企业取得现金流量的持续时间,当计算企业总价值时 n 取 ∞(假设企业持续经营)。

由上述公式我们可以知道,企业价值(V_o)与企业预期收益(CF_t)成正比,而与企业所承担的风险(k)大小成反比,并且企业价值(V_o)随着企业持续经营时间(n)的增大而增大。该模式既考虑了风险(k)与收益(CF_t)均衡问题,又考虑了资金时间价值(n)问题。因此,该模式符合"企业价值最大化"这一理财目标的计算要求。

从以上企业价值的贴现现金流量法计量模式中,我们还可以知道,企业价值是由企业第 t 年获得的现金流量(CF_t)、每年所获现金流量进行贴现时所用的贴现率(k)、企业取得现金流量的持续时间(n)三个因子决定的。相应地,实现企业价值最大化应从力求资金成本最小化、现金流量最大化、持续发展能力最大化三个方面入手。

企业价值最大化是股东财富最大化的进一步演化。这里的企业价值有别于股东财富,股东财富仅指所有者权益的价值;而企业价值是指企业全部资产的市场价值,它取决于企业潜在和未来的获利能力。企业价值最大化的理财对象是企业总资产,各种资产的投入回报又来源于对资产的有效配置和合理运用,企业价值只有在其报酬和风险达到较好均衡时才能达到最大。

企业价值最大化能够指引企业管理层对科学与非科学的理财行为进行区分。因为以企业价值最大化作为企业的目标,意味着在企业管理中,尤其在企业的理财活动中,应该关注现金流量;意味着企业要加强风险管理,将经营风险与财务风险纳入可控制范围之内;意味着企业要关注可持续发展,因为真正决定企业价值的是企业在较长时期内所能够获取的现金流量的多少。企业价值最大化这一目标函数的决策功能极强,在投融资决策方面均可作出正确的选择,并且会在预测与目标实现之间提供良好的指导与监督。因此,这一目标也就成了管理人员进行决策的出发点与落脚点,成为其基本的行动准则。能够增加企业价值的决策是有效的,能够增加企业价值的理财行为是科学的,有效的决策以及科学的理财行为应该采纳;反之,无效的决策、不科学的理财行为,应该予以否决。价值最大化这一目标能够让经济系统中的每个企业对自身的经营业绩进行科学的衡量,通过对企业管理人员业绩的衡量来决定对其支付的报酬,实现了管理人员创造企业价值与自身价值的统一,使得管理人员对自己的决策失误承担相应的责任。同时,企业价值最大化更多地考虑了利益相关者的利益,而不仅仅是股东的利益。

【问题与思考1-2】

企业的利益相关者有哪些?他们和企业的关系是怎样的?

第四节 财务管理的环境

任何事物都是在一定的环境条件下存在和发展的,作为人类重要实践活动之一的财务管理活动当然也不例外。财务管理的环境是指对企业财务活动产生影响作用的企业外部条件。它们是企业财务决策难以改变的外部约束条件。目前,企业财务管理环境正面临着前所未有的挑战。

首先,经济全球化形势进一步加剧。经济全球化在为我国更好地吸收、借鉴当今世界特别是发达资本主义国家的先进科学技术和管理经验,加速现代化建设的同时,也对我国企业财务管理提出了严峻的挑战。

其次,经济信息化更加显著。电子商务的蓬勃发展,为企业财务管理的发展注入了新的活力。媒介质由纸介质转变为磁介质,使传统的财务管理也演化到网络财务时代,这使企业对财务在线实时管理得以实现,但同时也加大了财务风险,引起的财务安全问题也令人担忧。

再次,知识经济、信息经济方兴未艾。世界500强企业中,80%的企业都是在这一环境中发展起来的。对财务管理来说,知识经济改变了企业资源配置结构,使传统的以厂房、机器、资本为主要内容的资源配置结构改变为以知识为基础、以知识资本为主的资源配置结构。

最后,市场经济的发展。市场经济体制不断完善,现代企业制度逐步确立,各项法律、法规逐步健全,这为企业的健康发展提供了良好的外在环境,但同时也要求企业对信息的获取、领悟、利用及落实提出更高的要求。

财务管理的环境涉及的范围很广,其中最重要的是经济环境、法律环境和金融环境。

一、经济环境

这里所说的经济环境是指宏观经济的发展状况及其变化,它主要包括以下几方面。

(一) 经济发展速度

经济发展的速度快慢,对企业理财有重大影响。近几年,我国的经济增长比较快。为了跟上这种发展并在其行业中维持竞争地位,企业至少要有同样的增长速度。企业要相应增加厂房、机器、存货、工人、专业人员等。这种增长,需要大规模地筹集资金,需要财务人员借入巨额款项或增发股票。企业扩充规模使资金紧张,利率随之提高,企业背上巨大的债务负担,财务风险越来越大。过热的经济,迟早要冷却下来,扩充过度的企业很快陷入困境。经济发展速度的波动,即有时繁荣有时衰退,对财务管理有极大影响。这种波动,最先影响的是企业销售额。销售下降会阻碍企业现金的流转,如成品积压不能变现,需要筹资以维持运营;销售增加也会引起企业经营失调,如存货枯竭,需筹资以扩大经营规模。财务人员对这种波动要有预见并留有余地,筹措并分配足够的资金,用以调整生产经营。

(二) 通货膨胀

通货膨胀不仅对消费者不利,也会给企业理财带来很大的困难。通货膨胀对企业理财来说,是一种客观现实,企业无法改变,只有政府才可能控制通货膨胀速度。企业为了在通货膨胀期间实现期望的报酬率,必须调整收入和成本;同时,采取套期保值等办法减少损失,如提前购买设备和存货、买进现货卖出期货等。

(三) 政府的经济政策

一方面,国民经济的发展规划、国家的产业政策、经济体制改革的措施、政府的行政法规等,对企业的财务活动具有重大影响。国家对某些地区、某些行业、某些经济行为的优惠、鼓励和有利倾斜构成了政府经济政策的主要内容。另一方面,政府政策也是对另外一些地区、行业和经济行为的限制。企业在财务决策时,要认真研究政府政策,按照政策导向行事,才能趋利避害。

(四)竞争

竞争广泛存在于市场经济之中,任何企业都不能回避。企业之间、各产品之间、现有产品和新产品之间的竞争,涉及设备、技术、人才、营销、管理等各个方面。竞争能促使企业用更好的方法来赢得机会,但竞争同时也是威胁。为了争取良好的竞争地位,企业往往需要大规模投资,成功之后企业盈利增加;但若投资失败,则企业将处于更为不利的竞争地位。

二、法律环境

财务管理的法律环境是指企业和外部发生经济关系时所应遵守的各种法律、法规和规章。企业在其经营活动中,要和国家、其他企业或社会组织、企业职工或其他公民及国外的经济组织或个人发生经济关系。国家管理这些经济活动和经济关系的手段包括行政手段、经济手段和法律手段三种。在经济改革中,行政手段逐步减少,而经济手段特别是法律手段日益增多,把越来越多的经济关系和经济活动的准则用法律的形式固定下来。同时,众多的经济手段和必要的行政手段的使用,也必须逐步做到有法可依,从而转化为法律手段的具体形式,真正实现国民经济管理的法制化。

企业的理财活动,无论是筹资、投资还是利润分配,都要和企业外部发生经济关系。在处理这些经济关系时,应当遵守有关的法律规范。

(一)企业组织法规

企业组织必须依法成立。组建不同的企业,要依照不同的法律规范。这些法律既是企业的组织法,又是企业的行为法。建立新企业要遵守上述法律,已建立的企业也要按有关的企业法来经营。公司企业与非公司企业不同,前者股东只承担有限责任,经营失败时,其经济责任以出资额为限,无论股份有限公司还是有限责任公司都是如此。

(二)税务法规

任何企业都有纳税的法定义务。税负是企业的一种费用,它会增加企业的现金流出,对财务管理有重要影响。企业无不希望在不违反税法的前提下减少税务负担,但税负的减少,只能靠投资、筹资和利润分配等财务决策时的精心安排和筹划,而不允许在纳税行为已经发生时去偷税、漏税。精通税法,对财务主管人员有重要意义。

(三)财务法规

财务法规主要是企业财务通则和分行业的财务制度。企业财务通则是各类企业进行财务活动、实施财务管理的基本规范。行业财务制度是根据企业财务通则的规定,由财政部为适应不同行业的特点和管理要求而制定的行业规范。

除上述法规外，与企业财务管理有关的其他经济法规还有许多，包括各种证券法规、结算法规、合同法规等。财务人员要熟悉这些法规，在守法的前提下完成财务管理的职能，实现企业的财务目标。

三、金融环境

金融市场是指资金融通的场所。广义的金融市场是指一切资本流动的场所。广义金融市场的交易对象包括货币借贷、票据承兑和贴现、有价证券的买卖、黄金和外汇买卖、办理国内外保险、生产资料的产权交换等。狭义的金融市场一般是指有价证券市场，即股票和债券的发行和买卖市场。

（一）金融市场与财务管理

金融市场和财务管理有着十分密切的关系，主要表现为以下几方面：

首先，金融市场是企业投资和筹资的场所。金融市场上有许多种融通资金的方式，并且比较灵活。企业需要资金时，可以到金融市场选择适合自己的方式进行筹资。企业有了剩余的资金，也可以灵活选择投资方式，为企业寻找出路。

其次，企业通过金融市场使长短期资金互相转化。企业持有的股票和债券是长期投资，在金融市场上随时可以转手变现，成为短期资金；远期票据通过贴现，变为现金；大额可转让定期存单，可以在金融市场上卖出，成为短期资金。与此相反，短期资金也可以在金融市场上转变为股票、债券等长期资产。

再次，金融市场为财务管理提供有意义的信息。金融市场的利率变动，反映资金的供求状况，有价证券市场的行市，反映投资人对企业的经营状况和盈利水平的评价，它们是企业经营和投资的重要依据。

（二）金融性资产特点

金融性资产是指现金或有价证券等可以进入金融市场交易的资产。它们具有以下属性：

（1）流动性。它是指金融性资产能够在短期内不受损失地变为现金的属性。流动性高的金融资产的特征一是容易兑现，二是市场价格波动小。

（2）收益性。它是指某项金融资产投资的收益率高低。

（3）风险性。它是指某项金融资产不能恢复其原投资价值的可能性。金融资产的风险主要有违约风险和市场风险。违约风险是指由于证券的发行人破产而导致永远不能偿还的风险。市场风险是指由于所投资的金融资产的市场价格波动而产生的风险。

上述三种属性相互联系、相互制约。流动性和收益性成反比，收益性和风险性成正比。现金的流动性最高，但持有现金不能获得收益；政府债券的收益比现金好,但流动性要差一些。股票的收益性好,但风险大;政府债券的收益性不如股票,但其风险很小。企业在投资时希望流动性好、风险小而收益高,但实际上很难找到这种机会。

(三) 金融市场上利率的决定因素

在金融市场上,利率是资金使用权的价格。一般来说,金融市场上资金的购买价格,可用下式表示:

利率＝纯粹利率＋通货膨胀附加率＋变现力附加率＋违约风险附加率＋到期风险附加率

以上公式说明如下:

(1) 纯粹利率。纯粹利率是指无通货膨胀、无风险情况下的平均利率。例如,在没有通货膨胀时国库券的利率,可以视为纯粹利率。纯粹利率的高低,受平均利润率、资金供求关系和国家调节的影响。

(2) 通货膨胀附加率。由于通货膨胀使货币贬值,投资者的真实报酬下降。他们在把资金交给借款人时,会在纯粹利息率的水平上再加上通货膨胀利息率,以弥补通货膨胀造成的购买力损失。因此,每次发行国库券的利息率随预期的通货膨胀率变化而变化,它等于纯粹利息率加预期通货膨胀率。

(3) 变现力附加率。各种有价证券的变现力是不同的。政府债券和大公司的股票容易被人接受,投资人随时可以出售以收回投资,变现力很强。与此相反,一些小公司的债券鲜为人知,不易变现,投资人要求变现力附加率(提高利率1‰~2‰)作为补偿。

(4) 违约风险附加率。违约是指借款人未能按时支付利息或未如期偿还贷款本金,提供资金的人拿出款项后所承担的这种风险叫做违约风险。违约风险越大,投资人要求的利率报酬越高。所谓债券评级,实际上就是评定违约风险的大小。信用等级越低,违约风险越大,要求的利率越高。

(5) 到期风险附加率。到期风险附加率是指因到期时间长短不同而形成的利率差别。例如,5年期国库券利率比3年期国库券高。两者的变现力和违约风险相同,差别在于到期时间不同。到期时间越长,在此期间由于市场利率上升,而长期债券按固定利率计息,使购买者遭受损失的风险越大。到期风险附加率,是对投资者承担利率变动风险的一种补偿。对财务人员来说,最好是能较为可靠地预测未来利率,在其上升时使用长期资金来源,在其下降时使用短期资金来源,但实际上利率很难预测出来,因此,他们只能合理搭配长短期资金来源,使企业在任何利率环境中都能生存下去。

财务管理环境是企业开展财务管理工作的前提和平台,它会对企业的生产经营管理产生深远的影响。经济环境影响企业财务的规模和质量,金融环境影响企业财务的内容和活动形式，法制环境制约企业的财务行为。企业财务管理要想取得成功，必须认真研究和深刻认识所面临的环境。但是，目前仍有一些企业并没有对财务管理环境引起足够的或者说应有的重视，甚至有许多企业管理者认为财务管理环境是一个较为空泛的概念。也有业内人士认为，财务管理环境的研究空间范围有限，但事实并非如此，理由是：

首先，任何企业都是在财务管理环境中开展财务管理工作的。在这个环境中，优胜劣汰，适者生存。而理财环境本身错综复杂并且是在不断变化的，呈现出一种多元冲击、竞争激烈、复杂多变的动态过程，使财务管理工作的难度加大，从而凸显了财务管理环境研究的必要性。

其次，财务管理者只有实时了解理财环境、最大限度地适应理财环境，才能使决策和管理工作趋利避害，为实现企业财务管理目标服务。

最后，虽然理财环境错综复杂，但仍有一定的规律可循。只要企业财务人员注重这方面的研究和积累，加大认识的广度和深度，仍可以在复杂的理财环境中化被动为主动，做好财务管理工作。

【问题与思考 1-3】

知识经济的兴起极大地改变了企业的财务管理环境，也对传统财务管理模式提出了许多挑战。你认为知识经济的兴起，对企业理财的影响主要包括哪些方面？

第五节　财务管理理论的发展

任何一门学科，其理论都是在历史的延续中逐渐形成和发展起来的，财务管理也不例外。财务管理之所以有今天，取决于其昨天的成就。只有了解历史，才能理解发展；只有了解过去，才能更好地把握现在和未来。正确地了解财务管理理论的发展，对于更好地学习和把握现代财务管理的基本理论和实践问题，都有着十分重要的意义。

从国际视野看，财务管理产生于19世纪末期，其发展过程主要经历了以下几个阶段。

一、筹资理财阶段

这一阶段又称"传统理财阶段"或"守法理财阶段"。在这一阶段，财务管理的主要职责就是筹集公司所需要的资金。20世纪初，由于股份公司的迅速发展，各公司都面临着如何筹集扩充企业所需要的资金问题。当然，尽管那时资本市场已初具规模，但由于公司提供给投资大众的有关财务信息多不可靠，无法取信于投资大众，再加上内部人员和股市操纵者在股票市场交易中的投机行为，经常导致股价的大起大落,使社会的资金很难实现从个别储蓄者手中转移到资金需要者手中。因此,这一阶段财务管理的重点只是站在第三者的立场来研究和分析公司的成立、证券的发行以及公司的合并等有关法律性事务问题,为公司筹资服务。

这一时期理财理论研究的重点也是如何筹集资金。英国早期财务管理学家格林,在其《公司理财》一书中研究的主要问题就是企业如何筹集资本。德国财务学家施曼林巴赫,在他的《财务论》一书中,也主要是研究资本的筹措,尤其注重研究股票和公司债等资本的筹措方式。

二、内部控制理财阶段

这一阶段,西方发生严重的经济危机(1929—1933年)使得财务管理的内容也发生了较大的变化。在这场史无前例的经济危机中,企业破产倒闭的浪潮此起彼伏,这就迫使企业不仅需要将理财的重点由研究如何筹措资金开始转向研究如何运用资金,而且还必须探讨有关公司的破产、重组以及政府对证券的管制等一系列问题。

第二次世界大战结束以后,科学技术迅猛发展,市场竞争日益加剧。公司财务人员逐渐清醒地认识到,要想在竞争中求得生存和发展,财务管理必须在筹集企业所需资金的同时,下大力气进行有效的内部控制,管好用好资金。这一时期,资本预算、内部控制逐渐兴起,财务预测、财务决策等被认为是财务管理最重要的内容。而资本市场以及与筹资有关的事项等已退居次要地位。各种计量模型逐渐应用到存货、应收账款和固定资产投资管理中,财务分析、财务计划、财务控制和计算机技术等得到了广泛应用。财务管理的重点已经由外部筹资转变为内部控制和决策。理财学研究的重点已完全由资产负债表的右方转移到资产负债表的左方,即如何有效地使用资金已成为这一时期财务管理工作的中心内容。

三、投资理财阶段

这一时期,投资理财受到人们的高度重视。理财的内容主要包括以下两个方面:

(1) 研究公司最佳资本结构的形成。即探讨公司在筹措资金时,应如何搭配负债与股票、短期资金与长期资金,才能形成使公司资金成本最低的资本结构。

(2) 研究投资组合理论及其对公司财务决策的影响。即探讨投资者应该如何制定投资策略,才能形成一个在风险既定的情况下,可使投资回报率达到最大的投资组合。财务管理在后一领域的发展,使它与投资学逐渐呈现合流的趋势。

这一时期,各国的财务学者也主要研究投资问题。创建投资理财理论的美国学者迪安和洛蒂,在其所著的《资本预算》和《企业投资理论》两本书中,主要阐述了如何应用贴现现金流量法来确定最优投资决策的问题。而由马科维茨所创建的投资组合选择理论和由夏普等创建的资本资产评价模式都对投资理财理论的形成产生了重大影响。

四、国际理财阶段

进入20世纪80年代之后,由于美元大幅度贬值,国际游资十分充裕,再加上利率水平偏低,国际过剩资本纷纷寻找出路,使得国际理财成为热门话题。由于世界各国经济活动的国际化、国际大垄断公司的出现和发展、各国之间产品与技术的交换、对外投资等活动,必然产生各国间的资金运动,即国际理财。国际经济联系越密切,国际理财就越重要。在西方国家,一般认为财务管理已成为国际企业提高获利能力的关键因素。

这一时期,由于电子计算机技术的广泛应用和财务管理计算机辅助决策系统的出现,使得理财的方式发生了根本变革。电子计算机使公司财务人员能够迅速地储存、传递以及应用大量的信息,迅速准确地估算出各种可行性方案的结果,使财务决策有较客观的数据可循。因此是否有计算机辅助决策系统也已经成为区别现代财务管理与传统财务管理的根本特征之一。

世界上最早的股份有限公司

近代意义上最早的股份有限公司当推荷兰筹建的东印度公司。

1595年4月至1602年间,荷兰陆续成立了14家以东印度贸易为重点的公司。为了避免过度的商业竞争,这14家公司于1602年合并成为一家联合公司,即荷兰东印度公司,从而宣告了世界上第一个股份公司的诞生。荷兰当时的国家议会授权荷兰东印度公司在东起好望角、西至南美洲南端麦哲伦海峡拥有贸易垄断权。到了1669年时,荷兰东印度公司已是世界上最富有的私人公司,拥有超过150艘商船、40艘战舰、5万名员工和1万名雇佣兵的军队,股息高达40%。1799年12月31日,荷兰东印度公司解散。

1694年,资本主义最早的国家银行——英格兰国家银行通过发行股票筹资兴办起来;1790年,美国通过发行股票筹资办起本国的第一家银行。

本 章 小 结

按照出资构成形式和剩余索取形式,企业组织形式可分为个人独资企业、合伙制企业和公司制企业。股份公司是现代企业组织的典型形态。从资金的运动过程来看,财务管理的主要内容可概括为筹资管理、投资管理、营运资金管理和分配管理。财务管理目标是公司的财务管理活动所希望实现的结果。财务管理目标有以下几种具有代表性的模式:利润最大化目标、股东财富最大化目标和企业价值最大化目标。财务管理的环境是指对公司财务活动产生影响作用的企业外部条件,它们是公司财务决策难以改变的外部约束条件。财务管理环境主要包括经济环境、法律环境和金融环境。公司财务理论的发展主要经历了四个阶段:筹资理财阶段、内部控制理财阶段、投资理财阶段、国际理财阶段。

复习思考题

1. 企业的组织形式有哪几种?它们各有什么特点?
2. 简述财务管理的主要内容。
3. 试分析利润最大化目标、股东财富最大化目标、企业价值最大化目标的异同。
4. 什么是财务管理环境?其主要内容有哪些?

案例讨论题

方太公司与家族企业的传承交接难题

同绝大多数家族企业一样,方太公司也是一个100%的家族所有企业。其创始人、现任公司董事长茅理翔,早年是教书先生。改革开放后,他率先投入商品经济大潮。1985—1995年,经过10年创业,单打独拼,茅理翔把一个濒临倒闭的镇办工厂发展成世界最大的点火枪生产基地。1996年,公司已初具规模,一方面,政策环境改善,私有经济社会地位得到法律确认,有利于企业明晰产权;另一方面,发展压力加大,点火枪产品市场囿于恶性竞争,生产厂家竞相压价,市场混乱,利润空间严重缩水。在此背景下,茅理翔携独子茅忠群创建方太公司,正式明晰家族企业产权,并放弃原主产品点火枪,专攻抽油烟机,很快打开市场。从1996年方太公司成立至今,每年以30%的增幅发展。现在,方太公司作为集厨具技术和产品的研究、开发、生产与销售为一体的专业厂家,已成为中国厨具领域的著名品牌,并成功进入全球厨房电器市场,是中国厨卫电器制造的龙头企业之一。

2001年,宁波方太厨具有限公司因在家族制管理模式上的一系列超常实践和理论,在理论界刮起了一股"方太旋风",即在股权结构和内部管理方面,方太公司采取了两极的方式。按照茅理翔的解读:"坚持家族所有,淡化家族经营,为家族企业嫁接现代企业制度。"

从股权结构上看,方太公司为100%家族所有。茅理翔育有一子一女,其女儿目前拥有14%的公司股权,但除享受股东收益外,与公司一切事务无干。其余股权为茅氏夫妻和儿子所有。儿子茅忠群为公司总经理,钦定接班人。在子承父业这个家族企业十分敏感的继承问题上,方太公司的做法同样是相当的传统和独特。在方太公司成立之初,茅理翔即把儿子推上总经理的位置,自己置于辅佐地位,且绝非让儿子当木偶,自己幕后遥控,而是真正赋予并尊重儿子的决策权。一个典型的事例是,接受儿子的建议更改公司名字。尽管原有的公司名"飞翔"承载了茅理翔创业的艰辛,又隐含着他和女儿的名字,具有纪念意义。但儿子一上来就认为,一个富有创意又同时与商标合一的新名字,会比原有的名字对企业发展更有利。茅理翔听后,忍痛割爱,于是"方太"诞生了。例如,转产抽油烟机是儿子决定的,请我国香港地区著名烹饪节目主持人方太做广告也是儿子提出来的,茅理翔起初坚决不同意,认为风险太大,但儿子用科学的市场分析说话,在痛苦思索之后父亲决定放手让儿子去尝试,结果成功了。在继承权方面,茅理翔有他独特的见解。他认为,当处于平等竞争条件时,老到、经验无疑会使其他资深管理层人士捷足先登,即便创业者认定的一位年轻人才华过人,也会由于得不到管理层的认可和拥戴,而不能使其有效开展工作。但作为所有者之一的继承人,则可以因产权关系而轻易越过这一障碍。如果继承人有得天独厚的继承机会,就应该让他尽早尝试、锻炼。问题的关键在于,在评判继承人的继承资格时,要坚持公正,不被亲情所左右。

方太模式打造出的企业形态是:一方面,股权是绝对家族集中、家族控制,企业创始人茅理翔任方太公司董事长,其子茅忠群任副董事长兼总经理,夫人是监事会主席,全家拥有80%的股份,俨然一典型的家族制企业。另一方面,除此3人外,公司领导层和管理层不再允许任何茅氏及姻亲家族内的人士进入,而全部通过招聘从外部引进。公司组织机构为事业部制,完全按照股份有限公司的管理模式运行,各主要事业部长,包括总经理助理均由外聘人士担任,其中绝大多数管理人员都曾有过在合资企业和国有企业相关的任职经历。同时,方太公司大力推行现场管理、项目负责制、现代营销战略及民主决策等现代企业制度。总经理下面5个助理均是MBA出身。方太公司的思路是采取中庸之道,将现代企业制度与传统家族企业制度嫁接,缔造出一种被其称之为"现代家族企业制度"的新管理模式。

今天的方太公司,除了对家族控制的坚守,与我们传统意义上理解的家族企业已相去甚远,而给人更多现代化企业的感觉。它的中长期发展战略、人力资源管理、营销方式与网络、科技先导与产品创新、国际化拓展思路等理念,都毫无疑问地走在同行业的前列。

资料来源:《经济参考报》2006年12月27日。

案例思考题:

1. 家族制企业优势和劣势主要体现在哪些方面?
2. 方太公司模式是否可以复制和推广?

同步测试题

一、单项选择题

1. 每股利润最大化目标与利润最大化目标相比具有的优点是( )。
   A. 考虑了资金时间价值
   B. 考虑了风险因素
   C. 可以用于同一企业不同时期的比较
   D. 不会导致企业的短期行为

2. ( )是指对公司财务活动产生影响作用的企业外部条件。它是公司财务决策难以改变的外部约束条件。
   A. 财务管理目标   B. 财务管理环境
   C. 财务管理环节   D. 财务管理渠道

3. 一般来讲,流动性高的金融资产具有的特点是( )。
   A. 收益率高   B. 市场风险小   C. 违约风险大   D. 变现力风险大

4. ( )是指因到期时间长短不同而形成的利率差别。
   A. 通货膨胀附加率   B. 变现力附加率
   C. 违约风险附加率   D. 到期风险附加率

5. 在下列财务管理目标中,最能体现将企业长期稳定发展摆在首位、强调在企业价值增长中满足各方利益关系的是( )。
   A. 股东财富最大化   B. 企业价值最大化
   C. 企业利润最大化   D. 每股盈利最大化

6. 金融资产的( )是指某项金融资产不能恢复其原投资价值的可能性。
   A. 流动性   B. 风险性   C. 收益性   D. 稳定性

二、多项选择题

1. 关于企业财务管理目标的观点各异,具有代表性的观点是( )。

A. 利润最大化 B. 经济效益最大化
C. 企业价值最大化 D. 股东财富最大化
2. 以企业价值最大化作为财务管理的目标,它具有的优点是( )。
A. 考虑了资金的时间价值 B. 反映了对企业保值增值的要求
C. 有利于社会资源合理配置 D. 有利于克服管理上的片面性
3. 下列经济行为中,属于企业投资活动的是( )。
A. 企业购置无形资产 B. 企业提取盈余公积金
C. 支付利息 D. 企业与其他企业联营
4. 财务管理环境涉及的范围很广,其中最重要的是( )。
A. 经济环境 B. 法律环境 C. 金融环境 D. 文化环境
5. 名义利率的组成因素包括( )。
A. 纯粹利率 B. 通货膨胀附加率
C. 变现力附加率 D. 违约风险附加率
E. 到期风险附加率

三、判断题
1. 个人独资企业的财产为投资者个人所有,与其私人财产无异。 ( )
2. 有限公司的股东人数有限定,为2人以上,20人以下。 ( )
3. 在合伙制企业中,普通合伙人对企业债务负有无限责任,而有限合伙人对企业的债务责任则以其出资额为限。 ( )
4. 企业价值,即企业账面资产的总价值。 ( )
5. 在传统理财阶段,财务管理的主要职责就是筹集公司所需要的资金。( )
6. 广义的金融市场一般是指有价证券市场,即股票和债券的发行和买卖市场。 ( )
7. 企业的分配活动只是对股东的利益产生影响,对公司的筹资结构无影响。
( )

第二章　财务管理基本观念

- 了解掌握时间价值的基本观念及其计量
- 了解掌握风险价值的基本观念及其计量
- 能够运用时间价值和风险价值观念分析解决实际问题

引　言

　　某人想参加一个运动俱乐部，有两个俱乐部可供选择，两个俱乐部的报价和条件不同，其余的运动内容和服务相同。甲俱乐部报价8 000元，押金10 000元，资金需放到俱乐部的账户上冻结，待其退出俱乐部后奉还；乙俱乐部报价10 000元，不需押金。该怎么选择呢？如果选择甲，可以节省2 000元现金，但前提是你要有闲置的资金去交押金；如果选择乙，则需多支付现金。这是个两难的选择。为什么会难以抉择，因为这里有资金时间价值的存在。
　　时间价值和风险价值是公司理财的基本观念。本章将对时间价值和风险价值的概念、原理、方法进行详细阐述。

第一节　货币的时间价值

一、货币时间价值的含义

　　不需要借助数学和模型，大多数人凭直觉都能明白，今天的1元钱比将来的1元更值钱。因为，今天的1元钱可以用于储蓄以获取利息，也可用于投资以赚取利润。
　　其实，货币的两个最基本的用途就是消费与投资。从消费的角度分析，人们往往倾向于当前消费而不是未来消费,如果要放弃当前消费,就牺牲了当时使用或消费的机会或权利,则在未来必须得到更多的补偿。如储户将100元存入银行,银行利率为5‰,则这位储户在1年后可以得到105元的收入,用于弥补他放弃现在进行消费的损失。从投资的角度分析,用货币购买所需的资源,然后生产出新的产品,是希望新产品在售出时得到的货币量大于最初投入的货币量。这种由于时间差而产生的价值增长就是利润,对预期利润的追求是企业从事投资活动最直接也是最本质的动机。

可见,货币的时间价值是指货币经历一定时间的投资和再投资所增加的价值。具体包括几个方面的含义:① 货币时间价值的表现形式是价值增值,是同一笔货币资金在不同时点上表现出来的价值差量或变动率。② 货币增值的源泉是当其被作为资本时,从投资运作过程中产生。③ 货币时间价值的大小与时间的长短呈同方向变动关系。从量的规定性来看,货币的时间价值是在没有风险和通货膨胀条件下的社会平均资金利润率。由于竞争,市场经济中各部门投资的利润率趋于平均化。每个企业在投资某项目时,至少要取得社会平均的利润率,否则不如投资于另外的项目或另外的行业。比如,企业有一投资方案,需投资7万元,寿命周期4年,根据市场预测,每年可回收2万元。如果不考虑时间价值,那么这是一个可行的项目,因为4年内他的资金将变为8万元。在扣除投资成本之后,还有1万元(2×4−7)的利润。但是,如果市场上同类项目的一般报酬可以达到8%,那么,这未必就是一个可行的方案。因此,货币时间价值成为评价投资方案是否可行的基本标准。在实务中,由于政府债券的风险很小,因此,当通货膨胀率很低时,人们常常习惯将政府债券利率视同为货币时间价值。

由于货币的时间价值是一种客观存在的经济现象,因此,在财务管理中,无论是在筹资决策、投资方案比较,还是证券价值、企业价值的评估中,企业都需要具备资金增值的观念,才能作出正确的决策。

二、货币时间价值的计量

货币时间价值的计量,主要是解决当前1元钱与未来1元钱之间的关系。由于不同时间上的货币具有不同的价值,无法进行直接的对比,因此,必须首先将它们换算到相同的时点上,然后才能进行对比。而货币随时间的增长过程与利息的增长过程在数学上基本相同,于是,通常就采用银行利息的计算方式来计算货币时间价值。

(一)一次性收付款项的终值与现值

所谓一次性收付款项,是指在某一特定的时点上一次性支付(或收取),经过一段时间后再收取(或支付)的款项。例如,现在有10 000元,把它存入银行,采取整存整取的方式,银行的年存款利率是 5%,则 1 年后可以得到 10 500 元(不考虑利息税,下同),其中 10 000 元是本金,500 元是得到的利息,这里所涉及的是一次性收取款项。又如,向银行贷了为期 1 年的借款 10 000 元,贷款年利率为 6%,则 1 年后要连本带利归还银行 10 600 元,其中 10 000 元是归还银行的本金,600 元是支付给银行的利息,这就是一次性支付款项。

在上述例子中涉及两个概念:现值和终值。一般为了计算货币的时间价值量,都需要用到现值和终值这两个概念来表示不同时点的货币价值。现值又称为本金,即资金现在的价值。它是指未来某一时点上的现金折合成现在的价值。上述例子中,1 年后得到的 10 500 元或支付的 10 600 元折合成 1 年前的价值为 10 000 元,这 10 000 元即为现值。终值又称为将来值。它是指资金经过若干时期后包括本金和时间价值在内的未来价值。俗称本利和。它是现在一定量的资金在未来某一时点上的价值。上述例子中,1 年后可以取得的 10 500 元或需要支付的 10 600 元即为终值。现值与终值的计算还涉及利息计算方法的选择。目前有两种计算利息的方法,即单利和复利。现代财务管理中一般用复利方式计算终值与现值。

1. 单利的计算方法

单利的计算方法;就是指每期在计算利息时,都按初始的本金来计算,当期利息不计入下期本金。这里所说的"本金",是指贷给别人以收取利息的原本金额。"利息"是指借款人付给贷款人超过本金部分的金额(即贷款人向借款人让渡资金使用权而得到的一种报酬)。

在利息计算中,经常使用以下符号:

P——本金(又称为现值或期初金额)

i——利率,通常指每年利息与本金之比

I——利息

S——本金与利息之和(又称本利和,或称终值)

n——计算利息的时间或期数,通常以年为单位

(1) 单利终值的计算。

终值是本利和,其计算公式为:

$$S=P+I=P+P\times i\times n=P(1+i\times n) \tag{2-1}$$

【例 2-1】 企业将 1 000 万元资金存入银行,银行的年存款利率是 5%,用单利计算方法计算,3 年到期后企业可以得到的本利和为:

$$S=1\,000\times(1+5\%\times 3)=1\,150(万元)$$

在企业日常的业务活动中,对带息的商业汇票就是采用这种方式来计算利息的。因为根据相关规定,商业汇票的付款期最长只能为 6 个月,一般不涉及复利

问题。

【例2-2】 新华公司收到一张票面金额为8 000元、期限为6个月的带息商业汇票,票面利率6%。票据的出票日期是3月22日,到期日是9月22日。6个月后,企业应收回的款项为:

$$S=8\,000+8\,000×6\%×(180÷360)=8\,240(元)$$

(2) 单利现值的计算。单利现值的计算公式可以通过单利终值计算公式的变形而得到。由终值计算现值称为折现。其计算公式为:

$$P=S÷(1+i×n) \qquad (2-2)$$

【例2-3】 假定企业在3年后需要用一笔1 000万元的资金,银行的存款利率是5%,则现在企业需要存入的款项为:

$$S=1\,000÷(1+5\%×3)=870(万元)$$

在企业日常业务活动中,商业汇票的贴现就涉及单利现值的计算。企业向银行申请贴现时,银行会按一定的利率从商业汇票的到期值中扣除自贴现日至商业汇票到期前一日的应计利息,将差额付给持票人。贴现使用的利率称为贴现率。计算出的应计利息称为贴现息。扣除贴现息后的余额称为贴现净额,即现值。其计算公式为:

$$P=S-I=S-S×i×n \qquad (2-3)$$

【例2-4】 承前[例2-2],新华公司5月10日凭商业汇票到银行申请贴现,现行贴现率为10%,则贴现天数为135天。新华公司收到的贴现净额为:

$$P=8\,240×(1-10\%×135÷360)=7\,931(元)$$

2. 复利的计算方法

在现代企业财务管理中资金时间价值通常是按复利计算的。所谓"复利",实际上就是我们通常所说的"利滚利"。其基本特点是:每经过一个计息期,都将本金所产生的利息加入下期的本金再计算利息,逐期计算,因此每一期的计息基础都会有所增加。

(1) 复利终值的计算。复利终值就是一定量资金的未来价值。即在复利计算方法下,现在一定量的本金在将来的本利和。复利终值的计算公式为:

$$S=P×(1+i)^n \qquad (2-4)$$

在公式(2-4)中,$(1+i)^n$ 通常被称之为"一次性收付款项终值系数",简称"复利终值系数",用符号$(S/P,i,n)$表示。所以,上面公式(2-4)又可写成:

$$S = P \times (S/P, i, n) \tag{2-5}$$

在实际运用时,通常都是通过查阅"复利终值系数表"(见本书附录)来得到其值。

【例2-5】 某人投资1 000元,购买A公司股票,公司执行稳定增长的股利政策。当前股利为1元/股,预计以后2年每年以20%的速度递增,则A公司2年后的股利为多少?

$$S = 1 \times (1+20\%)2 = 1 \times (S/P, 20\%, 2) = 1 \times 1.440 = 1.44(元)$$

(2)复利现值的计算。复利现值就是一定量资金的现在价值。即在复利计息方法下,为在将来取得一定的本利和现在所需要的本金。复利现值是复利终值的逆运算。复利现值的计算公式为:

$$P = S \times (1+i)^{-n} \tag{2-6}$$

式中的$(1+i)^{-n}$通常被称之为"一次性收付款项现值系数",简称"复利现值系数",用符号$(S/P, i, n)$表示。其值也可以通过查"复利现值系数表"(见本书附录)得到。同样,其计算公式为:

$$P = S \times (P/S, i, n) \tag{2-7}$$

【例2-6】 假定企业在3年后需要1 000万元,银行存款利率5%。若每次采用定期1年、到期连本带利一并转存的方式,则现在企业需要存入的款项为:

$$P = S \times (P/S, i, n) = 1\,000 \times 0.8638 = 863.80(万元)$$

(二)年金终值与现值的计算

年金是指等额、定期的系列收付款项。即在一定期限内,每隔相同时间、发生相同金额的款项,连续性、等额性与间隔时间相等是年金必须具备的基本条件。例如,个人银行存款采用零存整取或整存零取的方式;个人购买房产采用向银行借款、分期偿还贷款的方式;在企业里分期偿还贷款、分期支付工程款,还有日常的计提折旧业务等都属于年金收付的形式。年金通常用符号A表示。

按年金每次收付发生的时点不同,可将其分为普通年金、即付年金(预付年金)、递延年金、永续年金等几种形式。不同形式的年金,其终值和现值的计算方式是不一样的。

1. 普通年金

普通年金又称后付年金。它是指各期期末收付的年金。为使问题解释得更清楚,我们需要借助现金流量图。现金流量图横轴代表时间的延续,它以每一时间区间终点表示;纵轴表示价值。从横轴上引出一些带箭头的垂直线段,代表收付金额,箭头向上表示收入,箭头向下表示支付。

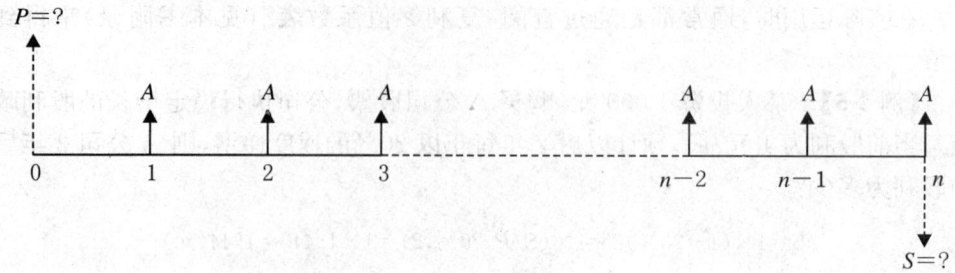

图 2-1 普通年金示意图

图中,0 代表期初,n 代表期末,A 代表每期的收付金额,则从图中可推导出普通年金的终值和现值的公式。

(1) 普通年金终值的计算。由图 2-1 可知,第一期期末投资 A 到 n 期期末的本利和为 $A\times(1+i)^{n-1}$,依此类推,第 $n-1$ 期期末投资 A 到 n 期末的本利和为 $A\times(1+i)$,第 n 期期末的投资 A 到期期末的本利和为 A。所以,在 n 期中,每期期末投资 A,n 期后的本利和为:

$$S=A+A\times(1+i)^1+A\times(1+i)^2+\cdots+A\times(1+i)^{n-2}+A\times(1+i)^{n-1}$$

运用数学方法计算整理可得普通年金终值的计算公式为:

$$S=A\times\left[\frac{(1+i)^n-1}{i}\right] \tag{2-8}$$

式中方括号中的数值通常被称作"年金终值系数",记作 $(S/A,i,n)$。其值可以通过查阅"年金终值系数表"得到。普通年金终值的计算公式为:

$$S=A\times(S/A,i,n) \tag{2-9}$$

【例 2-7】 新华公司每年期末存入银行 1 000 万元,利率 8%,第五年年末总资金有多少?

$$S=A\times(S/A,i,n)=1\,000\times(S/A,8\%,5)=1\,000\times5.867=5\,867(万元)$$

(2) 年偿债基金的计算。偿债基金是指为使年金终值达到既定金额每年应支付的年金数额。年偿债基金的计算是年金终值的逆运算。根据年金终值的计算公式可以得出偿债基金的计算公式为:

$$A=S\times\left[\frac{i}{(1+i)^n-1}\right] \tag{2-10}$$

上式中方括号里的数值通常被称作"偿债基金系数",记作 $(A/S,i,n)$。其值可通过查阅"偿债基金系数表"得到,也可通过求年金终值系数的例数来确定。因此公式(2-10)也可写为：

$$A = S \times (A/S, i, n) \text{ 或 } A = S \times [1 \div (S/A, i, n)] \tag{2-11}$$

【例 2-8】 新华公司 5 年后需还清 100 万元的债务,准备从现在起每年等额在银行存入一笔款项。若银行存款利率 6%,该公司每年需存多少元？

$$A = 100 \times 1 \div 5.6371 = 17.74(万元)$$

(3) 普通年金现值的计算。普通年金现值是指在一定时期内每期期末收付款项的复利现值之和。通过图 2-1,我们可以推导出普通年金现值的计算公式为：

$$P = A \times (1+i)^{-1} + A \times (1+i)^{-2} + \cdots + A \times (1+i)^{-(n-1)} + A \times (1+i)^{-n}$$

整理得普通年金现值的计算公式为：

$$P = A \times \left[\frac{1-(1+i)^{-n}}{i}\right] \tag{2-12}$$

上式中方括号里的数值被称作"年金现值系数",记作$(P/A, i, n)$。其值可通过"年金现值系数表"(见本书附录)得到。

公式(2-12)也写作：

$$P = A \times (P/A, i, n) \tag{2-13}$$

【例 2-9】 新华公司现在存入一笔钱,准备在今后 4 年中每年年末得到 1 000 万元,利率 8%,则现在应存入银行多少钱？

$$P = A \times (P/A, i, n) = 1\,000 \times (P/A, 8\%, 4) = 1\,000 \times 3.312 = 3\,312(万元)$$

(4) 年资本回收额的计算。年资本回收额是指在约定年限内等额回收初始投入的资本或偿还所欠债务的金额。年资本回收额的计算是普通年金现值计算的逆运算。其计算公式为：

$$A = P \times \left[\frac{i}{1-(1+i)^{-n}}\right] \tag{2-14}$$

上式中方括号里的数值被称作"资本回收系数",记作$(A/P, i, n)$。其值可通过查阅"年金现值系数表"并求倒数来计算确定。因此,公式(2-14)也可以表示为：

$$A = P \times (A/P, i, n)$$

或：

$$A = P \times [1 \div (P/A, i, n)] \tag{2-15}$$

【例 2-10】 新华公司投资一个项目 100 万元,预计这个项目使用 5 年,期望回报率为 8%。问在这 5 年里,每年的年末等额收回多少钱才能正好把这 100 万元收回来？

$$A = 100 \times [1 \div (P/A, 8\%, 5)] = 100 \times (1 \div 3.9927) = 25.05(万元)$$

2. 即付年金

即付年金又称先付年金或预付年金。它是指在一定时期内每期期初等额收付的系列款项。即在每期的期初发生的年金形式。即付年金与普通年金的区别仅在于付款时间点的不同,如图 2-2 所示。

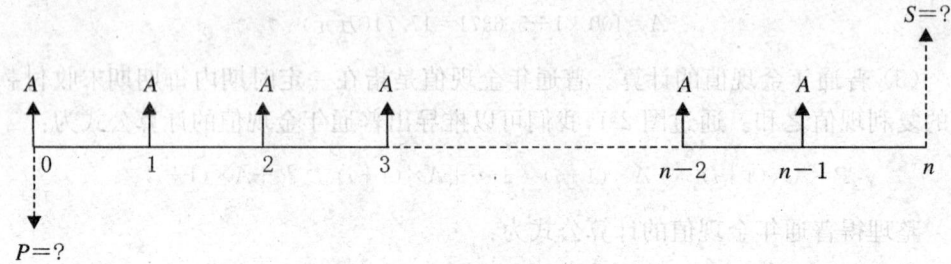

图 2-2 即付年金示意图

(1) 即付年金终值的计算。即付年金终值是指在一定时期内每期期初等额收付款项的复利终值之和。n 期的即付年金同 n 期普通年金相比,其付款次数是相同的,但由于付款时间不同,n 期的即付年金终值比 n 期普通年金终值多计算了一期的利息。因此,在 n 期普通年金终值的基础上乘以 $(1+i)$ 就得到 n 期即付年金的终值。因此即付年金终值的计算公式为:

$$S = A \times \left[\frac{(1+i)^n - 1}{i} \right] \times (1+i) \tag{2-16}$$

整理得:
$$S = A \times \left[\frac{(1+i)^{n+1} - 1}{i} - 1 \right] \tag{2-17}$$

式中方括号里的数值被称作"即付年金终值系数"。它和普通年金终值系数相比,期数要加上 1,而系数要减去 1,通常可记作 $[(S/A, i, n+1) - 1]$。可通过查阅"普通年金终值系数表"查得 $(n+1)$ 期的值,然后再减去 1 便可得出即付年金终值系数的值。即付年金终值的计算公式也可写作:

$$S = A \times [(S/A, i, n+1) - 1] \tag{2-18}$$

(2) 即付年金现值的计算。即付年金现值是指在一定时期内每期期初等额收付款项的复利现值之和。n 期先付年金与 n 期普通年金相比,付款期数相同,区别仅在于 n 期普通年金是期末付款,n 期先付年金是期初付款。在计算现值时,n 期普通年金现值比 n 期先付年金现值多贴现一期。所以,可以先求出 n 期普通年金现值,然后再乘以 $(1+i)$,便可以求出 n 期先付年金的现值。按照上述图形所示,用公式推导,可以得到如下 n 期普通年金现值:

$$P=A\times\left[\frac{1-(1+i)^{-n}}{i}\right]\times(1+i)$$

整理得：
$$P=A\times\left[\frac{1-(1+i)^{-(n-1)}}{i}+1\right] \tag{2-19}$$

式中方括号里的数值被称作"即付年金现值系数"。它和普通年金现值系数相比，期数要少1，系数要多1，通常可利用"普通年金现值系数表"查得$(n-1)$期的值，然后再加上1得到。即付年金现值系数也可记作$P=A\times[(P/A,i,n-1)+1]$。即付年金现值的计算公式也可写作：

$$P=A\times[(P/A,i,n-1)+1] \tag{2-20}$$

【例 2-11】 新华公司采取分期付款形式购建办公大楼，每年年初付款200万元，分5次付款。假定利率为6%。问：该项分期付款相当于目前一次性支付多少钱？

$$P=A\times[(P/A,i,n-1)+1]=200\times[(P/A,6\%,5-1)+1]=$$
$$200\times(3.4651+1)=893.02(万元)$$

3. 递延年金

递延年金是指第一次收付款发生时间在第二期期末或以后的年金。它是普通年金的特殊形式。递延期为m年，如图2-3所示。

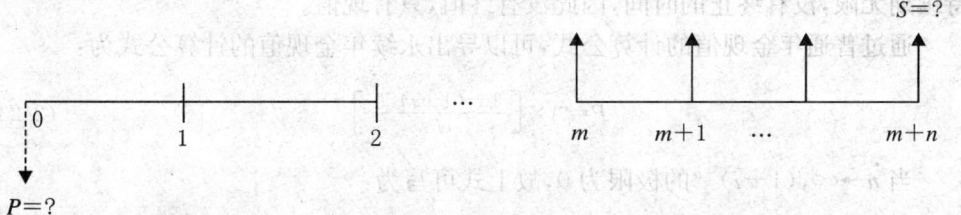

图2-3 递延年金示意图

递延年金的终值大小，与递延期无关，其计算方法和普通年金的终值计算相同；递延年金的现值是指后n期的年金贴现至第一期期初的现值。其计算方法有多种：

第一种方法：把递延年金视为n期普通年金，求出递延期末的现值，然后再将此现值调整到第一期的期初。此为递延年金现值计算的公式之一。

$$P=A\times(P/A,i,n)\times(P/S,i,m) \tag{2-21}$$

第二种方法：假设递延期也发生款项的等额收付，先求出包含递延期在内即$(m+n)$期的普通年金现值，然后扣除实际并未收付的递延期(m)普通年金现值，即可得出最终结果。按此方法可得递延年金现值计算公式之二。

$$P = P_{m+n} - P_m = A \times [(P/A, i, m+n) - (P/A, i, m)] \qquad (2-22)$$

【例 2-12】 某人年初存入银行一笔现金,从第三年年末起,每年取出 2 000 元,至第六年年末全部取完,银行存款利率为 10%。试计算最初时一次存入银行的款项是多少?

解:

方法一:
$$P = A \times (P/A, i, n) \times (P/S, i, m) =$$
$$2\,000 \times (P/A, 10\%, 4) \times (P/S, 10\%, 2) =$$
$$2\,000 \times 3.170 \times 0.826 = 5\,236.84(元)$$

方法二:
$$P = A \times \{[P/A, i, (m+n)] - (P/A, i, m)\} =$$
$$2\,000 \times \{[P/A, 10\%, (2+4)] - (P/A, i, 2)\} =$$
$$2\,000 \times (4.355 - 1.736) = 5\,238(元)$$

4. 永续年金

永续年金是指无限期等额收付的特种年金。这种年金可视为普通年金的特殊形式。西方有些债券为无期债券,这些债券的利息可视为永续年金;优先股因为有固定的股利而又无到期日,因此,优先股股利可以看作永续年金。另外,期限长、利率高的年金现值,可以按永续年金现值的计算公式,计算其近似值。由于永续年金持续期无限,没有终止的时间,因此没有终值,只有现值。

通过普通年金现值的计算公式,可以导出永续年金现值的计算公式为:

$$P = A \times \left[\frac{1-(1+i)^{-n}}{i}\right] \qquad (2-23)$$

当 $n \to \infty$,$(1+i)^{-n}$ 的极限为 0,故上式可写为:

$$P = A/i \qquad (2-24)$$

【例 2-13】 某大学计划设立一项永久性奖学金,每年奖金为 8 万元。若利息率为 8%。问:应一次性投入多少资金?

$$P = A/i = 8 \div 8\% = 100(万元)$$

三、名义利率和实际利率

在以上的分析中,我们都假定复利计息和贴现都以年为单位进行,但在现实中,复利的计息期不一定总是 1 年,有可能是季度、月或日。比如,美国等一些国家的住宅抵押贷款通常要求按月偿还,此时必须按月进行复利计算,而按月计算的复利终值和现值与按年利率计算的终值和现值相比有很大差异。当利息在 1 年内要复利几次时,给出的年利率叫做名义利率。与此相对应,考虑年内复利计息期后的利率为实际利率。

比如,一储户将1 000元存入银行,银行年利率为10%,半年复利一次,则半年后该储户的存款将变为1 040元[1 000×(1+4%)]。再过半年将变为1 081.6元[1 040×(1+4%)]。如果用公式计算,其1年后的存款价值为:

$$S=1\,000\times(1+4\%)^2=1\,081.6(元)$$

如果银行仍以年为单位复利计息,则该储户1年后的存款价值为:

$$S=1\,000\times(1+8\%)=1\,080(元)$$

很显然,半年复利计息的终值要高于以年复利计息的终值。因为以年为单位复利计息,这最初的1 000元是全年计息的本金;如以半年为复利计息期,则1 000元只是前半年计息的本金,下半年计息的本金已经增加为1 040元,此时,半年的利息也将产生额外的利息,而投资者也将获得利息的利息。

如以 n 表示年内复利计息期数,则名义利率与实际利率之间的关系可表述为:

$$实际利率=\left(1+\frac{名义利率}{n}\right)^n-1 \qquad (2\text{-}25)$$

在上例中,如果以半年为复利计息期,则计算得出实际利率为:

$$实际利率=(1+8\%\div 2)^2-1=8.16\%$$

用这一方法来考察复利计息期数对实际利率的影响,则可以归纳为如表2-1所示。

表2-1 复利计息期对实际利率的影响(名义利率10%)

计息单位	n	实际年利率
每年	1	10%
每半年	2	$[(1+10\%\div 2)^2-1]\times 100\%=10.25\%$
每月	12	$[(1+10\%\div 12)^{12}-1]\times 100\%=10.47\%$
每日	365	$[(1+10\%\div 365)^{365}-1]\times 100\%=10.52\%$

从表2-1中可知,复利计算越频繁,有效利率或实际利率越高,以此计算的复利终值越大,同样数额的未来值所对应的现值越少。

四、资金时间价值的意义

(一)资金时间价值是评价企业收益状况的重要指标

企业作为营利性的组织,其主要财务目标是实现企业价值最大化,不断增加投资者的财富。因此,企业经营者必须充分调动和利用各种经济资源去实现预期的收益,而评价这些资源是否充分有效使用的一个重要标准,就是看是否实现了预期的收益水平。这个预期的收益水平应以社会平均资金利润率为标准。

(二)资金时间价值是评价投资方案是否可行的基本依据

因为资金时间价值是扣除风险报酬和通货膨胀等因素以后的社会平均资金利润率。每个企业在进行投资时,总是期望至少要获得社会的平均利润率,否则不如投资另外的项目。因此,作为一项投资方案至少应获得社会平均资金利润率水平;否则,该方案是不可行的。

(三)资金时间价值揭示了不同时点上资金的换算关系

资金时间价值揭示了不同时点上资金的换算关系,因而它是进行筹资决策、投资决策必不可少的手段。特别是在项目经济评价方面必须增强资金的时间观念,考虑资金的时间价值,采用动态分析方法,将不同的费用或效益折算成同一时点来进行比较。

【问题与思考 2-1】

目前,银行的个人住房贷款的还款方式主要有等额本息和等额本金两种方式。请查阅相关资料,对这两种方法进行评价。

第二节 风 险 价 值

一、风险价值的内涵

理论界对于风险的定义存在较多争议,归纳起来,大致有三类:一是"风险损失观"。风险是可能发生的未来危险和损失。二是"结果差异观"。它是指实际结果与预期结果之间的差异。三是不确定性观。它是指事件未来的不确定性。相比较而言,用不确定性来描述风险更具有普遍的代表性。事实上,不确定性是人类生活不可避免的一个组成部分。在日常生活中,如过马路、坐汽车、坐飞机,存在一定的风险。在企业经营过程中,从资本的垫支到最后资本的回收,其中每个环节都存在风险。如:筹资过程中也许面临无法足额筹措资金的风险,投资中面临项目失败的风险,资金消耗过程中面临成本不能得到补偿的风险,销售过程又将面临积压库存的风险等。所有这些风险,都客观存在于我们经济生活的方方面面,并将对企业实现其财务目标产生重要的影响。因此,财务管理中的风险也可进一步地理解为预期收益的不确定性。而风险价值就是由于冒风险进行投资而取得的额外利润。

在现实社会里,大多数人都是"风险规避者"。即在不牺牲收益的情况下,尽量避免风险。如果投资某个项目存在较大风险,则需要有较高的收益率加以补偿。

风险越大,需要得到的补偿越多。这种因冒险而得到的收益上的补偿,我们称之为风险溢酬或风险价值。一般来说,较安全的资产风险价值较小;反之,风险价值会越大。

资金的时间价值和风险价值之间既有联系又有区别。它们的区别表现在:时间价值的获得并不需要企业冒风险,它是企业能够稳定获得的收益。因此,它只能是正值,不可能为负值。而风险价值是需要企业冒着风险去争取的,其间存在着种种不确定性,因此,这种收益的获得是不稳定的,有可能为正值,也有可能为负值。时间价值与风险价值之间的联系是:它们都是企业的一种收益,两者共同构成企业投资的总收益。即:

企业投资总报酬=无风险报酬+风险报酬=时间价值+风险价值

二、风险的种类

(一) 从投资主体的角度进行分类

从投资主体的角度分析,风险分为市场风险和公司特有风险。市场风险是对所有公司影响因素引起的风险。如战争、自然灾害、经济衰退、通货膨胀等。它不能通过多角化投资来分散。因此,市场风险又称不可分散风险或系统风险。公司特有风险是个别公司特有事件造成的风险。如罢工、诉讼失败、新产品开发失败、没争取到重要合同失去销售市场等。这类事件是随机发生的,可以通过多角化投资来分散。这类风险也可称为可分散风险或非系统风险。

(二) 从公司本身角度进行分类

从公司本身来看,风险又可分为经营风险和财务风险两类。经营风险(商业风险)是由生产经营的不确定性带来的风险,主要来源于市场销售生产成本、生产技术和其他方面。财务风险是由借款而增加的风险,是筹资决策带来的风险。也称筹资的风险。

三、单项资产风险价值的计算

企业的财务管理工作,在很多情况下,都是在不确定的情况下进行的。离开了风险因素,就无法评价企业报酬的高低。因此,财务人员必须了解风险衡量的方法。事实上,风险的衡量一直是现代金融和财务投资理论研究的主要内容。风险的定义有多种。相应地,风险的度量也有多种方法,其中以马柯维茨的方差模型最为出名。方差模型是在未来投资报酬的随机结果服从正态分布条件下,用平均值和方差两个参数,借以判断风险的程度。本节将从单项资产和组合资产的角度,分别进行分析。

单项资产风险衡量的步骤大致如下。

(一) 确定概率分布

一个事件的概率是指这一事件可能发生的机会。如某一计划实施成功的概率为 60%,失败的机会为 40%。如果把所有可能的事件或结果都列示出来,且每一事件都给予一个概率,便构成了概率的分布。当然,概率必须符合两个条件:

(1) 所有的概率即 P_i 都在 0 和 1 之间,即:$0 \leqslant P_i \leqslant 1$。

(2) 所有的结果的概率之和为 1,即:$\sum P_i = 1$。

【例 2-14】 某公司投资项目有甲、乙两个方案,投资额均为 10 000 元,其收益的概率分布如表 2-2 所示。

表 2-2 甲、乙两个方案收益的概率分布表

经济情况	概率(P_i)	收益(随机变量 X_i)	
		甲方案	乙方案
繁荣	$P_1 = 0.20$	$X_1 = 600$	$X_1 = 700$
一般	$P_2 = 0.60$	$X_2 = 500$	$X_2 = 500$
较差	$P_3 = 0.20$	$X_3 = 400$	$X_3 = 300$

(二) 计算期望值

期望值是一个概率分布中的所有可能结果。以各自相应的概率为权数计算的加权平均值,是加权平均的中心值。其计算公式为:

$$\overline{E} = \sum_{i=1}^{n} X_i P_i \tag{2-26}$$

式中:X_i 表示概率分布中第 i 种可能结果;P_i 表示概率分布中第 i 种可能结果的相应概率。

根据以上公式,代入[例 2-14]数据求得:

$$\overline{E}_\text{甲} = 600 \times 0.2 + 500 \times 0.6 + 400 \times 0.2 = 500 (万元)$$
$$\overline{E}_\text{乙} = 700 \times 0.2 + 500 \times 0.6 + 300 \times 0.2 = 500 (万元)$$

应强调的是,上述期望收益值是各种未来收益的加权平均数,它并不反映风险程度的大小。

(三) 计算标准离差

标准离差是反映各随机变量偏离期望收益值程度的指标之一,以绝对额反映风险程度的大小。其计算公式为:

$$\delta = \sqrt{\sum_{i=1}^{n} (X_i - \overline{E})^2 \times P_i} \tag{2-27}$$

根据以上公式,代入[例 2-14]数据求得:

$$\beta_{甲} = \sqrt{(600-500)^2 \times 0.20 + (500-500)^2 \times 0.60 + (400-500)^2 \times 0.20} = 63.25$$
$$\beta_{乙} = \sqrt{(700-500)^2 \times 0.20 + (500-500)^2 \times 0.60 + (300-500)^2 \times 0.20} = 126.49$$

从标准离差来看,乙方案风险比甲方案大。

(四)计算标准离差率

标准离差率是反映各随机变量偏离期望收益值程度的指标之一,以相对数反映风险程度的大小。其计算公式为:

$$V = \frac{\delta}{E} \tag{2-28}$$

根据以上公式,代入[例 2-14]数据求得:

$$V_{甲} = \frac{63.25}{500} \times 100\% = 12.65\%$$
$$V_{乙} = \frac{126.49}{500} \times 100\% = 25.30\%$$

从标准离差率来看,乙方案风险比甲方案大。

标准离差属于绝对额指标,适用于单一方案的选择,不适用于多方案的选择;而标准离差率属于相对数指标,常用于多方案的选择。

(五)计算风险收益率

标准离差率虽然能正确评价投资的风险程度,但它不是风险报酬率。因为风险报酬率与风险大小有关,风险越大,则要求的报酬率越高。因此,要计算风险报酬率,还必须借助一个系数——风险报酬系数,它是将标准离差率转化为风险报酬的一个系数。也称风险报酬斜率。其大小取决于全体投资者对风险的回避态度,一般可以根据以往类似的或相同的投资项目的有关数据加以确定。风险报酬率、风险报酬系数和标准离差率之间的关系,可用公式表示为:

$$R_R = b \times V \tag{2-29}$$

式中:R_R 表示风险报酬率,也称风险收益率;b 表示风险价值系数,也称风险报酬系数;V 表示标准离差率。

【例 2-15】 在[例 2-14]中,假设风险价值系数为 8%,则风险收益率为:

$$V_{甲} = 8\% \times 12.65\% \times 100\% = 1.012\%$$
$$V_{乙} = 8\% \times 25.30\% \times 100\% = 2.024\%$$

为了正确进行风险条件下的决策,对单个方案往往是将该方案的标准离差(或标准离差率)与企业设定的标准离差(或标准离差率)的最高限值比较,当前者小于或等于后者时,该方案可以被接受,否则予以拒绝;对多个方案则是将该方案的标准离差率与企业设定的标准离差率的最高限值比较,当前者小于或等于后者时,该方案可以被接受,否则予以拒绝。只有这样,才能选择标准离差最低、期望收益最高的最优方案。

四、组合资产的风险价值

以上讨论的重点集中于单项投资的风险和收益,但实际上,投资者很少把所有的财富都投入一种资产或单个投资项目中,而是构建一个投资组合或投资于一系列项目。因此,我们有必要把有关风险和收益的讨论扩大到投资组合中。

(一) 组合资产的协方差和相关系数

对于投资组合而言,一种资产的收益和另一种资产的收益之间存在一定的关系。在统计上,用于度量两个变量之间相互关系的常用指标是协方差(covariance)和相关系数(correlation)。证券 A 和证券 B 的协方差(σ_{AB})的数学公式为:

$$\sigma_{AB} = \text{Cov}(R_A, R_B) = \sum_{i=1}^{n}(R_{Ai} - \overline{R}_A) \times (R_{Bi} - \overline{R}_B) \times P_i \tag{2-30}$$

如果计算得出的协方差为正,则表明两个变量呈同一方向变动;如协方差为负,则表明两个变量呈相反方向变动;如协方差为零,表明两个变量的变动方向既不一致也不相反,即两证券收益之间没有关系。

证券 A 和证券 B 的相关系数的数学公式为:

$$\rho_{AB} = \text{Cov}(R_A, -R_B) = \frac{\text{Cov}(A, B)}{\sigma_A \sigma_B} \tag{2-31}$$

相关系数的符号取决于两个变量的协方差的符号,相关系数总是介于 +1 和 -1 之间。如果计算得出的相关系数为正,说明两个变量之间为正相关;如果相关系数为负,说明两个变量为负相关;如果相关系数为零,说明两个变量之间没有关系。

(二) 组合资产的风险种类及其特性

组合资产的风险可分为两种性质完全不同的风险,即可分散风险和不可分散风险。

1. 可分散风险

可分散风险又称非系统性风险或公司特有风险。它是指某些因素对单个投资造成经济损失的可能性。这种风险可通过资产组合来抵消。如在证券投资中,投资者可以多买几家公司的股票,其中某些公司的股票报酬上升,另一些股票的报酬下降,从而将风险抵消。因而,这种风险称为可分散风险。但应强调的是,当两种股票完全负相关时($\rho=-1.0$),组合的风险被全部抵消;当两种股票完全正相关时($\rho=1.0$),组合的风险不减少也不扩大。实际上,各种股票之间不可能完全正相关,也不可能完全负相关,所以不同股票的投资组合可以降低风险,但又不能完全消除风险。一般而言,股票的种类越多,风险越小。当股票种类足够多时,几乎能把所有的非系统性风险分散掉。

2. 不可分散风险

不可分散风险又称系统性风险或市场风险。它是指由于某些因素给市场上所有的投资都带来的经济损失的可能性。宏观经济状况的变化、国家税法的变化、国家财政政策和货币政策的变化、世界能源状况的改变等,都会使股票报酬发生变动。这些风险影响到所有的证券,因此,不能通过证券组合分散掉。换句话说,即使投资者持有的是经过适当分散的证券组合,也将遭受这种风险。因此,对投资者来说,这种风险是无法消除的,故称不可分散风险。但这种风险对不同的企业也有不同影响。不可分散风险的程度,通常用 β 系数表示,用来说明某种证券(或某一组合投资)的系统性风险相当于整个证券市场系统性风险的倍数。作为整体的证券市场的 β 系数为 1。如果某种股票的风险情况与整个证券市场的风险情况一致,则这种股票的 β 系数等于 1;如果某种股票的 β 系数大于 1,说明其风险大于整个市场的风险;如果某种股票的 β 系数小于 1,说明其风险小于整个市场的风险。

(三) 组合资产的风险和收益的计量

1. 组合的方差和标准差

由证券 A 和证券 B 组成的投资组合的方差为:

$$Var_{AB} = W_A^2 \sigma_A^2 + W_B^2 \sigma_B^2 + 2W_A W_B \sigma_{AB} \tag{2-32}$$

上述公式表明,投资组合的方差取决于组合中各种证券的方差和每两种证券之间的协方差。每种证券的方差度量每种证券收益的变动程度,协方差度量两种证券的收益之间的关系。在证券方差给定的情况下,如果两种证券收益之间的相互关系或协方差为正,组合的方差就上升;如果两种证券收益之间的相互关系或协方差为负,组合的方差就下降。

根据以上投资组合的方差,可以计算投资组合的标准差为:

$$\sigma_p = \sqrt{Var_{AB}}$$

投资组合标准差的含义与单个证券标准差的含义相同。计算分析表明,只要两种证券的收益之间的相关系数小于 1,组合的标准差就小于组合中各个证券标准差的加权平均数。其主要原因是组合多元化效应。另外,投资组合是否有风险及风险程度到底有多少,更多地取决于任意两种证券的协方差,而不取决于单个证券的风险即标准差。由此可见,通常所讲的"不要把所有的鸡蛋放在一个篮子里",

其本身含义是建议投资者进行分散投资,但仅仅分散还不够,还必须注意组合投资的品种间的相互关系,即必须进行有意义的分散化。如果投资组合中的各个证券是来自于同一行业的10种股票,即这10种股票的收益之间有很高的相关关系时,试图通过组合投资分散风险的功能将会降低。而当所选择的股票来自于不同的行业,甚至来自于不同国家的金融市场时,其规避风险的功能将大大加强。

2. 投资组合风险与收益的关系

(1) 投资组合风险主要是系统风险。由于多样化投资可以把所有的非系统风险分散掉,因而组合投资的风险主要是系统风险。从这一点上讲,投资组合的收益只反映系统风险(暂不考虑时间价值和通货膨胀因素)的影响程度。投资组合的风险收益是投资者因冒不可分散风险而要求的、超过时间价值的那部分额外收益。用公式表示为:

$$R_p = \beta_p \times (K_m - R_F) \tag{2-33}$$

式中:R_p 表示投资组合的风险报酬率;β_p 表示投资组合的 β 系数;K_m 表示所有投资的平均收益率,又称市场收益率;R_F 表示无风险报酬率,一般用国家公债利率表示。

(2) 投资组合风险和收益的决定因素。决定组合投资风险和收益高低的关键因素是不同组合投资中各证券的比重,因为个别证券的 β 系数是客观存在的,是无法改变的。但是,人们通过改变组合投资中的证券种类或比重即可改变组合投资的风险和收益。因此,人们可以通过调整某一组合投资内各证券的比重来控制该组合投资的风险和收益。

(3) 投资组合风险和收益的关系。可以用资本资产定价模型来表示:

$$K_i = R_F + R_p = R_F + \beta_i \times (K_m - R_F) \tag{2-34}$$

此时,K_i 的实质是在不考虑通货膨胀情况下无风险收益率与风险收益率之和。

【例2-16】 某企业持有甲、乙、丙三种股票所构成的证券组合,其 β 系数分别是1.2、1.6和0.8,它们在证券组合中所占的比重分别是40%、35%和25%,此时证券市场的平均收益率为10%,无风险收益率为6%。

问:

(1) 上述组合投资的风险收益率和收益率是多少?

(2) 如果该企业要求组合投资的收益率为13%,你将采取何种措施来满足投资的要求?

解:(1) $\beta_P = 1.2 \times 40\% + 1.6 \times 35\% + 0.8 \times 25\% = 1.24$

$R_P = 1.24 \times (10\% - 6\%) = 4.96\%$

$K_i = 6\% + 4.96\% = 10.96\%$

(2) 由于该组合的收益率 10.96% 低于企业要求的收益率 13%，因此可以通过提高 β 系数高的甲种或乙种股票的比重、降低丙种股票的比重来实现企业增加收益的目标。

◎ 【问题与思考 2-2】

张先生是一个保守型投资者，在基金市场最火爆的时候，他拿出所有的 20 万元积蓄买了如下基金：华宝收益偏股混合型基金、易方达股票型基金、上投内需股票型基金、光大红利股票型基金，各种基金各占 25% 份额。但不久市场环境发生巨变，股票指数一路下滑，张先生损失惨重。请对张先生的投资组合进行评价。

本 章 小 结

资金时间价值是指一定量资金在不同时点上的价值差额。其实质是资金周转使用后的增值额，是资金所有者让渡资金使用权而参与社会财富分配的一种形式。资金时间价值的计算主要是对终值和现值的计算。终值是指资金经过若干时期后包括本金和时间价值在内的未来价值；现值是指资金现在的价值，是指未来某一时点上的现金折合到现在的价值。资金时间价值的计算可采用单利制和复利制两种方式。财务管理中考虑资金时间价值通常用复利方式。财务管理中的风险可理解为预期收益的不确定性。风险与收益是一种对称关系。高风险可能伴随着高收益，低风险意味着低收益。资金的时间价值和风险价值之间既有联系又有区别。它们的区别表现在：时间价值的获得并不需要企业冒风险，它是企业能够稳定获得的收益；而风险价值是需要企业冒着风险去争取的，其间存在着种种不确定性。时间价值与风险价值之间的联系是：它们都是企业的一种收益，两者共同构成企业投资的总收益。组合并不能消除所有的风险。因为投资组合的总风险包括系统性风险和非系统性风险两部分。系统性风险是由那些影响整个市场的风险因素所引起的，如国家经济形势的变化、经济政策的调整等。这类风险涉及所有的投资对象，不能通过多元化的投资进行分散，所以又称为不可分散风险。非系统性风险是指特定公司或行业所特有的风险，这类风险是随机发生的，通过多元化的投资，发生在某些证券投资的失败可以从其他证券投资的盈利中得到补偿。所以，非系统性风险又称为可分散风险或公司特有风险。

复 习 思 考 题

1. 什么是时间价值？时间价值的原理对于实践活动有何指导意义？
2. 什么是风险价值？风险价值的原理对于实践活动有何指导意义？

3. 试述衡量风险价值的一般步骤。
4. 投资组合的风险如何衡量？

案例讨论题

丰华公司存款案例

丰华公司在南京商业银行设立一个临时账户。2005年1月1日，该公司存入15万元，银行存款年利率为3.6%。因资金比较宽松，该笔存款一直未予动用。2007年1月1日，丰华公司拟撤销该临时账户。它与银行办理销户时，银行共付给丰华公司16.08万元。

案例思考题：
1. 如何理解资金时间价值，写出16.08万元的计算过程。
2. 如果丰华公司将15万元放在单位保险柜里，存放至2007年1月1日，会取出多少钱？如果将15万元购买企业同期企业债券，年利率一般为4.2%，期满收获多少？由此分析资金产生时间价值的根本原因。
3. 资金时间价值为什么通常用"无风险无通货膨胀情况下的社会平均利润率"来表示？

同步测试题

一、单项选择题

1. 一定时期内每期期初等额收付的系列款项是(　　)。
   A. 即付年金　　　B. 永续年金　　　C. 递延年金　　　D. 普通年金
2. 甲某拟存入一笔资金以备3年后使用。假定银行3年期存款年利率为5%，甲某3年后需用的资金总额为34 500元，则在单利计算情况下，目前需存入的资金是(　　)元。
   A. 30 000　　　B. 29 803.04　　　C. 32 857.14　　　D. 31 500
3. 下列关于β系数，说法不正确的是(　　)。
   A. β系数可用来衡量可分散风险的大小
   B. 某种股票的β系数越大，风险收益率越高，预期报酬率也越大
   C. β系数反映个别股票的市场风险，β系数为零，说明该股票的市场风险为零
   D. 某种股票β系数为1，说明该种股票的风险与整个市场风险一致

4. 某企业拟进行一项存在一定风险的完整工业项目投资,有甲、乙两个方案可供选择。已知:甲方案净现值的期望值为 1 000 万元,标准离差为 300 万元;乙方案净现值的期望值为 1 200 万元,标准离差为 330 万元。下列结论中正确的是( )。

    A. 甲方案优于乙方案   B. 甲方案的风险大于乙方案
    C. 甲方案的风险小于乙方案   D. 无法评价甲、乙方案的风险大小

5. 已知甲方案投资收益率的期望值为 15%,乙方案投资收益率的期望值为 12%,两个方案都存在投资风险。比较甲、乙两方案风险大小应采用的指标是( )。

    A. 方差   B. 净现值   C. 标准离差   D. 标准离差率

二、多项选择题

1. 对于货币的时间价值概念的理解,下列表述中,正确的是( )。
    A. 货币时间价值是指货币经过一定时间所增加的价值
    B. 一般情况下,货币的时间价值应按复利方式来计算
    C. 货币的时间价值是评价投资方案的基本标准
    D. 不同时间的货币收支不宜直接进行比较,只有把它们换算到相同的时间基础上,才能进行大小的比较和比率的计算

2. 下列有关投资组合风险和报酬的表述中,正确的是( )。
    A. 除非投资于市场组合,否则投资者应该通过投资于市场组合和无风险资产的混合体来实现在资本市场上的投资
    B. 当资产报酬率并非完全正相关时,分散化原理表明分散化投资是有益的,原因在于能够提高投资组合的期望报酬率对其风险的比值,即分散化投资改善了风险报酬率对比状况
    C. 一项资产的期望报酬率是其未来可能报酬率的均值
    D. 投资者可以把部分资金投资于有效资产组合曲线以下的投资组合

3. 下列公式中,正确的是( )。
    A. 风险收益率＝风险价值系数×标准离差率
    B. 风险收益率＝风险价值系数×标准离差
    C. 投资总收益率＝无风险收益率＋风险收益率
    D. 投资总收益率＝无风险收益率＋风险价值系数×标准离差率

4. 下列各项中,属于年金形式的是( )。
    A. 在租赁期内每期支付的等额租金
    B. 在设备折旧期内每期按照直线法计提的折旧额
    C. 等额分期付款

D. 零存整取的整取额

5. 在下列各项中,可以直接或间接利用普通年金终值系数计算出确切结果的项目是(   )。

    A. 偿债基金 B. 先付年金终值 C. 永续年金现值 D. 永续年金终值

三、判断题

1. 对于多个投资方案而言,无论各方案的期望值是否相同,标准离差率最大的方案一定是风险最大的方案。（   ）

2. 在通货膨胀率很低的情况下,公司债券的利率可视同为资金时间价值。（   ）

3. 国库券是一种几乎没有风险的有价证券,其利率可以代表资金时间价值。（   ）

4. 利率不仅包含时间价值,而且也包含风险价值和通货膨胀补偿率。（   ）

5. 每半年付息一次的债券利息是一种年金的形式。（   ）

四、核算题

1. 某人决定分别在 2002 年、2003 年、2004 年和 2005 年各年的 1 月 1 日存入 5 000 元,按 10％利率,每年复利一次。

要求:计算 2005 年 12 月 31 日的余额是多少?

2. 某公司拟租赁一间厂房,期限是 10 年。假设年利率是 10％,出租方提出以下几种付款方案:

(1) 立即支付全部款项共计 20 万元。

(2) 从第四年开始每年年初付款 4 万元,至第十年年初结束。

(3) 第一年至第八年每年年末支付 3 万元,第九年年末支付 4 万元,第十年年末支付 5 万元。

要求:通过计算,回答该公司应选择哪一种付款方案比较合算?

3. 某企业有 A、B 两个投资项目,计划投资额均为 1 000 万元,其收益(净现值)的概率分布如表 2-3 所示。

表 2-3　收益概率分布情况

金额单位:万元

时常状况	概　率	A 项目净现值	B 项目净现值
好	0.2	200	300
一般	0.6	100	100
差	0.2	50	−50

要求：

(1) 分别计算 A、B 两个项目净现值的期望值。

(2) 分别计算 A、B 两个项目期望值的标准离差。

(3) 判断 A、B 两个投资项目的优劣。

4. 某投资者准备从证券市场购买 A、B、C、D 四种股票组成投资组合。已知 A、B、C、D 四种股票的 β 系数分别为 0.7、1.2、1.6、2.1。现行国库券的收益率为 8%，市场平均股票的必要收益率为 15%。

要求：

(1) 采用资本资产定价模型分别计算这四种股票的预期收益率。

(2) 假设该投资者准备长期持有 A 股票。A 股票去年的每股股利为 4 元，预计年股利增长率为 6%，当前每股市价为 58 元，投资 A 股票是否合算。

(3) 若该投资者按 5∶2∶3 的比例分别购买了 A、B、C 三种股票，计算该投资组合的 β 系数和预期收益率。

(4) 若该投资者按 3∶2∶5 的比例分别购买了 B、C、D 三种股票，计算该投资组合的 β 系数和预期收益率。

第三章 金融市场和企业筹资工具

- 了解金融市场概念及其分类
- 了解金融市场中各种金融工具的特点和作用
- 理解和掌握不同筹资工具的运作及其财务效应
- 会用不同筹资工具解决公司筹资问题。

引　言

某股份有限公司调整产品结构,打算上马一条新设备,预计投资1 000万元人民币。现有两套筹集资金方案可供股东大会决议:方案一是发行10年期、每年年末支付利息、面值1 000元、债券利率为8%的企业债券;方案二是发行新股1 000万股、每股面值1元,按面值发行。这两种方案各有什么优缺点?如何运作及其财务效应怎样?本章将对此作出解答。

第一节　金融市场

一、金融市场的概念

金融是现代经济的核心。金融是指资金的融通。它是货币流通和信用活动的总称。资金从供给者流向需求者的过程构成了资金的信贷过程,而为两者提供资金融通场所的就是金融市场(financial market)。金融商品交易或者金融资产买卖的场所就是金融市场。它包括三层含义:一是完成金融交易的场所既可以是有形的,也可以是无形的;二是它反映了金融资产的供应者和需求者之间的供求关系;三是它包含了金融资产交易的运行机制,其中最重要的是价格机制。这里,金融资产是指一切代表未来收益或者资产合法要求权的凭证。也称为金融工具或者金融证券。金融资产分为两类：一是权益性证券（equities），要求证券发行人在支付债务性证券后按收益对权益性证券所有者进行支付，其中较典型的有股票；二是债务性证券，要求证券发行人在某一特定时期中按照约定条件支付一定的利息给证券持有人，其中较典型的有存单、债券等。

金融市场的融资活动有两种形式：如果由资金供给者与需求者直接接触、进行金融资产买卖的，称为直接融资；如果资金供给者与需求者不直接接触、通过银行等金融机构为中介进行融资活动的，称为间接融资。

二、金融市场的构成

世界各国的金融市场发展程度存在巨大差异，但就其本身的构成要素来看，所有的金融市场都由金融市场主体、金融市场客体、金融市场中介以及金融市场价格等要素组成。

（一）金融市场主体

金融市场的主体，即参与金融市场的交易者。当然，在某个时点上的资金供给者可能是另一个时点上的需求者。一定的资金供给者与需求者的存在是金融市场存在和发展的基础。市场交易主体的数量在某种程度上决定了金融市场的规模，众多交易者的参与推动了种类繁多的各种金融工具的出现，对金融市场纵深化发展产生巨大影响。按照不同的标准，金融市场的主体可以有不同的分类。按照交易中金融资产的运动方向，可以把参与者分为空头和多头。空头（short position）指出售金融资产的一方，即卖方；多头（long position）指买入金融资产的一方，即买方。在金融市场上，空头预测资产价格将下降，多头则预测资产价格将上涨。按照交易的直接目的以及交易性质，可以将交易分为两类：第一类是有偿让渡资金的使用权，第二类是出让与受让风险。第一类交易中资金流出的一方称为盈余方，其交易目的是资金的保值增值；另一方称为短缺方，其交易目的是获得资金。第二类交易中按照风险的流向，分为风险规避者和风险受让者。按照交易动机可以把参与者分为投资者（investor）、筹资者（raiser）、套期保值者（hedger）、套利者（arbitrager）、调控和监管者。广义的投资者又可以分为投资者和投机者（speculator）。按照自然以及社会属性，投资者可分为个人与家庭、企业、政府、金融机构等。

（二）金融市场客体

金融市场的客体是指金融市场的交易对象或交易的标的物，即金融工具。按照《企业会计准则第22号——金融工具确认和计量》第2条的定义："金融工具是指形成一个企业的金融资产，并形成其他单位的金融负债或权益工具的合同。"金融工具一般包括折现借款、商业票据、购回协议、国库券、政府短期债券等,也可以是长期债券(包括长期国债)、股票、外汇等。

(三) 金融市场媒体

金融市场媒体是指那些在金融市场上充当交易媒介、促使交易完成并以收取一定佣金为目的机构和个人。媒体可分为两类:一类是金融市场商人,如货币经纪人、证券经纪人、外汇经纪人等;另一类是机构媒体,如证券公司、商业银行等。这些媒体参与金融活动的目的,主要是赚取佣金。

(四) 金融市场价格

金融市场价格是金融市场的基本构成要素之一。不同的金融工具具有不同的价格,同金融工具的实际收益密切相关。影响因素较多,比较复杂。

三、金融市场的分类

作为资金融通的场所,金融市场包含的内容非常广泛,从不同的角度考察,可作如下分类。

1. 按照地理范围划分,可将金融市场分为国际金融市场和国内金融市场

国际金融市场由经营各国之间货币业务的金融机构组成。其经营内容包括资金借贷、外汇买卖、证券买卖、资金交易等。国内金融市场由国内金融机构组成,办理各种货币、证券及各种业务活动。它又分为城市金融市场和农村金融市场,或者分为全国性、区域性、地方性的金融市场。

2. 按照经营场所划分,可将金融市场分为有形金融市场和无形金融市场

有形金融市场指有固定场所和操作设施的金融市场;无形金融市场是以营运网络形式存在的市场,它通过电子电讯手段达成交易。

3. 按照融资交易期限划分,可将金融市场分为长期资金市场和短期资金市场

长期资金市场(资本市场),主要供应1年以上的中长期资金,如股票与长期债券的发行与流通;短期资金市场(货币市场),是1年以下的短期资金的融通市场,如同业拆借、票据贴现、短期债券及可转让存单的买卖。

4. 按照组织方式划分,可将金融市场分为有组织的市场(或场内交易市场)和无组织的市场(或场外交易市场、柜台交易)

曾经出现的"第三市场"实际上也是一种场外交易市场,只不过所交易的资产同时也在交易所上市交易;而"第四市场"则完全是通过计算机网络联系的无形市场。

5. 按照交易性质划分,可将金融市场分为发行市场和流通市场

发行市场也称一级市场。它是新证券发行的市场。流通市场也称二级市场。它是已经发行、处在流通中的证券的买卖市场。

6. 按照交易对象划分,可将金融市场分为货币市场、资本市场、外汇市场、黄金市场和保险市场

货币市场是指期限在1年以下的以金融资产为交易对象的短期金融市场。货币市场可分为商业票据市场、短期债券市场和大额可转让存单市场、同业拆借市场和银行短期信贷市场等。资本市场是指期限在1年以上的以金融资产为交易对象的市场。资本市场主要是指债券市场和股票市场。

7. 按照交割期限划分,可将金融市场分为金融现货市场、金融期货市场和金融期权市场

金融现货市场是指投融活动成交后立即付款交割的市场;金融期货市场是指投融活动成交后按合约规定在指定日期付款交割的市场;金融期权市场是指各种期权交易的市场。期权交易是指买卖双方按成交协议签订合同,允许买方在交付一定的期权费用后,即取得在特定的时间内,按协议价格买进或卖出一定数量的证券的权利。但在协议合同生效前,购买期权的一方如不行使该权利,期权合同则自动失效。按照上述各内在联系对金融市场进行科学系统的划分,是进行金融市场有效管理的基础。

【问题与思考 3-1】

金融市场按照交易性质划分为发行市场和流通市场。也称一级市场和二级市场。这两个市场之间存在着怎样的联系?

第二节 企业筹资概述

一、企业筹资的含义和动机

企业筹资是指企业作为筹资主体根据其生产经营、对外投资和调整资本结构等需要,通过筹资渠道,以一定的筹资方式,经济有效地筹措资本的活动。筹资活动是企业的一项基本财务活动。筹资管理解决为什么要筹资、从何种渠道以何种方式筹资、要筹集多少资本、如何合理安排资本结构等问题。

企业筹资的基本目的是为了自身的生存与发展。企业在持续的生存与发展中,其具体的筹资活动通常受特定的筹资动机所驱使。在公司筹资的实际中,这些具体的筹资动机有时是单一的,有时是结合的,归纳起来有以下几种基本类型。

(一)设立性筹资动机

资本是企业经营活动的一种基本要素,是企业创建和生存发展的一个必要条件。公司最初创建时就需要筹资,以获得设立一个企业所必需的初始资本;公司在取得验资证明、到工商管理部门办理注册登记后,才能开展正常的生产经营活动。

(二) 扩张性筹资动机

企业因扩大生产经营规模或增加对外投资会产生追加筹资的动机。处于成长时期、具有良好发展前景的企业通常会产生这种筹资动机。扩张性筹资动机所产生的直接结果,是企业资产总额和资本总额的增加。

(三) 调整性筹资动机

企业因调整现有资本结构的需要而产生筹资动机。资本结构是企业各种筹资方式的组合及其比例关系。一个企业在不同时期由于筹资方式的组合不同会形成不尽相同的资本结构。随着相关情况的变化,现有的资本结构可能不再合理,需要相应地予以调整,使之趋于合理。

(四) 混合性筹资动机

企业同时既为扩张规模又为调整资本结构而产生筹资动机。这种混合性筹资动机中兼容了扩张性筹资和调整性筹资两种筹资动机。在混合性筹资动机的驱使下,企业通过筹资,既扩大了资产和筹资的规模,又调整了资本结构。

二、筹资的分类

公司通过各种筹资渠道和采用各种筹资方式所筹集的资本,由于具体的属性、期限、范围和机制的不同而形成不同的类型。进而,不同类型资本的结合就构成具体的筹资组合。

1. 按照资本的来源渠道不同划分,可将筹资分为权益筹资和负债筹资

企业通过发行股票、吸收直接投资、内部积累等方式筹集的资本都属于企业的权益性资本或称为股权资本、自有资本。这部分资本是企业依法取得并长期拥有、可自主调配运用的资本。权益筹资的财务风险小,但付出的资本成本相对较高。

企业通过发行债券、向银行借款、融资租赁等方式筹集的资本属于企业的债务资本或称借入资本。这部分资本是企业依法取得并依约运用、按期偿还的资本。负债筹资一般承担风险较大,但相对而言,付出的资本成本较低。

2. 按照是否通过金融机构划分,可将筹资分为直接筹资和间接筹资

直接筹资是指资本供求双方通过一定的金融工具直接形成债权债务关系或所有权关系的筹资形式。在直接筹资活动过程中,筹资企业无需借助银行等金融机构,而是直接与资本所有者协商,采用一定筹资方式取得资本。直接筹资主要有投入资本、发行股票、发行债券和商业信用等。

间接筹资是指资本供求双方通过金融中介机构间接实现资本融通的筹资形式。这是一种传统的筹资类型。在间接筹资活动过程中,银行等金融机构发挥着中介作用。它们先集聚资本,然后提供给筹资企业。间接筹资的基本方式是银行借款。此外,还有租赁等筹资方式。

3. 按照资本的取得方式不同划分,可将筹资分为内部筹资和外部筹资

内部筹资是指企业在企业内部通过留用利润而形成资本来源的筹资形式。内部筹资是在企业内部"自然地"形成的,因此被称之为"自动化的资本来源",一般无需花费筹资费用。其数量通常由企业可分配利润的规模和利润分配政策(或股利政策)来决定。

外部筹资是指企业吸收其他经济主体的闲置资金而形成资本来源的筹资形式。企业应在充分利用了内部筹资来源之后,再考虑外部筹资问题。一般处于初创期的企业,内部筹资的可能性有限;处于成长期的企业,内部筹资往往难以满足需要。于是,企业就要广泛开展外部筹资。企业外部筹资的方式很多,包括发行股票、发行债券、银行借款等,大多都需要花费筹资费用。

4. 按所筹资本使用期限的长短划分,可将筹资分为短期资本筹集和长期资本筹集

短期资本是指企业需用期限在1年以内的资本。短期资本主要投资于现金、应收账款、存货等,一般在短期内可收回。短期资本常采取商业信用和取得银行短期借款等方式来筹集。长期资本是指企业需用期限在1年以上的资本。长期资本主要投资于新产品的开发和推广、生产规模的扩大、厂房和设备的更新,一般需几年甚至十几年才能收回。长期资本通常采用吸收投资、发行股票、发行公司债券、取得长期借款、融资租赁和内部积累等方式来筹集。

三、筹资渠道与筹资方式

企业筹资需要通过一定的筹资渠道,运用一定的筹资方式来进行。不同的筹资渠道和筹资方式各有特点和适用性,为此需要加以分析研究。筹资渠道与筹资方式既有联系,又有区别。同一筹资渠道的资本往往可以采用不同的筹资方式取得,而同一筹资方式又往往可以筹集不同渠道的资本,这就需要分析研究两者之间的有效配合。

(一)筹资渠道

筹资渠道是指企业筹集资本的来源方向与通道,体现着资本的源泉和流量。认识和了解各筹资渠道及其特点,有助于企业充分拓宽和正确利用筹资渠道。我国企业目前的筹资渠道主要包括以下七种。

1. 政府财政资本

国家对企业的直接投资历来是国有企业筹资的主要来源。现有的国有企业,包括国有独资公司,其筹资来源的大部分,是在过去由政府通过中央和地方财政部门以拨款方式投资而形成的。从产权关系上看,它们都属于国家投入的资本,产权归国家所有。

2. 银行信贷资本

银行信贷资本是各类企业筹资的重要来源。我国银行一般分为商业性银行和政策性银行。商业性银行是以营利为目的、从事信贷资金投放的金融机构。它主要为企业提供各类商业贷款。政策性银行主要为特定企业提供一定的政策性贷款。

3. 非银行金融机构资本

非银行金融机构资本也可以为一些企业提供一定的筹资来源。非银行金融机构是指除了银行以外的各种金融机构及金融中介机构。在我国,非银行金融机构主要有租赁公司、保险公司、企业集团的财务公司以及信托投资公司、证券公司等。目前,非银行金融机构的资本力量虽然比银行要小,但是它们涉及的领域比较广泛,具有广阔的发展前景。它们所提供的各种金融服务,既包括信贷资金投放,也包括物资的融通,还包括为企业承销证券等金融服务。

4. 其他法人资本

其他法人资本有时亦可为筹资企业提供一定的筹资来源。在我国,法人可分为企业法人、事业法人和团体法人等。它们在日常的资本运营周转中,有时也可能形成部分暂时闲置的资本,为了让这些资本发挥一定的效益,也需要相互融通,从而为企业筹资提供了一定的筹资来源。

5. 民间资本

民间资本可以为企业直接提供筹资来源。企业职工和居民个人的结余货币,作为"游离"于银行及非银行金融机构等之外的个人资本,可用于对企业进行投资,形成民间资本来源渠道,为企业所用。

6. 企业内部资本

企业内部资本主要是企业通过提留盈余公积和保留未分配利润而形成的资本。这是企业内部形成的筹资渠道,比较便捷,无需通过一定的方式去筹集。

7. 国外及我国港、澳、台资本

从20世纪70年代末期,我国实行改革开放政策,大量的国外及我国港、澳、台企业的资本进入我国,形成了企业的一个重要的资本来源。进入21世纪之后,随着经济全球化的发展,国际资本流动规模日益扩大,尤其是在我国加入WTO之后,为国际资本到我国投资提供了更加广阔的前景,这也为我国企业筹资开阔了新的空间。

(二) 筹资方式

企业筹资方式是指企业筹集资本所采取的具体形式和工具。筹资方式取决于企业资本的组织形式和金融工具的开发利用程度。我国企业目前的筹资方式主要有以下几种:

① 吸收直接投资。② 发行股票。③ 利用留存收益。④ 向银行借款。⑤ 利用商业信用。⑥ 发行公司债券。⑦ 融资租赁。其中,利用①～③方式筹集的资金为权益资本,利用④～⑦方式筹集的资金为债务资本。

(三) 筹资渠道与筹资方式的配合

筹资渠道解决的是资本来源问题,筹资方式则解决通过何种方式取得资本的问题,它们之间存在一定的对应关系。同一筹资渠道的资本往往可以采取不同筹资方式取得,而同一筹资方式又往往适用于不同的筹资渠道。因此,企业在筹资时,应当实现筹资渠道和筹资方式两者之间的合理配合。企业筹资渠道与筹资方式的相互配合关系如表 3-1 所示。

表 3-1　企业筹资渠道与筹资方式的配合

筹资方式＼筹资渠道	吸收直接资本	发行股票	发行债券	银行借款	融资租赁	发行短期融资券	商业信用
政府财政资本	✓	✓					
银行信贷资本				✓	✓		
非银行金融机构资本	✓	✓	✓	✓	✓	✓	✓
其他法人资本	✓	✓	✓				✓
民间资本	✓	✓	✓				
企业内部资本	✓	✓					
国外及我国港、澳、台资本	✓	✓	✓	✓	✓		✓

四、筹资规模的确定方法

常用的筹资规模确定方法有多种,既有定性分析法,也有定量分析法。下面介绍几种主要的预测方法。

(一) 判断分析法

判断分析法也称专家判断法。它是一种常用的定性预测方法。它主要是通过一些具有丰富经验的企业经营管理人员或有关专家对企业的经营活动、投资项目以及资本结构等进行分析,以判断企业在一定时期内的资金需要量。这种预测方法简便易行,所需时间较短,费用较低,可以提高预测的效率。一般在企业缺乏完备、准确的历史资料的情况下,可以采用判断分析法进行资本需求量的预测。但是,它是凭人的主观来判断的,准确性难免受到一定的影响。判断分析法通常是由有关专家来预测企业的资本需求量。常用的具体方法有专家个人意见集合、专家小组法和德尔菲法。

1. 专家个人意见集合法

这种方法是首先向各个专家征求意见,要求他们对企业的经营活动、投资项目所需要的资本数量作出独立的个人判断,然后再综合汇总,确定预测数值。采用这种方法可以汇集各方面的专家从不同的角度反映的意见,其准确性一般比较高。但是,由于不同的专家所掌握的资料有限,因此也会带有一定的片面性。

【例 3-1】 华联公司采用专家个人意见集合法对某投资项目的资本需求量进行预测。该公司邀请了 10 位各方面的专家对该投资项目的资本需求量作出独立的预测,结果如表 3-2 所示。

表 3-2 专家个人的资本需求量预测值

金额单位:万元

专家编号	资本需求量预测值
1	200.0
2	210.0
3	196.0
4	218.0
5	200.0
6	214.0
7	195.0
8	205.0
9	212.0
10	208.0
平均值	205.8

从表 3-2 可知,华联公司在 10 位专家预测的资本需求量的基础上,计算出资本需求量的平均值 205.8 万元,并以此作为该投资项目的资本需求量的预测值。这种方法由于集中了多位专家的意见,因此提高了预测的准确性。

2. 专家小组法

这种方法是由若干专家预测小组,分别以小组为单位对企业的经营活动、投资项目所需要的资本数量进行预测,再进行综合汇总的一种预测方法。采用这种预测方法,可以在预测过程中发挥集体的智慧,从而使预测的结果更加准确。但是这种方法也有其不利的一面,即由于是专家组进行集体预测,在预测过程中容易受到一些权威专家的影响,不利于各位专家发表个人独立的见解。

3. 德尔菲法

这种方法首先以函询方式向若干名专家分别征询意见,各位专家独立地对企业的经营活动、投资项目所需要的资本数量进行预测,然后企业将各个专家的预测结果进行汇总,并以不记名的方式反馈给各位专家,再次征求各位专家的意见,请他们参考他人的意见修正本人原来的判断,如此反复多次,最后集各家之所长,对资本需求量作出综合预测。

【例 3-2】 海虹公司准备于计划期投资一新项目,聘请 10 名专家采用德尔菲法对该投资项目的资本需求量进行预测。海虹公司将该投资项目的基本情况分别对各位专家作了详细的介绍,并提供了同类投资项目的资本需求量的信息。海虹公司发出信函征求各位专家的意见,请他们分别作出自己的预测,经过三次反馈,资本需求量的预测结果如表 3-3 所示。

表 3-3 德尔菲法预测资本需求量

金额单位:万元

专家编号	第一次预测值	第二次预测值	第三次预测值
1	520.0	510.0	505.0
2	510.0	505.0	502.0
3	508.0	505.0	503.0
4	480.0	490.0	495.0
5	500.0	500.0	501.0
6	530.0	520.0	510.0
7	505.0	500.0	502.0
8	490.0	495.0	498.0
9	495.0	500.0	500.0
10	480.0	490.0	495.0
平均值	501.8	501.5	501.1

根据专家的三次预测,最终确定资本需求量的预测值为 501.1 万元。

比较上述三种判断分析法可知,德尔菲预测法是在专家个人意见集合法的基础上反复多次预测而得出结果的一种预测方法。并且各位专家的预测都是在独立的情况下作出。在预测时,既注重参考其他专家预测的意见,同时也排除了受其他专家过多的影响,因此,可以使预测结果更加准确。

(二)线性回归分析法

线性回归分析法是指假定资本需要量与营业业务量之间存在线性关系并建立

数学模型,然后根据历史有关资料,用回归直线方程确定参数预测资本需要量的方法。其预测模型为:

$$y = a + bx$$

式中:y 表示资本需要量;a 表示不变资本总额;b 表示单位业务量所需要的可变资本额;x 表示产销量。

不变资本是指在已定的营业规模内不随业务量变动的资本。它主要包括为维持营业而需要的最低数额的现金、原材料的保险储备、必要的成品或商品储备以及固定资产占用的资本。可变资本是指随营业业务量变动而同比例变动的资本。它主要包括在最低储备以外的现金、存货、应收账款等所占用的资本。运用上列预测模型,在利用历史资料确定 a、b 数值的条件下,即可预测一定产销量 x 所需要的资本总量 y。

(三) 销售百分比法

销售百分比法是指根据销售收入与利润表、资产负债表有关项目之间的比例关系,预测各项目资本需要量的方法。采用销售百分比法预测企业的资本需要量时,需要将财务报表中的各个项目,按照其与销售收入之间的相关性分为敏感项目和非敏感项目。敏感项目是指其数额与销售收入之间成正比例变化的项目。一般来说,企业在正常经营活动中,财务报表中的某些项目的数额与企业的销售收入之间会有一定的比例关系。这些项目就属于敏感项目。例如,企业的存货数量与销售量成一定的比例关系,假定企业销售 100 元的货物,就需要 20 元的存货储备,即存货与销售收入之间的百分比是 20%。也就是说,销售收入每增加 100 元,存货就需要增加 20 元。这样,如果预测未来的销售收入,就可以预测存货的资本需要量。但是,并非所有的财务报表项目的数额都与销售收入存在相关性,有些项目的数额不会随销售收入的变化而变化,如股本、资本公积等,这些项目称为非敏感项目。销售百分比法就是根据财务报表中的敏感项目与非敏感项目同销售收入之间的关系,通过预计财务报表的方法,预测企业的短期资本需求量。

运用销售百分比法预测资本需求量,应遵循以下基本假设:

(1) 在一定的销售范围内,财务报表中的非敏感项目的数额保持不变。
(2) 财务报表中的敏感项目与销售收入之间的百分比保持不变。
(3) 产品的销售价格固定。
(4) 税率不变。
(5) 企业的利润分配政策不变。

在上述的基本假设下,就可以运用销售百分比法来预测资本的需求量。一般是借助于预计利润表与预计资产负债表进行预测。通过预计利润表,可以预测企业留用利润这种内部资本来源的增加额;通过预计资产负债表,可以预测企业资本需要总额和外部筹资的增加额。下面举例说明如何运用销售百分比法预测资本需求量。

【例 3-3】 南方公司采用销售百分比法预测 2009 年的资本需要量。预计 2009 年公司可实现销售收入 26 000 万元,税后利润留用比例为 15%,公司的所得税税率为 25%。南方公司 2008 年的利润表与资产负债表如表 3-4、表 3-5 所示。

表 3-4 南方公司 2008 年利润表

金额单位:万元

项 目	金 额
销售收入	20 000
减:销售成本	12 000
销售税金	1 000
销售利润	7 000
减:销售费用	600
管理费用	400
财务费用	200
税前利润	5 800
减:所得税费用(税率25%)	1 450
税后净利润	4 350

表 3-5 南方公司 2008 年资产负债表

金额单位:万元

资 产	金 额	负债及所有者权益	金 额
现金	200	短期借款	500
应收账款	2 200	应付票据	600
存货	3 480	应付账款	1 200
预付账款	50	应付费用	860
固定资产净值	8 150	长期负债	5 800
无形资产	20	负 债 合 计	8 960
		实收资本	4 000
		资本公积	800
		留用利润	340
资 产 总 额	14 100	负债及所有者权益总额	14 100

根据以上资料,运用销售百分比法预测该企业的资本需求量:

第一步,计算利润表各个项目与销售收入的百分比,并编制 2009 年预计利润表。南方公司 2009 年预计利润表如表 3-6 所示。

表 3-6 南方公司 2009 年的预计利润表

金额单位:万元

项　　目	2008 年实际数	占销售收入百分比(%)	2009 年预计数
销售收入	20 000	100	26 000
减:销售成本	12 000	60	15 600
销售税金	1 000	5	1 300
销售利润	7 000	35	9 100
减:销售费用	600	3	780
管理费用	400	2	520
财务费用	200	1	260
税前利润	5 800	29	7 540
减:所得税费用(税率25%)	1 450		1 885
税后净利润	4 350		5 655

根据预计利润表可计算出 2009 年的预计税后净利润为 5 655 万元。

第二步,计算出 2009 年的留用利润为:

$$5\,655 \times 15\% = 848.25(万元)$$

第三步,计算资产负债表敏感项目与销售收入的百分比,并编制 2009 年的预计资产负债表。南方公司 2009 年的预计资产负债表如表 3-7 所示。

表 3-7 南方公司 2009 年的预计资产负债表

金额单位:万元

项　　目	2008 年实际数	占销售收入的百分比(%)	2009 年预计数
资产			
现金	200	1.0	260.00
应收账款	2 200	11.0	2 860.00
存货	3 480	17.4	4 524.00
预付账款	50		50.00

(续表)

项目	2008年实际数	占销售收入的百分比(%)	2009年预计数
固定资产净值	8 150		8 150.00
无形资产	20		20.00
资产总额	14 100	29.4	15 864.00
负债及所有者权益：			
短期借款	500		500.00
应付票据	600		600.00
应付账款	1 200	6.0	1 560.00
应付费用	860	4.3	1 118.00
长期负债	5 800		5 800.00
负债合计	8 960	10.3	9 578.00
实收资本	4 000		4 000.00
资本公积	800		800.00
留用利润	340		1 188.25
所有者权益合计	5 140		5 988.25
追加外部筹资额			297.75
负债及所有者权益总额	14 100		15 864.00

从表3-7可知,南方公司敏感资产项目与销售收入的百分比为29.4%,而敏感负债项目与销售收入的百分比为10.3%。因此,当销售收入增加100万元时,资产增加29.4万元,即资本需要量增加29.4万元,而敏感负债将增加10.3万元。敏感负债属于自动增加的资本来源。也就是说,销售收入每增加100元所需要增加的资本量为29.4元,其中由敏感负债自动解决10.3万元,尚有19.1万元的资本需要企业追加筹资。

第四步,计算追加的外部筹资额。2009年预计资产负债表的资产总额15 864万元减去负债合计数9 578万元,再减去所有者权益合计数5 988.25万元,其差额为297.75万元就是需要从外部追加的筹资的数额。

【问题与思考3-2】

前已述及,销售百分比法是在一定的假设条件下应用的。在实际预测中,应当根据企业的实际情况对某些项目进行实际调整,以提高预测的准确性。这是为什么?

第三节 权益资本的筹集

权益资本又称权益性资本。它是投资者投入的资本金,体现投资者权益,其资本的取得主要通过接受直接投资、发行股票或内部融资而形成。无论何种形式的企业,在其开创之初,都必须具备一定的原始资本。如股份有限公司或有限责任公司,在其初创阶段必须以权益资本的方式从公司发起人或其他原始投资者那里获得其所需的原始资本。这部分权益资本通常构成企业的原始资金来源,而且还是公司以后吸收其他投资或筹集各种债务资本的基础和保证。权益资本的筹集方式主要有吸收直接投资、发行普通股筹资以及利用留存盈余融资等。

一、吸收直接投资

企业的全部资本按照其产权的归属不同,可以分为股权资本与负债资本。股权资本是企业依法向其所有者筹资的、可长期使用的资本。按照国际惯例,企业的股权资本一般分为投入资本(或股本)和留存收益。我国的财务制度规定,企业的股权资本包括资本金、资本公积金、盈余公积金和未分配利润四个部分。

企业的资本金是企业所有者为创办和发展企业而投入的资本,是企业股权资本的最基本的部分。企业资本金因企业组织形式的不同而有不同的表现形式,在股份公司中成为"股本",在非股份制公司中成为"投入资本"。股权公司中股本需要通过发行股票的方式来筹集,而非股份制企业中的投入资本需要通过吸收直接投资的方式来筹集。

吸收直接投资又称投入资本筹资。它是指非股份制企业以签订投资协议的形式吸收投资者直接投入资本的一种筹资方式。吸收直接投资不是以股票为媒介,只适用于非股份制企业。无论是在企业设立时,还是在企业存续期间,非股份制企业都可以采用吸收直接投资的方式筹集股权资本。它是非股份制企业筹集资本的一种基本方式。

吸收直接投资是指企业按照"共同投资、共同经营、共担风险、共享利润"的原则直接吸收国家、法人、个人投入资本的一种筹资方式。由于吸收直接投资筹集的是股权资本,所以,投资者是企业的所有者,拥有对企业的经营管理权和利润分配权,同时也承担着企业的经营风险。投资者向企业投入资本后,这些资本就成为企业的法人财产,是企业承担民事责任的物质保证。企业拥有对法人财产的占有、使用和支配的权利,投资者不能任意处置法人财产,而只能依法享有和行使企业所有者应有的权利。

（一）吸收直接投资的种类

企业采用吸收直接投资方式筹集的资本一般可分为以下三类。

1. 吸收国家投资

国家投资是指有权代表国家投资的政府部门或者机构以国有资产投入企业的一种投资方式。在这种情况下形成的资本称为国有资本。吸收国家投资是国有企业筹集自有资本的主要方式之一。根据《企业国有资本与财务管理暂行办法》的规定，国家对企业注册的国有资本实行保全原则。企业在持续经营期间，对注册的国有资本除依法转让外，不得抽回，并且以出资额为限承担责任。吸收国家投资一般具有以下特点：① 产权归属国家。② 资金的运用和处置受国家约束较大。③ 在国有企业中采用比较广泛。

2. 吸收法人投资

法人投资是指法人单位以其依法可以支配的资产投入企业的一种投资方式。在这种情况下形成的资本称为法人资本。吸收法人投资一般具有如下特点：① 发生在法人之间。② 以参与企业利润分配为目的。③ 出资方式灵活多样。

3. 吸收社会公众投资

社会公众投资是指社会公众和本企业内部职工以个人合法的财产投入企业的一种投资方式。在这种情况下形成的资本称为个人资本。吸收社会公众投资一般具有以下特点：① 参加投资的人员较多。② 每人投资的数额相对较少。③ 以参与企业利润分配为目的。

4. 吸收外国投资者和我国港、澳、台地区投资者的直接投资

这种筹资方式是指企业依法吸收境外直接投入的资本或技术的一种投资方式。在这种情况下形成企业的外商资本。吸收外国投资者和我国港、澳、台地区投资者的直接投资一般具有以下特点：① 这种筹资方式不仅可以筹集一定数量的货币资本，还可以引进外国先进的技术和管理经验，有利于提高企业的管理水平和市场竞争力。② 吸收外商投资必须经过政府部门的审批，所引进的技术和设备必须是国内所需的先进技术。

（二）吸收直接投资中的出资方式

企业在采用吸收直接投资方式筹集资本时，投资者可用现金、厂房、机器设备、材料物资、无形资产等作价出资。其中，非货币财产出资应当评估作价，核实财产，不得高估或者低估作价。全体股东的货币出资金额不得低于有限责任公司注册资本的30%，以保障公司的正常经营。有限责任公司作为资合兼人合的公司，其股东转让股权受到一定法律限制。

1. 以现金出资

以现金出资是吸收投资中一种最重要的出资方式。有了现金，便可获取其他

物质资源。因此,企业应尽量动员投资者采用现金方式出资。吸收投资中所需投入现金的数额,取决于投入的实物、工业产权之外尚需多少资金来满足建厂的开支和日常周转需要。

2. 以实物出资

以实物出资就是投资者以厂房、建筑物、设备等固定资产和原材料、商品等流动资产所进行的投资。一般来说,企业吸收的实物应符合以下条件:① 确为企业科研、生产、经营所需。② 技术性能比较好。③ 作价公平合理。

3. 以工业产权出资

以工业产权出资是指投资者以专有技术、商标权、专利权等无形资产所进行的投资。一般来说,企业吸收的工业产权应符合以下条件:① 能帮助研究和开发出新的高科技产品。② 能帮助生产出适销对路的高科技产品。③ 能帮助企业改进产品质量,提高生产效率。④ 能帮助企业大幅度降低各种消耗。⑤ 作价比较合理。

4. 以土地使用权出资

投资者也可以用土地使用权来进行投资。土地使用权是按有关法规和合同的规定使用土地的权利。企业吸收土地使用权投资应符合以下条件:① 确为企业科研、生产、销售活动所需。② 交通、地理条件比较适宜。③ 作价公平合理。

(三) 吸收投资的优缺点

1. 吸收投资的优点

① 有利于提高企业信誉。吸收直接投资所筹集的资本属于自有资本,能提高企业的信誉和增强借款能力,对扩大企业经营规模、壮大企业实力具有重要作用。② 有利于尽快形成生产能力。吸收直接投资不仅可以筹集到资金,还可以直接获取投资者的先进设备和先进技术,与仅筹集到现金的筹资方式相比,有利于尽快形成生产经营能力。③ 有利于降低财务风险。吸收直接投资可以根据企业的经营状况向投资者支付报酬,企业经营状况好,可向投资者多支付一些报酬,而企业经营状况不好,就可不向投资者支付报酬或少支付报酬,所以财务风险较小。

2. 吸收投资的缺点

① 资本成本较高。一般而言,采用直接投资方式筹集资本所需负担的资本成本较高,特别是企业经营状况较好和盈利较强时,更是如此。因为向投资者支付的报酬是根据其出资的数额和企业实现利润的多寡来计算的。② 容易分散企业控制权。采用吸收直接投资方式筹集资本,投资者一般都要求获得与投资数量相适应的经营管理权。如果外部投资者的投资较多,则投资者会有相当大的管理权,甚至会对企业实行完全控制。

二、发行普通股筹资

股票是股份有限公司为筹措股权资本而发行的有价证券,是公司签发的证明持股人拥有公司股份的凭证。股票的持有者即为公司的股东。公司股东作为出资人按投入公司的资本额享有所有者的资产收益、公司重大决策和选择管理者的权利,并以其所持股份为限对公司承担责任。我国《公司法》规定,股东具有遵守公司章程、交纳股款、对公司负有限责任、不得退股等有限责任。发行股票筹资是股份有限公司筹措股权资本的基本方式。

(一)股票的种类

1. 按股东权利和义务的不同,股票可分为普通股和优先股

普通股是一种最常见、最重要、最基本的标准型股票。普通股股票是股份制企业发行的代表着股东享有平等的权利、义务,不加特别限制,股利不固定的股票。通常情况下,股份制企业只发行普通股。

优先股是股份制企业发行的优先于普通股股东分取经营收益和破产时剩余财产的股票。对优先股股东来说,其收益相对稳定而风险较小。

2. 按票面是否记名,股票可分为记名股票和无记名股票

记名股票是在股票上载有股东姓名或名称并将其记入公司股东名册的一种股票。我国《公司法》规定,公司向发起人、国家授权投资的机构、法人发行的股票,应为记名股票;向社会公众发行的股票,可以记名股票,也可以为无记名股票。记名股票一律用股东本名,其转让、继承要办理过户手续。无记名股票是在股票票面上不记载股东的姓名或名称的股票,股东的姓名或名称也不记入公司的股东名册,公司只记载股票数量、编号及发行日期。公司对社会公众发行的股票可以为无记名股票。无记名股票的转让、继承无需办理过户手续即可实现股权的转移。

3. 按票面是否标明金额,股票可分为有面额股票和无面额股票

有面额股票是公司发行的票面标有金额的股票。持有这种股票的股东,对公司享有权利和承担义务的大小,以其所拥有的全部股票的票面金额之和占公司发行在外股票总面额的比例大小来定。

无面额股票不标明票面金额,只在股票上载明所占公司股本总额的比例或股份数,故也称为《分权股份》或《比例股》。采用无面额股票,是因为股票价值实际上是随公司财产的增减而变动的。发行无面额股票,有利于促使投资者在购买股票时,注意计算股票的实际价值。目前,我国《公司法》不承认无面额股票,规定股票应记载股票的面额,而且其发行价格不得低于票面金额。

4. 按投资主体的不同,股票可分为国家股、法人股、个人股和外资股

国家股是有权代表国家投资的部门或机构以国有资产向公司投入而形成的股

份。国家股由国务院授权的部门或机构持有,并向公司委派股权代表。法人股是指企业法人依法以其可支配的资产向公司投入而形成的股份,或具有法人资格的事业单位和社会团体以国家允许用于经营的资产向公司投入而形成的股份。个人股是社会个人或本公司职工以个人合法财产投入公司而形成的股份。外资股是指外国和我国港、澳、台地区投资者购买的人民币特种股票。

5. 按发行时间的先后,股票可分为始发股和新股

始发股是设立时发行的股票。新股是公司增资时发行的股票。始发股和新股发行的具体条件、目的和价格不尽相同,但股东的权利、义务是一致的。

6. 按发行对象和上市地区的不同,股票可分为A股、B股、H股、S股、N股、T股等

A股的正式名称是人民币普通股票。它是由我国境内的公司发行,供境内机构、组织或个人(不含我国港、澳、台地区投资者)以人民币认购和交易的普通股股票。A股不是实物股票,以无纸化电子记账,实行"T+1"交割制度,有涨跌幅(10%)限制,参与投资者为中国内地机构或个人。B股、H股、S股、N股、T股是可供外国和我国港、澳、台地区投资者买卖的,以人民币标明面值但以外币认购和交易的股票(注:自2001年2月19日起,B股开始对境内居民开放)。B股在我国上海、深圳两个证券交易所上市,H股在我国香港联合交易所上市,S股、N股、T股分别在新加坡、美国纽约、我国台湾地区上市。

目前从我国企业的股权结构看,主要是普通股。下面先讨论普通股问题。以下所称股票,如果没有特别说明都是指普通股。

在其他一些国家,还有按是否拥有完全的表决权和获利权,将普通股分为若干级别。比如,A级股票卖给社会公众,支付股利,但在一段时间内无表决权;B级股票由公司创办人保留,有表决权,但在一段时间内不支付股利;E级股票拥有部分表决权等。

(二)普通股股东的权利

1. 对公司的管理权

对大公司来说,普通股股东成千上万,不可能每个人都直接对公司进行管理。普通股股东的管理权主要体现在其对董事会选举中有选举权和被选举权。通过选出的董事会来代表所有股东对企业进行控制和管理。普通股股东对公司的管理权,具体表现为对公司账目和股东大会决议的审查权和对公司事务的咨询权。

2. 出售或转让股份的权利

股东有权出售或转让股票而无需其他股东同意或知道。在公司股票上市时,股东还可以在证券市场上自由转让或出售。

3. 优先认股权

当公司增发普通股股票时,现有股东有权按持有公司股票的比例,优先认购新股票。这主要是为了保护现有股东在公司股份中原来所占的比例,以保证他们的控制权。

4. 剩余财产的要求权

当公司解散、清算时,普通股股东对剩余财产有要求权。公司破产清算时,财产的变价收入,首先要用来清偿债务,然后支付优先股股东,最后才能分配给普通股股东。所以,在破产清算时,如果资不抵债,普通股股东实际上就分不到剩余财产。

(三) 股票的发行

股票的发行,实行公平、公正的原则,必须同股同权、同股同利。同次发行的股票,每股的发行价格和发行条件必须相同。任何单位和个人所认购的股份,每股应当支付相同的价款。同时,发行的股票还应接受证券监督管理机构的管理和监督。按国际惯例,股份公司发行股票必须具备一定的发行条件,取得发行资格,并在办理必要手续后才能发行。现对我国股票发行的条件作适当说明。

1. 新股发行

按照《股票发行与交易暂行管理条例》,设立股份有限公司申请公开发行股票,应当符合下列条件:

(1) 生产经营符合国家产业政策。
(2) 发行的普通股限于一种,同股同权。
(3) 发起人认购的股本数额不少于公司拟发行的股本总额的35%。
(4) 在公司拟发行的股本总额中,发起人认购的部分不少于人民币3 000万元,但是国家另有规定的除外。
(5) 向社会公众发行的部分不少于公司拟发行的股本总额的25%,其中公司职工认购的股本数额不得超过拟向社会公众发行的股本总额的10%;公司拟发行的股本总额超过人民币4亿元的,证监会按照规定可以酌情降低向社会公众发行的部分比例,但是最低不少于公司拟发行的股本总额的10%。
(6) 发起人在近3年内没有重大违法行为。
(7) 证券委规定的其他条件。

2. 改组发行

国有企业改组设立股份有限公司申请公开发行股票,除应当符合上述情况下的各种条件外,还应当符合下列条件:

(1) 发行前1年年末,净资产在总资产中所占比例不低于30%,无形资产在净资产中所占比例不高于20%,但证监会另有规定的除外。

(2) 近 3 年连续盈利。

(3) 国有企业改组设立股份有限公司公开发行股票的，国家拥有的股份在公司拟发行股本总额中所占的比例，由国务院或国务院授权的部门规定。

(4) 必须采取募集方式。

3. 增资发行

股份有限公司增资申请发行股票，必须具备下列条件：

(1) 前一次发行的股份已募足，并间隔 1 年以上。

(2) 公司在最近 3 年内连续盈利，并可向股东支付股利。

(3) 公司在最近 3 年内财务会计文件无虚假记载。

(4) 公司预期利润率可达同期银行存款利率。

(四) 股票的发行方式、销售方式和股票发行价格的确定

公司发行股票筹资，应当选择适宜的股票发行方式和销售方式，并恰当地制定发行价格，以便及时募集资本。

1. 股票的发行方式

股票的发行方式指的是公司通过何种途径发行股票。总的来讲，股票的发行方式可以分为如下几类：

(1) 公开间接发行。它指的是通过中介机构，公开向社会公众发行股票。我国股份有限公司采用募集设立方式向社会公众发行新股时，需由证券经营机构承销的做法就属于股票的公开间接发行。这种发行方式的发行范围广，发行的对象多，易于足额募集资本；股票的变现性强，流通性好；股票的公开发行还有助于提高公司的知名度和扩大其影响力。但这种发行方式也有不足，主要是手续繁杂，发行成本高。

(2) 不公开直接发行。它指的是不公开对外直接发行股票，只是向少数特定的对象直接发行，因而不需通过中介机构承销。我国股份有限公司采用发起设立方式和以不向社会公开募集的方式发行新股的做法即属于股票的不公开直接发行。这种发行方式弹性较大，发行成本低，但发行范围小，股票变现性差。

2. 股票的销售方式

股票的销售方式指的是股份有限公司向社会公开发行股票时所采取的股份销售方法。销售方式有两类：自销和承销。

(1) 自销方式。自销方式指的是发行公司自己直接将股票销售给认购者。这种销售方式可由发行公司直接控制发行过程，实现发行意图并节省发行费用；但往往筹资时间长，发行公司要承担全部发行风险，并需要发行公司有较高的知名度、信誉和实力。

(2) 承销方式。承销方式指的是发行公司将股票发行业务委托给证券经营机

构代理。这种销售方式是发行股票所普遍采用的。我国《公司法》规定股份有限公司向社会公众发行股票,必须与依法设立的证券经营机构签订承销协议,由证券经营机构承销。股票的承销又分为包销和代销两种具体方法。所谓包销,是指根据承销协议商定价格,证券经营机构一次性全部购进发行公司公开募集的全部股票,然后以较高的价格出售给社会上的认购者的一种股票承销形式。对发行公司来说,包销方法可以及时募集资本,免于承担发行风险(股款未募集的风险由承销商承担),但股票以较低的价格售给承销商会损失部分溢价。所谓代销,是指证券经营机构代替发行公司销售股票,并由此获取一定的佣金,但不承担股款未募足的风险的一种股票承销形式。

3. 股票的发行价格

股票的发行价格是股份公司发行股票时将股票出售给投资者所采用的价格,也就是投资者认购股票时所支付的价格。股票的发行价格通常由发行公司根据股票面额、股市行情和其他有关因素决定。目前股票发行市场上常见的发行价格有等价、时价和中间价三种。

(1) 等价。等价就是以股票面值为发行价格。即股票的发行价格与其面值等价。亦称平价发行、面额发行。等价发行股票一般比较容易推销,但发行公司不能取得溢价收入。在股票市场不甚发达的情况下,设立公司首次发行股票时,选用等价发行可确保及时足额地募集资本。

(2) 时价。时价也称市价。即以公司原发行同种股票的现行市场价格为基准来选择增发新股的发行价格。采用时价发行时,股票面额与发行价格之间差异归发行者所有,并转入公司资本。选用时价发行股票,考虑了股票的现行市场价值,可促进股票的顺利发行。

(3) 中间价。中间价是以股票市场价格与面额的中间值作为股票的发行价格。例如,某种股票的现行市场价格为35元,每股面额为10元,如果发行公司按每股22.5元的价格增发该种新股票,就是按中间价发行。

选择时价或中间价发行股票,可能属于溢价发行,也可能属于折价发行。溢价发行是指按超过股票面额的价格发行股票;折价发行是按低于股票面额的价格发行股票。我国《公司法》规定,股票发行价格可以是票面金额(即等价),也可以超过票面金额(即溢价),但不得低于票面金额(即折价)。

(五) 股票上市

1. 股票上市的意义

股票上市是指股份有限公司公开发行股票,符合规定条件,经过申请批准后在证券交易所进行挂牌交易。经批准在证券交易所上市交易的股票,称为上市股票。其股份有限公司称为上市公司。按照国际通行的做法,非公开募集发行的股票或未向证券交易所申请上市的非上市证券,应在证券交易所外的店头市场(over the counter market,简称 OTC market)上流通转让;只有公开募集发行并批准上市的股票,才能进入证券交易所流通转让。

股份有限公司申请股票上市,基本目的是为了增强公司股票的吸引力,形成稳定的资本来源,能在更大范围内筹措大量资本。股票上市对上市公司而言,主要有如下意义:① 提高公司发行股票的流动性和变现性,便于投资者认购、交易。② 促进公司股权的社会化,防止股权过于集中。③ 提高公司的知名度。④ 有助于确定公司增发新股的发行价格。⑤ 便于确定公司的价值,以利于促进公司实现价值最大化目标。

但股票上市也可能对公司产生不利的影响:① 各种信息公开披露可能会暴露公司的商业秘密。② 股市的人为波动可能歪曲公司的实际情况,损害公司的声誉。③ 可能分散公司的控制权。

2. 股票上市的条件与程序

公司公开发行的股票进入证券交易所交易必须受严格的条件限制。我国《公司法》规定,股份有限公司申请股票上市,必须符合下列条件:

(1) 股票经国务院证券管理部门批准已向社会公开发行。

(2) 公司股本总额不少于人民币 5 000 万元。

(3) 开业时间在 3 年以上,最近 3 年连续盈利;原国有企业依法改建而设立的,或者在《公司法》实施后新组建成立,其主要发起人为国有大中型企业的股份有限公司,可连续计算。

(4) 持有股票面值人民币 1 000 元以上的股东不少于 1 000 人,向社会公开发行的股份达股份总数的 25%以上;公司股本总额超过人民币 4 亿元的,其向社会公开发行股份的比例为 15%以上。

(5) 公司在最近 3 年内无重大违法行为,财务会计报告无虚假记载。

(6) 国务院规定的其他条件。

另外,中国证券监督委员会在《关于进一步规范股票首次发行上市有关工作的通知》中,对首次发行股票并上市的公司要求做到:除国有企业整体改制、有限责任公司整体变更和国务院批准豁免的情况外,股份公司必须设立满 3 年后才能申请发行上市;发行人的业务、管理层最近 3 年内未发生重大变化,实际控制人未发生变更;发行人能够独立运作,建立独立董事制度;发行人首次公开发行股票所筹集的资金,应当有明确的用途,投资项目应当经过慎重论证,筹资额不得超过发行人上年度未经审计的净资产值的 2 倍。

具备上述条件的股份有限公司经申请,由国务院或国务院授权的证券管理部门批准,其股票方可上市。股票上市公司必须公告其上市报告,并将其申请文件存放在指定的地点供公众查阅。股票上市公司还必须定期公布其财务状况和经营情况,每年定期公布财务会计报告。

首次公开发行股票一般要经过以下程序:

(1)发行人董事会应当依法就本次股票发行的具体方案、本次募集资金使用的可行性及其他必须明确的事项作出决议,并提请股东大会批准。

(2)发行人应当按照中国证监会的有关规定制作申请文件,由保荐人保荐并向中国证监会申报。

(3)中国证监会收到申请文件后,应在5个工作日内作出是否受理的决定。

(4)股票发行申请经核准后,发行人应自中国证监会核准发行之日起6个月内发行股票;超过6个月未发行的,核准文件失效,需重新经中国证监会核准后方可发行。股票发行申请未获核准的,自中国证监会作出不予核准决定之日起6个月后,发行人可再次提出股票发行申请。

(5)发行申请核准后、股票发行结束前,发行人发生重大事项的,应当暂缓或者暂停发行,并及时报告中国证监会,同时履行信息披露义务。

(6)中国证监会或者国务院授权的部门对已作出的核准证券发行的决定,发现不符合法定条件或者法定程序,尚未发行证券的,应当予以撤销,停止发行。

(7)发行股票。

上市公司在运营中需要大量资金,筹集自有资本,可通过增发股票的方式进行。我国《证券法》、《公司法》和中国证监会于2006年5月7日公布并于次日实施的《上市公司证券发行管理办法》对上市公司增发股票作了相应规定。

上市公司增发股票的一般条件如下:

(1)组织机构健全,运行良好。

(2)盈利能力应具有可持续性。

(3)财务状况良好。

(4)财务会计文件无虚假记载。

(5)募集资金的数额和使用符合规定。

(6)上市公司不存在下列行为:本次发行申请文件有虚假记载、误导性陈述或重大遗漏;擅自改变前次公开发行证券募集资金的用途而未作纠正;上市公司最近12个月内受到过证券交易所的公司谴责;上市公司及其控股股东或实际控制人最近12个月内存在未履行向投资者作出的公开承诺的行为;上市公司或其现任董事、高级管理人员因涉嫌犯罪被司法机关立案侦查或涉嫌违法违规被中国证监会立案侦查;严重损害投资者的合法权益和社会公共利益的其他情形。

上市公司增发股票的程序如下:

(1)先由董事会作出决议。

(2) 提请股东大会批准。

(3) 由保荐人保荐,并向中国证监会申报,保荐人应当按照中国证监会的有关规定编制和报送发行申请文件。

(4) 中国证监会依照有关程序审核,并决定核准或不核准增发股票的申请。

(5) 上市公司发行股票。

(6) 上市公司发行股票,应当由证券公司承销;非公开发行股票,发行对象均属于原前 10 名股东的,可以由上市公司自行销售。

股票上市的暂停与终止的条件如下:

按照我国《公司法》有关规定,上市公司有下列情形之一的,由国务院证券管理部门决定暂停其股票上市:

(1) 公司股本总额、股权分布等发生变化不再具备上市条件。

(2) 公司不按规定公开其财务状况,或者对财务会计报告作虚假记载。

(3) 公司有重大违法行为。

(4) 公司最近 3 年连续亏损。

上市公司有第(2)、第(3)项所列情形之一经查实后果严重的,或者有第(1)、第(4)项所列情形之一,在限期内未能消除,不具备上市条件的,由国务院证券管理部门决定终止其股票上市。中国证监会在相关文件中还规定:上市公司连续亏损的,上市公司在法定期限内未依法披露年度报告或者半年度报告的,或者在规定期限内未对虚假财务会计报告进行改正的,由证券交易所依法决定其股票暂停或终止上市。

(六) 普通股筹资的优缺点

1. 普通股筹资的优点

(1) 没有固定的股利负担。公司若有盈利,并认为可分配股利,则就可以将股利支付给股东;公司盈利较少,或虽有盈利但资本短缺或有更有利的投资机会,也可以少支付或不支付股利。

(2) 没有固定的到期日,无需偿还。利用普通股筹集的是永久性资本,除非公司清算时才予以偿还。这对于保证公司对资本的最低需要、促进公司长期持续稳定经营具有重要意义。

(3) 筹资风险小。由于普通股没有固定的到期日,一般也不用支付固定的股利,不存在还本付息的风险。

(4) 能增加公司的信誉。普通股股本与留存收益构成公司所借入一切债务的基础。有了较多的自有资金,就可为债权人提供较大的保障,因而,普通股筹资既可以提高公司的信用价值,同时也为使用更多的债务资金提供了强有力的支持。

(5) 筹资限制较少。利用优先股或债券筹资,通常有许多限制,这些限制往往会影响公司经营的灵活性,而利用普通股筹资则没有这种限制。

2. 普通股筹资的缺点

（1）资本成本较高。一般来说，普通股筹资的成本要大于债务资本。这主要是由于投资于普通股风险较高，股东要求的报酬率高，并且股利要从税后利润中支付，而债务筹资的利息允许在税前扣除。此外，普通股发行成本也较高。

（2）容易分散控制权。利用普通股筹资，出售新股票，增加新股东，可能会分散公司的控制权。同时，新股东对公司已积累的盈余具有分享权，这就会降低普通股的每股净收益，可能引起普通股市价的下跌。

三、利用留存盈余融资

利用留存盈余融资属于内部筹资。支付给股东的盈余和留在公司的保留盈余，存在着此消彼长的关系。减少股利分配，会增加保留盈余，减少对外筹资的需求，这就涉及公司的股利分配政策。

相对于外部融资而言，利用留存盈余融资的成本较低，且公司每股的实际收益较高，股票的市值较高，股东的资本收益较高。并且，通常各国的个人所得税税率比资本利得税税率高，利用留存盈余融资可以减少股东的税收支出。但利用留存盈余融资，受到公司股东自身利益和资金的成本约束，且受制于公司的股利分配政策的影响，留存盈余过多或股利支付过少，会影响公司的形象，从而影响公司的外部融资和股票的市值。

▶【问题与思考 3-3】

既然股票发行已经使得公司融到所需要的资金，那么为何还要争取上市？

第四节 债务资本的筹集

现实中，几乎没有任何一家企业只靠自有资本而不举借债务就能满足资金需求的，尤其是规模在不断发展壮大的企业，纯粹依靠自有资本是难以达到目的的。负债是企业的一项重要的资金来源。由于负债筹资的利息可作为费用在税前抵扣从而获得杠杆效应，给公司带来额外收益，因此，无论公司经营业绩好坏，负债所筹资金需到期还本付息，从而形成公司的固定负担。但相对于权益筹资而言，其筹资成本低，且不会分散公司的控制权。公司适度负债，不仅可以降低资金成本，而且还可以使股东获得财务杠杆利益并保持对公司的控制权。

按照所筹资金可使用时间的长短，负债可分为长期负债和短期负债两大类。

长期负债筹资是指归还期在 1 年以上的负债筹资。长期负债筹资可以解决公司长期资金的不足。如要满足购买长期性固定资产的需要，且由于还款期限较长，债务人可对债务的归还作长期安排，还债压力或风险相对较小。但长期负债筹资的利率一般会高于短期负债利率,所以成本较高,且债权人在出借时往往会附加限制性条件以保证债务人能够到期足额清偿,从而形成对债务人的种种约束。

长期负债筹资主要包括长期借款筹资、债券筹资、租赁筹资三种形式。

一、长期借款筹资

长期借款是指企业向银行或其他非银行金融机构借入的使用期限超过1年的借款。主要用于购建固定资产和满足长期流动资金占用的需要。长期借款筹资是企业一种重要的长期负债筹资方式。

(一)长期借款的种类

1. 按提供贷款的机构划分,贷款可分为政策性银行贷款、商业性银行贷款和其他金融机构贷款

政策性银行贷款是指执行国家政策性贷款业务的银行向企业发放的贷款。如国家开发银行提供的贷款,主要是满足企业承建国家建设项目的资金需求;中国进出口银行提供的贷款,主要是满足企业进出口方面的资金需求;中国农业发展银行提供的贷款,主要用于确保国家对粮、棉、油等政策性收购所需资金的供应。政策性银行提供的贷款通常为长期贷款。

商业银行贷款是指由商业银行向工商企业提供的贷款。主要用于满足企业竞争性项目建设和弥补流动资金不足的资金需求。商业银行的贷款长期、短期均有。企业取得贷款后应自主决策、自担风险,到期还本付息。

其他金融机构贷款是指除银行以外的金融机构向企业提供的贷款。如企业向信托投资公司、财务公司、投资公司、保险公司等金融机构借入的款项。其他金融机构的贷款一般比银行贷款的期限长,利率也较高,对借款方的信用要求和限制条件比较严格。

2. 按有无抵押品作担保划分,贷款可分为抵押贷款和信用贷款

抵押贷款是以特定的抵押品(如房屋、建筑物、机器设备、有价证券、存货等)为担保而取得的贷款。作为担保的抵押品必须是能够变现、质量较高的资产。长期贷款的抵押品通常为不动产和有价证券。如果贷款到期,企业不能偿还,银行等债权人将取消企业对抵押品的赎回权,并有权处置抵押品,所得款项用于抵销债务人所欠本息。抵押贷款有利于降低银行贷款的风险,提高贷款的安全性。

信用贷款是指企业不需要提供抵押品,仅凭借自身信用或担保人的信誉就能取得的贷款。需要贷款的企业通常仅出具签字的文书即可得到信用贷款,但只有那些资本实力雄厚、财务形象佳、信誉良好的企业才能取得。由于信用贷款风险较大,债权人通常要提高利息率以获取风险补偿,而且往往还要附加一定的限制条件。

3. 按用途划分,贷款可分为固定资产投资借款、更新改造借款、科研开发和新产品试制借款

固定资产投资借款是指主要用于固定资产的新建、改建和扩建等基本建设项目的借款;更新改造借款是指用于企业固定资产更新、改造项目的借款;科研开发和新产品试制借款是指用于企业科技研究开发和新产品试制方面的借款。

(二) 长期借款的偿还

长期借款的偿还方式有多种形式,比如:定期付息到期偿还的方式;定期等额偿还方式,即在借款期内连本带息均按相等金额分期偿还的方式;平时逐期偿还小额本金和利息,到期偿还余下部分的方式。第一种偿还方式会加大借款到期时的还款压力,而定期等额偿还会提高企业使用贷款的实际利率。

(三) 长期借款的条件

金融机构对企业发放贷款的原则是:按计划发放、择优扶植、有物资保证、按期归还。企业取得长期借款应具备的条件包括:

(1) 独立核算、自负盈亏、有法人资格。

(2) 经营方向和业务范围符合国家产业政策,借款用途属于银行贷款办法规定的范围。

(3) 借款企业具有一定的物资和财产保证,担保单位具有相应的经济实力。

(4) 具有偿还贷款的能力。

(5) 财务管理和经济核算制度健全,资金使用效益和企业经济效益良好。

(6) 在银行设有账户,办理结算。

具备上述条件的企业欲取得长期贷款,先要向银行提出贷款申请,陈诉借款原因与金额、用款时间与计划、还款期限与计划。银行根据企业的借款申请,针对企业的财务状况、信用情况、盈利和稳定性、发展前景、借款投资项目的可行性等进行审查。银行审查同意贷款后,在与借款企业进一步协商贷款的具体条件,明确贷款的种类、用途、金额、利率、期限、还款的资金来源及方式、保护性条款、违约责任,等等,并以借款合同的形式将其法律化。借款合同生效后,企业便可取得借款。

(四) 长期借款的保护性条款

由于长期借款的期限长、风险大,按照国际惯例,银行通常对借款企业提出一些有助于保证贷款按时足额偿还的条件。这些条件写进贷款合同中,形成了合同的保护性条款。归纳起来,保护性条款大致有如下三类:

(1) 一般性保护条款。一般性保护条款应用于大多数借款合同,但根据具体情况会有不同内容。主要包括:① 对借款企业流动资金保持量的规定,以保持借款企业资金的流动性和偿债能力。② 对支付现金股利和再购入股票的限制,以限制现金外流。③ 对资本支出规模的限制,以减少企业日后不得不变卖固定资产以

偿还贷款的可能性,而仍着眼于保持借款企业资金的流动性。④ 限制其他长期债务,以防止其他贷款人取得对企业资产的优先求偿权。

(2) 例行性保护条款。例行性保护条款作为例行常规,在大多数借款合同中都会出现。主要包括:① 借款企业定期向银行提交财务报表,以及时掌握企业的财务情况。② 不准在正常情况下出售较多资产,以保持企业正常的生产经营能力。③ 如期清偿交纳的税金和其他到期债务,以防被罚款而造成现金流失。④ 不准以任何资产作为其他承诺的担保或抵押,以避免企业过重的负担。⑤ 不准贴现应收票据或出售应收账款,以避免或有负债。⑥ 限制租赁固定资产的规模,以防止企业因负担巨额租金而削弱其偿债能力,以及防止企业以租赁固定资产的办法,摆脱对其资本支出和负债的约束。

(3) 特殊性保护条款。特殊性保护条款是针对某些特殊情况而出现在部分借款合同中的。主要包括:① 贷款专款专用。② 不准企业投资于短期内不能收回资金的项目。③ 限制企业高级职员的薪金和奖金总额。④ 要求企业主要领导人在合同有效期间担任领导职务。⑤ 要求企业主要领导人购买人身保险等。

(五) 长期借款的成本

长期借款的利息通常高于短期借款。但是信誉好或抵押品流动性强的借款企业,仍可以争取较低的长期借款利率。长期借款利率有固定利率和浮动利率两种。浮动利率通常有最高限和最低限,并在借款合同中明确。对于借款企业来讲,若预测市场利率将上升,应与银行签订固定利率合同;反之,则应签订浮动利率合同。

除了利息之外,银行还会向借款企业收取其他费用,如实行周转信贷协议所收取的承诺费,要求企业在本银行中保持补偿余额所形成的间接费用。这些费用会加大长期借款的成本。

(六) 长期借款的优缺点

1. 长期借款的优点

(1) 筹资速度快。企业利用长期借款筹资,一般所需时间较短,程序较为简单,只需与银行等贷款机构达成协议即可。而发行股票、债券等筹集长期资金,需做好发行前的各种工作,如印制证券等;而发行也需一定时间,故耗时较长,程序复杂。

(2) 成本较低。利用长期借款筹资,其利息可在所得税前列支,故可减少企业实际负担的成本,因此比股票筹资的成本要低得多,与债券相比,借款利率一般低于债券利率。此外,由于借款属于直接筹资,筹资费用也较少。

(3) 灵活性较强。在借款之前,企业可根据当时的资本需求与银行等贷款机构直接商定贷款的时间、数量和条件。在借款期间,若企业的财务状况发生某些变化,也可与债权人再协商,变更借款数量、时间和条件,或提前偿还本息。因此,借款筹资对企业具有较大的灵活性。

2. 长期借款的缺点

(1) 财务风险较高。企业举借长期借款,必须定期还本付息。但在企业经营不利的情况下,可能会产生不能偿付的风险,甚至会导致破产。

(2) 限制条款较多。企业与银行签订的借款合同中,一般都有一些限制条款,如定期报送有关报表、不准改变借款用途等,这些条款可能会限制企业的经营活动。

(3) 筹资数额有限。长期借款的数额往往受到贷款机构资本实力的制约,不可能像发行债券、股票那样,一次筹集到大笔资本,无法满足企业大规模筹资的需要。

二、债券筹资

债券是债务人为筹集债权资本而发行的、约定在一定期限内向债权人还本付息的一种有价证券。发行债券是企业筹集债权资本的重要方式。我国非公司企业发行的债券,称之为企业债券;股份有限公司和有限责任公司发行的债券,称之为公司债券,简称公司债。公司发行债券的目的,通常是为其大型投资项目一次募集大额长期资本。从性质上讲,债券与借款一样是企业的债务。发行债券一般不影响企业的控制权,发行企业无论盈利与否必须到期还本付息。

(一) 债券的基本要素

1. 债券的面值

债券的面值包括两个基本内容:一是币种,二是票面金额。面值的币种可用本国货币,也可用外币,这取决于发行者的需要和债券的种类。债券的发行者可根据资本市场情况和自己的需要选择适合的币种。债券的票面金额是债券到期时偿还债务的金额。面额印在债券上,固定不变,到期必须足额偿还。

2. 债券的期限

债券都有明确的到期日,债券从发行之日至到期日之间的时间称为债券的期限。在债券的期限内,公司必须定期支付利息,债券到期时,必须偿还本金,也可按规定分批偿还或提前偿还。

3. 债券的利率

债券上通常都载明利率,一般为固定利率,近年也有浮动利率。债券上标注的利率一般是年利率,在不计复利的情况下,面值与利率相乘可得出年利息。

4. 债券的价格

理论上,债券的面值就应是它的价格,但事实上并非如此。由于发行者的种种考虑或资本市场上供求关系、利息率的变化,债券的市场价格常常脱离它的面值,但差额并不很大,不像普通股那样相差甚远。也就是说,债券的面值是固定的,但它的价格却是经常变化的。发行者计息还本,是以债券的面值为根据,而不是以其价格为根据。

(二) 公司债券与企业债券

从分析角度看,企业债券与公司债券的主要区别有五个方面:

第一,发行主体的差别。公司债券是由股份有限公司或有限责任公司发行的债券,2005年,我国《公司法》和《证券法》对此也作了明确规定。因此,非公司制企业不得发行公司债券。企业债券是由中央政府部门所属机构、国有独资企业或国有控股企业发行的债券,它对发债主体的限制比公司债券狭窄得多。

第二,发债资金用途的差别。公司债券是公司根据经营运作具体需要所发行的债券。它的主要用途包括固定资产投资、技术更新改造、改善公司资金来源的结构、调整公司资产结构、降低公司财务成本、支持公司并购和资产重组等,因此,只要不违反有关制度规定,发债资金如何使用几乎完全是发债公司自己的事务,无需政府部门关心和审批。但在我国的企业债券中,发债资金的用途主要限制在固定资产投资和技术革新改造方面,并与政府部门审批的项目直接相连。

第三,信用基础的差别。在市场经济中,发债公司的资产质量、经营状况、盈利水平和可持续发展能力等是公司债券的信用基础。由于各家公司的具体情况不尽相同,所以,公司债券的信用级别也相差甚多。与此相对应,各家公司的债券价格和发债成本有着明显差异。虽然,运用担保机制可以提高公司债券的信用级别,但这一机制不是强制规定的。与此不同,我国的企业债券,不仅通过"国有"机制强化了政府信用,而且通过行政强制落实担保机制,以至于企业债券的信用级别与其他政府债券大同小异。

第四,管制程序的差别。在市场经济中,公司债券的发行通常实行登记注册制,即只要发债公司的登记材料符合法律等制度规定,监管机关就无权限制其发债行为。在这种背景下,债券市场监管机关的主要工作集中在审核发债登记材料的合法性、严格债券的信用评级、监管发债主体的信息披露和债券市场的活动等方面。但在我国企业债券的发行中,发债需经国家发改委报国务院审批,由于担心国有企业发债引致相关对付风险和社会问题,所以,在申请发债的相关资料中,不仅要求发债企业的债券余额不得超过净资产的40%,而且要求有银行予以担保,以做到防控风险的万无一失;一旦债券发行,审批部门就不再对发债主体的信用等级、信息披露和市场行为进行监管了。

第五,市场功能的差别。在发达国家中,公司债券是各类公司获得中长期债务性资金的一个主要方式,在20世纪80年代后,它又成为推进金融脱媒和利率市场化的一支重要力量。在我国,由于企业债券实际上属政府债券,它的发行受到行政机制的严格控制,不仅发行数额远低于国债、央行票据和金融债券,也明显低于股票的融资额,为此,不论在众多的企业融资中还是在金融市场和金融体系中,它的作用都微乎其微。

(三) 债券的种类

1. 信用债券、抵押债券和担保债券

信用债券又称无抵押担保债券。它是发行公司仅凭发行者的信用发行的、没有抵押品作抵押或担保人作担保的债券。企业发行信用债券往往有许多限制条款,这些限制条款中最重要的是反抵押条款,即禁止企业将其财产抵押给其他债权人。由于这种债券没有具体财产作抵押,因此,只有历史悠久、信誉良好的公司才能发行这种债券。

抵押债券是指以一定的抵押品作抵押而发行的债券。这种债券在西方比较常见。当企业没有足够的资金偿还债券时,债权人可将抵押品拍卖以获取资金。抵押债券按抵押品的不同,又可分为不动产抵押债券、设备抵押债券和证券抵押债券。

担保债券是指由一定保证人作担保而发行的债券。当企业没有足够的资金偿还债券时,债权人可要求保证人偿还。

2. 记名债券和无记名债券

记名债券是在券面上记有持券人的姓名或名称,同时在发行公司的债权人名册上进行登记的债券。转让记名债券时,除要交付债券外,还要在债券上背书和在公司债权人名册上更换债权人姓名或名称。投资者需凭印鉴领取本息。这种债券的优点是比较安全,缺点是转让时手续复杂。

无记名债券是指券面上不记载持券人的姓名或名称,也不用在债权人名册上登记债权人姓名或名称的债券。无记名债券转让时交付债券即生效,无需背书,因而比较方便。我国发行的债券一般是无记名债券。

3. 固定利率债券和浮动利率债券

固定利率债券的利率在发行债券时即已确定并载于债券券面。在债券有效期内,不论周围环境如何变化,债券利率始终不变。浮动利率债券的利率水平在发行债券之初不固定,而是根据有关利率如银行存贷利率水平等加以确定。

4. 参与公司债券和非参与公司债券

参与公司债券的持有人除可获得预先规定的利息外,还在一定程度上享有参与公司盈余分配的权利,其参与分配的方式与比例必须事先规定。实践中,这种债券一般很少。非参与公司债券的持有人则没有参与盈余分配的权利。公司债券大多为非参与公司债券。

5. 收益公司债券、可转换公司债券和附认股权证债券

收益公司债券是指只有当发行公司有税后收益可供分配时才支付利息的一种公司债券。这种债券对发行公司而言，不必承担固定的利息负担；对投资者而言，风险较高，收益亦可能较多。

可转换公司债券是指根据发行公司债券募集办法的规定、债券持有人可将其转换为发行公司股票的一种债券。发行可转换债券的公司应事先规定转换办法，并应按转换办法向债券持有人换发股票。债券持有人有权选择是否将其所持债券转换为股票。发行这种股票，既可为投资者增加灵活的投资机会，又可为发行公司调整资本结构或减缓财务压力提供便利。

附认股权债券是指所发行的债券附带一种允许债券持有人按特定价格认购股票的长期选择权。这种认股权通常随债券发放，具有与可转换公司债券相类似的属性。附认股权债券的票面利率与可转换公司债券一样，通常低于一般的公司债券。

6. 上市债券和非上市债券

公司债券与股票一样，也有上市和非上市之区别。上市债券是经有关机构审批，可以在证券交易所挂牌交易的债券。这种债券信用度高，变现能力强，能提高企业的知名度，但上市条件严格，还要承担上市的有关费用。非上市债券则不能在证券交易所挂牌交易。

7. 公募发行债券和私募发行债券

以不特定的多数投资者作为募集对象而发行的债券，称为公募发行债券。公募发行的优点是：因向众多投资者发行债券，故能筹集较多的资金；提高发行者的知名度，扩大社会影响；债券的利息率较低；可公开上市交易，有比较好的流动性。公募发行的缺点是：发行费用较高，所需发行时间较长。

以特定的少数投资者为募集对象而发行的债券，称为私募发行债券。这里所说"特定的"投资者，一般可分为两类：一是个人投资者，如企业职工；二是机构投资者，如大的金融机构。私募发行的优点是：节约发行费用；发行时间短；限制性条件少。私募发行的缺点是：利息率比较高，一般不能公开上市，缺乏流动性；由于债权人相对集中，发行者的经营管理容易受到债权人干预。

（四）债券的发行条件

根据我国《公司法》的规定，股份有限公司、国有独资公司和两个以上的国有企业或者其他两个以上的国有投资主体投资设立的有限责任公司，具有发行公司债券的资格。发行公司债券必须符合下列条件：

（1）股份有限公司的净资产额不低于人民币 3 000 万元，有限责任公司的净资产额不低于人民币 6 000 万元。

（2）累计债券总额不超过公司净资产的40%。

（3）最近3年平均可分配利润足以支付公司债券1年的利息。

（4）筹集的资金投向符合国家产业政策。

（5）债券的利率不得超过国务院限定的利率水平。

（6）国务院规定的其他条件。

此外，发行公司债券所筹集的资金，必须按审批机关批准的用途使用，不得用于弥补亏损和非生产性支出。如发行可转换公司债券，还应当符合股票发行的条件。

发行公司发生下列情形之一的，不得再次发行公司债券：① 前一次发行的公司债券尚未募足的。② 对已发行的公司债券或者其债务有违约或者延迟支付本息的事实，且仍处于继续状态的。

（五）债券的发行价格

公司债券的发行价格是发行公司发行债券时所使用的价格，亦即投资者向发行公司认购债券时实际支付的价格。实务中，债券的发行价格有三种情况，等价、溢价和折价。等价发行又叫面值发行。它是指按债券的面值出售；折价发行是指以低于债券面值的价格出售。溢价发行是指按高于债券面值的价格出售。

债券之所以会存在溢价发行和折价发行，是因为资本市场上的利息率是经常变化的，而公司债券一经发行，就不能调整其票面利息率。从债券的开印到正式发行，往往需要经过一段时间，在这段时间内如果资本市场上的利率发生变化，就要靠调整发行价格的方法来使债券顺利发行。即：当票面利率高于市场利率时，以溢价发行债券；当票面利率低于市场利率时，以折价发行债券；当票面利率与市场利率一致时，则以平价发行债券。

在按期付息、到期一次还本且不考虑发行费用的情况下，债券发行价格的计算公式为：

$$债券发行价格 = \frac{票面金额}{(1+市场利率)^n} + \sum_{1}^{n} \frac{票面金额 \times 票面利率}{(1+市场利率)^t}$$

式中：n 表示债券期限；t 表示付息期数。

如果公司发行的是不计复利，到期一次还本付息的债券。其发行价格的计算公式为：

$$债券发行价格 = \frac{票面金额 \times (1+票面利率 \times n)}{(1+市场利率)^n}$$

【例3-4】 某公司发行面值为1 000元，利率为10%，期限为10年，每年年末付息的债券。在公司决定发行债券时,认为10%的利率是合理的。如果到债券正式发行时,市场利率发生变化,那么就要调整债券的发行价格。

(1) 若资本市场上的利率保持不变,该公司的债券利率为10%仍然合理,则可采用等价发行。

债券的发行价格为:

$$\frac{1\,000}{(1+10)^n} + \sum_{1}^{n} \frac{1\,000 \times 10\%}{(1+10\%)^t} = 1\,000(元)$$

(2) 若资本市场上的利率上升至12%,高于票面利率,则应采用折价发行。

债券的发行价格为:

$$\frac{1\,000}{(1+12\%)^{10}} + \sum_{1}^{n} \frac{1\,000 \times 10\%}{(1+12\%)^t} = 887(元)$$

(3) 若资本市场上的利率下降至8%,低于票面利率,则应采用溢价发行。

债券的发行价格为:

$$\frac{1\,000}{(1+8\%)^{10}} + \sum_{1}^{n} \frac{1\,000 \times 10\%}{(1+8\%)^t} = 1\,134(元)$$

也就是说,投资者把1 134元的资金投资于该公司面值为1 000元的债券,便可获得10%的报酬。当然,资本市场上的利率是复杂多变的,除了考虑目前利率外,还要考虑利率的变动趋势。实际工作中确定债券的发行价格通常要考虑多种因素。

(六) 债券的信用评级

公司公开发行债券通常由债券评信机构评定等级。债券的信用等级对于发行公司和投资者都有重要影响。它直接影响公司发行债券的效果和投资者的投资选择。不同国家对债券的评级不尽相同,即使同一个国家的不同评级机构,其评级也有差异。但有一点是相同的,即都将债券按发行公司还本付息的可靠程度、财务质量、项目状况等因素,以简单的符号和文字说明等形式公开提供给广大投资者。

当前国际上最著名的评级机构有两个:标准普尔公司和穆迪投资服务公司。它们将债券的信用等级分为三等九级,现列示如表3-8所示。一般认为,只有前三个级别的债券是值得进行投资的债券。

我国的债券评级工作也在不断发展。根据中国人民银行的有关规定,凡是向社会公开发行的企业债券,需由中国人民银行及其授权的分行指定的资信评级机构或者公证机构进行评级。我国《证券法》规定,公司发行债券,必须向经认可的债券评级机构申请信用评级。

表 3-8　国际上两大著名公司债券信用等级表

标准普尔公司		穆迪公司	
AAA	最高级	Aaa	最高质量
AA	高级	Aa	高质量
A	上中级	A	上中质量
BBB	中级	Baa	下中质量
BB	中下级	Ba	具有投机因素
B	投机级	B	通常不值得正式投资
CCC	完全投机级	Caa	可能违约
CC	最大投机级	Ca	高质投机性,经常违约
C	规定盈利付息但未能盈利付息	C	最低级

资料来源：荆新、王化成、刘俊彦主编：《财务管理学》,中国人民大学出版社 1993 年版,第 160 页。

相关机构在对公司债券和企业债券进行信用评级时,主要考虑以下内容：① 债券发行公司的经营状况。包括债券发行公司所处行业的状况、发展前景、竞争态势、市场环境等。② 债券发行公司的财务状况。包括债券发行公司的债务现状、偿债能力、营运能力、盈利能力和资本实力以及财务状况的未来趋势。③ 债券的约定条件。包括债券发行有无抵押品、有无担保人担保、债券期限、还本付息方式以及可否转换普通股、利率是否浮动等内容。④ 债券到期前的社会政治形势、宏观经济环境等。

债券评级,对投资人来说,可获悉债券投资风险的大小,以便更有目的地进行投资。对发行公司来说,主要有两方面的意义：① 债券等级会影响利息率的高低。债券等级越高,风险越小,投资人要求的报酬率可能较低,那么,企业可以按较低利率发行债券;反之,则要以较高利率发行债券。② 债券等级对企业筹资能力有重要影响。只有 BBB 级以上的债券才是大多数投资人愿意投资的债券。因此,若企业拟发行的债券低于 BBB 级时,发行债券会比较困难,发行企业应当对此有一定的思想准备,并准备相应的补救筹资方案。

(七) 债券筹资的优缺点

1. 债券筹资的优点

(1) 资本成本较低。与股票相比,债券的发行费用较低,而且债券的利息允许在所得税前支付,发行公司可享受扣减所得税的优惠,故公司实际负担的债券成本一般低于股票成本。

(2) 可利用财务杠杆。无论发行公司的盈利多少,债券持有人一般只收取固定的利息,而更多的收益可用于分配给股东或留归公司以扩大生产经营,从而增加股东和公司的财富。

(3) 保障股东控制权。债券持有人一般无权参与发行公司的管理决策,因此,公司发行债券不会像增发新股那样可能会分散股东对公司的控制权。

(4) 便于调整资本结构。在公司发行可转换债券以及可提前赎回债券的情况下,则便于公司主动地合理调整资本结构。

2. 债券筹资的缺点

(1) 财务风险较高。债券有固定的到期日,并需定期支付利息,发行公司必须承担按期付息偿本的义务。在公司经营不景气时,亦需向债券持有人付息偿本,这会给公司带来更大的财务困难,有时甚至导致破产。

(2) 限制条件较多。发行债券的限制条件一般要比长期借款、租赁筹资的限制条件都要多且严格,从而限制了公司对债券筹资方式的使用,甚至会影响公司以后的筹资能力。

(3) 筹资数量有限。公司进行债券筹资一般受一定额度的限制,多数国家对此都有限定。我国《公司法》规定,发行公司流通在外的债券累计总额不得超过公司净资产的40%。

三、租赁筹资

(一) 租赁的主要概念

租赁是出租人以收取租金为条件,在契约或合同规定的期限内,将资产租借给承租人使用的一种经济行为。租赁行为在实质上具有借贷属性,不过它直接涉及的是物而不是钱。在租赁业务中,出租人主要是各种专业租赁公司,承租人主要是其他各类企业,租赁物大多为设备等固定资产。租赁活动在历史上由来已久。现代租赁已经成为企业筹集资产的一种特殊方式,用于补充或部分替代其他筹资方式。

1. 租赁的当事人

租赁合约的当事人至少包括出租人和承租人两方。出租人是出租资产的所有者;承租人是租赁资产的使用者。

按照当事人之间的关系,租赁可以划分为以下三种类型:

(1) 直接租赁。直接租赁是指承租人直接向出租人租入所需要的资产,并付出租金。直接租赁的出租人主要是制造厂商、租赁公司、金融公司等。除制造厂商以外,其他出租人都是先从制造厂商购买资产,再出租给承租人。如图3-1所示。

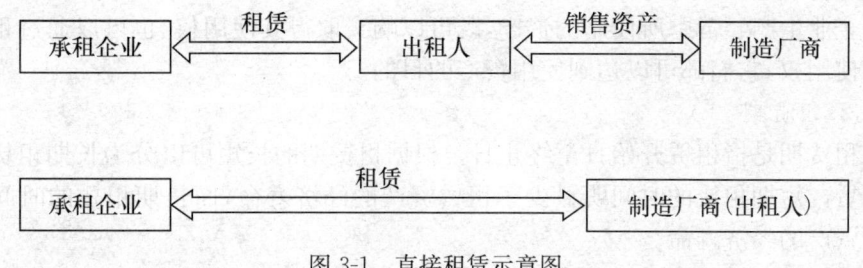

图 3-1　直接租赁示意图

(2) 售后租回。根据协议,一家公司先将其资产卖给出租人,然后将其租回使用。资产的售价大约相当于资产的市场价格。在这种租赁形式下,出售资产的企业可得到相当于资产售价的一笔资金,同时仍然可以使用资产。当然,在这期间要支付租金,并失去了财产所有权。从事售后租回的出租人通常包括金融公司、保险公司、租赁公司等金融机构。如图 3-2 所示。

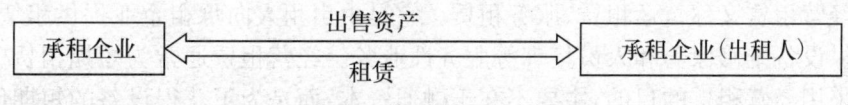

图 3-2　售后租回示意图

(3) 杠杆租赁。杠杆租赁是国际上比较流行的一种融资租赁形式。前两种租赁只涉及两方当事人,杠杆租赁则要涉及承租人、出租人和资金出借者三方当事人。从承租者的观点来看,这种租赁与其他租赁并无区别,其按照契约的规定,在基本租赁期间内定期支付定额租金,从而取得该资产的使用权。但对出租者来说却不一样,他只拿出资产所需的部分资金,如 30%,作为自己的投资;同时,他以该资产为担保向资金出借者借入其余资金,如 70%。他既是出租人,又是借款人,同时拥有对资产的所有权,但必须准时偿还借款。如果不能及时偿还借款,那么资产的所有权要归资金出借者所有。如图 3-3 所示。

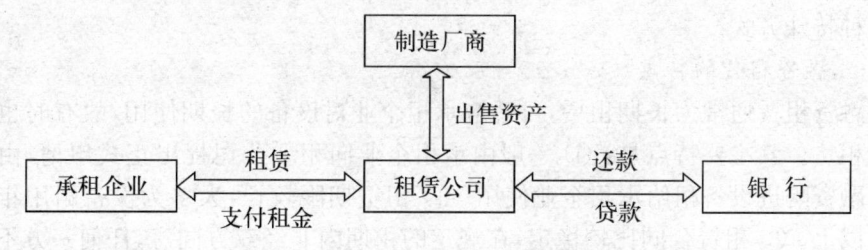

图 3-3　杠杆租赁示意图

2. 租赁资产

租赁合约涉及的资产称为租赁资产。早期租赁涉及的资产主要是土地和建筑物。20 世纪 50 年代以后各种资产开始进入租赁领域,大到一个工厂,小到一部电话。企业生产经营中所使用的资产,既可以购买取得其使用权,也可以通过租赁取得其使用权,它们都可以达到使用资产的目的。

3. 租赁期

租赁期是指租赁开始日至终止日。根据租赁期的长短可以分为长期租赁和短期租赁。短期租赁的时间明显少于租赁资产的经济寿命,而长期租赁的时间接近租赁资产的经济寿命。

4. 租赁费用

租赁费用指企业为租赁设备而发生的所有现金流出量。包括租金、设备安装调试费、利息、手续费、维修费、保险费、担保费、名义购买费等。

(二) 租赁的种类

现代租赁的种类很多,通常按性质分为经营租赁和融资租赁两大类。

1. 经营租赁

经营租赁又称营运租赁、服务租赁。它是由出租人向承租企业提供租赁设备,并提供设备维修保养和人员培训等服务性业务。经营租赁通常为短期租赁。承租企业采用经营租赁的目的,主要不在于融通资本,而是为了获得设备的短期使用以及出租人提供的专门技术服务。

经营租赁的特点主要是:① 承租企业根据需要可随时向出租人提出租赁要求。② 租赁期较短,不涉及长期且固定的义务。③ 在设备租赁期间内,如有新设备出现或不需用租入设备时,承租企业可按规定提前解除租赁合同,这对承租企业比较有利。④ 出租人提供专门服务。⑤ 租赁期满或合同终止时,租赁设备由出租人收回。

2. 融资租赁

融资租赁又称资本租赁、财务租赁。它是由租赁公司按照承租企业的要求融资购买设备,并在契约或合同规定的较长期限内提供给承租企业使用的信用性业务。融资租赁集融资与融物于一身,具有借贷性质,是承租企业筹集长期借入资金的一种特殊方式。

3. 融资租赁的特点

融资租赁通常为长期租赁,可适应承租企业对设备的长期使用,故有时也称为资本租赁。其主要特点是:① 一般由承租企业向租赁公司提出正式申请,由租赁公司融资购进设备租给承租企业使用。② 租赁期限较长,大多为设备耐用年限的一半以上。③ 租赁合同比较稳定,在规定的租期内非经双方同意,任何一方不得中途解约,这有利于维护双方的权益。④ 由承租企业负责设备的维修保养和保险,但无权自行拆卸改装。⑤ 租赁期满,按事先约定的办法处置设备,一般有退租、续租、留购三种选择,通常由承租企业留购。可见,融资租赁实际上就相当于企业借入长期资金,并且分期付款购买固定资产。租赁筹资和企业负债购买固定资产的最主要差别就在于企业可以利用租赁的固定资产所产生的利润来支付租金,即所谓"借鸡生蛋、卖蛋还债"。

在实务中,有些租赁合约既有经营租赁的特征,也有融资租赁的特征,这种特征称之为混合租赁。例如,某些长期租赁的合同具有可撤销条款。

(三)租赁筹资的优缺点

1. 租赁筹资的优点

(1)迅速获得所需资产。融资租赁集"融资"与"融物"于一身,一般要比先筹措现金后购置设备来得更快,可使企业尽快形成生产经营能力。

(2)租赁筹资限制较少。企业运用股票、债券、长期借款等筹资方式,都受到相当多的资格条件的限制。相比之下,租赁筹资的限制条件很少。

(3)免遭设备陈旧过时的风险。随着科学技术的不断进步,设备陈旧过时的风险日益提高,而多数租赁协议规定由出租人承担设备陈旧过时的风险,承租企业可免遭这种风险。

(4)全部租金通常在整个租期内分期支付,可适当减低不能偿付的危险。

(5)租金费用可在所得税前扣除,以降低承租企业的实际负担。

2. 租赁筹资的缺点

租赁筹资的主要缺点是成本较高,租金总额通常要高于设备价值的30%,承租企业在财务困难时期,支付固定的租金也将构成一项沉重的负担。另外,采用租赁筹资方式如不能享有设备残值,也可视为承租企业的一种机会成本。

短期负债筹资是指一般不超过1年的负债。短期负债在较短时间内即可归还,故债权人顾虑较少,容易获得,限制条件相对宽松,筹资富有弹性,利率较低。但由于所借资金需在短期内归还,一旦公司处置资金不当,容易陷入财务危机。并且短期利率的波动较大,有时甚至高于长期利率,因此筹资风险较高。短期筹资最主要的形式是商业信用和短期借款。

四、其他短期负债融资

(一)商业信用

商业信用是指在商品交易中以延期付款或预收货款所形成的企业间的借贷关系。它是企业间的一种直接信用行为,运用相当广泛,在短期筹资中占有相当大的比重。商业信用的具体形式有应付账款、应付票据、预收账款等。

1. 应付账款筹资

应付账款是企业购买商品暂未付款而对卖方的欠账。如果卖方允许买方在购进商品后的一定时期内支付货款,就构成了卖方与买方的商业信用所形成的资金结算关系。这种资金结算关系的实质是资金借贷关系。对于卖方来说,可以利用这种方式促销；而对于买方来说，延期付款则等于向卖方借用资金购进商品，可以满足短期资金的需要。对于持续正常经营的企业而言，应付账款筹资是一种持续性的商业信用筹资形式。其主要优点在于：一是容易取得，公司不需要办理任何手续即可取得商业信用；二是公司享有很大的自主权，在信用期内，是享受现金折扣，还是放弃现金折扣，或者是超过信用期、请求延期支付等都有很大的灵活性；三是应付账款筹资的规模可随着企业经营活动的变化而自动地进行调节。当然，应付账款筹资也有风险，特别是当企业过度延期支付其应付账款时，可能带来信用损失、利息罚金支出，有时还会导致供货方停止送货，甚至还会利用某些法律手段迫使公司不得不寻求破产保护等。

2. 商业汇票筹资

商业汇票是商业票据的一种。商业汇票是企业按照延期付款的结算要求所开具的反映债权债务关系的票据。根据承兑人的不同，商业汇票分为商业承兑汇票和银行承兑汇票两种。商业汇票的支付期限最长不超过 6 个月。商业汇票可以带息，也可以不带息。商业汇票的利率一般比银行借款的利率低，所以应付票据筹资的成本低于银行借款成本。与应付账款相比，应付票据等于付款人给收款人出具一个书面承诺。因此，其信用会更好一些。如果付款人在汇款到期时未能支付款项，对其信誉将会产生严重损害。

3. 预收账款筹资

预收账款是卖方企业在交付货物之前向买方预先收取部分或全部货款的信用形式。对于卖方来讲，预收账款相当于向买方借用资金后用货物抵偿。预收账款一般用于生产周期长、资金需要量大的专用设备订购和市场紧俏商品销售。需要指出的是，企业在生产经营活动中往往还存在一些自发性筹资的应付费用，如应付工资、应交税费、应付利息、其他应付款等。应付费用使企业受益在前、费用支付在后，相当于享用了无息借款，构成了企业无代价筹资。应付费用的期限通常具有强制性，不能由企业自主决定。

（二）短期借款

短期借款是指企业向银行或其他非银行金融机构借入的期限在 1 年以内的借款。短期借款按照有无担保，可分为信用借款和抵押借款。

1. 信用借款

信用借款又称无担保借款。它是指企业凭借自身的信誉而从银行取得的借款。信用借款分为有附加条件的借款和没有附加条件的借款两种。如果银行发放短期信用借款带有不同的信用条件，则构成了不同信用条件的信用借款。这些条件主要包括：

（1）信用额度。信贷额度亦即贷款限额。它是借款人与银行在协议中规定的允许借款人借款的最高限额。信用额度的有效期限通常为1年。在信贷额度内,企业可随时按需要向银行申请借款。例如,在正式协议下,约定一个企业的信贷额度为8 000万元,如果该企业已借用5 000万元且尚未偿还,则该企业仍可申请3 000万元的贷款,银行将予以保证。但在非正式协议下,银行并不承担按最高限额保证贷款的法律义务。

(2) 周转信贷协议。周转信贷协定是银行从法律上承诺向企业提供不超过某一最高限额的贷款协定。在协定的有效期内,只要企业借款总额未超过最高限额,银行必须满足企业任何时候提出的借款要求。企业享用周转协定,通常要对贷款限额的未使用部分支付给银行一笔承诺费。

例如,某企业与银行商定的周转信贷额为3 000万元,承诺费率为0.2%,借款企业年度内使用了1 600万元,余额为1 400万元,则借款企业应向银行支付承诺费2.8万元(1 400×0.2%)。

(3) 补偿性余额。补偿性余额是银行要求借款人在银行中保持按贷款限额或实际借用额的一定百分比(通常为10%~20%)计算的最低存款余额。补偿性余额有助于银行降低贷款风险,补偿其可能遭受的损失。但对借款企业来说,补偿性余额则提高了借款的实际利率,加重了企业的利息负担。

例如,某公司按10%的短期借款年利率向银行借款100万元并使用1年,银行要求维持贷款限额20%的补偿性余额,则该公司实际可用的借款只有80万元;补偿性余额按照2%的存款利率计算企业利息收入,该公司的实际借款利率计算为:

$$(10\% - 2\% \times 20\%) \div (1 - 20\%) = (9.6\% \div 80\%) \times 100\% = 12\%$$

由此可见,该公司所获得的补偿性余额借款的实际利率是12%。

虽然补偿性余额借款提高了借款企业的实际利率,但是,当借款企业因资金短缺而无法按期支付利息时,由于补偿性余额的存在,银行可以自动划转补偿性余额存款以支付到期利息,从而避免了借款企业逾期罚息的发生。因此,补偿性余额对企业规避逾期罚息风险也起到了保险作用。

2. 抵押借款

抵押借款是指借款企业以本企业的某些资产作为偿债抵押品而取得的借款。银行贷款的安全程度取决于抵押品的价值大小和变现速度;价值越大,变现能力越强,银行贷款的风险越小。通常,借款企业可提供的抵押品包括应收账款、应收票据、存货等。

(1) 应收账款抵押借款。应收账款抵押借款是指以应收账款作为抵押品而获得的短期借款。如果借款单位没能按期履行还款责任,而作为抵押品的应收账款又不能按期收回,贷款银行可以对借款单位行使追偿权。因此,借款单位仍要承担应收账款违约的风险。

(2) 应收票据贴现借款。票据贴现是指单位将持有的未到期的应收票据交付银行贴现而兑收现金。单位在办理票据贴现时,银行要收取一定的贴现息,并以票据到期值扣除贴现息的金额向贴现单位支付现金,而这种现金支付的本质属于提供贷款。因为,贴现单位仍要承担应收票据到期不能变现的违约风险,即当应收票据到期,而付款人不能付款时,贴现银行对贴现单位仍有追索权。

(3) 存货抵押借款。存货抵押借款就是借款企业以存货作为担保品而向银行申请取得的借款。在存货抵押借款方式下,贷款银行相当慎重,不仅要对抵押存货的变现能力进行保守的估计,还要适当提高借款利息率。

(三) 短期筹资策略

短期负债筹资直接关系到流动资产的稳定性,因为,流动资产一般包括波动性资产和永久性资产两部分。前者是指由于季节性或临时性的原因而持有的流动资产;后者是指企业经营中长期稳定持有的流动资产。当流动资产所需要的资金来源包括短期筹资和长期筹资两部分的时候,如何利用短期筹资就需要权衡与不同流动资产的相互关系问题。短期筹资与流动资产组合策略,就是指短期筹资对不同流动资产的保证程度,由此形成稳健型、激进型、折中型三种组合策略。

1. 稳健型组合策略

稳健型组合策略是一种尽量减少短期筹资而加大长期筹资比例的策略,由此使企业波动性流动资产的资金来源相对稳定。

2. 激进型组合策略

激进型组合策略是一种尽量利用短期筹资而减少长期筹资比例的策略,由此形成扩张型的组合策略。

3. 折中型组合策略

折中型组合策略是一种将稳健型组合策略和激进型组合策略相互兼顾而折中的策略。其主要特征在于让短期筹资与波动性流动资产的资金需求相互对应并保持平衡。从理论上看,这是一种理想的筹资组合策略,但实际实行起来却难以把握。

(四) 短期筹资内部的组合策略

由于短期筹资包括自发性筹资的应付费用,商业信用筹资的应付账款、应付票据、预收账款,银行信用的短期银行借款等,而不同筹资项目所表现的风险与成本也各不相同,因此,建立起合理的短期筹资内部组合也是财务管理的一项细致工作。企业应当在合法利用自发性筹资的基础上,尽量利用商品采购结算所形成的商业信用筹资,并将短期银行借款纳入事前计划之中。短期筹资的内部组合应当首先保证企业的正常资金需求,在保证需求的前提下,尽可能降低短期筹资的综合成本。

🔸 【问题与思考 3-4】

都是负债,你认为发行债券融资与向银行负债融资,这两种负债对公司产生的影响有何异同?

第五节　混合证券融资

混合证券作为一种新的融资工具如今深受全球企业的欢迎。这种工具能降低融资成本,被认为是近 20 年来企业筹资方式的最重要发展。混合证券有很多种类,一般而言都是融合了债券、股票和期权等的部分优点,如可转换债券。对于企业而言,发行这类证券可通过节税等方式降低融资成本,同时,也能适应市场不同需求。而对于投资人而言,即可选择将证券作为普通债券以获得固定投资回报,也可以在未来通过债券转换为普通股等方式,获得股价上涨带来的好处。花旗集团分析师估算,如果美国前 500 大企业都将其资本的 5% 替换成混合证券,混合证券的总值将增加 1 000 亿美元。

(一) 认股权证

1. 认股权证的特点

认股权证是由股份有限公司发行的可以按特定的价格,在特定的时间内购买一定数量该公司股票的选择权凭证。它赋予持有者在一定期间内以事先约定的价格优先购买公司一定数量普通股股票的权利。

对于筹资公司而言,发行认股权证是一种特殊的筹资手段。认股权证本身含有期权条款,其持有者在认购股份之前,对发行公司既不拥有债权也不拥有股权,而只是拥有股票认购权。尽管如此,发行公司仍可以通过发行认股权证来筹得现金。

2. 认股权证的种类

(1) 按允许认股的期限划分,认股权证可分为长期认股权证和短期认股权证。长期认股权证的认股期限通常持续几年,有的是永久性的。短期认股权证的认股期限比较短,一般在 90 天以内。

(2) 按发行方式划分,认股权证可分为单独发行的认股权证和附带发行的认股权证。单独发行的认股权证是指不依附于其他证券而独立发行的认股权证。附带发行的认股权证是指依附于债券、优先股、普通股或短期票据发行的认股权证。

3. 认股权证的作用

(1) 为公司筹集额外的现金。认股权证不论是单独发行还是附带发行,大多都为发行公司筹集一笔额外现金,从而增强公司的资本实力和运营能力。

(2) 促进其他筹资方式的运用。单独发行的认股权证有利于将来发售股票。附带发行的认股权证可促进其所依附证券发行的效率。例如,认股权证依附于债券发行,用以促进债券的发售。

4. 认股权证的价值

认股权证有理论价值与实际价值之分。其理论价值可用下式计算:

$$V=\max[(P-E)\times N, O]$$

式中：V 表示认股权证理论价值；P 表示普通股市价；E 表示认购价格；N 表示每一认股权可认购的普通股股数。影响认股权证理论价值的主要因素有：① 换股比率。每份认股权能认购的普通股股数越多,其理论价值就越大。② 普通股市价。市价越高,认股权证的理论价值就越大。③ 执行价格。执行价格越低,认股权证持有者为换股而付出的代价就越小,普通股市价高于执行价格的机会就越大,认股权证的理论价值就越大。④ 剩余有效期间。剩余有效期越长,市价高于执行价格的可能性就越大,认股权证的理论价值就越大。认股权证的实际价值是由市场供求关系所决定的。由于套利行为的存在,认股权证的实际价值通常高于其理论价值。

(二) 发行优先股

优先股股票是指由股份有限公司发行的、在分配公司收益和剩余财产方面比普通股股票具有优先权的股票。优先股常被看成是一种混合证券,介于股票与债券之间。

1. 优先股的特征

优先股与普通股相比,一般具有如下特征：

(1) 优先分配固定的股利。优先股股东通常优先于普通股股东分配股利,且其股利一般是固定的,受公司经营状况和盈利水平的影响较少。所以,优先股类似固定利息的债券。

(2) 优先分配公司剩余财产。当公司解散、破产等进行清算时,优先股股东优先于普通股股东分配公司的剩余财产。

(3) 优先股股东一般无表决权。在公司股东大会上,优先股股东一般没有表决权,通常也无权过问公司的经营管理,仅在涉及优先股股东权益问题时享有表决权。因此,优先股股东不大可能控制整个公司。

(4) 优先股可由公司赎回。发行优先股的公司,按照公司章程的有关规定,根据公司的需要,可以以一定的方式将所发行的优先股收回,以调整公司的资本结构。

2. 优先股的种类

(1) 累积优先股和非累积优先股。累积优先股是指公司过去年度未支付股利,可以累积计算由以后年度的利润补足付清的一种股票。非累积优先股则没有这种需求补付的权利。累积优先股比非累积优先股具有更大的吸引力,其发行也较为广泛。

(2) 可转换优先股和不可转换优先股。可转换优先股是股东可在一定时期内按一定比例把优先股转换成普通股的股票。转换的比例是事先确定的,其数值大小取决于优先股与普通股的现行价格。不可转换优先股是指不能转换成普通股的股票。不可转换优先股只能获得固定股利报酬,而不能获得转换收益。

(3) 参加优先股和不参加优先股。参加优先股是指不仅能取得固定股利,还有权与普通股一同参加利润分配的股票。根据参与利润分配的方式不同,优先股又可分为全部参加分配的优先股和部分参加分配的优先股。前者表现为优先股股东有权与普通股股东共同等额分享剩余利润;后者表现为优先股股东有权按照规定额度与普通股股东共同参与利润分配,超过规定额度部分的利润,归普通股所有。不参加优先股是指不能参加剩余利润分配,只能取得固定股利的优先股。

(4) 可赎回优先股和不可赎回优先股。可赎回优先股是指股份有限公司出于减轻股利负担的目的,可以按一定价格购回的优先股。公司不能购回的优先股,则属于不可赎回优先股。

3. 发行优先股的动机

股份公司发行优先股,筹集股权资本只是其目的之一。由于优先股所具有的特性,公司发行优先股往往还有其他的动机:

(1) 防止公司股权分散化。由于优先股股东一般没有表决权,发行优先股可以避免公司股权分散,保障公司的原有控制权。

(2) 调剂现金余缺。公司在需要现金时发行优先股,在现金充足时将可赎回的优先股收回,从而调整现金余缺。

(3) 改善公司资本结构。公司在安排债权资本与股权资本的比例关系时,可较为便利地利用优先股的发行与调换来进行调整。

(4) 维持举债能力。公司发行优先股,有利于巩固股权资本的基础,维持乃至增强公司的借款举债能力。

4. 发行优先股筹资的优缺点

(1) 发行优先股筹资的优点:① 没有固定到期日,不用偿还本金。发行优先股筹集资本,实际上近乎得到一笔无限期的长期贷款,公司不承担还本义务,也无需再作筹资计划。对可赎回优先股,公司可在需要时按一定价格收回,这就使得利用这部分资本更有弹性。当财务状况较弱时发行优先股,而财务状况转强时收回,这有利于结合资本需求加以调剂,同时也便于掌握公司的资本结构。② 股利的支付既固定又有一定的灵活性。一般而言,优先股都采用固定股利,但对固定股利的支付并不构成公司的法定义务。如果公司财务状况不佳,可以暂时不支付优先股股利,即使如此,优先股股东也不能像公司债权人那样迫使公司破产。③ 保持普通股股东对公司的控制权。当公司既想向外界筹措股权,又想保持原有股东的控制权时,利用优先股筹资尤为恰当。④ 有利于增强公司信誉。从法律上讲,优先股股本属于股权资本,发行优先股能加强公司的股权资本基础,可适当提高公司的信誉,增强公司的举债能力。

(2) 发行优先股筹资的缺点:① 筹资成本高。优先股所支付的股利要从税后净利润中支付,不同于债务利息可在税前扣除。因此,优先股成本虽低于普通股,但高于债券。② 筹资限制多。发行优先股,通常有许多限制条款。例如,对普通股股利支付限制,对公司借款限制等。③ 财务负担重。优先股需要支付固定股利,但又不能在税前扣除,所以,当利润下降时,优先股的股利会成为公司一项较重的财务负担,有时不得不延期支付。

(三) 可转换债券

可转换债券是我国资本市场中出现的新型有价证券。它是指上市公司和重点国有企业依照法定程序发行,并在一定期间内依据约定的条件可以转换为发行公司股票的债券。一般意义上的可转换公司债券是一种典型的混合金融产品,兼具债券、股票和期权的某些特征。可转换债券赋予持有者一种特殊的选择权,即按事先约定在一定时间内将其转换为公司股票的选择权,在转换权行使之前属于公司的债务资本,权利行使之后则成为发行公司的所有权资本。

1. 可转换债券的基本要素

(1) 基准股票又称相关股票或标的股票。即可转换债券的标的物,一般是发行公司的普通股。

(2) 票面利率。可转换债券的利率一般低于普通债券,因为其持有人有一种特殊的选择权。

(3) 转换价格。它是指可转换债券在转换期内转换成普通股的每股价格。转换价格一般高于发行时相关股票价格的 10%~30%,在转换期内,随着股票分割或股利分配的变化要调整其转换价格。转换价格的计算公式为:

$$转换价格 = \frac{债券面值}{转换比率}$$

(4) 转换比率。它是指每份可转换债券可转换成普通股的股数。

$$转换比率 = \frac{转换普通股数}{可转换债券数}$$

(5) 转换期限。它是指可转换债券转换成股票的起始日至结束日。一般有两种规定：一种是发行公司制定一个特定的转换期限，另一种是不限制转换的具体期限。

(6) 赎回条款。它是指发行公司有权在某一预定的期限内按事先约定的价格买回尚未转股的可转换债券。赎回条款通常包括赎回期、赎回价格、赎回条件等。如果公司打算赎回债券，一般要给债券持有人一个宽限期。在宽限期内，债券持有人有三种选择：按转换比率将债券转换成普通股；在市场上出售可转换债券；将可转换债券出售给发行公司。一般投资者会选择第一种。因此，赎回条款具有强制转换的作用。

(7) 回售条款。它是指公司股票价格在一定时期内连续低于转换价格达到一定幅度时，债券持有人可以按事先约定的价格将债券出售给发行公司的一种约定。这一条款有利于降低债券投资者的风险。

(8) 转换调整条款或保护条款。转换调整条款又称向下修正条款。它允许发行公司在约定时间内将转换价格向下修正为原转换价格的 70%～80%。

2. 可转换债券的价值估算

(1) 已上市的可转换债券可以根据其市场价格适当调整后得到评估价值。

(2) 非上市的可转换债券价值等于普通债券价值加上转股权价值。

3. 可转换债券的投资决策

(1) 投资时机选择。较好的投资时机一般包括：新的经济增长周期启动时、利率下调时、行业景气回升时、转股价调整时。

(2) 投资对象选择。优良的债券品质和活跃的股性是选择可转换债券品种的基本原则。

(3) 套利机会。可转换债券的投资者可以在股价高涨时，通过转股获得收益；或者根据可转换债券的理论价值和实际价格的差异套利。

4. 可转换债券筹资的优缺点

(1) 可转换债券筹资的优点：① 有利于降低资本成本。可转换债券的利率通常低于普通债券，故在转换前可转换债券的资本成本低于债券；转换为股票后，又可节省股票的发行成本，从而降低股票的资本成本。② 有利于筹集更多资本。可转换债券的转换价格通常高于发行时的股票价格。因此，可转换债券转换后，其筹资额大于当时发行股票的筹资额。另外，也有利于稳定公司的股价。③ 有利于调整资本结构。可转换债券在转换前属于发行公司的一种债务，若发行公司希望可转换债券持有人转股，还可以借助诱导，促其转换，进而调整资本结构。④ 有利于避免筹资损失。当公司的股票价格在一段时间内连续转换，股价上升并超过某一幅度时，发行公司可按事先约定的价格赎回未转换的可转换债券，从而避免筹资上的损失。

（2）可转换债券筹资的缺点：① 转股后可转换债券筹资将失去利率较低的好处。② 若可转换债券发行后，股价并没有上升，可转换债券持有人不愿转股时，发行公司将承受偿债压力。③ 若可转换债券转股时股价高于转换价格，则发行企业遭受筹资损失。④ 回售条款的规定可能使发行公司招致损失。当公司的股票价格在一段时间内连续低于转换价格并达到一定幅度时，可转换债券持有人可按事先约定的价格将所持债券回售给发行公司，从而使发行公司受损。

本章小结

本章主要介绍了金融市场和公司筹资工具的主要内容。第一节介绍了金融市场的概念、构成与分类。为资金需求者与资金供给者提供资金融通场所的就是金融市场。金融市场可以分为国际金融市场和国内金融市场、有形金融市场和无形金融市场以及货币市场、资本市场、外汇市场、黄金市场和保险市场等。第二节介绍了企业筹资的概述，包括企业筹资的含义与动机、筹资的分类、筹资的渠道与筹资的方式以及筹资规模的确定方法。其中着重分析了企业资本需求量的三种预测方法，分别是判断分析法、线性回归分析法、销售百分比法。第三节介绍了三种权益资本筹资的方式，分别是吸收直接投资、发行股票筹资以及利用留存利润融资。吸收直接投资也称投入资本筹资。它是指非股份制企业以签订投资协议的形式吸收投资者直接投入资本的一种筹资方式。股票是股份有限公司为筹措股权资本而发行的有价证券，是公司签发的证明持股人拥有公司股份的凭证。发行股票融资没有固定的股利负担，没有固定的到期日，无需偿还，筹资风险小，能增加公司的信誉，但是容易分散控制权，筹资限制较少，资本成本较高。利用留存盈余融资的成本较低，但利用留存盈余融资会受到公司股东自身利益和资金的成本约束，且受制于公司的股利分配政策的影响。第四节介绍了债务资本的筹集方法，包括长期借款筹资、债券筹资、融资租赁筹资、短期借款筹资以及商业信用筹资。此外，还提及了短期筹资策略与短期筹资内部的组合策略。第五节介绍了混合证券投资。混合证券投资集合了债券、股票和期权等部分优点，主要有可转化债券、认股权证以及优先股等。

复习思考题

1. 股权资本筹资有几种方式？各有什么优缺点？
2. 简述可转换债券筹资的特点。
3. 简述融资租赁的特点以及融资租赁的优缺点。

案例讨论题

江苏阳光集团可转化债券融资

江苏阳光是中国最大的高支薄面料生产基地,拥有外贸生产自营进出口权。2002年4月12日,江苏阳光集团在上海举行可转换公司债券发行推广会。2002年4月18日,阳光可转换债券正式发行。

江苏阳光集团本次拟发行8.3亿元可转债,转债期限为3年,利率为1%,利息每年一付,高于银行存款年利率0.72%的水平,尤其是如果投资者通过一级市场上申购,其持有成本是每单位1 000元。而当时银行3年期定期存款利率为2.52%。阳光转债发行1年后即可进入转股期,投资者可以自由选择将持有的阳光可转债转换为公司股票,此时公司本次募集资金投资项目已经基本开始产生效益,完全建成后,每年可为公司贡献1.3亿元净利润,保证公司每股收益和净资产收益稳定增长。

江苏阳光集团发行的可转债,由中国银行无锡分行承担全额不可撤销担保,投资者每年都有固定的收益,对到期未转股的阳光转债,公司偿还本息。而且阳光转债由中国银行提供全额担保,确保投资者没有本金损失的风险。阳光转债的溢价比率为7%,保证阳光转债投资者有充足的获利空间。阳光转债条款规定:阳光转债转股期1年内,如公司A股股票连续20个交易日的收盘价高于当期转股价格的140%,公司有权赎回未转股的阳光转债。条款还规定,当赎回条件首次满足时,若公司不赎回,当年将不再行使赎回权。如果在江苏阳光转债到期日1年内,公司股票收盘价持续20个交易日低于当期转股价格的70%时,转债持有人有权将持有的全部或部分转债以面值的102%的价格回售给江苏阳光。

在江苏阳光进行债券融资计划中,募集资金主要投向技术改造和一些收购项目。其中改造项目主要包括利用特种纤维生产功能性强的高级呢绒技术改造项目、特种纤维加工技术改造项目、引进先进技术及设备、开发应用软件等。技术改造项目税后内部收益率均在20%以上,投资后公司的整体盈利能力将进一步提高。从公司的偿债能力看,截至2001年12月31日,公司的资产负债率为6.24%,流动比率为3.94,速动比率为3.17,在同行业中名列前茅,显示公司有充足的偿债能力。而且在江苏阳光8.3亿元可转债发行后,公司的负债率也不超过45%。

资料来源:张朝元:《中小企业融资渠道》,机械工业出版社2009年版。

案例思考题:

根据上述内容,从发行条件、转股期安排以及风险等几个角度对江苏阳光的可转债发行方案作出评价。

同步测试题

一、单项选择题

1. 相对于普通股股东而言,优先股股东所拥有的优先权是( )。
   A. 优先表决权　　　　　　B. 优先购股权
   C. 优先分配股利权　　　　D. 优先查账权

2. 股东对公司享有的权利和承担的义务大小,以其所持有的股票占公司发行在外股票的比例而定,因此,可以确定该股东持有的股票是( )。
   A. 面值股票　B. 无面值股票　C. 记名股票　D. 不记名股票

3. 采用吸收直接投资筹集方式筹集自有资本的企业不应该是( )。
   A. 股份制企业　　　　　　B. 国有企业
   C. 合资或合营企业　　　　D. 集体企业

4. 发起人以工业产权、非专利技术作价出资的金额不得超过股份有限公司注册资本的( )。
   A. 10%　　　B. 15%　　　C. 20%　　　D. 25%

5. 下列各项内容中,不属于债券筹资优点的是( )。
   A. 资金成本较低　　　　　B. 可利用财务杠杆
   C. 财务风险较低　　　　　D. 保障公司控制权

6. 某企业为满足季节性需求,租用库房1间,租期3个月,该租赁行为属于( )。
   A. 融资租赁　B. 经营租赁　C. 售后回租　D. 杠杆租赁

7. 在分配公司盈利和剩余财产的分配顺序上( )处于优先地位。
   A. 普通股股东　B. 优先股股东　C. 债权人　D. 记名股

8. 公司在任何营业年度内未支付的优先股股息可以累积起来,由以后营业年度的盈利一起付清的方式属于( )。
   A. 累积优先股股票　　　　B. 参与优先股
   C. 可转化优先股股票　　　D. 可赎回优先股股票

9. ( )的区别在于是优先股在盈利较多的年份里,除了获得固定的利息之外,能否参与或者部分参与公司的本期剩余盈利的分享。
   A. 累积优先股与非累积优先股　B. 参与优先股与非参与优先股
   C. 可转换优先股与非转换优先股　D. 可赎回优先股与不可赎回优先股

10. 我国《公司法》规定,股份公司向发起人、国家授权投资的机构、法人发行的股票应当是（ ）。

　　A. 不记名股票　B. 记名股票　　C. 优先股　　　D. 国有股

二、多项选择题

1. 股份公司在申请股票上市前，必须向有关部门提交文件的是（ ）。

　　A. 最近一次的招股说明书　　　B. 股份公司章程
　　C. 财务会计报告　　　　　　　D. 上市报告书

2. 普通股筹资的缺点是（ ）。

　　A. 资本成本高　　　　　　　　B. 风险高
　　C. 降低公司的信誉　　　　　　D. 股价下跌

3. 上市公司发行可转换债券必须具备的条件是（ ）。

　　A. 财务报表经过注册会计师审计无保留意见
　　B. 最近3年连续盈利
　　C. 从事一般行业其净资产利润率在10%以上，从事能源、原材料、基础设
　　　施的公司要求在7%以上
　　D. 发行本次债券后资产负债率必须小于70%

4. 与信用相比，融资租赁的特征表现为（ ）。

　　A. 所有权和使用权相分离　　　B. 融资和融物相结合
　　C. 租金的分期归流　　　　　　D. 期限一般较短

5. 长期借款的缺点是（ ）。

　　A. 不利于利用财务杠杆效应　　B. 财务风险高
　　C. 限制条款多　　　　　　　　D. 筹集资金数额有限

6. 普通股股东的权利主要是（ ）。

　　A. 公司重大决策与参与权　　　B. 公司盈利与剩余资产的分配权
　　C. 选择管理者　　　　　　　　D. 了解公司经营状况的权利

7. 债券票面的基本要素（ ）。

　　A. 票面价值　 B. 偿还期限　　C. 利率　　D. 债券发行者名称

三、判断题

1. 按照我国《公司法》所规定的股票上市条件，股份有限公司申请股票上市时，其向社会公开发行股份的比例为15%以上。　　　　　　　　　　（ ）

2. 不论企业财务状况与经营成果如何，企业必须支付当年优先股股利，否则优先股股东有权要求企业破产。　　　　　　　　　　　　　　　　（ ）

3. 股票代表着对发行公司资产的所有权。　　　　　　　　　　　　（ ）

4. 企业的资本金包括实收资本和资本公积金。　　　　　　　　　　（ ）

5. 企业对资本金依法享有经营权，在企业的存续期内，所有者除依法转让外，

不能随时抽回其投入企业的资本金。					( )
 6. 我国有关的法规规定,企业吸收无形资产的出资额一般不得超过注册资金的 20%。					( )
 7. 我国《证券法》规定,股票只能采用纸面形式。					( )
 8. 只有股份有限公司可以发行股票。					( )
 9. 证券发行市场又称"一级市场"或"初级市场"。					( )
 10. 优先股股东在任何情况下都有表决权。					( )

第四章　公司筹资决策

学习目标

- 了解并掌握长期借款、债券、优先股、普通股等资本成本的计算方法
- 掌握经营杠杆、财务杠杆、总杠杆的确定方法
- 掌握利用加权平均资本成本和边际资本成本进行财务决策的基本方法
- 掌握资本结构与资本成本、公司价值的关系
- 了解掌握各种资本结构理论的基本思想、资本结构的影响因素

引　言

某上市公司 2003 年发行股票至 2006 年上市 3 年间的现金股利派发情况计算如下：如果公司向所有股东发放现金股利，则 2003 年、2004 年、2005 年 3 年分别要向股东支付 3 400 万元、5 100 万元、5 100 万元的现金。当公司将这些现金作为股利支付给股东时，其与公司向债权人支付贷款利息没有任何本质区别，都是实实在在的现金流出。即使出于某种特殊因素考虑，国有股如果放弃分配股利权利的话，公司也要分别支付 2 000 万元、3 000 万元、3 000 万元的现金股利给内部职工股股东。如此规模的现金流出量，就是对有盈利能力的公司来说也是一个不小的压力。因为在权责发生制下，契约实现的利润并不等于现金流量。更何况其资本成本之高，远远超出负债成本。按每股 2 元的发行价格计算，内部职工股股东得到的报酬率高达 15%，而且这 15% 是税后利润支付的。如果按 15% 的所得税税率计算，相当于按税前 17.65% 的利率向公司股东筹资，远远高于当时银行贷款利率水平。从理性的理财角度讲，与其按如此高的利率向股东筹资，还不如向银行贷款。更何况贷款利息作

为财务费用还可以抵税。根据财务杠杆原理,如果公司总资产利润率高于贷款利率,则举债还可以为公司带来积极的财务杠杆作用,从而给股东带来更多的财富。由此可见,从理财的角度看,公司向股东发行股票筹集资金所发放的现金股利与公司举债所支付的利息一样,都是现金流出和负担,所不同的仅仅是财务会计的账务处理不同。因此我们不能认为权益资本是一项"免费午餐",并可无节制、无条件地予以利用。

第一节 资本成本

一、资本成本的概念与分类

(一)资本成本的概念

资本成本是指资本的价格。从筹资角度看,它是指公司为获取和使用资本所付出的代价。从投资者角度来说,它是投资者提供资本要求补偿的资本报酬率。本章仅指筹集和使用长期资本(包括自有资本和引入资本)的成本。资本成本主要包括资本筹集费用和资本占用费用两个部分。资本筹集费用是指在资本筹集过程中支付的各项费用。如银行借款的手续费,发行股票、债券所发生的各项代理发行费等。资本筹集费用通常是一次性费用,因此,在计算资本成本时作为筹资金额扣除。资本占用费用是指使用资本所支付的费用。如股息、利息等。资本占用费用一般与筹集资本数额的大小以及所筹集资本使用时间的长短有关,往往具有经常性、定期性支付的特征。资本占用费用构成了资本成本的主要内容。

资本成本是公司财务管理中的重要概念。对于公司筹资来说,资本成本是选择筹资方式的重要依据,即公司要选择资本成本最低的筹资方式;对于公司投资来说,资本成本是评价投资项目是否可行的一个重要尺度。投资项目只有在其投资收益率高于资本成本率时才是可接受的,否则无利可图。资本成本也是衡量公司经营成果的尺度,即要求经营利润高于资金成本,否则表明经营不利,业绩欠佳。

为了便于分析,资本成本常用相对数资本成本率表示。资本成本率是公司资本占用费用与实际筹集资本的比率,用公式表示为:

$$K=\frac{D}{P-F} \tag{4-1}$$

或:

$$K=\frac{D}{P\times(1-f)}$$

式中：K 表示资本成本率；D 表示资本占用费用；P 表示筹资金额；F 表示资本筹集费用；f 表示筹资费率，即资本筹集费用占筹资金额的比例。

（二）资本成本的分类

公司的资本来源由债务和权益两个部分组成。债务包括长期借款和公司发行的长期债券；权益包括优先股、普通股和留存收益。每一种资本来源的筹集都有着特定的成本，因此，公司的资本成本也分为债务成本和权益成本。在计算公司资本成本时，应当分别确定不同类型资本的成本，然后再将这些个别成本按一定权数加权后，才能得到真正的资本成本。

二、个别资本成本的测算

个别资本是指各种筹资方式的成本。主要包括长期借款资本成本、长期债券资本成本、普通股资本成本、优先股资本成本和保留盈余资本成本。前两者可统称为负债资本成本，后三者统称为权益资本成本。

（一）长期借款资本成本

长期借款资本成本包括借款利息和筹资费用两部分。由于借款利息计入税前成本费用，可以起到抵税的作用（利息费用在税前扣除，可以抵减部分所得税，从而降低了负债成本）。因此，一次还本、分期付息借款的资本成本为：

$$K_l = \frac{I \times (1-T)}{L \times (1-f_l)} \quad (4-2)$$

式中：K_l 表示长期借款资本成本；I_l 表示长期借款年利息；T 表示所得税税率；L 表示长期借款筹资额，即借款本金；f_l 表示长期借款筹资费用率，即借款手续费率。

上述公式也可以写成如下形式：

$$K_l = \frac{i_l \times (1-T)}{1-f_l} \quad (4-3)$$

式中：i_l 表示长期借款的年利率。

【例 4-1】 某公司从银行取得一笔长期借款 800 万元，手续费率为 0.1%，年利率为 10%，期限 3 年，每年结息一次，到期一次还本。公司所得税税率为 25%。计算该项长期借款的资本成本。

$$K_l = \frac{800 \times 10\% \times (1-25\%)}{800 \times (1-0.1\%)} \times 100\% = 7.51\%$$

由于银行借款的手续费很低，可以忽略不计。这时长期借款资本可按下式测算：

$$K_l = i_l \times (1-T)$$

根据上例但不考虑手续费，这笔借款的资本成本为：

$$K_l = 10\% \times (1-25\%) \times 100\% = 7.5\%$$

在借款合同附加补偿性余额条款的情况下，公司可动用的借款筹资额应扣除补偿性余额，这时借款的实际利率和资本成本将会上升。

【例4-2】 某公司从银行取得一笔长期借款800万元，年利率为12%，期限3年，每年结息一次，到期一次还本。银行要求补偿性余额20%，公司所得税税率为25%。计算该项长期借款的资本成本。

$$K_l = \frac{800 \times 12\% \times (1-25\%)}{800 \times (1-20\%)} \times 100\% = 11.25\%$$

（二）长期债券资本成本

发行公司债券的成本包括债券利息和筹资费用。债券利息的处理与长期借款利息的处理相同，均应以税后的债务成本为计算依据。但债券的筹资费用一般比较高，在计算资本成本时不可省略。债券的筹资费用包括申请费、注册费、印刷费、上市费、推销费等。此外，债券的发行价格有等价、溢价和折价等情况，与面值有时不一致。因此，债券的资本成本的计算与借款有所不同。按照一次还本、分期付息的方式，债券资本成本的计算公式为：

$$K_b = \frac{I_b \times (1-T)}{B \times (1-f_b)} \tag{4-4}$$

式中：K_b 表示债券资本成本；I_b 表示债券年利息；B 表示债券筹资额，按发行价格确定；f_b 表示债券筹资费用率。

【例4-3】 某公司发行面额500万元的10年期债券，票面利率为10%，发行费用率为3%，公司所得税税率为25%。若以平价、溢价（600万元）和折价（400万元）发行，分别计算三种情况下的资本成本。

平价发行：

$$K_b = \frac{500 \times 10\% \times (1-25\%)}{500 \times (1-3\%)} \times 100\% = 7.73\%$$

溢价发行：

$$K_b = \frac{500 \times 10\% \times (1-25\%)}{600 \times (1-3\%)} \times 100\% = 6.44\%$$

折价发行：

$$K_b = \frac{500 \times 10\% \times (1-25\%)}{400 \times (1-3\%)} \times 100\% = 9.66\%$$

（三）普通股资本成本

按照资本成本计算实质上是计算投资报酬的思路，普通股的资本成本就是普通股投资的必要报酬率。其测算方法一般有两种:股利折现模型和资本资产定价模型。

1. 股利折现模型

股利折现模型的基本形式为:

$$P_0 = \sum_{t=1}^{n} \frac{D_t}{(1+K_c)^t} \tag{4-5}$$

式中:P_0 表示普通股筹资净额,即发行价格扣除发行费用;D_t 表示普通股第 t 年的股利;K_c 表示普通股投资必要报酬率,即普通股资本成本。

运用上面的模型测算普通股资本成本时,因采用的股利政策不同,计算资本成本的公式也有所不同。如果公司采用固定股利政策,即每年分派现金股利 D 元,则资本成本可按下式测算:

$$K_c = \frac{D}{P_0}$$

【例 4-4】 某公司发行普通股筹资,发行价格为每股 18 元,每股发行费用 2 元,预定每年分派现金股利每股 1.5 元,则该普通股的资本成本是多少?

$$K_c = \frac{1.5}{18-2} \times 100\% = 9.375\%$$

如果公司采用固定股利增长率的政策,若股利固定增长率为 G,则普通股资本成本需按下式测算:

$$K_c = \frac{D_1}{P_0} + G \tag{4-6}$$

【例 4-5】 某公司准备增发普通股,每股发行价为 20 元,发行费用 3 元,预定第一年分派现金股利每股 2 元,以后每年股利增长 6%。计算其资本成本。

$$K_c = \left(\frac{2}{20-3} + 6\%\right) \times 100\% = 17.76\%$$

值得指出的是,任何一家公司都无法完全确定该公司股票未来的现金股利支付情况,因此,无论是固定现金股利假设,还是固定股利增长率假设,在现实中都是不存在的。这些假设只是用于帮助人们大致估算普通股的资本成本,但这种估算并非无意义。例如,当我们了解到一个上市公司每年支付的现金股利比较少,每股每年只支付 0.15 元股利,而且在可以预期的将来现金股利的支付不会有明显的改善。如果投资者要求的投资报酬率(即上市公司筹措普通股的资本成本)为 10%,那么投资者可以接受的股票价格就应该在 1.5 元左右,不应超过太多。

2. 资本资产定价模型

资本资产定价模型的含义可以简单地描述为：普通股投资的必要报酬率等于无风险报酬率加上风险报酬率。用公式表示为：

$$K_c = R_f + \beta \times (R_m - R_f) \tag{4-7}$$

式中：R_f 表示无风险报酬率；R_m 表示市场平均报酬率；β 表示第 i 种股票的贝他系数。

在已确定无风险报酬率、市场报酬率和某种股票的 β 值后，就可测算该股票的必要报酬率，即资本成本。

【例 4-6】 已知某股票的 β 值为 2.2，市场平均报酬率为 10%，无风险报酬率为 6%。计算该股票的资本成本。

$$K_c = [6\% + 2.2 \times (10\% - 6\%)] \times 100\% = 14.8\%$$

（四）优先股资本成本

优先股资本成本由两部分组成，即筹资费用和预计股利。其计算公式为：

$$K_p = \frac{D_p}{P_p \times (1 - f_p)} \tag{4-8}$$

式中：K_p 表示优先股的资本成本；D_p 表示优先股预计年股利；P_p 表示优先股筹资额；f_p 表示优先股筹资费用率。

【例 4-7】 某公司发行优先股，股价为每股 50 元，筹资费用率为 2%，优先股股利为 6 元。该公司的优先股资本成本为：

$$K_p = \frac{D_p}{P_p \times (1 - f_p)} = \frac{6}{50 \times (1 - 2\%)} \times 100\% = 12.24\%$$

（五）保留盈余资本成本

保留盈余是所得税后形成的，其所有权属于股东，实质上相当于股东对公司的追加投资。实际上股东愿意将其留用于公司而不作为股利取出投资于别处，但是要求获得与普通股等价的报酬，因此保留盈余也有资本成本，只不过这是一种机会成本。保留盈余资本成本的计算与普通股资本成本的计算基本相同，只是不考虑筹资费用。

三、加权平均资本成本的计算

公司在一般情况下都不仅使用一种资本，所以，在计算资本成本时，要计算其加权平均资本成本。加权平均资本成本是公司各类资本成本与该资本在公司全部资本中所占比重的乘积之和。其计算公式为：

$$K=\sum_{j=1}^{n}K_j\times W_j \qquad (4\text{-}9)$$

式中：K 表示加权平均资本成本；K_j 表示第 j 种个别资本成本；W_j 表示第 j 种个别资本占全部资本的比重，即权数；n 表示不同资本的数量。

其中：
$$\sum_{j=1}^{n}W_j=1$$

【例4-8】 某公司的资本结构及相应的资本成本如表4-1所示，计算该公司的加权平均资本成本。

表4-1 某公司的资本结构及资本成本

单位：%

资本类别	资本成本（税后）	权 数	权数成本
公司债券	8.05	30	2.42
优先股	11.94	10	1.19
普通股	13.00	60	7.80

该公司的加权平均资本成本为：

$$K=\sum_{j=1}^{n}K_j\times W_j=(30\%\times 8.05\%+10\%\times 11.94\%+60\%\times 13.00\%)\times 100\%=11.41\%$$

四、边际资本成本的计算

随着公司筹资规模的扩大，其个别资本成本和加权平均资本成本也会随之变化。边际资本成本就是讨论资本成本随筹资规模变化而变化这一问题的。我们用一个例子来说明边际资本成本的概念与计算。

【例4-9】 某公司的资金来源于公司债券、优先股和普通股。其中，公司债券的税前成本分别为：① 发行量在1 500万元以内，资本成本为10%。② 发行量在1 500万元至2 000万元之间，资本成本为12%。③ 发行量在2 000万元以上，资本成本为15%。优先股的成本始终为12%。普通股中留存收益的成本为15%。若发行新股，则发行费用为发行量的8%。公司目前的资本总额为4 000万元，公司债券、优先股和普通股的比例为30∶5∶65，即公司债券为1 200万元、优先股为200万元、股东权益为2 600万元。公司的所得税税率为25%。该公司在下一年度准备筹措新资，已知该公司预计可新增留存收益400万元。计算该公司不同筹资额内的加权平均资本成本。

计算公司筹措新资的加权平均资本成本可按下列步骤进行。

1. 确定目标资本结构

目标资本结构是公司认为较为理想的资本来源构成比例,其确定原则和确定方法将在本书以后章节中讨论,此处假设公司以目前的资本结构为目标资本结构。

2. 计算个别资本成本

个别资本成本的具体计算情况,如表 4-2 所示。

表 4-2　个别资本成本计算表

类别	筹资额	筹资成本
公司债券	0～1 500 万元	$K_D=[10\%×(1-25\%)]×100\%=7.5\%$
	1 500 万～2 000 万元	$K_D=[12\%×(1-25\%)]×100\%=9\%$
	2 000 万元以上	$K_D=[15\%×(1-25\%)]×100\%=11.25\%$
优先股	任意	$K_D=12\%$
股东权益	0～400 万元(使用留存收益)	$K_E=15\%$
	400 万元以上(发行新股)	$K_D=[15\%÷(1-8\%)]×100\%=16.3\%$

3. 计算筹资总额的分界点

筹资总额的分界点由下列公式决定:

$$筹资总额=\frac{某类资本在一定资本下的筹资限额}{该类资本在资本总额中所占的比例}$$

【例 4-10】　公司债券在保持成本为 6.7% 的条件下最多可筹措 1 500 万元资金,则对应的筹资总额最多为:

$$筹资总额=\frac{1\,500}{0.3}=5\,000(万元)$$

即如果筹资总额在 5 000 万元以下,则按照目标资本结构的要求,公司债券的总额可保持在 1 500 万元以下;如果筹资总额超过 5 000 万元,则按照理想资本结构的要求,公司债券的数量要超过 1 500 万元,从而导致其成本超过 6.7%,将达到 8.04% 或更高。根据题意可知,公司目前已经发行了 1 200 万元的公司债券,如果按照 6.7% 的成本,其最多可再发行 300 万元的公司债券。

【问题与思考 4-1】

某公司由于业务发展需要,欲再筹资 50 万元,现有股票筹资(普通股)和债券筹资两种方式可以选择,要求根据以下已知条件作出选择(所得税税率 30%)。如表 4-3 所示。

表 4-3　某公司资金结构情况表

金额单位：万元

项　　目	原资金结构	新增筹资后的资金结构	
		发行股票	发行债券
公司债券(利率5%)	20	20	70
普通股票(面值1元)	40	60	40
资本公积	50	80	50
留存收益	40	40	40
资金总额	150	200	200

第二节　杠杆理论

一、营业风险和经营杠杆

公司的营业风险和经营杠杆影响公司的资本结构决策。公司的营业风险越大,经营杠杆越大,最优资本结构中的负债比率应该越低。在讨论资本结构时,将引入以下两个新的风险概念:营业风险,即公司没有债务时的经营风险;财务风险,即公司决定借债时对普通股股东所增加的风险。

（一）营业风险

营业风险(business risk)又称经营风险。它是指与公司经营相关的风险,以及公司的经营利润或税息前收益的不确定性。公司的经营利润或息税前收益常常受到外界如政治、经济、市场等因素的影响,同样也受到内部各种因素的影响,从而给公司带来营业风险。营业风险不仅仅因行业不同而不同,即使是同行业中的不同公司也有差别,并随着时间而变化。营业风险影响着公司的筹资能力,是决定公司资本结构决策的一个非常重要的因素。影响公司营业风险的因素主要有:

（1）产品需求的变动。在其他因素保持不变时,对一个公司的产品需求越稳定,该公司的营业风险就越低。

（2）产品销售价格的变动。一个公司的产品如果在市场上的销售价格比较稳定,那么,这个公司的营业风险相对就较小。

（3）投入资源价格的变动。如果一个公司投入资源的价格很不稳定,那么,该公司将遭受较大的营业风险。

（4）产品销售价格的调整能力。当公司的投入成本提高时,有些产品能够较方便地在市场上提高销售价格,以弥补因投入原料价格的提高所带来的损失。如果其他因素保持不变,公司的这种调整能力越强,则营业风险越低。

(5) 经营杠杆。如果公司总成本中固定成本的比例很大,当产品需求下降时,固定成本并不随之减少,则公司具有较大的营业风险。我们称之为经营杠杆。

在以上几点因素中,经营杠杆对公司营业风险的影响最为综合,公司欲获得经营杠杆带来的好处的同时,也需要承担由此而增加的营业风险。因此。必须在这种利益与风险之间作出权衡。

(二) 经营杠杆系数

只要企业存在固定成本,就存在经营杠杆效应的作用。但不同企业或同一企业不同产销量基础上的经营杠杆效应的大小是不完全相同的。经营杠杆作用的大小是通过经营杠杆系数来反映的。经营杠杆系数(degree of operating leverage,简称 DOL)是指息税前利润变动率相当于产销量变动率的倍数。其计算公式为:

$$DOL = \frac{\Delta EBIT/EBIT}{\Delta S/S} = \frac{\Delta EBIT/EBIT}{\Delta Q/Q} \qquad (4-10)$$

式中: $\Delta EBIT$ 表示息税前利润的变动额; ΔS 表示销售额的变动额; ΔQ 表示产销量的变动额。

上述公式是计算经营杠杆系数的理论公式,但利用该公式,必须以已知变动前后的相关资料为前提,比较麻烦。为了便于计算,可将上述公式变换为:

因为:
$$EBIT = Q \times (P-V) - F \qquad (4-11)$$
$$\Delta EBIT = \Delta Q \times (P-V)$$

所以:
$$DOL_Q = \frac{Q \times (P-V)}{Q \times (P-V) - F}$$

或:
$$DOL_S = \frac{S - VC}{S - VC - F}$$

式中: DOL_Q 表示按产销量确定的经营杠杆系数; DOL_S 表示按销售额确定的经营杠杆系数。

【例 4-11】 某公司的产品销量 30 000 件,单位产品售价 800 元,销售总额 2 400 万元,固定成本总额为 500 万元,单位产品变动成本为 500 元,变动成本率为 62.5%,变动成本总额为 1 500 万元。计算其经营杠杆系数:

$$DOL_Q = \frac{30\,000 \times (800-500)}{30\,000 \times (800-500) - 5\,000\,000} = 2.25$$

$$DOL_S = \frac{24\,000\,000 - 15\,000\,000}{24\,000\,000 - 15\,000\,000 - 5\,000\,000} = 2.25$$

在此例中经营杠杆系数为 2.25。其意义在于:当企业销售增长 1 倍时,息税前利润将增长 2.25 倍;反之,当企业销售下降 1 倍时,息税前利润将下降 2.25 倍。前种情形表现为经营杠杆利益,后种情形则表现为经营风险。

(三) 经营杠杆与经营风险的关系

以上计算结果表明:

(1) 在固定成本不变的情况下,经营杠杆系数说明了销售变动所引起的经营收益变动的幅度。

(2) 在固定成本不变的情况下,销售规模越大,经营杠杆系数越小,营业风险也就越小;反之,销售规模越小,经营杠杆系数越大,营业风险也就越大。

(3) 当销售额达到盈亏临界点时,经营杠杆系数趋于无穷大。此时,公司经营只是保本。在这种情况下,只要销售额稍有增加,便可获得经营收益;但如果销售额稍有下降,便会发生亏损。

二、财务杠杆

财务杠杆(financial leverage)又称融资杠杆。它是指公司对资本成本固定的筹资方式的利用程度。这种资本成本固定的资本来源,包括各种负债(如短期借款、长期借款、应付债券、融资租赁等)和优先股股本。由于债务利息是财务费用在公司所得税前支付,属于免税费用,而优先股股利是在公司交纳所得税后支付,属于非免税支出,因此,两者发挥的财务杠杆作用有所不同。利用负债筹资,产生财务杠杆正作用的前提条件是:如果公司的全部资本息税的收益率和负债利息率一定,则取决于负债比率的高低。提高负债比率,将会增加财务杠杆利益;降低负债比率,则会减少财务杠杆利益。负债比率为零时,则不会产生财务杠杆利益。如果公司的全部资本息税前收益率低于负债利息率,则财务杠杆作用给股东带来财务杠杆损失。如果公司的全部资本息税前收益率等于负债利息率,则不发生财务杠杆作用。利用优先股筹资,产生财务杠杆正作用的前提条件是:公司的全部股本税后净利率高于优先股利率。只有在这个前提下,保持优先股股本在整个股本筹资中的既定比例,才能对普通股权益产生财务杠杆利益;否则,将对普通股权益产生财务杠杆损失。

(一) 财务杠杆原理

企业采用债务和优先股方式筹资时,负债利息和优先股股息是企业固定的财务费用,与企业实际利润的多少无关。由于固定财务费用的存在,普通股每股收益的变动率会大于息税前利润的变动率。这种现象就叫做财务杠杆。

普通股每股收益和息税前利润之间的关系可用下式表示:

$$EPS = \frac{(EBIT - I) \times (1 - T) - D}{N} \quad (4-12)$$

式中：EPS 表示普通股每股收益；I 表示企业债务资本的利息费用；T 表示所得税税率；D 表示优先股股利；N 表示发行在外的普通股股数。

从上述公式可以看出，在企业资本结构一定的条件下，由于债务的利息和优先股的股利通常是固定不变的，当息税前利润增大时，每 1 元盈余所负担的固定财务费用就会相对减少，从而给普通股股东带来更多的盈余；反之，当息税前利润减少时，每 1 元盈余所负担的固定财务费用就会相对增加，从而会大幅度减少普通股盈余。如果不存在固定财务费用，企业的息税前利润都是属于普通股股东的，那么普通股每股收益与企业税前利润变动率就会完全一致。在息税前利润增加时，财务杠杆作用表现为财务杠杆利益；在息税前利润减少时，财务杠杆作用表现为财务杠杆损失。企业可以通过调节资本结构获得财务杠杆利益，避免财务杠杆损失。

（二）财务杠杆系数

只要在企业的筹资方式中有固定财务费用支出的债务和优先股，就会存在财务杠杆效应。但不同企业财务杠杆的作用程度是不完全一致的。财务杠杆作用的大小是用财务杠杆系数来反映的，财务杠杆系数（degree of operating leverage，简称 DFL）是指普通股每股收益变动率相当于息税前利润变动率的倍数。其计算公式为：

$$DFL = \frac{\Delta EPS/EPS}{\Delta EBIT/EBIT} \tag{4-13}$$

式中：ΔEPS 表示普通股每股收益变动额。

上述公式是计算财务杠杆的理论公式，必须以已知变动前后的相关资料为前提，比较麻烦。为了便于计算，可将上述公式变换为：

因为：
$$EPS = \frac{(EBIT - I) \times (1 - T) - D}{N} \tag{4-14}$$

$$\Delta EPS = \Delta EBIT \times \frac{(1 - T)}{N}$$

所以：
$$DFL = \frac{EBIT}{EBIT - I - \frac{D}{1 - T}}$$

【例 4-12】 某公司债务资本为 5 000 万元，债务年利率为 8%，优先股股息为 200 万元，公司所得税税率为 25%。当息税前利润为 1 500 万元时，计算公司的财务杠杆系数。

$$DFL = \frac{1\ 500}{1\ 500 - 5\ 000 \times 8\% - \frac{200}{1 - 25\%}} = 1.8$$

(三) 财务杠杆与财务风险的关系

风险是一个与损失相关联的概念,是一种不确定性或可能发生的损失。财务风险是指企业因使用债务资本而产生的在未来收益不确定情况下由主权资本承担的附加风险。如果企业经营状况良好,使得企业投资收益率大于负债利息率,则获得财务杠杆利益;如果企业经营状况不佳,使得企业投资收益率小于负债利息率,则获得财务杠杆损失,甚至导致企业破产。这种不确定性就是企业运用负债所需承担的财务风险。企业财务风险的大小主要取决于财务杠杆系数的高低。一般情况下,财务杠杆系数越大,普通股权益收益率对于息税前利润率的弹性就越大。如果息税前利润率上升,则普通股权益收益率会以更快的速度上升;如果息税前利润率下降,那么普通股权益收益率会以更快的速度下降,从而风险也越大。反之,财务风险就越小。财务风险存在的实质是由于负债经营从而使得负债所负担的那一部分经营风险转嫁给了权益资本。下面的例子将有助于理解财务杠杆与财务风险之间的关系。假定企业的所得税税率为 35%,则权益资本净利润率的计算表,如表 4-4 所示。

表 4-4 权益资本净利润率计算表

项 目	行 次	负 债 比 率		
		0%	50%	80%
资本总额	①	1 000	1 000	1 000
其中:负债	②=①×负债比率	0	500	800
权益资本	③=①-②	1 000	500	200
息税前利润	④	150	150	150
利息费用	⑤=②×10%	0	50	80
税前利润	⑥=④-⑤	150	100	70
所得税费用	⑦=⑥×35%	52.5	35.0	24.5
税后净利	⑧=⑥-⑦	97.5	65.0	45.5
权益资本净利润率	⑨=⑧÷③	9.75%	13%	22.75%
财务杠杆系数	⑩=④÷⑥	1.00	1.50	2.14

假定企业没有获得预期的经营效益,息税前利润仅为 90 万元,其他条件不变,则权益资本净利润率计算,如表 4-5 所示。

表 4-5 权益资本净利润率计算表

项　　目	行　次	负　债　比　率		
		0%	50%	80%
息税前利润	①	90	90	90
利息费用	②	0	50	80
税前利润	③	90	40	10
所得税费用	⑤	31.5	14.0	3.5
税后净利	⑥	58.5	26	6.5
权益资本净利润率	⑦	5.85%	5.2%	3.25%
财务杠杆系数	⑧	1.00	2.25	9.00

对比表 4-4 和表 4-5 可以发现,在全部息税前利润率为 15%的情况下,负债比率越高,所获得的财务杠杆利益越大,权益资本净利润率越高。在企业全部资本息税前利润率为 9%的条件下,情况则相反。以负债比率 80%为例,全部资本息税前利润率比负债成本每提高 1 个百分点,权益资本净利润率就会提高 2.6 个百分点{[(22.75%－9.75%)÷(15－10)]×100%},全部资本息税前利润率比负债成本每降低 1 个百分点,权益资本净利润率则下降 2.6 个百分点。如果息税前利润下降到某一个特定水平时(以全部资本息税前利润等于负债成本为转折点),财务杠杆作用就会从积极转化为消极。此时,使用财务杠杆,反而降低了在不使用财务杠杆的情况下本应获得的收益水平,而且越是较多使用财务杠杆,损失越大。在息税前利润为 90 万元、负债比率为 80%的条件下,财务杠杆系数高达 9。也就是说,如果息税前利润在 90 万元的基础上每降低 1%,权益资本净利润将以 9 倍的速度下降。可见,财务风险之高。如果不使用财务杠杆,就不会产生以上损失,也无财务风险可言,但在经营状况好时,也无法取得杠杆利益。

(四)影响财务杠杆利益(损失)和财务风险的因素

由于财务风险随着财务杠杆系数的增大而增大,而且财务杠杆系数是财务杠杆作用大小的体现,那么影响财务杠杆作用大小的因素,也必然影响财务杠杆利益和财务风险。下面我们分别讨论影响两者的三个主要因素。

1. 息税前利润率

由上述计算财务杠杆系数的公式可知,在其他因素不变的情况下,息税前利润率越高,财务杠杆系数越小;反之,财务杠杆系数越大。因而税前利润率对财务杠杆系数的影响是呈相反方向变化。由计算权益资本收益率的公式可知,在其他因素不变的情况下,息税前利润率对权益资本收益率的影响却是呈相同方向变化的。

2. 负债的利息率

由上述公式可知,在息税前利润率和负债比率一定的情况下,负债的利息率越高,财务杠杆系数越大;反之,财务杠杆系数越小。负债的利息率对财务杠杆系数的影响总是呈相同方向变化的,而对权益资本收益率的影响则呈相反方向变化。即负债的利息率越低,权益资本收益率会相应提高;而当负债的利息率提高时,权益资本收益率会相应降低。那种认为财务风险是由全部资本中债务资本比率的变化所带来的风险的观点是片面的。

3. 资本结构

由上述公式可以知道,负债比率即负债与总资本的比率也是影响财务杠杆利益和财务风险的因素之一。负债比率对财务杠杆系数的影响与负债利息率的影响相同。即在息税前利润率和负债利息率不变的情况下,负债比率越高,财务杠杆系数越大;反之,财务杠杆系数越小。也就是说,负债比率对财务杠杆系数的影响总是同向的。但负债比率对权益资本收益率的影响不仅不同于负债利息率的影响,也不同于息税前利润率的影响。负债比率对权益资本收益率的影响表现在正、负两个方面,当息税前利润率大于负债利息率时,表现为正的影响;反之,表现为负的影响。

上述因素在影响财务杠杆利益的同时,也在影响财务风险。而进行财务风险管理,对企业来讲是一项极为复杂的工作。这是因为除了上述主要因素外,影响财务风险的其他因素很多,并且这其中有许多因素是不确定的。因此,企业必须从各个方面采取措施,加强对财务风险的控制,一旦预计企业将出现财务风险,就应该采取措施,回避和转移风险。回避财务风险的主要办法是降低负债比率,控制债务资金的数额。回避风险的前提是正确地预计风险,预计风险是建立在预计未来经营收益的基础上的。如果预计企业未来经营状况不佳,息税前利润率低于负债的利息率,那么就应该减少负债,降低负债比率,从而回避将要遇到的财务风险。转移风险是指采取一定的措施,将风险转移他人的一种方法。具体做法是通过选择那些利率可浮动、偿还期可伸缩的债务资金,以使债权人与企业共担一部分财务风险。此外,财务杠杆作用程度的确定除考虑财务杠杆利益和财务风险之外,还应注意经营杠杆联合财务杠杆对企业复合杠杆和复合风险的影响,使之达到一定的复合杠杆作用,根据经营杠杆的不同作用选择不同的财务杠杆。

综上所述,财务杠杆可以给企业带来额外的收益,也可能造成额外损失,这就导致了可能的财务风险的重要因素。财务杠杆利益并没有增加整个社会的财富,是既定财富在投资人和债权人之间的分配;财务风险也没有增加整个社会的风险,是经营风险向投资人的转移。财务杠杆利益和财务风险是企业资本结构决策的一个重要因素,资本结构决策需要在杠杆利益与其相关的风险之间进行合理的权衡。任何只顾获取财务杠杆利益,无视财务风险而不恰当地使用财务杠杆的做法都是企业财务决策的重大失误,最终将损害投资人的利益。

三、总杠杆

从上述内容可知,经营杠杆通过扩大销售影响息税前的收益,财务杠杆通过扩大息税前收益影响普通股每股税后收益。如果经营杠杆和财务杠杆共同作用,则销售量稍有变动,就会使普通股每股税后收益产生较大的变动,总杠杆(total leverage)又称联合杠杆(combined leverage)或合并杠杆、复合杠杆、综合杠杆。它是指经营杠杆与财务杠杆的复合作用。

总杠杆作用的程度用总杠杆系数(degree of combined total leverage,简称DTL)来表示:

$$DTL = \frac{\Delta EPS/EPS}{\Delta S/S} = \frac{\Delta EPS/EPS}{\Delta Q/Q} \qquad (4-15)$$

总杠杆系数与经营杠杆系数、财务杠杆系数之间的关系可以用下式表示:

$$DTL = DOL \times DFL \qquad (4-16)$$

总杠杆系数亦可直接按以下公式计算:

$$DTL_Q = \frac{Q(P-V)}{Q \times (P-V) - F - I - \dfrac{D}{1-T}} \qquad (4-17)$$

$$DTL_S = \frac{S-VS}{S-VS-F-I-\dfrac{D}{1-T}} \qquad (4-18)$$

【例 4-13】 某公司长期资本总额为 2 000 万元,其中,长期负债占 20%,负债年利率为 10%,公司销售额为 500 万元,固定成本总额为 30 万元,变动成本率为 60%。计算该公司的总杠杆系数。

$$EBIT = 500 - 500 \times 60\% - 30 = 170(万元)$$

$$I = 2\,000 \times 20\% \times 10\% = 40(万元)$$

$$DOL = \frac{S-VC}{S-VC-F} = \frac{500-500 \times 60\%}{500-500 \times 60\%-30} = 1.1765$$

$$DFL = \frac{EBIT}{EBIT-I} = \frac{170}{170-40} = 1.3077$$

$$DTL = \frac{S-VC}{S-VC-F-I} = \frac{500-500 \times 60\%}{500-500 \times 60\%-30-40} = 1.54$$

或： $DTL = DOL \times DFL = 1.1765 \times 1.3077 = 1.54$

比例中总杠杆系数 1.54 表示：当公司产销量增长 1 倍时，普通股每股税后利润将增长 1.54 倍，表现为公司的总杠杆利益；反之，当公司产销量下降 1 倍时，普通股每股税后利润下降 1.54 倍，表现为公司的总杠杆风险。

从以上分析可以看出，经营杠杆影响企业息税前利润的变化幅度，财务杠杆影响企业税后净收益的变化幅度。经营杠杆作用于前，财务杠杆作用于后，两者共同影响着普通股收益的稳定性。在总杠杆的作用下，当企业经济效益好时，每股收益会大幅度上升；企业经济效益差时，每股收益会大幅度下降。企业总杠杆系数越大，每股收益的波动幅度越大。这种由于总杠杆作用使每股收益大幅度波动而造成的风险，称为企业的总风险。在其他因素不变的情况下，总杠杆系数越大，总风险越大；总杠杆系数越小，总风险越小。

【问题与思考 4-2】

作为公司财务经理，你认为资金结构中的负债比例对企业有何重要影响？表现在什么方面？

第三节 资本结构理论与资本结构决策

一、资本结构理论

资本结构理论是一个老话题，但同时又是一个经典的话题。西方财务界对资本结构理论的研究始于 20 世纪 50 年代初期，自从 1958 年 Modigliani 和 Miller 提出了著名的 MM 理论以来，在近半个世纪里，资本结构理论已经逐渐发展成为一个比较成熟的理论，并在西方各国的企业融资行为中起到了理论指导的作用。在我国，随着经济高速发展以及现代企业制度的建立，加强对企业资本结构问题理论与实证研究有着非常重要的现实意义。而西方资本结构理论无疑对我们的研究具有重要的借鉴作用。

西方资本结构理论按研究方式来划分，大体可以分为三个体系：一是以杜兰特（Durand，1952）为主的传统资本结构理论学派。二是以 MM 理论为中心的现代资本结构理论学派，此学派承接了杜兰特等人的观点，后来又主要形成两个分支：一支是以 Farrar(1967)、Shavell(1966)、Brennan(1978)等为代表的税差学派，主要研究企业所得税、个人所得税和资本利得税之间的税差与企业融资结构的关系；另一支是以 Betker(1978)、Altman(1968)等人为主的破产成本学派，主要研究企业破产成本对资本结构的影响问题。这两个分支最后再归结形成以 Robichek(1967)、

Mayers(1984)、Scott(1976)等人为代表的平衡理论。此理论主要研究企业最优资本结构取决于各种税收收益与破产成本之间平衡的问题。第三个体系就是进入20世纪70年代以来,随着非对称信息理论研究的发展,诸多学者开始从不对称信息的角度对资本结构问题进行研究,其中包括新优序融资理论、代理成本理论、控制权理论、信号理论等。

(一) 净收益理论

净收益理论(net income theory,简称 NI)也称朴素的资本结构理论。该理论认为,由于债务成本比股本成本低,因此企业可以通过更多地举债,实行资本结构的决策方法,降低企业的加权平均资本成本,这样,负债程度越高,企业的价值越大。另外,净收益理论还认为,债务成本和权益资本成本均不受企业负债的影响,无论负债程度多高,企业的债务资本成本和权益资本成本都是固定不变的。因此,按照这种理论,企业的资金来源全部使用债务时,企业的加权平均资本成本最低(等于负债成本),从而企业价值也最大。即资产负债率越接近于100%则越好。可以看出,尽管该理论突出了财务杠杆的作用,但是没有认识到财务风险等因素对资本结构的影响。现实经济的运行以及规律告诉我们,债务资本融资扩大了财务杠杆的作用,融资风险和资本成本都将随之发生变化。通常,债务资本增加后,融资风险增加,企业支付压力增加,企业面临的财务困境的可能性增加,企业破产成本或财务困境成本将增加。因此,财务杠杆与企业价值以及资本成本的关系将存在一个均衡点。而事实上,这种理论忽略了这一点。

(二) 净营运收入理论

净营运收入理论(net operating income theory,简称 NOI)认为,企业利用负债筹资,财务杠杆作用扩大,即使债务资本成本本身不变,但是会增加企业权益资本的风险,从而使得权益成本上升。因此,企业的加权平均资本成本不会因为负债比率的提高而降低,而是维持不变。根据这一理论,无论企业财务杠杆如何变化,企业加权平均资本成本都是固定的,因而企业的总价值也是固定不变的。按照这种理论,不存在最佳资本结构,筹资决策也就无关紧要,企业也无需进行资本结构决策,因为彼此的效果没有区别,而这显然与企业的理财实践不相符。

(三) 传统理论

传统理论(traditional theory)认为,每个企业均有最佳融资结构。这是一种介于净收入理论和净营运收入理论之间的理论。该理论认为,企业在一定限度内合理负债时,权益成本和负债风险都不会显著增加,或者即便会导致权益成本的上升,但在一定的程度内却不会完全抵销利用成本率较低的债务所获得的好处,从而企业的加权平均成本下降,企业总价值上升。但是,当超过一定程度地利用负债后,债务的低成本就不能抵销权益成本的迅速上升,由此企业的加权平均成本便会上升。之后，债务成本也会上升，与迅速上升权益成本共同作用使加权平均成本加速提升。因此，根据传统理论，某种负债低于100%的资本结构可以使企业价值最大。

传统理论承认，企业确实存在一个最佳资本结构，并可以通过适度的财务杠杆的运用来获得。相比净收益理论和净经营收益理论，传统折中理论具有其合理性，它较为准确地描述了财务杠杆与资本成本、企业价值的关系。但是，这种逻辑判断缺乏实证检验，这也是其他两个理论存在的不足。因此，在资本结构理论的历史沿革中，它仅仅是一种朴素的理论。

（四）MM理论

20世纪中期，诺贝尔经济学奖获得者、美国经济学家莫迪利安尼和米勒经过严格的数学推导和大量的实证研究，提出了著名的公司资本结构与其市场价值无关的命题。这就是现代资本结构理论的基石——MM定理。MM理论最早是在1958年6月，莫迪利安尼和米勒在《美国经济评论》发表的《资本成本、公司财务与投资理论》一文中首次提出的。1961年，米勒又与莫迪利安尼合作发表了《股利政策、增长及股票估价》一文，进一步阐述并发展了这一理论。此后，在1963年发表的《企业所得税和资本成本：一个修正》一文中，他们对该理论又作出了修正，加入了考虑企业所得税的情况，并相应修正了结论。这些文章及其研究成果构成了MM理论的广义的、完整的理论体系。

MM定理1：无税收的MM模型。

假设在不考虑税收（包括公司所得税和个人所得税）的情况下，企业的总价值不受资本结构的影响。在一定的资本结构中，企业负债的增加并不会增加企业的价值，因为负债带来的利益将被随之增加的权益资本成本所抵销，因此企业的价值和资本成本均不受资本结构的影响。

该模型有两个基本命题：

命题一：不管企业有无负债，企业的价值取决于预期息税前利润（$EBIT$）除以适用于其风险等级的报酬率，风险报酬取决于企业的负债程度。

命题二：负债经营公司的权益资本成本等于无负债公司的权益资本成本加风险报酬率，风险报酬率的大小由负债比率决定，具体数值等于无负债企业的权益资本成本减去债务资本成本后与负债企业的债务权益比的乘积。综合以上两个命题，MM定理意味着，债务资本的增加会增大权益资本的风险，低成本举债带来的利益正好被权益资本成本的上升所抵销。因此，在均衡时，有负债企业的加权平均资本成本会等于无负债企业的权益资本成本。由此，MM定理的结论是：在没有企业和个人所得税且市场处于均衡状态下时，企业资本结构的改变不会影响企业的价值和资本成本。

MM 定理 2：有公司税的 MM 模型。

MM 理论从逻辑上讲是合理的，但在实践中却受到了挑战。根据 MM 理论，企业资本结构与企业市场价值无关，则企业的负债率在不同的地区、部门或行业会呈现随机分布。而实际上，企业的负债率在各部门或行业间分布具有一定的规律性。例如，几乎所有航空公司、公用事业和房地产发展公司及大部分资本密集型工业企业的负债比例都很高，制药公司和广告公司几乎全依赖于自有资金。为了解释这一现象，1963 年，莫迪利安尼和米勒在发表的《企业所得税和资本成本：一个修正》一文中，将公司所得税对资本结构的影响引入了原来的分析之中，对无税模型进行了修正，从而得出了与无税收的 MM 模型相反的结论，即负债会因利息减税作用而增加企业的价值，因此，企业负债率越高越好。这就是有公司税的 MM 模型。该模型也有两个基本命题。

命题 1：有负债企业的价值等于相同风险等级的无负债企业的价值加上负债的节税利益。在此，负债的节税利益等于公司所得税税率乘上负债总额。

命题 2：有负债企业的权益成本等于无负债企业的权益成本加上一笔风险报酬，而风险报酬的多寡视负债融资程度与公司所得税而定。

以上通过对 MM 的无公司所得税模型、公司所得税模型的分析，我们发现，该理论是在一系列严格的假设前提下，经过审慎的数学推论而得出的，其结论是毋庸置疑的。即：无公司税的 MM 理论的结论是：资本结构不影响企业价值和资本成本。有公司税的 MM 理论的结论是：负债会因税赋节约而增加企业价值，负债越多，企业价值越大，权益资本的所有者获得的收益也越大。著名经济学家 Robert Hamada(1969)和 Joseph E. Stiglitz(1969)分别用资本资产定价模型和一般均衡理论，从不同的角度对 MM 理论进行了证明，得出了与 MM 理论相一致的结论，然而这却与现实中实际观察到的情况并不相同。针对这种现象，米勒又对其理论进行了改进，加入了个人所得税因素，提出了米勒模型。

（五）米勒模型

有税的 MM 定理和无税的 MM 定理在逻辑上是合理的，但在考虑了存在公司所得税的情况后，公司的价值随负债比率的上升而增加，而且当负债达到 100% 时公司的价值将最大。这在理论上意味着企业应该完全使用负债来筹措其所需资金。这个推论显然与客观事实相悖。因为正常经营的公司不会为了使公司实际价值最大化而完全使用负债来筹措资金。1977 年，米勒在《财务月刊》中发表了《债务与税收》一文，为了探讨负债对企业价值的影响，建立了一个同时考虑公司所得税与个人所得税在内的模型。经过理论上的推导，米勒得出了如下结论：个人所得税的存在，会在某种程度上抵销债务利息的税盾效应。但是，在正常的税率情况下，负债的税盾效应不会因此而完全消失。

米勒模型证明了个人所得税的存在,某种程度上抵销了公司负债的税盾效应,从而降低了负债公司的价值,但它仍然坚守了公司负债越高,市场价值越大,当负债比例为100%时,公司将获得最大的市场价值的理念。尽管该模型具有逻辑上的合理性,但由于模型的假设条件不能准确反映市场的实际运行情况,所以,该模型存在一定的局限性。

（六）平衡理论

MM理论及米勒模型只是单方面考虑了负债给企业带来的减税利益,而没有考虑负债可能给企业带来的预期成本和损失。所谓平衡理论,是指同时考虑负债的减税利益与预期成本或损失,并将利益与成本进行适当权衡来确定企业价值的理论。根据这一理论,把由于负债给企业带来的预期成本分为破产危机成本和代理成本。破产危机成本是指随着企业负债的增加,企业不能如期还本付息,甚至在一定程度上导致企业破产所付出的代价。当破产发生时,破产危机成本即为破产成本。破产成本可表现为直接成本和间接成本,如资产评估与清理费用、诉讼费用等是直接成本,而企业清理资产时的低价出售或因履行破产程序失去的销售利润等损失则是间接成本。

代理成本源自于所有权与经营权相分离的企业,它分为股权代理成本和债权代理成本。由于不拥有或只是部分拥有企业的所有权,经营者不会倾注所有的努力来工作,而可能热衷于在职消费(如购买高档轿车或豪华办公设备等)。这时企业的价值小于其作为完全所有者时的价值,两者的差异即为股权代理成本。另外,所有者作为剩余收益索取者倾向于投资风险大的项目,这样可以获取项目成功时的高额报酬,而债权人仅获得固定数额的报酬;当投资失败时,债权人却要承担投资可能导致的损失。债权人为保障自己的利益、减少其收回本息的风险,会在贷款时通过加入各种保护性条款保护自己,这样就会使债务的实际成本上升,此谓债权的代理成本。股权代理成本和债权代理成本相互间为此消彼长的关系。当股权的边际代理成本与债权的边际代理成本相等时,两者之和即总代理成本最小。平衡理论认为,当负债程度较低时,不会产生破产成本,于是,企业价值因税盾效应的存在会随负债水平的上升而增加。当负债达到一定界限时,负债税盾效应开始为破产成本和代理成本所抵销。当边际负债税盾利益等于边际破产成本与代理成本之和时,企业价值最大,资本结构最优;若企业继续追加负债,企业价值会因破产成本和代理成本大于负债税盾利益而下降,负债越多,企业价值下降越快。平衡理论引入了均衡(trade-off)的概念,使企业资本结构具有最优解的可能性,从而为现代企业资本结构研究提供了一种新的思路。此外,平衡理论放松了MM理论关于无破产企业与企业投资政策和企业融资政策相互独立的假设,深入讨论了引入破产成本后,股票投资者和债券投资者相互关系的变化及其对企业市场价值的影响。

(七) 优序融资理论

优序融资理论(pecking order theory),国内也常翻译为啄食顺序理论。Myers(1984)在其《资本结构之谜》以及后来与 Myers 和 Majluf(1984)合作的《企业知道投资者所不知道信息时的融资和投资决策》文章中,为了解释企业在实际投资中所存在的不足或过度问题,提出了资本结构的优序融资理论。优序融资理论的主要内容是:通过对资本成本、融资风险、公司长远战略等因素进行综合平衡后,按照公司价值最大化原则确立公司融资途径。在西方金融理论中,对优序融资理论的形象表述就是所谓的"啄食顺序",即公司偏好内部融资,如果需要外部融资,公司将首先发行最安全的证券,如债券,把股票作为最后的融资手段。

(八) 激励理论

激励理论研究的是资本结构与经营者行为之间的关系。激励理论认为,资本结构会影响经营者的工作努力水平和其他行为选择,从而影响企业未来现金收入和企业市场价值。比如说,当经营者作为内部股东而持有的股份降低时,其努力的成本会更多由自己负担而努力的收益却更大比例地归于他人,即其在职消费的好处由自己享有而消费成本却更大比例地由他人负担。激励理论包括一些具有代表性的模型。

1. Jensen 和 Meekling(1976)的代理成本模型

他们认为,在现代公司中,存在着经理和股东之间、债权人和股东之间等两类利益冲突。股东和经理的冲突是由于经理没有拥有公司的全部股权或者剩余索取权。当经理增加其努力时,他承担了努力的全部成本,但却只能获得他的追加努力所创造收益增量的一部分。而当他增加在职消费时,他可能获得全部好处,但只承担部分成本。因此,当经理持股比例减小时,他偷懒和谋求私利的欲望就会增加。所以,部分所有制下企业的价值就会小于完全所有制下企业的价值,这两种价值差额称为外部股权的"代理成本",它是经理持股比例的减函数。在外部股东具有理性预期的假定下,代理成本应由经理承担。在经理对企业的绝对投资不变的情况下,增大投资中举债筹资的比例将增大经理的股权比例,从而降低代理成本。而且,由于债务要求企业用现金偿付,这就减少了经理用于享受其个人私有的"自由资金",因此,举债筹资便缓和了经理和股东之间的冲突。

债权人和股东之间也有冲突。随着债务筹资比例的上升,股东将倾向于选择更具风险的项目。这一效应被称之为"资产替代效应"。这一效应是不利于债权人的。因为,在举债筹资的情况下,如果某项投资产生很高的收益,则股东会大获其利,而债权人只获得固定收益;但投资失败时,债权人将承担大部分后果。也就是说,即使风险投资使企业价值下降,股东仍可能从中得到好处。然而,由于理性的债权人将正确地预期到股东的资产替代行为,债务筹资比例的上升导致借债成本的上升。这就是债务筹资的代理成本,这种成本将由股东来承担。随着债务筹资比例的增大,股权代理成本(负债融资利益)将减少,债务代理成本将增大。因此,存在着股权代理成本和债务代理成本之间的均衡。最优的资本结构可以通过最小化总代理成本而得到。在最优点上,股权的边际代理成本(负债融资的边际收益)等于债务的边际代理成本。

2. Grossman 和 Hart(1986)的债务担保模型

该模型将债务视为一种担保机制,这种机制能够促使经理多努力工作,少个人享受,并且作出更好的投资决策,从而降低代理成本。该模型认为,如果经理不发行债券,企业就不会有破产风险,这会使经理丧失最大化利润的积极性,从而市场对企业的评价也低,企业资本成本就高;相反,如果经理发行债券,股东会认为,经理为保证自己的在职好处,会力求企业利润最大化。此时,市场会意识到企业利润将上升,企业的市场价值就会增大。因此,对经理来说,存在着较高的私人收益同较高的破产并丧失所有任职好处的风险之间的权衡。这种权衡要通过负债和股权的比例即资本结构来实现。

3. Harriss 和 Raviv 的债务缓和模型

在该模型中,经营者与投资者(股东和债权人)之间的利益冲突源于对企业经营决策的分歧,即使在企业停业清算对股东更为有利的情况下,经营者仍会希望企业继续经营。这种利益冲突无法通过建立在现金流量和投资费用基础上的契约来加以消除,而债务则可以使债权人在企业现金流量不佳时通过强迫企业停业清算来加以缓和,因为较高的负债水平使企业丧失偿还能力的可能性增大,从而有利于作出清算决定。在企业没有丧失偿还能力的情况下,即使将资产用于另一用途可获得较大收益,经营者也会不情愿地将企业停业清算。然而,债权人通过企业破产行使其控制权,将会造成与调查企业前景相关的成本。拖欠款项的频率越高,这一成本也就越高,因为当企业丧失偿还能力时,资源将被用来对企业进行调查,所以最优的资本结构就是在强化清算决策和较高调查成本之间进行取舍。

综上所述,资本结构的激励理论直接切入了企业融资决策中最本质的关系——企业经营者的目标及行为和投资者的目标及行为之间的相互冲突和一致性,有助于解决信息不对称问题,即利用对企业资本结构的选择与优化来对企业经营者加以激励与约束,使他们的利益与投资者的利益紧密地联系在一起。

二、资本结构的决策方法

在确定最优资本结构时可以有三种不同的考虑:第一种是以综合资本成本最低作为资本结构决策的依据,这种方法被称之为资本成本比较方法;第二种是以企业价值最大化作为资本结构决策的依据,这种方法被称之为每股收益分析方法;第三种是以资本成本最低和企业价值最大化作为资本决策的依据,这种方法被称之为总价值分析方法。

（一）资本成本比较法

资本成本比较法是指在适度财务风险的条件下,测算可供选择的不同资本结构或筹资组合方案的综合资本成本,并以此为标准相互比较确定最佳资本结构的方法。

企业筹资可分为创立初期筹资和发展过程中的追加筹资两种情况。与此相应地,企业的资本结构决策可分为初始筹资的资本结构决策和追加筹资的资本结构决策。

1. 初始筹资的资本结构决策

企业对拟定的筹资总额,可以采用多种筹资方式筹资,每种筹资方式的筹资额亦可有不同安排,由此会形成若干预选资本结构或筹资组合方案。进行初始资本结构决策时,应先计算出各种筹资方案的综合资本成本,然后对不同筹资方案的综合资本成本进行比较,其中综合资本成本最低的筹资方案为最佳方案。

【例4-14】 某公司在初创时需要资本总额4 000万元,有如下三个组合方案可供选择,有关资料如表4-6所示。

表4-6 公司初始筹资组合方案资料

金额单位：万元

筹资方式	甲 方 案		乙 方 案		丙 方 案	
	筹资额	个别资本成本（%）	筹资额	个别资本成本（%）	筹资额	个别资本成本（%）
长期借款	300	6	500	6.5	800	7
长期债券	1 000	7	1 500	9.0	1 100	8
优先股			400	12.0	200	12
普通股	2 700	15	1 600	15.0	1 900	15
合 计	4 000		4 000		4 000	

根据资本成本比较法,首先计算各个方案的综合资本成本,即甲方案的综合资本为：

$$\left(6\% \times \frac{300}{4\,000} + 7\% \times \frac{1\,000}{4\,000} + 15\% \times \frac{2\,700}{4\,000}\right) \times 100\% = 12.325\%$$

乙方案的综合资本成本为：

$$\left(6.5\% \times \frac{500}{4\,000} + 9\% \times \frac{1\,500}{4\,000} + 12\% \times \frac{400}{4\,000} + 15\% \times \frac{1\,600}{4\,000}\right) \times 100\% = 11.39\%$$

丙方案的综合资本成本为：

$$\left(7\% \times \frac{800}{4\,000} + 8\% \times \frac{1\,100}{4\,000} + 12\% \times \frac{200}{4\,000} + 15\% \times \frac{1\,900}{4\,000}\right) \times 100\% = 11.325\%$$

最后比较上述三个筹资方案的综合资本成本。丙方案的综合资本成本最低（11.325%）。在适度财务风险的条件下，应选择丙方案的筹资组合作为最佳筹资组合方案，由此形成的资本结构确定为最佳资本结构。

2. 追加筹资的资本结构决策

企业在持续的生产经营过程中，由于经营业务或对外投资的需要，有时会追加筹资。因追加筹资以及筹资环境的变化，企业原定的最佳资本结构未必仍是最优的，需要进行调整。因此，企业应在有关情况的不断变化中寻求最佳资本结构，实现资本结构的最优化。

企业追加筹资可有多个筹资组合方案选择。按照最佳资本结构的要求，在适度财务风险的前提下，企业选择追加筹资组合方案可用两种方法：一种方法是直接测算各备选追加筹资方案的边际资本成本，比较后选出最佳筹资组合方案；另一种方法是分别将各备选筹资方案与原有最佳资本结构汇总，测算各个追加筹资方案下汇总资本结构的综合资本成本，比较后选出最佳筹资方案。

【例 4-15】 某公司拥有长期资本 5 000 万元，其中长期借款 300 万元，长期债券 1 500 万元，优先股 1 200 万元，普通股 2 000 万元，个别资本成本分别为 6.5%、8%、13% 和 16%。公司为了扩大公司规模准备追加筹资 2 000 万元，目前有两个追加筹资的备选方案。有关资料如表 4-7 所示。

表 4-7 公司 A、B 两个追加筹资方案的有关资料

金额单位：万元

筹资方式	追加筹资方案 A		追加筹资方案 B	
	筹 资 额	个别资本成本（%）	筹 资 额	个别资本成本（%）
长期借款	300	8	200	7
长期债券	500	9	1 000	10
优先股	200	13	200	13
普通股	1 000	16	600	16
合 计	2 000		2 000	

方法一：直接比较追加筹资方案的边际资本成本。

追加筹资方案 A 的边际资本成本：

$$\left(8\% \times \frac{300}{2\,000} + 9\% \times \frac{500}{2\,000} + 13\% \times \frac{200}{2\,000} + 16\% \times \frac{1\,000}{2\,000}\right) \times 100\% = 12.75\%$$

追加筹资方案 B 的边际资本成本：

$$\left(7\% \times \frac{200}{2\,000} + 10\% \times \frac{1\,000}{2\,000} + 13\% \times \frac{200}{2\,000} + 16\% \times \frac{600}{2\,000}\right) \times 100\% = 11.8\%$$

比较两个追加筹资方案，方案 B 的边际资本成本低于方案 A 的边际资本成本。因此，在适度风险的情况下，方案 B 优于方案 A，从而追加筹资方案 B 为最佳筹资方案，由此形成的新的资本结构为该公司的最佳资本结构，即追加筹资后资本总额 7 000 万元。资本结构是：长期限借款 500 万元、长期债券 2 500 万元、优先股 1 400 万元、普通股 2 600 万元。

方法二：比较追加筹资后的企业总资本的综合资本成本。

(1) 汇总追加筹资方案和原资本结构如表 4-8 所示。

表 4-8　追加筹资方案和原资本结构资料汇总表

金额单位：万元

筹资方式	原资本结构	资本成本率（％）	追加筹资方案 A		追加筹资方案 B	
			筹资额	个别资本成本（％）	筹资额	个别资本成本（％）
长期借款	300	6.5	300	8	200	7
长期债券	1 500	8.0	500	9	1 000	10
优先股	1 200	13.0	200	13	200	13
普通股	2 000	16.0	1 000	16	600	16
合　计	5 000				2 000	

(2) 测算汇总资本结构下的综合资本成本率。

追加筹资方案 A 与原资本结构汇总后的综合资本成本率：

$$\left(6.5\% \times \frac{300}{7\,000} + 8\% \times \frac{300}{7\,000} + 8\% \times \frac{1\,500}{7\,000} + 9\% \times \frac{500}{7\,000} + 13\% \times \frac{1\,200+200}{7\,000} + 16\% \times \frac{2\,000+1\,000}{7\,000}\right) \times 100\% = 12.44\%$$

追加筹资方案 B 与原资本结构汇总后的综合资本成本率：

$$\left(6.5\% \times \frac{300}{7\,000} + 7\% \times \frac{200}{7\,000} + 8\% \times \frac{1\,500}{7\,000} + 10\% \times \frac{1\,000}{7\,000} + 13\% \times \frac{1\,200+200}{7\,000} + \right.$$

$$\left. 16\% \times \frac{2\,000+600}{7\,000}\right) \times 100\% = 12.16\%$$

（二）每股收益分析方法

公司理财目标是股东价值最大化，而股东价值最大化也就意味着公司收益最大化。因此当企业面临是采用债务融资还是权益融资时，可以先计算两种不同方式下的每股收益，然后采用每股收益最大化的融资方式。每股收益的高低不仅受资本结构的影响，而且还受销售水平或息税前利润的影响。因此，我们可以根据两种不同筹资方式的有关资料，计算两种资本结构下每股收益相等时的销售水平或息税前利润点，这个点就是每股收益无差别点。利用无差别点可以判断在什么情况下可以采用债务融资方式，什么情况下需要采用权益融资方式。

普通股每股收益的计算公式为：

$$EPS = \frac{(EBIT - I) \times (1-T) - D}{N} \tag{4-19}$$

或：

$$EPS = \frac{(S - VC - F - I) \times (1-T) - D}{N}$$

在每股收益无差别点上，无论采用何种方式筹资，每股收益都是相等的，现在用 EPS_1 和 EPS_2 分别代表两种不同方式下的每股收益，则每股收益无差别点为 EPS_1 和 EPS_2，即：

$$\frac{(\overline{EBIT} - I_1) \times (1-T) - D_1}{N_1} = \frac{(\overline{EBIT} - I_2) \times (1-T) - D_2}{N_2} \tag{4-20}$$

或：

$$\frac{(\overline{S} - VC_1 - F_1 - I_1) \times (1-T) - D_1}{N_1} = \frac{(\overline{S} - VC_2 - F_2 - I_2) \times (1-T) - D_2}{N_2} \tag{4-21}$$

能使上式成立的 $\overline{EBIT}$ 为每股利润无差别点的息税前利润，$\overline{S}$ 为每股利润无差别点的销售额。

【例 4-16】 某公司拥有成本 6 000 万元，其中长期债券 1 500 万元，普通股 4 500 万元。现公司准备投资一个项目追加筹资 2 000 万元，有三种筹资方式可供选择：增发普通股、增加债务、发行优先股。长期债券年利率为 10%。有关资料如表 4-9 所示。

表 4-9 公司目前和追加筹资后的资本结构资料

金额单位：万元

资本种类	目前资本结构		追加筹资后的资本结构					
			增发普通股		增加长期债务		发行优先股	
	金额	比例(%)	金额	比例(%)	金额	比例(%)	金额	比例(%)
长期债务	1 500	25	1 500	18.75	3 500	43.75	1 500	18.75
优先股							2 000	25
普通股	4 500	75	6 500	81.25	4 500	56.25	4 500	56.25
资本总额	6 000	100	8 000	100	8 000	100	8 000	100
其他资料：								
年债务利息	150		150		350		150	
年优先股股利							200	
普通股股数（万股）	1 000		1 500		1 000		1 000	

假设该公司的所得税税率25%，若预计追加筹资后息税前利润为2 000万元，3年追加筹资方式下每股收益的测算如表4-10所示。

表 4-10 公司预计追加筹资后的每股收益测算表

金额单位：万元

项　　目	增发普通股	增加长期债务	发行优先股
息税前利润	2 000	2 000	2 000
减：长期债务利息	150	350	150
税前利润	1 850	1 650	1 850
减：所得税费用（25%）	462.5	412.5	462.5
税后利润	1 387.5	1 237.5	1 387.5
减：优先股股利			200
普通股可分配利润	1 387.5	1 237.5	1 187.5
普通股股数（万股）	1 500	1 000	1 000
普通股每股收益（元）	0.925	1.24	1.19

表4-10的计算结果表明，采用不同筹资方式追加筹资后，普通股每股收益是不相等的。若息税前利润达到2 000万元，则该公司应该采用长期债务增资方式，因为它比发行优先股增资方式的每股收益都要高。

表 4-10 所测算的结果是在息税前利润预计为 2 000 万元的情况下产生的,那么,息税前利润变化时,采用哪种筹资方式更为有利呢？这可以通过测算每股收益无差别点来判断。将表 4-10 的有关资料代入无差别计算公式进行测算：

(1) 增发普通股与增加长期债务两种增资方式下的每股收益无差别点为：

$$\frac{(\overline{EBIT}-150)\times(1-25\%)}{1\,500}=\frac{(\overline{EBIT}-350)\times(1-25\%)}{1\,000}$$

$$\overline{EBIT}=750$$

(2) 增发普通股与发行优先股两种增资方式下的每股收益无差别点为：

$$\frac{(\overline{EBIT}-150)\times(1-25\%)}{1\,500}=\frac{(\overline{EBIT}-150)\times(1-25\%)-200}{1\,000}$$

$$\overline{EBIT}=950$$

上列测算结构表明：当息税前利润为 750 万元时,增发普通股与增加长期债务的每股收益相等；同样道理,当息税前利润为 950 万元时,增发普通股与发行优先股的每股收益相等。

上述每股收益无差别点分析的结果可用图 4-1 表示。

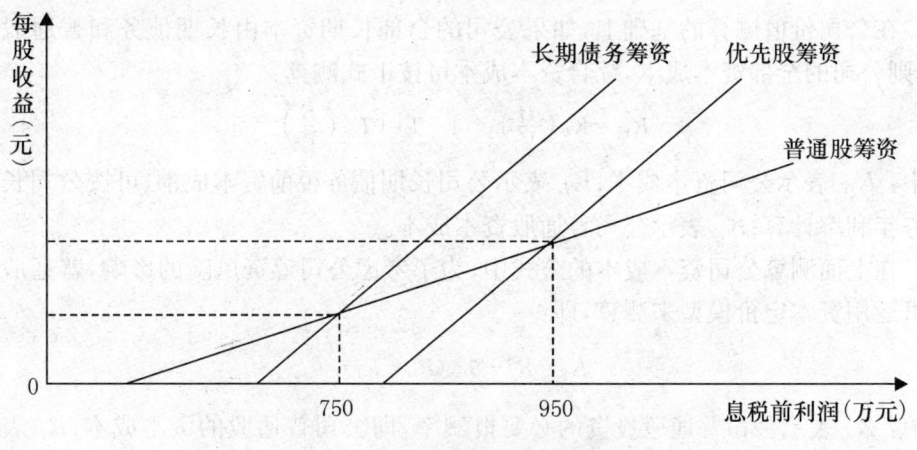

图 4-1　每股收益无差别点分析图

由图 4-1 可以看出,每股收益无差别点的息税前利润 750 万元的意义在于：当息税前利润大于 750 万元时,增加长期债务要比增发普通股有利；当息税前利润小于 750 万元时,增发普通股要比增加长期债务有利。每股收益无差别点的息税前利润为 950 万元的意义在于：当息税前利润大于 950 万元时,发行优先股要比增发普通股有利。

（三）总价值分析方法

上述每股收益分析方法是以每股收益的高低作为衡量标准对筹资方式进行选

择。但是这种方法只有在考虑风险不变的情况下才有效。所以说,公司的最佳资本结构应当是使公司的总价值最高,同时综合资本成本最低时的资本结构。

1. 公司总价值的测算

公司总价值指公司的市场总价值,它等于长期债务总价值和股票的总价值之和。用公式表示为:

$$V=B+S \tag{4-22}$$

式中:V 表示公司的总价值,即公司总的折现价值;B 表示公司长期债务价值;S 表示公司股票价值。

其中,为简化测算起见,假定长期债务(含长期借款和长期债券)的价值等于其面值(或本金),股票的价值按公司未来净收益的折现价值测算,则测算公式为:

$$S=\frac{(EBIT-I)\times(1-T)-D}{K_S} \tag{4-23}$$

式中:$EBIT$ 表示公司未来的年息税前利润;I 表示公司长期债务年利息;T 表示公司所得税税率;D 表示公司优先股股利;K_S 表示公司股票资本成本。

2. 公司资本成本的测算

在公司价值测算的基础上,如果公司的全部长期资本由长期债务和普通股组成,则公司的全部资本成本,综合资本成本可按下式测算:

$$K_W=K_B\left(\frac{B}{V}\right)\times(1-T)+K_S\left(\frac{S}{V}\right) \tag{4-24}$$

式中:K_W 表示公司资本成本;K_B 表示公司长期债务税前资本成本,可按公司长期债务年利率计算;K_S 表示公司普通股资本成本。

在上面测算公司资本成本的公式中,为了考虑公司筹资风险的影响,普通股资本可运用资本定价模型来测算,即:

$$K_S=R_f+\beta\times(R_m-R_f)$$

式中:K_S 表示公司普通股投资的必要报酬率,即公司普通股的资本成本;R_f 表示无风险报酬率;R_m 表示所有股票的市场报酬率;β 表示公司股票 β 系数。

3. 公司最佳资本结构的确定

首先,运用上述原理测算公司的总价值和综合资本成本;然后,以公司价值最大化为标准,确定公司的最佳资本结构。

【例 4-17】 某公司现有的一笔长期资本均为普通股资本,股票账面价值为 2 000 万元。公司认为目前的资本结构不合理,准备通过举借长期债务、购回部分普通股予以调整。公司预计税前利润为 600 万元,公司所得税税率为 25%。经测算,目前的长期债务和普通股资本成本如表 4-11 所示。

表 4-11　不同债务规模的债务年利率和普通股资本成本测算表

B(万元)	K_B(%)	β	R_f(%)	R_m(%)	K_S(%)
0		1.20	10	14	14.8
200	10	1.25	10	14	15.0
400	10	1.30	10	14	15.2
600	12	1.40	10	14	15.6
800	14	1.55	10	14	16.2
1 000	16	2.10	10	14	18.4
1 200	19	2.40	10	14	19.6

在表 4-11 中，当 $B=200$ 万元，$\beta=1.20$，$R_f=10\%$，$R_m=14\%$ 时：
$$K_S=[10\%+1.20\times(14\%-10\%)]\times100\%=14.8\%$$
其余同理计算。

根据表 4-11 资料，运用前述公司价值和公司资本成本的测算方法，测算在不同长期债务规模下的公司价值和公司资本成本，列入表 4-12，据此可以比较确定公司的最佳资本结构。

表 4-12　不同债务规模下公司价值和公司资本成本测算表

B(万元)	S(万元)	V(万元)	K_B(%)	K_S(%)	K_W(%)
0	3 031	3 031	—	14.8	14.8
200	2 900	3 100	10	15.0	14.52
400	2 763	3 163	10	15.2	14.23
600	2 538	3 138	12	15.6	14.34
800	2 259	3 059	14	16.2	14.70
1 000	1 793	2 793	16	18.4	16.10
1 200	1 423	2 623	19	19.6	17.15

在表 4-12 中，当 $B=200$ 万元，$K_B=10\%$，$K_S=15\%$ 以及 $EBIT=600$ 万元时：
$$S=\frac{(600-200\times10\%)\times(1-25\%)}{15\%}=2\,900(万元)$$
$$V=200+2\,900=3\,100(万元)$$
$$K_W=\left[15\%\times\frac{2\,900}{3\,100}+10\%\times(1-25\%)\times\frac{200}{3\,100}\right]\times100\%=14.52\%$$

其余同理计算。

本章小结

筹资决策需要对各种筹资方案进行比较,其中最重要的是筹资成本的比较。资本成本是资本的价格。从筹资角度看,它是指公司为获取和使用资本所付出的代价;从投资者角度来说,它是指投资者提供资本要求补偿的资本报酬率。经营杠杆是由于与经营活动有关的固定成本而产生的,财务杠杆是由于固定筹资成本(利息或优先股股息)的存在而产生的。经营杠杆系数反映销售量变动与息税前收益变动之间的关系,财务杠杆系数反映了息税前收益变动与每股收益变动之间的关系,总杠杆系数反映销售量变动与每股收益变动之间的关系。经营杠杆系数用于衡量经营风险,财务杠杆系数用于衡量财务风险,总杠杆系数用于衡量公司总风险。现代资本结构理论中的 MM 理论认为,如果不存在所得税和破产风险,公司总价值和资本成本与资本结构无关;如果考虑公司所得税,负债公司价值等于无负债公司价值加上税赋节余价值的现值。根据 MM 理论,负债公司的股本成本等于无负债公司股本成本加上一笔风险溢价。风险溢价的大小与负债比率和所得税税率有关。

复习思考题

1. 影响资本成本的因素有哪些?
2. 写出长期债券、长期银行借款、优先股、普通股及留存收益的资本成本计算公式。
3. 资本结构的决策方法有哪几种?

案例讨论题

华能国际融资之路及资本结构分析

华能国际电力股份有限公司及其附属公司开发、建设和经营管理大型发电厂,截至 2008 年 8 月 31 日拥有权益发电装机容量为 37 593 兆瓦,可控发电装机容量为 40 989 兆瓦,是中国最大的上市发电公司之一。

(一)权益资本筹资

1994 年 6 月,股份公司成立,其中从地方投资方借入的人民币债务转为股本 21 亿元。

1994年10月,在全球配售12.5亿元,境外上市外资股以3 125万股ADR形式在纽约证交所上市。

1998年1月,以介绍上市方式在香港联交所挂牌,实现两地上市。至此,公司总股本增加至56.5亿股。

2001年11月,在国内成功发行了3.5亿股A股,筹资27.8亿元人民币。12月6日,上海证券交易所上市交易。

2002年3月,向证券投资基金配售A股339.5万股上市流通。

2002年6月,向战略投资者配售的10 000万A股上市流通。

2002年8月,H股债转股。

2003年4月,2 000万美元的可转换债券转换为公司境外上市股份2 739.7240万H股,发予债券持有人。

2004年5月,10送5转5,总股本增至120 553.24万股。

至2006年4月19日,股权分置改革完成,总股本为1 205 538.344万股。经过以上的权益筹资,大体形成了华能国际的现有规模。

(二)债务资本筹资

债务资本筹资情况如表4-13所示。

表4-13 债务资本筹资表

金额单位:元

年 份	2006	2007	2008年第三季度末
短期借款	8 161 909 780	11 670 400 123	39 161 974 683
长期借款	36 303 618 746	33 438 647 481	43 004 849 822

另外,华能国际于1997年在境外共发行面值为2.3亿美元、票面利率1.75%、期限为7年的可转换债券,进一步拓宽了融资渠道。2005年5月,华能国际以贴现方式发行45亿元(1年期)和5亿元(9个月)的短期融资债券。为满足新建电厂的资金需求,2006年5月和6月,华能国际完成了共计50亿元以附息方式、期限为365天的短期融资券的发行。2007年8月,华能国际完成了50亿元以附息方式、期限为364天的无抵押短期融资券的发行。2007年12月,华能国际还发行了共计60亿元公司债券,其中5年期10亿元、7年期17亿元、10年期33亿元,并在2008年1月上市交易。2008年5月,华能国际发行40亿元10年期公司债券,同月上市交易。2008年7月,华能国际发行50亿元、期限为365天的无抵押短期融资券。

(三)其他融资渠道

公司融资渠道较为全面,除银行借款外,公司在融资领域不断开拓创新。公司曾成功地在国内外资本市场实施增发股票、发行可转换债券等直接融资手段。

2005年,公司又率先在全国银行间债券市场发行短期融资券。截至目前,利用短期融资券直接筹集短期营运资金累计达150亿元。2007年12月,公司成功发行迄今最大的公司债券——60亿元"07华能公司债",进一步展示了公司自身良好的信用形象,并达到了优化债务结构、降低债务融资成本的目的。

资料来源:王锴荫、刘秀春等:《华能国际筹资之路及资本结构分析》,浙江工商大学财务与会计学院。

案例思考题:
请对华能国际的筹资方式作出评价。

同步测试题

一、单项选择题

1. 下列各项中,企业可以获得负债性筹资的是(   )。
   A. 发行股票   B. 吸收直接投资   C. 发行债券   D. 内部留存
2. 下列各项中,属于变动资金的是(   )。
   A. 原材料的保险储备   B. 最低储备以外的存货
   C. 机器设备   D. 辅助材料占用资金
3. 企业进行筹资决策时需要考虑的首要问题是(   )。
   A. 限制条件   B. 财务风险   C. 资金成本   D. 资金期限
4. 普通股股东的权利不包括(   )。
   A. 优先分配剩余资产权   B. 查账权
   C. 分享盈余权   D. 投票权
5. 某公司普通股目前的股价为10元/股,筹资费率为5%,第一年预期每股股利为2元,股利固定增长率2%,则该股票的资金成本是(   )。
   A. 22.00%   B. 23.05%   C. 24.74%   D. 23.47%
6. 属于普通股筹资的缺点是(   )。
   A. 能增强公司的信誉   B. 容易分散控制权
   C. 没有固定到期日,不用偿还   D. 使公司失去隐私权
7. 认股权证的特征不包括(   )。
   A. 在认股之前持有人对发行公司拥有股权
   B. 它具有促销的作用
   C. 在认股之前持有人对发行公司拥有股票认购权
   D. 用认股权证购买普通股票,其价格一般低于市价
8. 某企业与银行商定的周转信贷额为1 000万元,年利率1%,承诺费率为

0.5%,年度内企业使用了600万元,平均使用8个月,则企业本年度应向银行支付的承诺费是(　　)万元。

　　A. 2　　　　B. 10　　　　C. 3　　　　D. 1

9. 某企业向银行借款100万元,企业要求按照借款总额的10%保留补偿性余额,并要求按照贴现法支付利息,借款的利率为6%,则借款实际利率是(　　)。

　　A. 7.14%　　B. 6.67%　　C. 6.38%　　D. 7.28%

10. 债券按照有无抵押担保分类分为(　　)。

　　A. 记名债券和无记名债券
　　B. 可转换债券和不可转换债券
　　C. 信用债券和抵押债券
　　D. 不动产抵押债券和证券抵押债券

二、多项选择题

1. 企业筹资可以满足(　　)。
　　A. 生产经营的需要　　　　B. 对外投资的需要
　　C. 调整资本结构的需要　　D. 归还债务的需要

2. 下列(　　)属于企业自留资金。
　　A. 法定公积金　B. 任意公积金　C. 资本公积金　D. 未分配利润

3. 企业通过(　　)可以获得其他企业资金。
　　A. 发行股票　　　　　　　B. 发行债券
　　C. 利用商业信用　　　　　D. 利用留存收益

4. 企业进行筹资需要遵循的基本原则包括(　　)。
　　A. 规模适当原则　　　　　B. 筹措及时原则
　　C. 来源合理原则　　　　　D. 方式经济原则

5. 按照资金与产销量之间的关系,可以把资金区分为(　　)。
　　A. 不变资金　　B. 变动资金　　C. 混合资金　　D. 半变动资金

三、判断题

1. 同一渠道的资金只能通过某一特定的筹资方式取得。(　　)
2. 所谓资金习性,是指资金的变动与资金需要量变动之间的依存关系。(　　)
3. 资金成本是指企业为筹集资金而发生的代价。(　　)
4. 资金成本可以用绝对数表示,也可以用相对数表示,但在财务管理中一般使用相对数表示,即表示为用资费用和筹资费用之和与筹资额的比率。(　　)
5. 吸收直接投资资金成本的计算与留存收益一样均不需要考虑筹资费用。(　　)
6. 企业向社会公众发行的股票必须为无记名股票。(　　)

7. 在所有资金来源中,一般来说,普通股的资金成本最高。 (   )

8. 股票的发行方式有公募发行和私募发行,私募发行有自销方式和承销方式,承销方式具体分为包销和代销。 (   )

9. 普通股筹资的筹资风险较大。 (   )

10. 周转信贷协定是银行从法律上承诺向企业提供某一贷款额的贷款协定。

(   )

四、核算题

1. 某企业发行普通股 800 万元,发行价为 8 元/股,筹资费率为 6%,第一年预期股利为 0.8 元/股,以后各年增长 2%。该公司股票的 β 系数等于 1.2,无风险利率为 8%,市场上所有股票的平均收益率为 12%。该公司股票的风险溢价估计为 4%。

要求:根据上述资料使用股利折现模型、资本资产定价模型以及无风险利率加风险溢价法分别计算普通股的资金成本。

2. 某企业从银行取得借款 800 万元,期限 1 年,名义利率 4%,银行存款利率为 2%。

要求:求下列几种情况下的实际利率:

(1) 收款法付息。

(2) 贴现法付息。

(3) 银行规定补偿性余额为 10%(不考虑补偿性余额存款的利息)。

(4) 银行规定补偿性余额为 10%(不考虑补偿性余额存款的利息),并按贴现法付息。

3. 兴隆公司发行债券的面值是 100 元,期限 5 年,票面利率为 10%,市场利率为 12%。假定债券按年付息,筹资费率为 2%,企业所得税税率为 30%。

要求:计算债券筹资的成本。$(P/F,12\%,5)=0.5674$;$(P/A,12\%,5)=3.6048$。

第五章 公司投资决策

学习目标

- 掌握投资项目现金流量的确定方法及其应注意的问题
- 掌握投资项目评价指标的含义和计算方法
- 熟悉债券到期收益率、利率变动与债券价格的关系
- 掌握股利稳定增长模型和二阶段股票估价模型

引 言

南方公司拟对旧设备进行更新,旧设备账面原值 80 000 元,使用寿命 10 年,已用 5 年,已经计提折旧 40 000 元,假定期满无残值;该设备每年可创造收入 100 000 元,发生的年付现成本 60 000 元,如果现在将该设备出售,可得销售款 40 000 元。如果购买新设备,需要花费 120 000 元,预计使用 5 年,报废时残值 20 000 元,新设备每年创造收入 160 000 元,付现成本 80 000 元。假设该企业的所得税税率 25%,资金成本为 10%,直线法提取折旧。请问:该公司应该怎样作出购买新设备还是留用旧设备的决策?

第一节 投资概述

一、投资的含义

投资是企业投入财力以期望在未来获取收益的一种行为。投资是企业重要的财务活动之一。在市场经济条件下,企业能否将筹集到的资金投放到收益高、风险小、回收快的项目上去,对企业的生存和发展是十分重要的。首先,企业投资是发展生产的必要手段。在科学技术、社会经济迅速发展的今天,企业无论是维持简单再生产还是实现扩大再生产,都必须进行一定的投资。要维持简单再生产的顺利进行,就必须及时对所使用的机器设备进行更新,对产品和生产工艺进行改革,不断提高职工的科学技术水平等。要实现扩大再生产,就必须新建、扩建厂房,增添机器设备,增加职工人数,提高人员素质等。企业只能通过一系列的投资活动,才能创造增强实力、提高效益的条件。其次,企业投资是降低风险的重要方法。企业把资金投向生产经营的关键环节或薄弱环节,可以使企业各种生产经营能力配套、平衡,形成更大的综合生产能力。企业如把资金投向多个行业,实行多角化经营,则更能增加企业销售和盈余的稳定性。这些都是降低企业经营风险的重要方法。最后,企业投资是实现财务管理目标的基本前提。企业财务管理的目标是不断提高企业价值。为了实现这一目标,企业就要采取各种措施增加利润,降低风险。企业要想获得利润,就必须进行投资,在投资中获得收益。

二、投资的分类

为了加强投资管理,提高投资效益,我们应对投资进行科学的分类。企业投资可以从不同角度,按不同的标准进行分类。

1. 按投资与企业生产经营的关系划分,投资可分为直接投资和间接投资

直接投资是指把资金投放于生产经营性资产,以便获取利润的投资。在非金融性企业中,直接投资所占比重很大。间接投资又称证券投资。它是指把资金投放于证券等金融资产,以便取得股利或利息收入的投资。随着我国金融市场的完善和多渠道筹资的形成,企业间接投资将越来越广泛。

2. 按投资的方向划分,投资可分为对内投资和对外投资

对内投资又称内部投资。它是指把资金投在企业内部,以便购置各种生产经营用资产的投资。对内投资的目的是为了保证企业生产经营的连续性和生产经营的扩大。在企业投资活动中,内部投资是其主要内容,它不仅数额大,投资面广,而且对企业的稳定与发展、未来盈利能力、长期偿债能力等都有着很大的影响。

对外投资又称外部投资。它是指企业将所拥有的资产直接投入其他企业或购买其他证券形成的投资。通常,企业以现金、实物、无形资产等方式向其他单位联营投资或以购买其他单位的股票、债券等有价证券方式向其他单位投资。对外投资的目的是为了充分利用闲置资金,增加企业收益,分散资金投向,降低投资风险。另外,对外投资也可以稳定与客户的关系,保证企业的正常生产经营,提高企业资产的流动性,增强企业的偿债能力。

3. 按投资回收时间的长短划分,投资可分为长期投资和短期投资

短期投资是指可以在1年内收回的投资。它主要是对现金、应收票据、应收账款、存货和短期内到期的有价证券等的投资。短期投资又称为流动资产投资,它具

有时间短、变现能力强、周转快、流动性大等特点。

长期投资是指1年以上才能收回的投资。它主要是对厂房、机器设备等固定资产的投资,也包括对无形资产和长期有价证券的投资。一般来说,长期投资具有发生次数少、投资所需金额大、回收时间长、变现能力差、风险大、对企业影响时间长等特点。其投向是否合理,不仅影响到企业当期的财务状况,而且对以后各期损益及经营状况都能产生重要影响。由于长期投资中固定资产所占比重最大,所以,长期投资专指固定资产投资。

4. 按投资在生产过程中的作用划分,投资可分为初创投资和后续投资

初创投资是指在建立新企业时所进行的各种投资。其特点是投入的资金通过建设形成企业的原始资产,为企业的生产、经营(或服务)创造必备的条件。

后续投资是指为巩固和发展企业再生产所进行的各种投资。它包括为维持简单再生产所进行的更新性投资、为实现扩大再生产所进行的追加性投资、为调整生产经营所进行的转移性投资等。

5. 按投资对象的存在形态划分,投资可分为实体投资和金融投资

实体投资是指企业投资于具有物质形态的实物资产的投资。

金融投资是指企业投资于不具有实物形态的金融资产或金融工具如公司股票、债券等的投资。

一般来说,金融投资的收益相对来说比实体投资要大,风险也相对比较大。

三、投资的运作程序

企业的投资由于对当前以及未来的财务状况都会产生很大的影响,因此,投资必须按特定程序来进行。

(一) 明确投资目标

根据企业的长期发展目标和短期经营目标,明确投资的目标,即为什么要进行投资。如企业为了扩大生产能力、满足市场需求而需要决定是否兴建一条生产线,为提高生产效率而需要决定是否对现有设备进行改建或更新等。一般而言,投资方案的取舍,关键在于其实现目标的完美程度上。

(二) 提出投资方案

针对投资目标,提出技术上先进可靠、经济上合理有效的若干备选方案,而将明显不可靠、不合理、不经济的方案予以淘汰。在酝酿备选方案时,应根据企业的经济实力量力而行,充分合理地利用企业现有的人力、物力、财力资源,尽可能以较少的投资获取较大的预期投资收益,避免不切实际的浮夸作风。

(三) 收集有关信息

对初步提出的备选方案,收集各种有关信息并加以归类整理。各方案有关的

可计量数据,应建立在科学预测的基础上。如对投资支出的测算、投资收益的估计等,应充分考虑各种确定因素与不确定因素的影响,从而为决策分析提供科学可靠的依据。

(四)计算有关指标

将各种备选投资方案的有关信息经过归类整理后,就可采用适当的方法分别计算各方案的有关经济效益指标。经济效益指标的选用,应注意各项指标本身的假定性、局限性,避免选用单一指标匆忙评价。应综合投资项目的特点,选用多个方面的评价指标进行计算,以求较为全面地反映出各个备选方案的经济效益状况。

(五)比较分析评价

对于计算得出的各个备选投资方案的有关经济效益指标,应进行相互间的比较,找出它们的差别,从而进一步分析各个方案的利弊得失,加以综合评价。在分析评价时,应综合各种非计量因素、技术指标等各个方面的影响,而不能仅从经济角度评价。

(六)确定最优方案

在对各个备选方案进行比较分析与评价的基础上确定最优方案,最优方案应从各个方面考虑。

【问题与思考 5-1】

实体投资与金融投资有何差异?实体投资的运作程序有何特点?

第二节 项目投资的现金流量分析

一、现金流量的概念

现金流量是指在投资决策中一个项目引起的企业现金支出和现金收入增加的数量。这时的"现金",是广义的现金,它不仅包括各种货币资金,而且还包括项目需要投入企业所拥有的非货币资源的变现价值。例如,一个项目需要使用原有的厂房、设备和材料等,则相关的现金流量是指它们的变现价值,而不是其账面成本。

为实现投资管理目标,投资项目必须在预定的期间内取得净现金流量最大值。即:投资者投资时,在不影响既定生产经营能力的条件下,尽量节约现金流出;同时,更需要在未来获取最大量的现金流入。所以,在投资决策活动中,现金流量是衡量一项投资方案或各方案投资报酬大小的一条重要标准。现金流量包括现金流出量、现金流入量和现金净流量三个具体的概念。

(一)现金流出量

一个方案的现金流出量是指该方案引起的企业现金支出的增加额。

固定资产投资是包括固定资产的购入或改建、扩建、新建等所形成的固定资产投资。

流动资产投资是包括投资项目投产后要保持设计生产能力所需的对材料、在产品、产成品和现金等流动资产投资。

其他投资费用的投资是包括生产职工培训费、施工机构转移费、样品样机购置费、报废工程损失和其他等应核销投资。

(二) 现金流入量

一个方案的现金流入量是指该方案引起的企业现金收入的增加额。

1. 营业现金流量

营业现金流量是指投资项目投产后,在其寿命周期内因生产经营所发生的现金流入和现金流出的数量,通常以年为单位进行计算。现金流入是指营业的现金收入。现金流出是指营业的现金支出和交纳税金。所以,营业现金流量等于年销售收入扣除年付现成本和所得税后的差额。付现成本是指需要用现金支付的生产成本和期间费用,即不包括折旧费,因折旧费不涉及现金支付。所以,付现成本可用以下公式表示为:

$$付现成本 = 生产成本 + 期间费用 - 折旧费 \tag{5-1}$$

投资项目每年的净现金流量可用下列计算公式表示:

$$净现金流量 = 营业收入 - 付现成本 - 所得税 \tag{5-2}$$

或:

$$净现金流量 = 税后净利 + 折旧费 \tag{5-3}$$

2. 终结现金流量

这是指投资项目寿命期终结时所发生的现金流量,包括固定资产残值的净收入或变价净收入、原垫支的流动资产投资的收回及停止使用的土地变价净收入等。

【例 5-1】 海虹公司计划投资某一项目。经预测,需要投入资金 500 万元,在项目开始时一次投入,建设期为 1 年。第二年年初完工投入使用,另需垫支营运资金 40 万元。预计使用寿命为 8 年,固定资产折旧采用直线法,8 年后该工程的残值收入预计为 20 万元,并可收回垫支的营运资金。在生产经营期间,每年可实现销售收入为 220 万元。每年的付现成本为 80 万元。该企业的所得税税率为 25%,资金成本为 10%。试计算该项目的现金流量。

该项目的现金流量计算如下。

(1) 初始现金流量为:

$$NCF_0 = -500 (万元)$$
$$NCF_1 = -40 (万元)$$

(2) 营业现金流量为：

该项目每年的折旧额＝(500－20)÷8＝60(万元)
每年的营业利润总额＝220－80－60＝80(万元)
每年的所得税额＝80×25％＝20(万元)
每年营业现金净流量＝80－20+60＝120(万元)

即： $NCF_{2-8}=120$(万元)

(3) 终结现金流入量为：

20＋40＝60(万元)
$KCF_9=120+60=180$(万元)

(三) 现金净流量

现金净流量是指一定期间现金流入量和现金流出量的差额。这里所说的"一定期间"，有时是1年内，有时是指投资项目持续的整个年限内。流入量大于流出量时，净流量为正值；流出量大于流入量时，净流量为负值。

二、现金流量的估算

估计投资方案所需的资本支出以及该方案每年能产生的现金净流量，会涉及很多变量，并且需要企业有关部门的参与。诸如：销售部门负责预测售价和销量，涉及产品价格弹性、广告效果、竞争者动向等；产品开发和技术部门负责估计投资方案的资本支出、设计研制费用、设备购置、厂房建筑等；生产和成本部门负责估计制造成本，涉及原材料采购价格、生产工艺安排、产品成本等。财务人员的主要任务是：为销售、生产部门的预测建立共同的基本假设条件，如物价水平、贴现率、可供资源的限制条件等；协调参与预测工作的各部门人员，使之能相互衔接与配合；防止预测者因个人偏好或部门利益而高估或低估收入和成本。在确定投资方案的相关的现金流量时，应遵循的基本原则是：只有增量现金流量才是与项目相关的现金流量。所谓增量现金流量，是指接受或拒绝某个投资方案后，企业总现金流量因此发生的变动。只有那些由于采纳某个项目引起的现金支出增加额，才是该项目的现金流出；只有那些由于采纳某个项目引起的现金流入增加额，才是该项目的现金流入。

为了正确计算投资方案的增量现金流量，需要正确判断哪些支出会引起企业总现金流量的变动，哪些支出不会引起企业总现金流量的变动。在进行这种判断时，要注意以下四个问题。

(一) 区分相关成本和非相关成本

相关成本是指与特定决策有关的、在分析评价时必须加以考虑的成本。例如，差额成本、未来成本、重置成本、机会成本等都属于相关成本。与此相反,与特定决策无关的、在分析评价时不必加以考虑的成本是非相关成本,如沉没成本、过去成本、账面成本等。例如,某公司在2000年曾经挂牌新建一个车间,并请某会计公司作过可行性分析,支付咨询费5万元。后来,由于某公司有了更好的投资机会,该项目被搁置下来,该笔咨询费作为费用已经入账了。2002年旧事重提,在进行投资分析时,这笔咨询费是否仍是相关成本呢?答案应当是否定的。该笔支出已经发生,不管某公司是否采纳新建一个车间的方案,它都已经无法收回,与公司未来的总现金流量无关。

如果将非相关成本纳入投资方案的总成本,则一个有利方案可能因此变得不利,一个较好的方案可能变为较差的方案,从而造成决策错误。

(二)不要忽视机会成本

在投资方案的选择中,如果选择了一个投资方案,则必须放弃投资于其他途径的机会。其他投资机会可能取得的收益是实行本方案的一种代价,被称之为这项投资方案的机会成本。例如,上述公司新建车间的投资方案,需要使用公司拥有的一块土地。在进行投资分析时,因为公司不必动用资金去购置土地,可否不将此块土地的成本考虑在内呢?答案是否定的。因为该公司若不利用这块土地来兴建车间,则它可将这块土地移作他用,并取得一定的收入。就是由于在这块土地上兴建车间才放弃了这笔收入,而这笔收入代表新建车间使用土地的机会成本。假设这块土地出售可净得15万元,它就是新建车间的一项机会成本。值得注意的是,不管该公司当初是以5万元还是20万元购进这块土地,都应以现行市价作为这块土地的机会成本。

机会成本不是我们通常意义上的"成本",它不是一种支出或费用,而是失去的收益。这种收益不是实际发生的,而是潜在的。机会成本总是针对具体方案,离开被放弃的方案就无从计量确定。机会成本在决策中的意义在于:有助于全面考虑可能采取的各种方案,以便为既定资源寻求最为有利的使用途径。

(三)要考虑投资方案对公司其他部门的影响

当我们采纳一个新的项目后,该项目可能对公司的其他部门造成有利或不利的影响。例如,若新建车间生产的产品上市后,原有其他产品的销路可能减少,而且整个公司的销售额也许不增加甚至减少。因此,公司在进行投资分析时,不应将新车间的销售收入作为增量收入来处理,而应扣除其他部门因此减少的销售收入。当然,也可能发生相反的情况,新产品上市后将促进其他部门的销售增长。这要看新项目和原有部门是竞争关系还是互补关系。

(四)对净营运资金的影响

在一般情况下,当公司开办一个新业务并使销售扩大后,对于存货和应收账款等流动资产的需求也会增加,公司必须筹措新的资金以满足这种额外需求。另外,公司扩充的结果,应付账款与一些应付费用等流动负债也会同时增加,从而降低公司流动资金的实际需要。所谓净营运资金的需要,指增加的流动资产与增加的流动负债之间的差额。当投资方案的寿命周期快要结束时,公司将与项目有关的存货出售,应收账款变为现金,应付账款和应付费用也随之偿付,净营运资金恢复到原有水平。通常,在进行投资分析时,假定开始投资时筹措的净营运资金在项目结束时收回。

三、现金流量与利润

利润是按照权责发生制确定的,而现金流量是根据收付实现制确定的,两者既有联系又有区别。在投资决策中,研究的重点是现金流量,而把利润的研究放在次要地位,其主要理由有:

(1) 整个投资有效年限内,利润总计与现金净流量总计是相等的。所以,现金净流量可以取代利润作为评价净收益的指标。

(2) 强调现金流量即强调货币资金的流动性,以显示出企业货币资金在经营中的增减变化的情况以及资金循环的平衡状态。

(3) 采用现金流量才能在投资决策中考虑货币的时间价值。科学的投资决策要求考虑货币的时间价值。这就需要判定每笔款项收入和付出的时间,因为不同时间收付的等额现金用时间价值换算后,具有不同的价值。因此,应该根据项目寿命周期内各种实际付出和实际收入的现金数量,并考虑时间价值因素,来衡量投资项目的优劣程度。与此不同,计算利润要遵守权责发生制,因而不考虑实际收入现金和实际付出现金的时间。在用利润额大小衡量投资项目质量时存在以下缺陷:① 购置固定资产时付出的大量现金并未得到充分的考虑。② 将固定资产价值以折旧或损耗的形式逐期计入成本时,却又并不需要付出现金。③ 计算利润时不考虑垫支流动资金的数量或时间。④ 只要销售行为已经确定,就计算为当期的销售收入,尽管其中有一部分并未于当期收到现金,只是形成了应收账款。⑤ 项目寿命终了时也得不到反映。

(4) 利润计算具有一定的主观随意性。各期利润的多少,在一定程度上受到所采用的存货估价、费用摊派和折旧等方面的影响。而在这些方面,均各有几种不同方法可供选用,究竟采用哪种方法,往往因人而异。这就使利润作为企业投资决策的依据显得有些含糊不清、不太可靠了。

四、固定资产更新的现金流量分析

固定资产更新决策主要研究两个问题:一是决定是否更新,即继续使用旧资产还是更换新资产;另一个是决定选择什么样的资产来更新。实际上,这两个问题是结合在一起考虑的。如果市场上没有比现有设备更适用的设备,那么就继续使用旧设备。由于旧设备总可以通过修理继续使用,所以更新决策是继续使用旧设备与购置新设备的选择。

(一)更新决策的现金流量分析

更新决策不同于一般的投资决策。一般来说,设备更换并不改变企业的生产能力,不增加企业的现金流入。更新决策的现金流量主要是现金流出。即使有少量的残值变价收入,也属于支出抵减,而非实质上的流入增加。由于只有现金流出,而没有现金流入,就给采用贴现现金流量分析带来了困难。

【例 5-2】 某企业有一旧设备,工程技术人员提出更新要求,有关数据如表 5-1 所示。

表 5-1 新旧设备相关资料

金额单位:万元

项 目	旧 设 备	新 设 备
原值	2 200	2 400
预计使用年限(年)	10	10
已经使用年限(年)	4	0
最终残值	200	300
变现价值	600	2 400
年运行成本	700	400

假设该企业要求的最低报酬率为 15%,继续使用与更新的现金流量如图 5-1 所示。

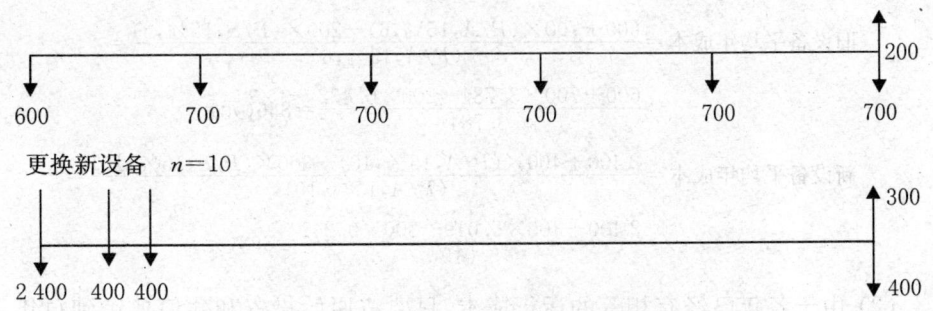

图 5-1 继续使用与更新的现金流量图

由于没有适当的现金流入,无论哪个方案都不能计算其净现值和内含报酬率。通常,在收入相同时,我们认为成本较低的方案是好方案。那么,我们可否通过比较两个方案的总成本来判别方案的优劣呢?仍然不妥。因为旧设备尚可使用6年,而新设备可使用10年,两个方案取得的"产出"并不相同。因此,我们应当比较其1年成本,即获得1年的生产能力所付出的代价,据以判断方案的优劣。

我们是否可以使用差额分析法,根据实际的现金流动进行分析呢?仍然有问题。两个方案投资相差1 800元(2 400-600),作为更新的现金流出;每年运行成本相差300元(700-400),是更新带来的成本节约额,视同现金流入。问题在于旧设备第六年报废,新设备第七年至第十年仍可使用,后4年无法确定成本节约额,因此,这种办法仍然不妥。除非新、旧设备未来使用年限相同(这种情况十分罕见),或者能确定继续使用旧设备时第七年选择何种设备(这也是相当困难的)。

(二)固定资产的平均年成本

固定资产的平均年成本是指该资产引起的现金流出的年平均值。如果不考虑货币的时间价值,它是未来使用年限内的现金流出总额与使用年限的比值。如果考虑货币的时间价值,它是未来使用年限内现金流出总现值与年金现值系数的比值,即平均每年的现金流出。

1. 不考虑货币的时间价值

如[例5-2]资料,不考虑货币的时间价值时:

$$旧设备平均年成本 = \frac{600+700\times6-200}{6} = \frac{4\,600}{6} = 767(元)$$

$$新设备平均年成本 = \frac{2\,400+400\times10-300}{10} = \frac{6\,100}{10} = 610(元)$$

2. 考虑货币的时间价值

考虑货币的时间价值,有三种计算方法:

(1) 计算现金流出的总现值,然后分摊给每1年。

$$旧设备平均年成本 = \frac{600+700\times(P/A,15\%,6)-200\times(P/S,15\%,6)}{(P/A,15\%,6)} =$$

$$\frac{600+700\times3.784-200\times0.432}{3.784} = 836(元)$$

$$新设备平均年成本 = \frac{2\,400+400\times(P/A,15\%,10)-300\times(P/S,15\%,10)}{(P/A,15\%,10)} =$$

$$\frac{2\,400+400\times5.019-300\times0.247}{5.019} = 863(元)$$

(2) 由于各年已经有相等的运行成本,只要将原始投资和残值摊销到每年,然后求和,亦可得到每年平均的现金流出量。

平均年成本=投资摊销+运行成本-残值摊销

旧设备平均年成本=$\frac{600}{(P/A,15\%,6)}+700-\frac{200}{(S/A,15\%,6)}=$

$\frac{600}{3.784}+700-\frac{200}{8.753}=158.56+700-22.85=836(元)$

新设备平均年成本=$\frac{2\,400}{(P/A,15\%,10)}+400-\frac{300}{(S/A,15\%,10)}=$

$\frac{2\,400}{5.019}+400-\frac{300}{30.303}=478.18+400-14.78=863(元)$

(3) 将残值在原投资中扣除,视同每年承担相应的利息,然后与净投资摊销及运行成本总计,求出每年的平均成本。

旧设备平均年成本=$\frac{600-200}{(P/A,15\%,6)}+200\times15\%+700=$

$\frac{400}{3.784}+30+700=836(元)$

新设备平均年成本=$\frac{2\,400-300}{(P/A,15\%,10)}+300\times15\%+400=$

$\frac{100}{5.019}+45+400=863(元)$

通过上述计算可知,使用旧设备的平均成本较低,不宜进行设备更新。

3. 使用平均成本法时要注意的问题

(1) 平均年成本法是把继续使用旧设备和购置新设备看成是两个互斥的方案,而不是一个更换设备的特定方案。也就是说,要有正确的"局外观",即从局外人角度来观察:一个方案是用600元购置旧设备,可使用6年;另一个方案是用2 400元购置新设备,可使用10年。在此基础上比较各自的平均年成本孰高孰低,并作出选择。由于两者的使用年限不同,前一个方案只有6年的现金流动数据,后一个方案持续10年,因此不能根据各年现金流量的差额计算净现值和内含报酬率。对于更新决策来说,除非未来使用年限相同,否则,不能根据实际现金流动量分析的净现值法或内含报酬率法解决问题。

(2) 平均年成本法假设旧设备达到预定可使用年限后需要再更换时,可以按原来的平均年成本找到可代替的设备。例如,旧设备6年后报废时,仍可找到使用年成本为836元的可代替设备。如果有明显证据表明,6年后可替换设备平均年成本会高于当前更新设备的市场年成本(863元),则需要把6年后更新设备的成本纳入分析范围,合并计算当前使用旧设备及6年后更新设备的综合平均年成本,然后与当前更新设备的平均年成本进行比较。这就会成为多阶段决策问题。由于未来数据的估计有很大主观性,时间越长越靠不住,因此平均年成本法通常以旧设备尚可使用年限(6年)为比较期,一般情况下不会有太大误差。如果以新设备可用年限(10年)为比较期,则要有旧设备报废时再购置新设备的可靠成本资料。另一种替代方法是预计当前拟更换新设备 6 年后的变现价值,计算其 6 年的平均年成本,与旧设备的平均年成本进行比较。不过,预计 6 年后尚可使用设备的变现价值也是困难的,其实际意义并不大。

(三)固定资产的经济寿命

通过固定资产的平均年成本概念,我们很容易发现,固定资产的使用初期运行费比较低,以后随着设备逐渐陈旧,性能变差,维护费用、修理费用、能源消耗等会逐步增加。与此同时,固定资产的价值逐渐减少,资产占用的资金应计利息也会逐步减少。随着时间的递延,运行成本和持有成本呈反方向变化,两者之和呈马鞍形,这样必然存在一个最经济的使用年限。如图 5-2 所示。

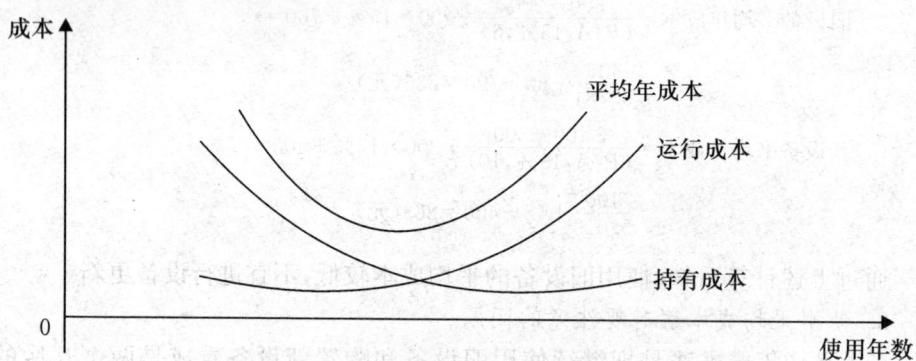

图 5-2 固定资产的使用年限与成本分析

设:C 为固定资产原值,S_n 为 n 年后固定资产余值,C_t 为第 t 年运行成本,n 为预计使用年限,i 为投资最低报酬率,UAC 为固定资产平均年成本。

则:
$$UAC = \left[C - \frac{S_n}{(1+i)^n} + \sum_{t=1}^{n} \frac{C_t}{(1+i)^t} \right] \div (P/A, i, n) \tag{5-4}$$

【问题与思考 5-2】

公司购买一项新资产花费了 250 000 元。该项资产将在一个新项目中使用 10 年。该项目每年产生的税前现金流量为 75 000 元,所得税税率是 40%,公司采用直线法计提折旧,无残值。试分析税后现金流量与税前现金流量的区别,并理解折旧的抵税作用。

第三节 项目投资决策评价的标准

对投资项目评价时使用的指标分为两类:一类是贴现指标,即考虑了时间价值因素的指标,主要包括净现值、现值指数、内含报酬率等;另一类是非贴现指标,即没有考虑时间价值因素的指标,主要包括回收期、会计收益率等。根据分析评价指标的类别,投资项目评价分析的方法,也被分为贴现的分析评价方法和非贴现的分析评价方法两种。

(一)贴现的分析评价方法

贴现的分析评价方法是指考虑货币时间的价值的分析评价方法。亦被称之为贴现现金流量分析技术。

1. 净现值法

这种方法使用净现值作为评价方案优劣的指标。所谓净现值,是指特定方案未来现金流入的现值与未来现金流出的现值之间的差额。按照这种方法,所有未来现金流入和流出都要按预定贴现率折算为它们的现值,然后再计算它们的差额。如净现值为正数,即贴现后现金流入大于贴现后现金流出,该投资项目的报酬率大于预定的贴现率。如净现值为零,即贴现后现金流入等于贴现后现金流出,该投资项目的报酬率相当于预定的贴现率。如净现值为负数,即贴现后现金流入小于贴现后现金流出,该投资项目的报酬率小于预定的贴现率。

计算净现值的公式为:

$$净现值 = \sum_{k=0}^{n} \frac{I_k}{(1+i)^k} - \sum_{k=0}^{n} \frac{O_k}{(1+i)^k} \tag{5-5}$$

式中:n 表示投资涉及的年限;I_k 表示第 k 年的现金流入量;O_k 表示第 k 年的现金流出量;i 表示预定的贴现率。

【例 5-3】 设贴现率为 10%,有三项投资方案。有关数据如表 5-2 所示。

表 5-2　A、B、C 方案的净收益和现金流量

金额单位:万元

期间	A 方案		B 方案		C 方案	
	净收益	现金净流量	净收益	现金净流量	净收益	现金净流量
0		(20 000)		(9 000)		(12 000)
1	1 800	11 800	(1 800)	1 200	600	4 600
2	3 240	13 240	3 000	6 000	600	4 600
3			3 000	6 000	600	4 600
合计	5 040	5 040	4 200	4 200	1 800	1 800

净现值(A) = (11 800×0.9091 + 13 240×0.8264) − 20 000 =
21 669 − 20 000 = 1 669(元)

净现值(B)=(1 200×0.9091+6 000×0.8264+6 000×0.7513)−9 000=
10 557−9 000=1 557(元)

净现值(C)=4 600×2.487−12 000=11 440−12 000=−560(元)

A、B两项投资的净现值为正数,说明该方案的报酬率超过10%。如果企业的资金成本率或要求的投资报酬率是10%,这两个方案是有利的,因而是可以接受的。C方案净现值为负数,说明该方案的报酬率达不到10%,因而应予放弃。A和B相比,A方案更好些。

净现值法所依据的原理是:假设预计的现金流入在年末肯定可以实现,并把原始投资看成是按预定贴现率借入的。当净现值为正数时,偿还本息后该项目仍有剩余的收益;当净现值为零时,偿还本息后一无所获;当净现值为负数时,该项目收益不足以偿还本息。这一原理可以通过A、C两方案的还本付息表来说明,如表5-3和表5-4所示。

表5-3 A方案还本付息表

金额单位:元

年 次	年初债款	年息10%	年末债款	偿还现金	债款余额
1	20 000	2 000	22 000	11 800	10 200
2	10 200	1 020	11 220	13 240	(2 020)

表5-4 C方案还本付息表

金额单位:元

年 次	年初债款	年息10%	年末债款	偿还现金	债款余额
1	12 000	1 200	13 200	4 600	8 600
2	8 600	860	9 460	4 600	4 860
3	4 860	486	5 346	4 600	746

A方案在第二年年末还清本息后,尚有2 020元剩余,折合成现值为1 669元(2 020×0.8264),即为该方案的净现值。C方案在第三年年末没能还清本息,尚欠746元,折合成现值为560元(746×0.7513),即为C方案的净现值。可见,净现值的经济意义是投资方案的贴现后净收益。

净现值法具有广泛的适用性,在理论上也比其他方法更完善。净现值法应用的主要目的是如何确定贴现率,一种办法是根据资金成本来确定,另一种办法是根据企业要求的最低资金利润率来确定。前一种办法,由于计算资金成本比较困难,故限制了其应用范围;后一种办法,根据资金的机会成本,即一般情况下可以获得的报酬来确定,比较容易解决。

2. 现值指数法

这种方法使用现值指数作为评价方案的指标。所谓现值指数,是未来现金流入现值与现金流出现值的比率。亦称现值比率、获利指数、贴现后收益-成本比率等。

计算现值指数的公式为:

$$现值指数 = \sum_{k=0}^{n} \frac{I_k}{(1+i)^k} \div \sum_{k=0}^{n} \frac{O_k}{(1+i)^k} \tag{5-6}$$

根据[例 5-3]的资料,三个方案的现值指数如下:

现值指数(A) = 21 669 ÷ 20 000 = 1.08

现值指数(B) = 10 557 ÷ 9 000 = 1.17

现值指数(C) = 11 440 ÷ 12 000 = 0.95

A、B 两项投资机会的现值指数大于 1,说明其收益超过成本,即投资报酬率超过预定的贴现率。C 项投资机会的现值数小于 1,说明其报酬率没有达到预定的贴现率。如果现值指数为 1,说明贴现后现金流入等于现金流出,投资的报酬率与预定的贴现率相同。

现值指数法主要优点是,可以进行独立投资机会获利能力的比较。在[例 5-3]里,A 方案的净现值是 1 669 元,B 方案净现值是 1 557 元。如果这两个方案之间是互斥的,当然 A 方案较好。如果两者是独立的,哪一个应优先给予考虑,可以根据现值指数来选择。B 方案现值指数为 1.17,大于 A 方案的 1.08,所以 B 优先于 A。现值指数可以看成是 1 元原始投资可望获得的现值净收益,因此,可以作为评价方案的一个指标。它是一个相对数指标,反映投资的效率;而净现值指标是绝对数指标,反映投资的效益。

3. 内含报酬率法

内含报酬率法是根据方案本身内含报酬率来评价方案优劣的一种方法。所谓内含报酬率,是指能够使未来现金流入量现值等于未来现金流出量现值的贴现率,或者说是使投资方案净现值为零的贴现率。

净现值法和现值指数法虽然考虑了时间价值,可以说明投资方案高于或低于某一特定的投资报酬率,但没有提示方案本身可以达到的具体的报酬率是多少。内含报酬率是根据方案的现金流量计算的,是方案本身的投资报酬率。

内含报酬率的计算,通常需要"逐步测试法"。首先估计一个贴现率,用它来计算方案的净现值。如果净现值为正数,说明方案本身的报酬率超过估计的贴现率,应提高贴现率后进一步测试;如果净现值为负数,说明方案本身的报酬率低于估计的贴现率,应降低贴现率后进一步测试。经过多次测试,寻找出使净现值接近于零的贴现率,即为方案本身的内含报酬率。

根据[例5-3]的资料,已知A方案的净现值为正数,说明它的投资报酬率大于10%,因此,应提高贴现率进一步测试。假设以18%为贴现率进行测试,其结果净现值为−499元。下一步降低到16%重新测试,结果净现值为9元,已接近于零,可以认为A方案的内含报酬率是16%。测试过程见表5-5。B方案用18%作为贴现率测试,净现值为−22元,接近于零,可认为其内含报酬率为18%。测试过程如表5-6所示。

如果对测试结果的精确度不满意,可以使用内插法来改善。

$$内含报酬率=\left[16\%+\left(2\%\times\frac{9}{9+499}\right)\right]\times100\%=16.04\%$$

$$内含报酬率=\left[16\%+\left(2\%\times\frac{338}{22+338}\right)\right]\times100\%=17.88\%$$

表5-5 A方案内含报酬率的测试

金额单位:元

年 次	现金净流量	贴现率=18%		贴现率=16%	
		贴现系数	现 值	贴现系数	现 值
0	(20 000)	1	(20 000)	1	(20 000)
1	11 800	0.847	9 995	0.862	10 172
2	13 240	0.718	9 506	0.743	9 837
净现值			(499)		9

表5-6 B方案内含报酬率的测试

金额单位:元

年 次	现金净流量	贴现率=18%		贴现率=16%	
		贴现系数	现 值	贴现系数	现 值
0	(9 000)	1	(9 000)	1	(9 000)
1	1 200	0.847	1 016	0.862	1 034
2	6 000	0.718	4 308	0.743	4 458
3	6 000	0.609	3 654	0.641	3 846
净现值			(22)		338

C方案各期现金流入量相等,符合年金形式,内含报酬率可直接利用年金现值表来确定,不需要进行逐步测试。

设现金流入的现值与原始投资相等:

$$原始投资每年现金流入量\times年金现值系数$$

$$12\ 000 = 4\ 600 \times (P/A, i, 3)$$
$$(P/A, i, 3) = 2.609$$

查阅"年金现值系数表",寻找 $n=3$ 时系数 2.609 所指的利率。查表结果,与 2.609 接近的现值系数 2.624 和 2.577 分别指向 7% 和 8%。用内插法确定 C 方案的内含报酬率为 7.32%。

$$内含报酬率 = \left[7\% + \left(1\% \times \frac{2.624 - 2.609}{2.624 - 2.577}\right)\right] \times 100\% =$$
$$(7\% + 0.32\%) \times 100\% = 7.32\%$$

计算出各方案的内含报酬率以后,可以根据企业资金成本或要求的最低投资报酬率对方案进行取舍。假设资金成本是 10%,那么 A、B 两个方案都可以接受,而 C 方案则应放弃。

内含报酬率是方案本身的收益能力,反映其内在的获利水平。如果以内含报酬率作为贷款利率,通过借款来投资本项目,那么,还本付息后将一无所获。这一原理可以通过 C 方案的数据来证明。如表 5-7 所示。

表 5-7　C 方案还本付息表

金额单位:元

年　次	年初借款	利率=7.32%	年末借款	偿还现金	借款余额
1	12 000	878	12 878	4 600	8 278
2	8 278	606	8 884	4 600	4 284
3	4 284	314	4 598	4 600	-2

注:第三年年末借款余额-2 是计算时四舍五入所致。

内含报酬率和现值指数法有相似之处,都是根据相对比率来评价方案,而不像净现值法那样使用绝对数来评价方案。在评价方案时要注意到,比率高的方案绝对数不一定大,反之也一样。A 方案的净现值大,是靠投资 20 000 元取得的;B 方案的净现值小,是靠投资 9 000 元取得的。如果这两个方案是互相排斥的,也就是说只能选择其中一个,那么选择 A 有利。A 方案尽管投资较大,但是在分析时已考虑到承担该项投资的应付利息。如果这两个方案是相互独立的,也就是说,采纳 A 方案时不排斥同时采纳 B 方案,那么就很难根据净现值来排定优先次序。内含报酬率可以解决这个问题,应优先安排内含报酬率较高的 B 方案,如有足够的资金,则可以再安排 A 方案。

内含报酬率法与现值指数法也有区别。在计算内含报酬率时不必事先选择贴现率,根据内含报酬率就可以排定独立投资的优先次序,只是最后需要一个切合实际的资金成本或最低报酬率来判断方案是否可行。现值指数法需要一个适合的贴现率,以便将现金流量折为现值,贴现率的高低将会影响方案的优先次序。

(二)非贴现的分析评价方法

非贴现的方法不考虑时间价值,把不同时间的货币收支看成是等效的。这些方法在选择方案时起辅助作用。

1. 回收期法

回收期是指投资引起的现金流入累计到与投资额相等所需的时间。它代表收回投资所需要的年限。回收年限越短,方案越有利。

在原始投资一次支出、每年现金净流入量相等时,[例 5-3]的 C 方案就属于这种情况。

$$回收期 = \frac{12\,000}{4\,600} = 2.61(年)$$

如果现金流入量每年不等,或原始投资是分几年投入的,则可使下式成立的 n 为回收期:

$$\sum_{k=0}^{n} I_K = \sum_{k=0}^{n} O_K \tag{5-7}$$

根据[例 5-3]的资料,A 方案和 B 方案的回收期分别为 1.62 年和 2.30 年,计算过程如表 5-8 所示。

表 5-8 回收期计算表

金额单位:元

A 方案:	现金流量	回收额	未回收额
原始投资	(20 000)		
现金流入			
第一年	11 800	11 800	8 200
第二年	13 240	8 200	0

回收期=1+(8 200÷13 240)=1.62(年)

B 方案:	现金流量	回收额	未回收额
原始投资	(90 000)		
现金流入			
第一年	1 200	1 200	7 800
第二年	6 000	6 000	1 800
第三年	6 000	1 800	0

回收期=2+(1 800÷6 000)=2.30(年)

回收期法计算简便,并且决策人容易正确理解。但它的缺点在于不仅忽视时间价值,而且没有考虑回收期以后的收益。事实上,有战略意义的长期投资往往早期收益较低,而中后期收益较高。回收期法优先考虑急功近利的项目,可能导致放弃长期成功的方案。它是过去评价投资方案最常用的方法,目前作为辅助方法使用。主要用来测定方案的流动性而非营利性。

2. 会计收益率法

这种方法计算简便,应用范围很广。它在计算时使用会计报表上的数据以及普通会计的收益和成本观念。

$$会计收益率 = \frac{年平均净收益}{原始投资额} \times 100\% \tag{5-8}$$

仍以[例 5-3]的资料计算：

$$会计收益率(A) = \frac{(1\,800 + 3\,240) \div 2}{20\,000} \times 100\% = 12.6\%$$

$$会计收益率(B) = \frac{(-1\,800 + 3\,000 + 3\,000) \div 3}{9\,000} \times 100\% = 15.6\%$$

$$会计收益率(C) = \frac{600}{12\,000} \times 100\% = 5\%$$

有人主张,计算时公式的分母使用平均投资额,这样计算的结果可能会提高1倍,但不改变方案的优先次序。计算"年平均净收益"时,如使用不包括"建设期"的"经营期"年数,其最终结果称之为"经营期会计收益率"。

(三) 项目投资决策方法

1. 独立项目投资决策

独立项目是指一组互相独立、互不排斥的项目。在独立项目中,选择某一项目并不排斥选择另一项目。独立项目的决策是指对待定投资项目采纳与否的决策。这种投资决策可以不考虑任何其他投资项目是否得到采纳和实施。这种投资的收益和成本也不会因其他项目的采纳和否决而受影响,即项目的取舍只取决于项目本身的经济价值。从财务的角度看,两种独立性投资所引起的现金流量是不相关的。

对于独立项目的决策分析,可运用净现值、获利指数、内部收益率以及投资回收期、会计收益率等任何一个合理的标准进行分析,决定项目的取舍。只要运用得当,一般能够作出正确的决策。

2. 互斥项目投资决策

在一组项目中,采用其中某一项目意味着放弃其他项目时,这一组项目被称为互斥项目。在两个或两个以上互相排斥的待选项目比较时,选择最优投资项目的基本方法有以下几种:

(1) 排列顺序法。在排列顺序法中，全部待选项目可以分别根据它们各自的 NPV 或 IRR 或 PI 按降级顺序排列，然后进行项目挑选，通常选其大者为最优。按照 NPV 或 IRR 或 PI 这三种方法分别选择投资项目时，其排列顺序在一般情况下是一致的。但在某些情况下，运用 NPV 和 IRR 或 PI 会得出不同的结论，即出现排序矛盾。在这种情况下，通常应以净现值作为选项标准。

(2) 增量收益分析法。对于互斥项目，可运用增量原理进行分析，即根据增量净现值、增量内部收益率或增量获利指数等任一标准进行项目比选。其判断标准是：如果增量投资净现值大于零，或增量内部收益率大于资本成本，或增量获利指数大于1，则增量投资在经济上是可行的。这一选优标准的具体为：

对于投资规模不同的互斥项目，如果增量净现值大于零，或增量内部收益率大于资本成本，或增量获利指数大于1，则投资额大的项目较优；反之，投资额小的项目较优。

对于重置型投资项目，通常是站在新设备的角度进行分析。如果增量净现值大于零，或增量内部收益率大于资本成本，或增量获利指数大于1，则应接受购置新设备；反之，则应继续使用旧设备。

(3) 总费用现值法。总费用现值法是指通过计算各备选项目中全部费用的现值来进行项目比选的一种方法。这种方法适用于收入相同、计算期相同的项目之间的比选。总费用现值较小的项目为最佳。

【例 5-4】 在重置型项目评价中也可以采用总费用现值法进行分析。由于新旧设备的使用年限相同，故可根据实际现金流量分别计算新旧设备的费用现值。

表 5-9 重置型投资项目现金流量

金额单位：元

项　　目	旧　设　备	新　设　备
初始投资		
设备购置支出	0	−110 000
旧设备出售收入	0	40 000
旧设备出售损失减税	0	5 000
现金流出合计	0	−65 000
经营现金流量(1～5年)		
税后经营成本	−40 000	−25 000
折旧减税	5 000	10 000
现金流出合计	−35 000	−15 000
终结现金流量(第五年)	0	10 000

如表 5-9 所示。据此，使用新旧设备的费用总额现值为：

旧设备费用总额现值$=35\,000(P/A,15\%,5)=117\,325$

新设备费用总额现值$=65\,000+15\,000(P/A,15\%,5)-10\,000(P/F,15\%,5)=$
$65\,000+50\,280-4\,970=110\,310$

计算结果表明，用新设备取代旧设备，可节约费用现值 7 010 元（117 320－110 310），与增量净现值计算结果相等。

（4）年均费用法。年均费用法适用于收入相同但计算期不同的项目比选。年均费用（AC）小的项目为中选项目。在重置投资项目比选中，如果新旧设备的使用年限不同，必须用"局外人"观点分析各项目的现金流量，而不应根据实际现金流量计算各项目的成本现值。即从"局外人"的角度，将购置旧设备或购置新设备作为两个可比方案。

【例 5-5】 某公司目前使用的 P 型设备是 4 年前购置的，原始购价 20 000 元，使用年限 10 年，预计还可使用 6 年，每年付现成本 800 元，期末残值 800 元。目前市场上有一种较为先进的 Q 型设备，价值 25 000 元，预计使用 10 年，年付现成本 3 200 元，期末无残值。此时如果以 P 型设备与 Q 型设备相交换，可作价 8 000 元，公司要求的最低投资收益率为 14%。那么，该公司是继续使用旧设备，还是以 Q 型设备代替 P 型设备（假设不考虑所得税因素）？

由于新旧设备的使用年限不同，必须根据"局外人"的观点进行分析。假设公司或者支付 8 000 元购置 P 型设备，或者支付 25 000 元购置 Q 型设备，则各项目的年均成本现值为：

$$AC_P=\frac{8\,000+4\,800\times(P/A,14\%,6)-800(P/F,14\%,6)}{(P/A,14\%,6)}=6\,764(元)$$

$$AC_Q=\frac{25\,000+3\,200\times(P/A,14\%,10)}{(P/A,14\%,10)}=7\,993(元)$$

上述计算表明，使用 P 型设备的年均费用现值低于使用 Q 型设备年均费用现值 1 230 元（7 993－6 763），故公司应继续使用 P 型设备。如果按实际现金流量计算，其各项目的年均现值为：

$$AC_P=\frac{4\,800\times(P/A,14\%,6)-800(P/F,14\%,6)}{(P/A,14\%,6)}=4\,706(元)$$

$$AC_Q=\frac{(25\,000+8\,000)+3\,200\times(P/A,14\%,10)}{(P/A,14\%,10)}=6\,459(元)$$

上述计算表明，按实际现金流量计算，P 型设备与 Q 型设备相比，其年均费用现值节约了 1 753 元（6 459－4 706），这一结果与按"局外人"观点计算结果有一定差异，即每年节约额多计了 523 元（1 753－1 230）。这两种方法计算的结果之所以不一样,就在于按实际现金流量计算时,P型设备的现时价值8 000元从Q型设备的原始成本25 000元中扣除,这意味着这两者都是按Q型设备使用年限10年摊销,以确定其年使用成本。实际上,P型设备的现时价值8 000元应按其尚可使用的6年摊销。因此,当旧设备和可取代的新设备的使用年限不同时,按"局外人"的观点分析项目的现金流量较为适宜。

【问题与思考5-3】

某公司打算购买一些设备,成本是250 000元,以直线法计提折旧,折旧年限5年,每年现金流入300 000元,预计新设备的年经营费用是220 000元,所得税税率40%。请问:该项投资的回收期应该是多少?

第四节 证券投资

一、概述

证券投资是将资金用于购买股票、债券等金融资产。它属于间接投资,是企业对外投资的一种重要形式。证券投资不仅可获得投资收益,而且还可以起到以小控大、分散风险的作用。随着我国证券市场的发展和完善,投资品种将日益增多,证券投资管理已成为企业财务管理的一个重要内容。

二、投资证券需考虑的因素

证券的种类繁多,那么企业应该选择哪些证券投资呢?这里需要考虑以下因素。

(一)安全性

安全性是指证券投资本金不受损失。证券的安全性依不同证券种类而定。例如,国库券、金融证券,其安全性较高;各种企业债券,则要根据债券发行企业的资金实力、经营状况以及担保情况判断其安全性高低;普通股票在价值上具有相当的风险,往往随着证券市场行情和公司获利能力而变化,其安全性是不固定的。一般来说,证券越安全,报酬也越低。因此在选择证券投资时,必须在报酬与风险之间进行权衡。

(二)可转让性

可转让性是指证券转让的难易程度。包括转让时间的长短、转让价格的高低以及转让数量的多少。证券市场发达,交易活跃,持有的是经营良好、经营可靠的企业发行的证券,数额又不大,则容易转让出去,且价格也可高些;反之,则难以转让出去,或只能降价出售。

（三）期限性

期限性是指有价证券的偿还期限。除股票外，其余证券均有确定的期限，期限的长短同报酬率密切相关。一般来说，期限越长，风险越大，报酬率也越高。但如果企业进行的是短期证券投资，而该证券的转让流通又受到限制，则企业不宜选择期限太长的证券进行投资。

（四）收益性

收益性是指纳税后利息、股利和资本增值（或贬值）数额的大小。对于债权证券，其收益主要为利息收入，且利息收入的时间及金额均为已知。因此，购买债权证券，风险较小，但收益也较低。对于所有权证券，其收益表现为股利收入和价差收入，收益的时间及金额都难以预先确定。因此，购买所有权证券风险较大，但收益也往往比债权证券大得多。企业在选择证券投资时，可根据各种证券的收益能力及风险程度进行投资组合。

三、债券投资

债券作为固定收入证券吸引了许多投资者，这是因为债券提供给投资者稳定的利息所得和到期时的本金回报。除了发行者违约的情况，投资者总能按时收到息票利息并且到期收回本金。

在进行债券投资分析时，要正确理解债券价值评估的基本方法。首先应对那些肯定能够全额和按期支付的债券进行考察。此类证券较典型的是政府债券。虽然该种债券肯定按期支付约定金额，但就该约定金额的购买力而言，仍有某种程度的不确定性，即通货膨胀的风险。因此，在评估债券价值之前，我们假定各种债券的名义和实际支付金额都是确定的，尤其是假定通货膨胀的幅度可以精确地预测出来，从而使对债券的估价可以集中于时间的影响上。完成这一假设之后，影响债券估价的其他因素就可以纳入考虑之中。

（一）债券价值评估的基本公式

证券内在价值的估计值是证券代表的资产产生的预期现金流的现值。这些现金流可能是周期的，如利息或股息，或只是最终价格或赎回值或它们的一个组合。因这些现金流都在未来出现，所以它们必须以适当利率贴现为现值。这些贴现的现金流之和是内在价值的估计值，可表示为：

$$V_0 = \sum_{t=1}^{n} \frac{C_t}{(1+k)^t} \tag{5-9}$$

式中：V_0 表示证券现值；C_t 表示在 t 时期的预期现金流；k 表示投资者的应得回报率或贴现率；n 表示预期的时期数目。

从公式(5-9)可以看出，为得到证券内在价值的估算值，需要确定预期现金流及其时机以及贴现率。预期现金流包括金额的大小和不同的类型,如股息、利息、到期收到的面值或在未来时点上的预期价格。时机是指证券的回报在未来不同时期出现,并且必须能够贴现成现值。贴现率或投资者要求的应得回报率反映货币的时间价值和这个证券的风险。它是机会成本,即投资者在相同期限和相同信用程度的类似证券中赚取的现时市场利率。货币的时间价值和未来现金流的时机显著影响着资产的现值。在使用内在价值模型公式(5-9)评估债券价值时,模型可改为:

$$V_0 = \sum_{t=1}^{n} \frac{C_t}{(1+r)^t} + \frac{M}{(1+r)^n} \tag{5-10}$$

$$V_0 = \sum_{t=1}^{2n} \frac{C_t \div 2}{(1+r/2)^t} + \frac{M}{(1+r/2)^{2n}} \tag{5-11}$$

式中:V_0 表示债券的现值;C_t 表示 t 年息票或利息付款;M 表示债券的面值或到期值;n 表示债券到期年数;r 表示债券的贴现率或市场收益率。

如果半年支付利息,公式(5-10)可写成公式(5-11)。如果现以市价购买债券,投资者的净现值是债券价格和市价之差,即:

$$NPV = V_0 - P$$

式中:P 表示债券的市价。如果 $NPV>0$,债券价格被低估;如果 $NPV<0$,债券价格被高估。

【例5-6】 假设新发行的3年期的债券面值为1 000元,以后每半年支付利息50元,市场收益为10%,那么债券的现值为:

$$V_0 = \sum_{t=1}^{6} \frac{50}{(1+5\%)^t} + \frac{1\,000}{(1+5\%)^6} = 1\,000(元)$$

因此,这种债券以面值出售。如果每年息票低于100元,而其他条件不变,债券的现值就低于1 000元,那么,投资者不会付1 000元购买这种债券。

(二)债券价值评估的特殊公式

1. 一年付息一次的债券的估价公式

对于普通的按期付息的债券来说,其预期货币收入有两个来源:到期日前定期支付的息票利息和票面额。其必要收益率也可参照可比债券确定。因此,对于1年付息一次的债券来说,若用复利计算,其价格决定公式为(5-12);如果按单利计算,其价格决定公式为(5-13)。

$$P = \frac{C}{(1+r)} + \frac{C}{(1+r)^2} + \cdots + \frac{C}{(1+r)^n} + \frac{M}{(1+r)^n} =$$

$$\sum_{t=1}^{n} \frac{C}{(1+r)^t} + \frac{M}{(1+r)^n} \tag{5-12}$$

$$P=\sum_{t=1}^{n}\frac{C}{1+r\times t}+\frac{M}{1+r\times n} \qquad (5\text{-}13)$$

式中：P 表示债券的价格；C 表示每年支付的利息；M 表示票面值；n 表示所余年数；r 表示必要收益率；t 表示第 t 次。

如果是半年付息一次的债券，其价格公式应作如下调整：① 年利率要被每年利息支付的次数除，即由于每半年收到一次利息，年利率要被 2 除。② 时期数要乘以每年支付利息的次数。例如，在期限到期时，其时期数为年数乘以2。

2. 无息票债券的估价公式

当债券采用贴现方式发行，并且以发行价小于票面额的差额表示投资者利息收益时，这种债券即为无息票债券。无息票债券的投资者在债券偿还期内的货币收入是唯一的，即在偿还日取得与债券面值等同的货币收入。运用公式(5-12)和公式(5-13)或者公式(5-10)，令其中 $C=0$ 或者 $C_t=0$ 但是公式(5-10)给出的是复利的公式，则按复利计息的无息票债券价格计算公式为(5-14)；如果按单利计息，无息票债券价格为公式(5-15)。

$$P=\frac{M}{(1+r)^n} \qquad (5\text{-}14)$$

$$P=\frac{M}{1+r\times n} \qquad (5\text{-}15)$$

3. 债券的定价定理

从债券定价模型我们可以得知，债券价格主要由市场利率、债息率、到期年限和到期收益率决定。结合前面的模型分析，简要介绍一下马奇尔(Burfan Malkiel)定价定理的主要内容：

(1) 债券的市场价格与到期收益率呈反方向变动。债券价格上涨，则收益率下降；债券价格下降，则收益率上升。这一定理对债券投资分析的价值在于：当投资者预测利率将要下降时，应及时买入债券，因为利率下降债券价格必然上升；反之，当投资者预测利率将上升时，应卖出手中持有的债券，待价格下跌后再买回。

(2) 如果债券的收益率在整个有效期内不变，则折价或溢价的大小将随到期日的临近而逐渐减少，直至到期日时价格等于债券面额。这一定理也可理解为：若两种债券的其他条件相同，则期限较长的债券销售折价或溢价较大，债券价格对市场利率变化较敏感。一旦市场利率有所变化，长期债券价格变动幅度大，潜在的收益和风险较大。

(3) 如果债券的收益率在整个有效期内不变，则其折价或溢价减少的速度将随到期日的临近而逐渐加快。这一定理说明，债券价格变化的百分率随着到期年限的临近而增大，两者之间存在着正函数关系，但债券价格变化百分率的增幅是递减的。由于债券价格变动的百分率可以表示债券价格对市场的敏感程度,因此这一定理也说明债券价格对市场利率的敏感度随着到期日的接近而以递减的比率增加。对投资者而言,如果预测利率将下降,在其他条件相同的前提下,应选择到期日较远的债券投资。

(4) 债券收益率的下降会引起债券价格上升,且上升幅度要超过债券收益率以同样比率上升而引起的债券价格下跌的幅度。这一定理说明,债券价格对市场利率下降的敏感度比利率上升更大,这将帮助投资者在预期债券价格因利率变化而上涨下跌能带来多少收益时作出较为准确的判断。或者说,在市场利率分别以相同幅度下降与上升时,投资者应明白,在这两次决策中,买入债券持有的收益将大于卖出债券的那次。

(5) 如果债券的息票利率越高,则由其收益率变化引起的债券价格变化的百分率就越小。或者说,息票利率越低的债券,其价格对市场利率越敏感。这一定理说明,对于到期日相同且到期收益率也相同的两种债券,如果投资者预测市场利率将下降,应选择买入票面利率较低的债券,因为一旦利率下降,这种债券价格上升的幅度较大。值得注意的是,这一定理不适用于 1 年期的债券和永久债券。

显然,投资者在预测债券价格将如何对利率变动作出反应时,债券定价五定理对债券投资分析和投资决策很有帮助。

(三) 债券的收益及收益率

1. 债券的收益

债券投资收益可具体划分为三个部分:一是利息收入按票面利率每年定期获得的利息,二是偿还时的差损或差益即债券的发行价格同偿还额之间的差额,三是利息再投资的收益。在计算过程中,对上述三部分收益只计算利息收入和偿还时的差损率,就是单利利率。如果把利息再投资的收益也计算在内,则是复利利率。

2. 债券的收益率

债券的收益率反映债券持有者在一段时期(通常为 1 年)内的收益水平,是投资收益与投资成本的比率,通常受到发行价格、认购价格、期限、债券利率的影响。债券的收益率可以通过以下四个指标反映出来。

(1) 认购者收益率。认购者收益率反映的是认购者从买入债券到债券期满兑现时的收益率。其计算公式为:

$$认购者收益率 = \frac{年利息 + \frac{票面金额 - 发行价格}{偿还年限}}{发行价格} \times 100\% \quad (5-16)$$

【例 5-7】 某投资者于 1999 年 10 月 1 日购入一张 1 年期票面额为 100 元的企业债券,票面利率为 10%,到期日为 2000 年 10 月 1 日,购入价为 98 元。其到期收益率为：

$$\frac{10+\frac{100-98}{1}}{98}\times 100\%=12.24\%$$

（2）最终收益率。最终收益率反映的是投资者在债券交易市场上购买债券到债券期满兑现时的收益率。最终收益率的计算分单利和复利之分。

单利时：

$$最终收益率=\frac{利息+(票面金额-购买价格)}{购买价格\times 剩余年限}\times 100\% \qquad (5-17)$$

复利时：

$$最终收益率=\left[\sqrt[投资期]{\frac{票面价格+年利息\times \frac{(1+折现率)^{投资期}-1}{折现率}}{购买价格}}-1\right]\times 100\% \quad (5-18)$$

【例5-8】 某投资者在债券挂牌期间，在二级市场上以买入价980元购进票面额1 000元的10年期附息票债券，每年付息一次，息票率11％，利息再投资率12％，持有3年后到期。其复利到期收益率为：

$$最终收益率=\left[\sqrt[3]{\frac{1\,000+1\,000\times 11\%\times \left(\frac{(1+12\%)^3-1}{12\%}\right)}{980}}-1\right]\times 100\%$$

（3）持有者收益率。持有者收益率反映债券交易者在买进与卖出期间的收益水平。其计算公式为：

$$持有期收益率=\frac{持有期利息+(卖出价格-买入价格)}{买入价格\times 持有期}\times 100\% \qquad (5-19)$$

（4）贴现债最终收益率。贴现债最终收益率反映兑现期低1年的贴现债的最终收益率。其计算方法也有单利与复利之分。

单利时：

$$贴现债最终收益率=\frac{偿还价格-购买价格}{购买价格}\times \frac{365}{未经过天数}100\% \qquad (5-20)$$

复利时：

$$贴现债最终收益率=\left(\sqrt[投资期]{\frac{票面价格}{购买价格}}\right)\times 100\% \qquad (5-21)$$

对于不同的投资者和债券持有者，用上述公式可以计算出不同情况的收益率。

四、股票价值评估

普通股的估值有两种基本的方法:现值法和市盈率估值(P/E)方法。现值分析是以普通股收到的未来现金流通过适当的贴现率返回本期,而市盈率估值分析是表明投资者愿意为被估的盈利投入资金的倍数(即普通股的价格)。为此,需要估计公司的未来股息和盈利。如果所得估计值不同于每个估计值的平均值,那么证券及市场价格可能调整,预期可获得超额回报。现值方法认为,任何资产的内在价值是投资者未来预期得到自己资产的现金流。未来现金流用贴现率调整。贴现率不仅反映货币的时间价值而且还反映现金流的风险,即一个资产的现时内在价值等于未来现金流的贴现值。现值法的计算模型是贴现现金流模型。

(一) 贴现现金流模型

贴现现金流模型是运用收入的资本化定价方法来决定普通股股票的内在价值。按照收入的资本化定价方法,任何资产的内在价值都是由拥有这种资产的投资者在未来时期中所接受的现金流决定的。对于股票来说,这种预期的现金流即为未来时期预期支付的股利。贴现现金流模型的公式为:

$$V_0 = \sum_{t=1}^{\infty} \frac{D_t}{(1+k)^t} \tag{5-22}$$

式中:V_0 表示股票现时的内在价值;D_t 表示在未来时期以现金形式表示的每股股利;k 表示在一定风险程度下现金流的合适的贴现率。

在整个方程中,假定在所有时期内,贴现率都是一样的。由该方程可以得出,如果购买这种资产在 $t=0$ 时是 P_0,那么它的净现值 NPV 等于内在价值与成本之差。

$$NPV = V_0 - P_0 \tag{5-23}$$

如果 $NPV>0$,即 $V_0>P_0$ 意味着所有预期的现金流入的现值之和大于投资成本,说明这种股票价格被低估,可以购买这种股票。如果 $NPV<0$,说明这种股票价格被高估,则不宜购买这种股票。

在股票内在价值的计算中,所用的贴现率应当能反映其所承担风险的大小,通常可用资本资产定价模型(CAPM)证券市场线来计算各证券的预期收益率,并将此预期收益率作为计算内在价值的贴现率。运用公式(5-22)确定普通股股票的内在价值存在着一定的困难,即投资者必须预测所有未来时期支付的股利。由于普通股没有到期期限,未来的股利流是不确定的,任何股利的发放必须由公司的董事会决定,公司的股利预期随时间增长,因此,要对股利的预期增长率作某些假设。

一般来说,在时点 t 的股利为:

$$D_t = D_{t-1} \times (1+g_t) \tag{5-24}$$

(1) 零增长模型。假定股利增长率等于 0,即 $g=0$。$D_0 = D_1 = D_2 = \cdots = D_n$,因为 $K>0$,按照数学中无穷级数的性质可得出零增长模型公式为:

$$V_0 = \sum_{t=1}^{\infty} \frac{D_0}{(1+k)^t} = \frac{D_0}{k} \tag{5-25}$$

式中:V_0 表示股票现时的内在价值;D_0 表示在未来无限时期支付的每股股利;k 表示到期收益率。

【例 5-9】 如果某公司预期的每股现金股息为 1 元,未来不变并且应得回报为 12%,那么应用上面的公式,可以认为每股价值为 8.33 元。假定股票的价格为 7 元,股票的净现值 NPV 为 1.33 元(8.33−7)。即 $V_0 > P_0$,这种股票价格被低估,可以考虑购买这种股票。由于假定与现实有出入,则零增长模型的应用受到一定的限制。但在特定情况下,对于决定普通股股票的价值,仍然是有用的。尤其在决定优先股的内在价值时,这种模型相当有用,因为大多数优先股支付股利是固定的。

(2) 不变增长模型。这种模型是假设未来股息以一个相同的比率增长。D_0 是现时已支付的股利,预期增长率为 g,那么 t 时点的股利为:

$$D_t = D_{t-1} \times (1+g) = D_0 \times (1+g)^t$$

可得不变增长模型为:

$$V_0 = \sum_{t=1}^{\infty} \frac{D_0(1+g)^t}{(1+k)^t} \tag{5-26}$$

运用数学中无穷级数的性质,如果 $k>g$,可得:

$$\sum_{t=1}^{\infty} \frac{(1+g)^t}{(1+k)^t} = \frac{1+g}{k+g} \tag{5-27}$$

最后整理可得出不变增长模型的价值公式为:

$$V_0 = \frac{D_0(1+g)}{k-g}, D_1 = D_0(1+g) \Rightarrow V_0 = \frac{D_1}{k-g} \tag{5-28}$$

【例 5-10】 某公司现在每股付息 1 元,投资者预期股息每年以 7% 增长,应得回报率为 15%,那么每股价值为 12.5 元[1÷(15%−7%)]。假定现时市价为 20 元,净现值回报为 −6.62 元(13.38−20),$V_0 < P_0$。因此,股价被高估。建议当前持有该股票的投资者应考虑出售。

(3) 两阶段增长模型。该模型是被普遍用来确定普通股股票内在价值的贴现现金流模型。这一模型假设股利的变动在一段时间 t 内并没有特定的模式可以预测,在此段时间以后,股利按不变增长模型进行变动。这一模型是两个时期模型。假设在某个时期(典型的为 2~10 年)以较高比率成长,随后在另一时期以一个长期的平稳比率成长,则这个模型可表示为:

$$V_0 = \sum_{t=1}^{\infty} \frac{D_0(1+g_1)^t}{(1+k)^t} + \frac{D_n(1+g)}{k-g} \times \frac{1}{(1+k)^n} \tag{5-29}$$

式中:V_0 表示股票现时的内在价值;D_0 表示现时已支付的股息;g_1 表示超正常(或低于正常)的股息长率;g 表示股利的不变增长率;k 表示应得的收益率;n 表示超正常(或低于正常)增长的时期数;D_n 表示非正常增长期结束时的股息。

该模型公式中的第一项包括 n 期的股息流以反常的增长率 g_1 增长,以应得回报率贴现。第二项是不变增长模式,它以 $(n+1)$ 期开始,因此,贴现时必须乘以一个适当的贴现因子,即 $\frac{1}{(1+k)^n}$。

【例 5-11】 某公司现时股息为 1 元,预期前 5 年股息每年增长率为 12%,5 年后预期每年不变增长率为 6%,投资者的应得回报为 10%,那么股票的内在价值估计是多少?

解:因为第五年的股息预计是 1.76 元 $[D_5 = 1 \times (1+12\%)^5]$。根据公式,$V_0 = 34.24$ 元。

(4) 三阶段增长模型。三阶段增长模型最早是由 Nicholas Molodvsky、Catherine May 和 Sherman Chattiner 于 1965 年提出的。这一模型假设所有公司都经历了三个阶段——收益高速增长的初始阶段、增长率下降的过渡阶段和永续低增长率的稳定阶段。这一概念与产品的生命周期相同。在高速增长阶段,由于新产品上市和市场份额的不断增加,公司收益快速增长;在过渡阶段,公司收益增长率开始逐渐下跌;在稳定增长阶段,公司进入成熟期,收益将以整个经济的增长率稳定增长。假设在高速增长阶段,股利增长率为常数 g_a;在过渡阶段,股利增长率以线性的方式从 g_a 变化为 g_n,g_n 为稳定增长阶段的股利增长率。如果 $g_a > g_n$,在过渡阶段表现为递减的股利增长率;反之,表现为递增的股利增长率。三个阶段的股利增长关系如图 5-3 所示(假设过渡阶段股利增长率递减)。

公司股票价值是高速增长阶段、过渡阶段的股利现值和稳定增长阶段开始时价格的现值。当 $t = T_a$ 时,股利增长率等于 g_a;当 $t = T_n$ 时,股利增长率等于 g_n;如果过渡阶段股利增长率呈递减趋势,则过渡时期内任何时点的股利增长率可按下式计算:

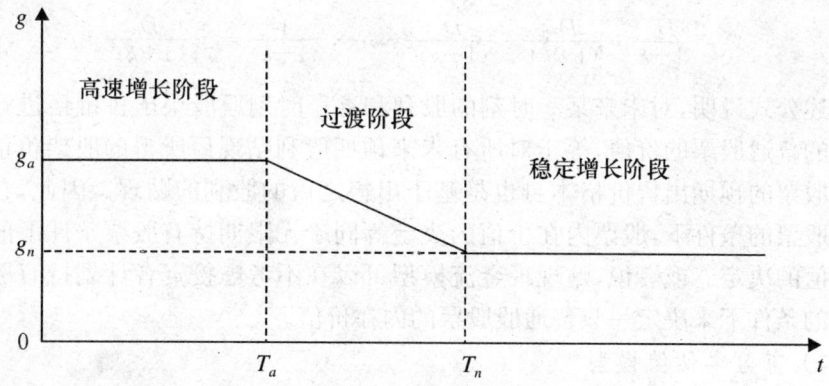

图 5-3　三阶段的股利增长关系

$$g_t = g_a - (g_a - g_n) \times \frac{(t-T_a)}{(T_n-T_a)} \quad (g_a > g_n) \tag{5-30}$$

根据折现估价理论,三阶段增长模型的计算公式为:

$$P_0 = \sum_{t=1}^{T_a} \frac{EPS_0(1+g_a)^t \times \Pi_a}{(1+r_s)^t} + \sum_{t=T_a+1}^{T_n} \frac{D_{t-1}(1+g_t)}{(1+r_s)^t} + \frac{EPS_{T_n}(1+g_n) \times \Pi_n}{(r_s-g_n) \times (1+r_s)^{T_n}} \tag{5-31}$$

式中:g_a、g_t、g_n 分别表示高速增长阶段、过渡阶段和稳定增长阶段的收益增长率;Π_a 表示高速增长阶段股利支付率;Π_n 表示稳定增长阶段股利支付率;r_s 表示股权资本成本或投资者要求的最低收益率。采用这一模型进行股票价值评估,一般是通过计算机完成的。

(5)有限期持有股票条件下股票内在价值的决定。无论是零增长模型、不变增长模型还是多元增长模型,它们都是对所有未来的股利进行贴现,即假设投资者接受未来的所有股利流。如果投资者只计划在一定期限内持有该种股票,该股票的内在价值该如何变化呢?如果投资者计划在一定期限后出售这种股票,他们接受的现金流等于从现在起的 1 年内预期的股利(假定普通股每年支付一次股利)再加上预期的出售股票价格。因此,该股票的内在价值的决定是用必要收益率对这两种现金流进行贴现。其表达式为:

$$V_0 = \frac{D_1 + P_1}{1+k} \tag{5-32}$$

式中:D_1 表示 $t=1$ 时的预期股利;P_1 表示 $t=1$ 时的股票出售价格。在 $t=1$ 时,股票出售价格的决定是基于出售以后预期支付的股利,即:

$$P_1 = \frac{D_2}{1+k} + \frac{D_3}{(1+k)^2} + \cdots = \sum_{t=2}^{\infty} \frac{D_t}{(1+k)^{(t-1)}} \tag{5-33}$$

把方程(5-18)代入方程(5-19),得到:

$$V_0 = \frac{D_1}{1+k} + \frac{D_2}{(1+k)} + \frac{D_3}{(1+k)^2} \times \cdots \times \frac{1}{(1+k)} = \sum_{t=1}^{\infty} \frac{D_t}{(1+k)^t} \quad (5-34)$$

上述公式说明,对未来某一时刻的股利和这一时刻原股票出售价格进行贴现所得到的普通股票的价值,等于对所有未来预期股利贴现后所得的股票价值。这是因为股票的预期出售价格本身也是基于出售之后的股利的贴现。因此,在有限期持有股票的条件下,股票内在价值的决定等同于无限期持有股票条件下的股票内在价值的决定。或者说,贴现现金流模型可以在不考虑投资者计划持有股票时间长短的条件下来决定一只普通股股票的内在价值。

(二) 市盈率估值模型

虽然贴现现金流模型存在固有的灵活性,但许多证券分析家仍愿意使用更简单的方法估计普通股股票的内在价值。这种模型被称之为市盈率估值模型(P/E),又称之为价格-收益比率模型。这一模型比现值法模型使用起来更普遍、更简单。如果能预测下年的盈利以及 P/E,那么两者的乘积就是下一年的股票价格。该模型通过股利支付率 P_t 这个根率,把每股收益比与每股股利 D_t 联系在一起。其公式为:$D_t = P_t \times E_t$,从而在决定股票内在价值的一般公式中包含了对收益的贴现。其计算公式为:

$$V_0 = \sum_{t=1}^{\infty} \frac{D_t}{(1+k)^t} = \sum_{t=1}^{\infty} \frac{P_t \times E_t}{(1+k)^t} \quad (5-35)$$

在贴现现金流模型中,邻近的股利是通过股利增长率来联系的。同样,通过每股收益增长率,时刻 t 的每股收益与 $t-1$ 时刻的每股收益也存在着一定联系。假设每股盈利在第 t 年的增长率是 g_{et},因为:

$$E_t = E_{t-1}(1+g_{et}) = E_0(1+g_{e1})(1+g_{e2})\cdots(1+g_{et})$$

则 V_0 可表示为:

$$V_0 = E_0 \sum_{t=1}^{\infty} \frac{P_t \prod_{i=1}^{t}(1+g^{ei})}{(1+k)^t} \quad (5-36)$$

或:

$$\frac{V_0}{E_0} = \sum_{t=1}^{\infty} \frac{P_t \prod_{i=1}^{t}(1+g^{ei})}{(1+k)^t} \quad (5-37)$$

公式(5-37)左端是股票现时的真实价值与盈利比。V_0/E_0 代表着股票的"正常的"或者说"公平的"价格收益。我们可用此公式检验现值法估值的结果:当 $V_0 > P_0$ 时,股票价格被低估;当 $V_0 < P_0$ 时,股票价格被高估。同样可用市盈率方法作出判断:如果 $V_0/E_0 > P_0/E_0$,说明正常的价格收益比率大于实际价格收益比率,股票价格被低估,建议购买这种股票;如果 $V_0/E_0 < P_0/E_0$,正常价格收益比率

小于实际的价格收益比率,则股票价格被高估,建议卖出该股票。由于公式(5-37)很复杂。下面考虑几种特殊的情形。

1. 零增长模型

该模型假定在未来无限长时期里每股股利保持固定,公司的盈利完全用于支付股利。根据该假定,在未来无限长时期内;$P_t=1$(P_t为股利支付率),$E_0=E_1=E_2\cdots=E_t$,因为$D_t=P_t\times E_t$,所以$D_0=E_1=D_1=D_2=E_2=\cdots$

根据公式(5-37)可得:

$$\frac{V_0}{E_0}=\sum_{t=1}^{\infty}\frac{1}{(1+k)^t}$$

由无穷级数性质可得:

$$\frac{V_0}{E_0}=\frac{1}{k} \tag{5-38}$$

例如,某公司的股票现在每股股息为10元,应得回报为12%,股票的市价为70元。根据公式(5-38),$V_0/E_0=1\div 0.12=8.33$。而$P_0/E_0=70\div 10=7$,因此$V_0/E_0>P_0/E_0$,此时股票价格被低估。

2. 不变增长模型

该模型假定在股利支付率保持不变的水平下,未来时期每股收益增长率g_e保持不变并且支付率P_t为常数P_0。

$$E_t=E_{t-1}(1+g_e)\Rightarrow P\times E_t=P\times E_{t-1}(1+g_e)$$

即: $$D_t=D_{t-1}(1+g_e)$$

因此,每股股利的增长率与盈利的增长率相同。这说明贴现现金流模型中的不变增长模型与市盈率估值法中的不变增长模型等价。由公式(5-37)可得:

$$\frac{V_0}{E_0}=\sum_{t=1}^{\infty}\frac{P(1+g_e)^t}{(1+k)^t}=P\times\frac{1+g_e}{k-g_e} \tag{5-39}$$

例如,A公司在上一年支付的每股股利为1.80元,预计股利每年增长率为5%,公司股票的收益率为11%,目前股票市价为40元,上一年的每股收益为2.70元。于是,该公司的股利支付率等于66.67%($1.8\div 2.7\times 100\%$)。由于该公司正常的价格收益比率应该是11.67[$0.6667\times(1+0.05)\div(0.11-0.05)$],而其实际价格收益比率为14.81($40\div 2.7$),因此该公司的股票价格被高估。

3. 多重增长模型

对于多重增长模型,我们还是考虑两个时期模型。假设在前一时期每股盈利以g_{e1}增长,后一时期每股盈利以g_{e2}增长,由公式(5-37)可得:

$$\frac{V_0}{E_0}=\sum_{t=1}^{n}\frac{P_1(1+g_{e1})^t}{(1+k)^t}+\sum_{t=n+1}^{\infty}\frac{P_2(1+g_{e2})^t}{(1+k)^t}$$

即：
$$\frac{V_0}{E_0} = \sum_{t=1}^{n} \frac{P_1(1+g_{e1})^t}{(1+k)^t} + \frac{P_2(1+g_{e1})^n}{k-g_{e2}} \times \frac{1+g_{e2}}{(1+k)^n} \quad (5\text{-}40)$$

例如：某公司上一年每股盈利为 2.5 元，股利为 1 元，预期前 5 年股利每年增长率为 12%，5 年后预期每年不变增长率为 6%，公司股票的收益率为 10%，这时，$P_1 P_2 = 1 \div 2.5 = 40\%$，那么，根据公式(5-40)得：

$$\frac{V_0}{E_0} = 0.4 \times \left[\sum_{t=1}^{5} \frac{(1+12\%)^t}{(1+10\%)^t} + \frac{(1+12\%)^5}{10\%-6\%} \times \frac{1+6\%}{(1+10\%)^5} \right] = 13.71$$

如果现时市价为 34 元，那么 $P_0/E_0 = 34 \div 2.5 = 13.6$，$P_0/E_0$ 与 V_0/E_0 近似相等。因此，此时股票的价格接近真实价格。

（三）股票收益

股票的收益主要来源于三个方面：① 股息（红利）收益。② 资产增值收益。③ 股票交易中的差价收益。所谓股票的总收益，就是三者相加之和。但总收益并不等于实际收益，股票投资的实际收益只表现为股息红利和差价收益，资产增值只有通过股息（红利）提高和股票价格上升才能转化为投资者的实际收益。

所谓股息（红利）收益是从股份公司 1 年生产实现的利润中按一定的分配比例提取，并通过董事会研究决定所产生的收益。用股息（红利）除以股票的买入价格，即是投资者实际所得的股息（红利）收益率。资产增值主要来自于企业历年分配后的结余和企业资产随物价上涨，形成企业资产重置价格的增加部分。企业资产增值程度具体表现为企业资产与实发股票的股数之比，它不形成投资者的实际收入。在股票市场上，买进股票后永久不出售的投资还是较罕见的，大多是要出售的。一旦卖出，在买卖的价格上就会有差别，从而产生差价收益和差价损失。

普通股股票收益的高低，首先取决于发行公司的盈利多寡和发展前景。如公司盈利增加，股票收益随之提高；如盈利减少或没有，则股票收益随之降低或根本没有。普通股股票红利的提高可以是无限度的，但也可能是零。银行或其他机构投资者往往因慑于太大的风险而较少涉足普通股的投资。但只要公司经营正常，盈利稳步提高，预计整个经营环境又不会发生太大变化，那么投资普通股股票的收益一般要高于其他证券。其次股票的实际收益还取决于股票买卖的价格差异。股票的买卖价格都是市场价格，它不同于股票的票面价格。票面价格是股票发行时所标明的金额，以每股为单位，通常每一单位股份所代表的资本额，就是股票的票面价值。在正常情况下，股票初次发行时其市场价格一般等于票面价值，但也可不等于票面价值。如发行价格高于票面价值的就称之为溢价发行。股票上市流通后，市场价格和票面价值之间的差距可能拉大。在西方，一些年限较长的公司股票的票面价值实际上已变成了毫无意义的数字。

股票的市场价格也不等同于其账面价值。股票的账面价值是发行公司按其会计记录在某个时点所反映的每股股票所代表的公司净资产。由于股票是真实资本的约制复本,因此按照理论分析,账面价值应是股票的价值基础,也即决定股票价格的内在价值。但在投资实践中,由于对股票内在价值的计算,通常是把公司未来的收益(期望价值)用现值法折成现值,然后再根据现值计算每一股票现时的内在价值,因此,股票的内在价值通常都要高于账面价值。股票收益率是反映股票收益水平的指标。投资者购买股票最关心的是能获得多少收益,衡量一项证券投资收益的大小是以收益率来表示的。反映股票收益率的高低,一般有三个指标,即:本期股利收益率、持有期收益率和折股后持有期收益率。

1. 本期股利收益率

本期股利收益率是反映投资者以现行价格购买股票的预期收益水平。它是年金股利与现行市价之比率。用公式表示为:

$$\text{本期股利收益率} = \frac{\text{年现金股利}}{\text{本期股票价格}} \times 100\% \tag{5-41}$$

【例 5-12】 某公司上年每股股利是 3.2 元,现行市价为 80 元,则其本期股利收益率为:

$$\text{本期股利收益率} = \frac{3.2}{80} \times 100\% = 4\%$$

2. 持有期收益率

股票没有到期日,投资者持有股票的时间有长有短,股票在持有期间获得的收益率为持有期收益率。用公式表示为:

$$\text{持有期收益率} = \frac{(\text{出售价格} - \text{购买价格}) \div \text{持有年限} + \text{现金股利}}{\text{购买价格}} \times 100\%$$

【例 5-13】 某投资者于 6 月 30 日以每股 60 元的价格购买某公司的股票,12 月 30 日又以每股 65 元出售,在半年的持有期内获得公司的股利每股为 3 元。试求其持有期收益率。

$$\text{持有期收益率} = \frac{(65-60) \div 0.5 + 3}{60} \times 100\% = 21.67\% \tag{5-42}$$

3. 折股后持有期收益率

股份公司进行折股后,出现股份增加和股份下降的情况,因此,折股后股票的价格必须调整,折股后的持有期收益率也随之发生变化。其计算公式为:

$$\text{折股后持有期收益率} = \frac{\text{调整后的资本所得或损失} \div \text{持有年限} + \text{调整后的现金股利}}{\text{调整后的购买价格}} \times 100\% \tag{5-43}$$

例如,某股份公司把每股市价200元的普通股以1:2折股,如果某个投资者原始投资额为200元,则他拥有的股数由1股变为2股。假设折股前股份公司派发的股利为每股4元,折股后每股的股利为2元,则这个投资者持有期的收益率是没有变化的。

在计算收益率之前,必须对每股的股价进行调整,即由原来市价每股200元调整为100元。这样计算出来的收益率才能真正反映投资者持有期的收益状况。

应该指出,以上三种收益率的计算公式是对于普通股而言的。因为优先股很少发生折股现象,除了折股后持有期收益率公式外,其他公式对计算优先股的收益也是适用的。

【问题与思考5-4】

某股票3年的股息分别为:第一年年末1元,第二年年末1.5元,第三年年末2元,投资者要求的报酬率为19%,预期第三年年末的市场价格为20元。请问:投资者是否愿意购买此价格的股票?

本 章 小 结

投资是企业投入财力以期望在未来获取收益的一种行为。投资是企业重要的财务活动之一。影响投资项目评价的两个关键因素,一是项目预期现金流量,二是投资项目的必要收益率或资本成本。投资项目现金流量应遵循实际现金流量原则、增量现金流量原则和税后原则。在预测项目现金流量时,通常不包括与项目举债筹资有关的现金流量,利息费用在项目的资本成本中考虑。净现值是按项目必要收益率对项目的现金流量进行折现后的价值。利用IRR标准选择投资项目的基本原则是:若IRR大于或等于项目资本成本或投资最低收益率,则接受该项目;反之,则放弃。净现值曲线可以提供项目的净现值、内部收益率以及它们对资本成本的敏感程度。在项目选择中,若项目相互独立,NPV、IRR、PI、PP、ARR一般可作出完全一致的接受或放弃的决策;若项目相互排斥,则应以NPV为准。在资本限额下进行项目比选的基本原则是选择一项或一组净现值最大的方案。采用二阶段增长模型时,公司股票价值是由高速增长阶段股利现值和期末股票价值的现值两部分组成。在三阶段增长模型中,公司股票价值是高速增长阶段、过渡阶段的股利现值和稳定增长阶段开始时股票价值的现值。影响证券内在价值的因素有三个:证券投资的时间域、预期未来的现金流量、证券投资的必要收益率。债券预期的现金流量包括未来的利息和终值。终值可以是将来的售价、到期面值或公司根据提前赎回条款支付的赎回价格。

复习思考题

1. 如何理解增量现金流量？附加效应、沉没成本和机会成本对投资项目现金流有何影响？
2. 在资本预算中，对筹资的利息费用应该如何处理？为什么？
3. 投资项目的折现评价标准包括哪些？试比较他们的异同点。
4. 在什么情况下净现值与内部收益率评价标准可能得到不同的结论？为什么？
5. 互斥项目投资决策分析的基本方法有哪些？

案例讨论题

东方稀铝项目的投资案例分析

2004年，中央政府实施的宏观调控政策收紧了电解铝行业的银根，加上无法突破中国铝业对氧化铝的垄断，东方希望集团董事长刘永行的造铝之路走得异常艰难，投资150亿元的"巨无霸"工程碰到了障碍。在一期工程于2003年10月正式投产后，东方希望集团包头稀土铝业有限公司（简称东方稀铝）的大多数项目却因为资金链的收紧而暂时停止运作。曾被《福布斯》评为"中国首富"的刘永行，仅仅用了两年半时间，就把电解铝行业树立为东方希望集团的"第二主业"，但现在他被迫减缓了他在这个领域内急速前进的脚步。

面临窘境

2004年7月26日，在东方希望包头稀土铝业工业园区中央的电解铝厂主厂房附属车间内，几个头戴安全帽的工人正操纵着机器，将暗红色的铝液从电解槽的末端口倒入一个个形状规则的容器里。这些铝液用水冷却后，就形成了一块块形状较扁的铝锭。这就是用氧化铝、稀土冶炼而成的电解铝。这种因为形状颇似乌龟壳而被当地工人戏称为"乌龟铝"的铝锭曾经凝聚了东方希望集团的财富梦想。但目前，东方稀铝就算开足马力每天大约也只能生产220吨"乌龟铝"，全年的总产量只有8万吨——这个数字仅仅相当于东方希望集团在包头原计划生产规模的1/12。

原定于2003年年底点火投产的一期25万吨电解铝工程1#、2#电解车间东段电解槽尚未完全安装，原定于今年4月投产的二期工程更是像一个空壳，除厂房

盖好了之外，作为电解铝生产线心脏部分的电解槽却仍然没有到位。除此之外，由于电解铝行业耗电量极大，电费占去电解铝成本的30%～40%，电价每上涨1分钱，生产100万吨电解铝就要减少利润1.5亿元，为解决电解铝生产用电问题，东方稀铝曾经计划建设自备电厂。电厂工程共分四期。2003年5月开始建设第一期30万千瓦装机容量的火力发电厂，2008年装机容量达到270万千瓦。但是原定于2003年年底点火发电的35万千瓦自备火电厂的建设周期也一拖再拖，到现在为止都没有如期发电。现在，整个东方希望包头稀土铝业工业园区正式投产的，仅仅是一期电解铝生产线为年产量25万吨工程的小半部分，而这部分生产线的电源来自30公里以外的华北电网乌拉山电厂。事实上，在政府宏观调控政策和市场调节的双重作用下，中国电解铝行业的过度投资势头已经得到基本控制，东方希望集团包头稀土铝业有限公司已经决定将电解铝的设计生产规模从100万吨压缩到50万吨。

受阻背后

东方希望铝业相关人士认为，东方稀铝的后三期项目受阻的一个原因是东方稀铝动工至今尚未拿到国家发改委的批文。根据目前的投资审批体制，投资3 000万元以上的项目需要国家审批，东方稀铝项目截至2003年年底就已经投进去20亿元，远远超过了这个数字。另一个原因是东方稀铝项目很难再获得贷款。"铁本案"和"建龙案"相继案发之后，国家对贸然上马的民营资本投资重工业项目普遍紧缩银根，这在相当大程度上导致了东方希望集团的融资进程受阻。东方希望集团在东方稀铝项目上的第一期投资就达到37亿元之多，而计划总投资为150亿元。现在东方希望集团已经自筹了20亿元，银行原本要提供17亿元的贷款，但现在连这17亿元都很难贷到了。

其实危机埋伏在更早的时候。2003年9月24日，国家环保总局公开曝光10起典型环境违法案件，东方希望集团的包头电解铝项目赫然位列其中。业内人士认为，为了该项目能尽快落地，包头市和东方希望集团当时显然"没有引起足够的重视"，以至于轻易就绕过了这道程序。

从东方稀铝项目的建设速度不难看出当时双方的急迫心情。东方希望集团从洽谈、签约到开工建设仅用了40天时间，从开工建设到第一期工程建成投产只用了1年时间。熟谙有色金属行业投资规律的人士认为，像电解铝这样污染比较大的重工业项目，在建设之前不作环保评测肯定通不过，但按照目前中国的规定，从获得国家环保总局批文到通过环保评测少则两三个月，多则1年以上，周期显然太长。东方稀铝这种在确定地点后40天内就开工建设的项目，要完成环境测评不大可能。显然，东方稀铝项目过分追求速度造成的后果是各方所始料不及的。

寄予厚望

事实上,这个庞大的项目曾经被各方寄予厚望,这也是它得以快速实施的原因。东方稀铝是东方希望集团2002年10月在包头市稀土高新技术开发区独资成立的,注册资本为人民币3亿元,计划在2002—2008年期间分四步建设并运营,一期工程计划投资25亿元,达到年产25万吨原铝的规模。到2008年,达到年生产100万吨原铝能力。对刘永行与东方希望集团来说,这不仅是他们开辟"第二主业"的主战场,还是打通东方希望集团"电—铝—饲料"产业链的中枢神经所在。

当初刘永行之所以将电解铝项目定在包头,主要是看中包头附近的煤和稀土,煤可以用来发电,稀土可以用来提高电解铝的纯度;除此之外,还有一个有利因素就是当地产玉米,玉米正是生产赖氨酸的主要原料,以供东方希望集团支持饲料主业之用。电解铝和赖氨酸的对接点是电力,自备电厂可以向电解铝生产项目供电,使电解铝的生产成本大大降低;电厂发电所产生的蒸汽也将满足赖氨酸生产的需要。由此可见,将赖氨酸项目和铝项目通过火电有机结合,培育低成本竞争力,打造铝电一体化产业链,是刘永行在包头的主要目的。而包头市则把这看作是绝佳的发展经济的机会。有政府官员乐观地预计,东方稀铝完全建成后销售收入将达到包头钢铁(集团)有限责任公司的3倍。而包钢的产值现在占了包头市工业总产值的1/3。在一份宣传材料上,东方稀铝项目被称作"内蒙古自治区50年来整体引进建设的最大项目"。继"钢铁之城"和"稀土之城"之后,包头市政府要借此将包头打造成"草原铝都"。但如今这一切似乎都成了一厢情愿的美好愿望。

难破瓶颈

除了程序和贷款方面的问题,东方希望集团还碰上了中国铝业股份有限公司对氧化铝的垄断,而当东方希望集团试图改变这一局面的时候,它的尝试也遭到了挫折。

从制铝工业的流程上来看,必须先从铝土矿中提取氧化铝,才能将氧化铝经电解得到金属铝。所以氧化铝行业是最关键的。"得氧化铝者得天下",这已经成为电解铝行业中的一句行话。由于中国电解铝产能飞速增长,氧化铝的需求也随之剧增,这自然引起了价格的疯涨。到2003年年底,国产氧化铝的价格达到每吨3 700元,与2002年年底的每吨1 830元相比,涨幅高达102%。进口氧化铝的价格上涨得更加惊人,从2003年年初每吨约2 500元升到2003年年底每吨4 800元。氧化铝在铝业产业链中成为暴利的代名词。但现实情况是,中国铝业股份有限公司是中国唯一的氧化铝生产商,氧化铝在中国的生产由中国铝业股份有限公司控制。进口则由中国铝业股份有限公司、中国五矿集团公司双双控制。东方稀铝一期年产量8万吨项目所需的氧化铝正是每天从中国五矿的天津码头购得。

为了突破这一致命的瓶颈,解决氧化铝的供应,2003年6月,东方希望集团使出大动作,与河南黄河铝电集团、美国杰德金属公司、先锋全球投资有限公司等签署合资合同,在河南三门峡渑池投入45亿元人民币建设一个年产105万吨的氧化铝项目,其中东方希望集团占有51%股权。很明显,刘永行花费巨资建设氧化铝项目的目的就是借氧化铝来打通东方希望集团的铝业产业链,降低电解铝的生产成本。但是实际上,就在东方稀铝陷入低潮之前,三门峡渑池氧化铝项目这个来自产业链最上游的环节也"嘣"地断裂了,三门峡渑池氧化铝项目一直处于搁浅的状态之中。

东方希望集团在三门峡渑池的氧化铝项目不能按期投产的原因是"触了国家禁区",因为刘永行在铝业产业链上游的突进很快引起垄断者中国铝业股份有限公司的反应。据说东方希望集团也曾经打算安抚中国铝业股份有限公司,给其三门峡项目30%的股权,但中国铝业股份有限公司试图获取控股权,于是双方没有谈成。三门峡渑池氧化铝项目的搁浅,导致了刘永行的腹背受敌。包头的东方稀铝电解铝生产将长期受制于人,原来盘算得好好的一揽子产业链计划被切断。

转型艰难

国家发改委工业司冶金处一位负责人在谈到东方稀铝时这样评价,东方希望集团"造铝"战略遭受的重大挫折,凸显了中国民营企业进行重型化转型的艰难。他认为,刘永行在两年前打造的"氧化铝-电能-电解铝-氨基酸-饲料"一揽子方案,也许到了认真反思是否可行的时候。

资料来源:《南方周末》2004年8月13日。

案例思考题:

1. 通过东方稀铝项目的投资案例分析,说明项目投资对企业发展和战略的重要意义。
2. 结合东方稀铝后期项目叫停的原因,分析项目投资的主要环境因素。
3. 东方稀铝项目在上马之初,存在哪些危机?
4. 国家的投资管理体制对电解铝项目和氧化铝项目有哪些限制?这一点东方希望集团是如何考虑的?

同步自测题

一、单项选择题

1. 某投资项目的原始投资额为100万元,使用寿命为9年,已知项目投产后每年的经营净现金流量均为30万元,期满处置固定资产的残值收入为5万元,回收流动资金8万元,则该项目第九年的净现金流量为( )万元。

  A. 30   B. 35   C. 43   D. 38

2. 对原始投资额不同、项目计算期相同的互斥方案之间的比较最适合采用( )。

  A. 净现值率法   B. 净现值法
  C. 差额投资内部收益率法   D. 年等额净回收额法

3. 下列指标中,属于静态相对量正指标的是( )。

  A. 静态投资回收期   B. 投资利润率
  C. 净现值率   D. 内含报酬率

4. 某项目投资的原始投资额为100万元,建设期资本化利息为5万元,运营期年均税前利润为8万元,年均利息费用为2万元,则该项目的投资收益率是( )。

  A. 9.52%   B. 10%   C. 15%   D. 5%

5. 对于完整工业投资项目而言,如果运营期内不追加流动资金投资,下列计算式中,不正确的是( )。

  A. 运营期某年所得税前净现金流量=该年税前利润+该年利息+该年折旧+该年摊销+该年回收额-该年维持运营投资

  B. 运营期某年所得税后净现金流量=该年息税前利润×(1-所得税税率)+该年折旧+该年摊销+该年回收额-该年维持运营投资

  C. 运营期某年所得税后净现金流量=该年税前利润×(1-所得税税率)+该年利息+该年折旧+该年摊销+该年回收额-该年维持运营投资

  D. 建设期某年净现金流量=-该年原始投资额

二、多项选择题

1. 关于项目投资,下列说法中,不正确的是( )。

  A. 经营成本中包括利息费用
  B. 估算营业税金及附加时需要考虑应交增值税
  C. 维持运营投资是指矿山、油田等行业为维持正常运营而需要在运营期投入的流动资产投资
  D. 调整所得税等于税前利润与适用的所得税税率的乘积

2. 投资决策应遵循的原则包括( )。

  A. 独立性原则   B. 相关性原则
  C. 可操作性原则   D. 科学性原则

3. 关于项目投资,下列说法中,正确的是( )。
   A. 投资内容独特,投资数额多,投资风险小
   B. 是直接与新建项目或更新改造项目有关的长期投资行为
   C. 发生频率低,变现能力差
   D. 达产期指的是投产日至达产日的期间
4. 完整工业投资项目的现金流出量包括( )。
   A. 工资及福利费
   B. 营业税金及附加
   C. 旧固定资产提前报废产生的净损失抵税
   D. 外购原材料、燃料和动力费
5. 某公司正在开会讨论投产一种新产品,对以下收支发生争论:你认为不应列入该项目评价的现金流量是( )。
   A. 新产品投产导致流动资金增加 80 万元
   B. 该项目利用现有未充分利用的厂房和设备,如将该设备出租可获收益 200 万元,但公司规定不得将生产设备出租,以防对本公司形成竞争
   C. 产品销售会使本公司同类产品减少收益 100 万元
   D. 以前年度支付的产品调研费 1 万元

三、判断题

1. 投资是指特定经济主体为了在未来可预见的时期内获得收益或使资金增值,在一定时机向一定领域的标的物投放足够数额的资金的经济行为。从特定企业角度看,投资就是企业为获取收益而向一定对象投放资金的经济行为。( )
2. 在证券投资中,资金所有者和资金使用者是分离的。投资者只有受益权,没有经营管理权。( )
3. 非生产性投资最终成果为非生产性资产,不能形成生产能力以及社会消费或服务能力。( )
4. 按照投资的内容,可以把投资分为固定资产投资、无形资产投资、其他资产投资、流动资产投资、生产资料投资、房地产投资、有价证券投资、期货与期权投资、信托投资和保险投资等多种形式。( )

四、核算题

1. 甲公司计划投资一个单纯固定资产投资项目,原始投资额为 100 万元,全部在建设期起点一次投入,并当年完工投产。投产后每年增加销售收入 90 万元、总成本费用 62 万元(其中含利息费用 2 万元)。该固定资产预计使用 5 年,按照直线法计提折旧,预计净残值为 10 万元。该企业由于享受国家优惠政策,项目经营期第一、第二年所得税税率为零,经营期第三至第五年的所得税税率为 30%。已

知项目的折现率为10%。

要求：
(1) 计算固定资产的入账价值。
(2) 计算经营期内每年的折旧额。
(3) 计算经营期内每年的息税前利润。
(4) 计算经营期内各年的税后现金净流量。
(5) 计算该项目的净现值。

2. 某完整工业投资项目需要原始投资合计130万元，其中固定资产投资100万元(全部为贷款，年利率10%，贷款期限为5年)，开办费投资10万元，流动资金投资20万元。建设期为2年。固定资产投资和开办费投资在建设期内均匀投入，流动资金于第二年年末投入。该项目寿命期5年，固定资产按直线法计提折旧，期满有1万元净残值；开办费全部在投产第一年年末摊销。预计投产后每年获7.5万元净利润，所得税税率为25%，经营期每年维持运营投资为5万元，流动资金于终结点一次收回，项目的折现率为12%。

要求：
(1) 计算项目的计算期。
(2) 按照复利计算项目的建设期资本化利息。
(3) 计算项目的投资总额。
(4) 计算经营期内项目各年的息税前利润。
(5) 计算项目的投资收益率。
(6) 计算项目建设期各年的净现金流量。
(7) 计算运营期内项目各年的自由现金流量。
(8) 计算项目的包括建设期的静态投资回收期。
(9) 计算项目的获利指数和净现值率。
(10) 判断项目的财务可行性。

第六章 营运资金管理

学习目标

- 理解公司营运资金含义与特点
- 理解公司现金管理、应收账款管理、存货管理的内容及方法
- 了解营运资金的筹资组合策略

引　言

　　嘉盛电脑公司成立于1980年,主要生产个人电脑,市场目标主要定位于小规模公司和个人。该公司生产的产品质量优良,价格合理,在市场上颇受欢迎,销路很好,因此公司发展迅速,由起初只有几十万资金的小公司成长为拥有上亿元资金的公司。但是到了20世纪90年代末期,该公司有些问题开始显现出来:该公司过去为扩大销售,占领市场,一直采用比较宽松的信用政策,客户拖欠的款项数额越来越大,时间越来越长,严重影响了资金的周转循环,公司不得不依靠长期负债及短期负债筹集资金。最近,主要贷款人开始不同意进一步扩大债务,所以公司经理非常忧虑。于是,他找来了财务顾问,请他分析以下几个问题,为公司下一年度的信用政策提出意见:

　　(1) 为改善公司目前的财务状况,公司应采取什么措施?

　　(2) 改变信用政策后,预期相关资金将如何变化?

　　(3) 改变信用政策后,预期利润将如何变化?

　　营运资金的本质特征是流动性,并在其不断的流动过程中实现价值的补偿和增值。作为企业最基本的管理活动,营运资金的科学管理可以减少企业的资金费用,降低企业的风险,提高企业的效益。本章将对营运资金的概念、流动资产的各个组成项目的管理及营运资本的筹资组合策略进行全面分析。

第一节 营运资金的含义与特点

一、营运资金的概念

营运资金是指企业在再生产过程中占用在流动性资产上的资金。营运资金有广义和狭义之分。广义的营运资金是指企业流动资产的总和。狭义的营运资金又称净营运资金。它是指流动资产减去流动负债后的差额。我们通常所指的营运资金是指净营运资金。因此,营运资金管理既包括流动资产管理,也包括流动负债管理。流动资产是指可以在1年或超过1年的一个营业周期内变现或使用的资产。主要包括现金、有价证券、应收账款、存货等。流动负债是指在1年或超过1年的一个营业周期内必须清偿的债务。主要包括银行短期借款、应付账款、应付票据、预售账款、应计费用等。本章主要讨论流动资产的管理。流动负债管理的主要内容则在有关短期筹资工具的论述中作介绍。

从有效管理的角度出发,企业应以一定量的营运资金为基础从事生产经营活动。这是因为,在商业信用高度发达的条件下,企业的流动资产可转化为现金,构成现金流入之源;企业偿还流动负债需支付现金,构成现金流出之源。虽然流动资产各项目的流动性不尽相同,但相对来说,持有流动资产越多,企业的偿债能力就越强。

企业持有一定数量营运资金的另一个原因是现金流入量与流出量的非同步性和不确定性。这主要表现在:企业支付材料货款在先,取得现金收入(产品销售)在后,现金流入与现金流出无法在时间上相互匹配,因此保持一定数量的营运资金,以备偿付到期债务和当期费用具有重要意义。

企业营运资金的大小还可以用以衡量经营风险的大小。在一般情况下,营运资金越多,企业违约风险就越小,举债融资能力就越强。因此,许多贷款契约都要求借款企业保持一定数量的营运资金,或保持最低的流动比率(流动资产/流动负债)。

二、营运资金的特点

(一)流动资产的特点

流动资产投资又称经营性投资。它与固定资产相比,有如下特点:

(1)投资回收期短。企业的营运资金一般在1年或一个营业周期内收回,对企业影响的时间比较短。因此流动资产投资所需要的资金一般可通过商业信用、短期银行借款等加以解决。

(2) 变现能力强。营运资金一般具有较强的变现能力。如果企业遇到意外情况,出现资金周转困难、现金短缺时,便可迅速变卖这些资产,以换取现金。这对于财务上满足临时性资金具有重要意义。

(3) 实物形态具有多变性。营运资金在循环周转过程中,经过供、产、销三个阶段,其占用形态不断变化。从企业的每一个生产周期来看,需首先拿出一部分现金去采购材料;材料投入生产后,即形成在产品或自制半成品,之后进一步加工为产成品;产品销售即可获得现金,或因赊销而形成应收账款之后再转化为现金。由此可见,要使营运资金周转顺利进行,必须在现金、材料、在产品、应收账款等各项营运资金上合理配置资金数额。

(4) 来源具有灵活性。与企业筹集长期资金的方式相比较,筹集营运资金的方式更为灵活多样,通常有银行存款、短期融资券、商业信用、应交税费、应付工资、应付费用、预收货款、票据贴现等。

(5) 获利能力相对较弱,投资风险相对较小。流动资产一般被认为是企业生产经营过程中的垫支性资金,如现金、应收账款等在某种意义上都属于非生产性资产,并不直接创造价值,获利能力较小。但这类资产与固定资产相比,通用性强,周转速度快,因此投资风险小。

(二) 流动负债的特点

与长期负债融资相比,流动负债融资具有如下特点:

(1) 速度快。申请短期借款往往比申请长期借款更容易,通常在较短时间内就能获得。因此,当企业急需资金时,往往首先寻求短期借款。

(2) 弹性大。在长期债务的借贷中,债权人为了降低自身的风险,往往在债务合约中对债务人提出种种限制性条款,使债务人的经营决策权受到影响。而短期借款合约的限制条款往往比较少,使得借款人具有更大的经营灵活性。

(3) 成本低。一般情况下,短期债务筹资所发生的利息支出低于长期负债筹资的利息支出。

(4) 风险大。短期债务筹资的风险往往大于长期债务筹资。这是因为:一方面,长期债务的利息率相对比较稳定,而短期债务的利率却随市场利率变化而变化,时高时低,企业难以适应;另一方面,如果企业短期债务过多,可能导致在某一时间大量债务到期,若无法及时偿还,则有可能将企业推向破产的境地。

【问题与思考 6-1】

20 世纪 90 年代以来,企业财务管理中出现了"零营运资金管理"的方法,即通过减少在流动资产上的投资,使营运资金占企业总营业额的比重趋于最小,便于企业把更多的资金投入到收益较高的固定资产或长期投资上;通过大量举借短期负债来满足营运资金需求,降低企业的资金成本。问:你认为这种财务管理方法有何利弊?

第二节 现金管理

现金是指企业占用在各种货币形态上的资产。包括库存现金、银行存款及其他货币资金。企业能否保持足够的现金余额,对于降低或避免经营风险和财务风险具有重要意义。但同时现金是一种非营利性资产,持有量过多,势必给企业造成较大的机会损失,降低资产的获利能力。因此,现金管理的目标就是如何在保证正常业务及偿还债务、交纳税款需要的同时,降低现金的占用量,并从暂时闲置的现金中获得最大的投资收益。

一、持有现金的目的

企业持有一定数量现金,其目的主要是为了满足以下三种需要:

(1) 交易性需要:主要是用于满足日常经营活动的需要,随时可以购买所需要的材料物资、支付各项费用、偿还债务,以及用于企业各项经济往来的结算等。

(2) 预防性需要:主要是应付意外情况对货币资金的需要。例如,预测货币资金流量的准确度越高,用于预防准备所需要的货币资金就越少;取得短期借款的弹性强,在需要时就可及时取得资金,相应的预防需要的资金也会减少。

(3) 投机性需要:主要是保持某种机动性,以适应投资机会的不确定性。例如,意外遇上低价购置某项设备的机会,或低价进料机会和其他投资机会等。

企业除了以上三项原因持有现金外,也会基于满足将来某一特定要求或者为在银行维持补偿性余额等其他原因而持有现金。企业在确定现金余额时,一般应综合考虑各方面的持有动机。但需要注意的是,由于各种动机所需的现金可以调节使用,企业持有的现金余额并不等于各种动机所需现金余额的简单相加,前者通常小于后者。另外,为满足上述各种需要而保持的现金,并不要求必须是货币形态,也可以是能够随时变现的有价证券以及能够随时融入现金的其他各种存在形态,如可随时借入的银行信贷资金等。

二、持有现金的成本

(1) 机会成本。机会成本是指企业因保留一定的现金余额而增加的管理费用以及因持有现金而丧失的再投资收益。管理费用是对现金进行管理而增加的费用支出,如管理人员工资与安全措施费等。丧失的投资收益是指不能同时用现金进行有价证券投资所产生的机会成本。它与现有持有量的多少成正比,属变动成本。

即现金持有量越多,丧失的证券投资收益的机会成本也就越高;反之,就越小。但就现金管理费用而言,与现金持有量的多少无关。即现金的管理费用在一定范围内与现有持有量的多少无关,属固定成本,可视为决策无关成本。

(2) 转换成本。转换成本即买卖有价证券所支付的委托买卖佣金、手续费、过户费等。证券转换成本与现金持有量的关系是:在现金需要总量既定的前提下,每次现金持有量即有价证券变现额的多少,对有价证券变现次数产生影响。即:现金持有量越少,进行证券变现的次数越多,相应的转换成本就越大;反之,现金持有量越多,证券变现的次数就越少,需要的转换成本开支也就越小。

除了持有成本与转换成本外,实际上对现金持有量产生影响的还有一种现金短缺成本。即:在现金持有量不足而又无法及时通过有价证券变现加以补充而给企业造成的损失,包括直接损失和间接的潜在损失。但由于现金是否会发生短缺、短缺多少、概率多大以及各种短缺情形发生的损失如何,存在很大的不确定性,因而在下述利用存货模式计算最佳现金持有量时,对短缺成本一般不予考虑。

三、最佳现金持有量的确定

最佳现金持有量的确定,实际上是指如何安排现金资产与有价证券间的最佳分割比例,以及两者保持怎样的转换关系才能最大限度地实现现金管理的目标。对于如何确定最佳的现金持有量,经济学界提出了众多的模式,其中应用最广泛的是存货模式。

存货模式是根据经济进货批量模式的基本原理,通过分析现金持有量的影响因素而进行的。所谓最佳现金持有量,是指能够使现金管理的总成本水平最低的现金与有价证券的组合。在现金年需要总量既定的前提下,现金持有量越多,机会成本就越大,但由于证券变现次数减少,需要的转换成本也就越小。而减少现金持有量,尽管可以降低现金的机会成本,但转换成本却会随着证券变现次数的增加而增加。机会成本与转换成本随现金持有量变动呈现出的相反趋向,表明企业必须对现金与有价证券的分割比例进行合理安排,从而使机会成本与转换成本保持最低的组合水平。

运用存货模式确定最佳现金持有量时,是以下述假设为前提的:
(1) 企业所需要的现金均可通过证券变现取得,且证券变现的不确定性很小。
(2) 企业所需现金总量可以预测取得,且年需要现金总量保持不变。
(3) 现金的支出过程比较稳定,波动较小,而且当现金余额降至为零时,均可通过部分证券变现得以补足。
(4) 证券的利率或报酬率以及每次的固定性交易费用可以事先确定。如果这些假设条件基本得到满足,企业便可利用存货模式来确定现金的最佳持有量。

存货模式的基本公式为：

$$TC = Q \div 2 \times R + A \div Q \times F = \frac{QR}{2} + \frac{AF}{Q}$$

式中：TC 表示现金管理总成本；A 表示预期现金需要量；Q 表示最佳现金持有量；R 表示有价证券利率或报酬率；F 表示平均每次证券变现的固定费用即转换成本。

公式中 R、F、A 为常量，Q、TC 为变量。为求总成本 TC 为极小值时的货币资金持有量 Q，需对公式中的变量 Q 微分，并令公式的导数值等于零，从而求得：

最佳现金持有量 $Q = \sqrt{\dfrac{2AF}{R}}$

证券变现次数 $N = \dfrac{A}{Q}$

最低现金管理总成本 $TC = \sqrt{2AFR}$

现金管理总成本与持有成本、转换成本的关系，如图 6-1 所示。

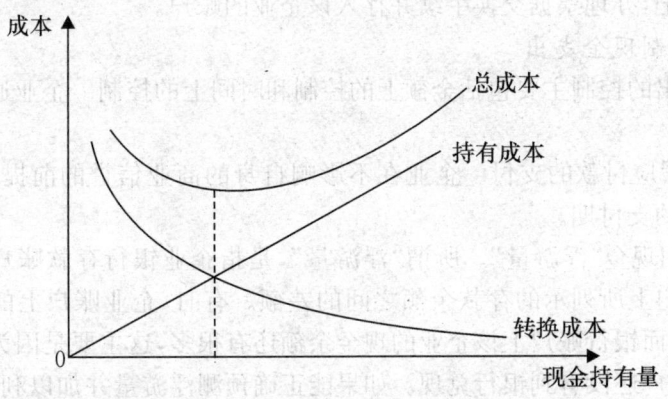

图 6-1 最佳现金持有量的确定

【例 6-1】 某企业年货币资金总需要量为 50 万元，每天支出较为均衡，每次有价证券（年利率 8%）变现固定费用为 600 元。要求计算最佳现金持有量、最低现金管理成本，并确定证券的变现次数与时间。

$$\text{最佳现金持有量} = \sqrt{\frac{2 \times 600 \times 500\,000}{0.08}} = 86\,603(\text{元})$$

$$\text{年度证券变现次数} = 500\,000 \div 86\,603 = 5.77(\text{次})$$

即每隔 63 天（365÷5.77）就需变现一次证券。

此时总成本为最低。

$$\text{总成本} = \sqrt{2 \times 600 \times 500\,000 \times 0.08} = 6\,928(\text{元})$$

四、现金收支管理

现金收支管理的目的在于加速现金周转速度，提高现金的使用效率。要提高现金的使用效率主要有两条途径：一是尽量加速收款，二是严格控制现金支出。只有将"开源"和"节流"两者有机地结合起来，才能达到此目的。

（一）加速收款

加速收款主要是尽量缩短从客户汇款或开出支票至企业收到客户汇款或将其支票兑现的过程。实现这一过程，可以通过两种方法：

（1）建立多个收款中心。这是指企业不仅在其总部所在地设立收款中心，同时还根据顾客地理位置的分布情况以及收款额的大小，设立多个收款中心。

（2）设立专用信箱。这种方法也称为"锁箱法"。它是指企业可在各主要城市租用专用的邮政信箱。企业对顾客开出发票、账单，通知顾客将款项寄到当地专用的邮政信箱，并直接委托企业在当地的开户银行每日开箱，以便及时取出顾客支票立即予以登记，办理票据交换手续并存入该企业的账户。

（二）控制现金支出

现金支出的控制主要包括金额上的控制和时间上的控制。企业通常采用的方法有：

（1）延缓应付款的支付。企业在不影响自身的商业信誉的前提下，可以尽量推迟应付款的支付期。

（2）使用现金"浮游量"。所谓"浮游量"，是指企业银行存款账户上的现金余额与银行账户上所列示的存款余额之间的差额。有时，企业账户上的现金余额已为零或负数，而银行账户上该企业的现金余额还有很多，这主要是因为有些支票虽已开出，但客户还没有到银行兑现。如果能正确预测浮游量并加以利用，可节约大量现金。

（三）力争现金流量同步

如果企业能够尽量使它的现金流入量与现金流出量发生的时间趋于一致，就可以使其所持有的交易性现金余额降到最低水平，这就是所谓现金流量同步。

五、有价证券管理

有价证券是指能够随时变现、持有时间不超过 1 年的证券。主要是企业利用正常经营中暂时闲置多余的资金，购买国家允许上市交易的股票或债券，进行短期的对外投资，以获取近期一定的收益，而在需要时又能及时变现投入营运，以提高短期闲置资金的利用率。

（一）持有有价证券的原因

（1）以有价证券作为货币资金的替代品。企业持有一定量的有价证券投资组合，可以用来取代过多的货币资金余额。然后，当货币资金流出量超过流入量时，企业随时变卖投资组合中的若干有价证券，以弥补其货币资金短缺额。在这种情况下，有价证券不仅是用来应付意外情况的预防需要，而且也是交易性余额和投机性余额的替代品。

（2）以有价证券作短期投资。当企业生产经营周转发生临时困难时，或是出现季节性资金需求时，可以随时将有价证券变卖为货币资金，投入生产经营周转。但应注意的是，如果企业为了积累一笔资金以满足将来扩大生产经营规模的需要，或为了控制其他企业的需要，而并不准备在短期内将其转换为股票或债券，即使是允许交易的证券，也不能作为短期投资处理。

（二）有价证券投资组合的管理

企业以多余货币资金进行有价证券投资时，不仅要考虑其投资总额，而且还要充分考虑投资证券的种类。即根据各种证券的不同风险和收益率选择合理的有价证券投资组合，一般需具体分析以下问题：

（1）违约风险。违约风险是指借款人无法按时支付负债利息或偿还本金的风险。投资人（公司）要求借款人支付风险补偿费以弥补其投资于有违约风险的证券的可能损失。借款人拖欠债务偿付的可能性越大，违约风险和市场上要求的风险补偿费也就越大。政府发行的证券通常被认为是没有违约风险的证券，公司债券则不同程度存在风险。在其他条件相同的情况下，证券发行人的违约风险越大，投资人要求该种证券提供的收益率越高。证券的违约风险程度由信用评估机构评定。

（2）利率风险。利率风险是指由于利率变动而使投资人遭受损失的风险。这里的利率是指证券的实际利率而不是名义利率。债券价格会随着利率的波动而变化，即使没有违约风险的政府债券也会由于利率波动而产生利率风险。

（3）购买力风险。购买力风险是指由于通货膨胀而使货币购买力下降的风险。一般认为，证券的名义利率包含了对通货膨胀率的补偿费。预期通货膨胀率越高，证券的名义收益率也越高；预期通货膨胀率越低，证券的名义收益率也越低。这里还应注意，实际通货膨胀率和预期通货膨胀率的区别。例如，一项为期1年的债券，名义利率9%，其中3%为预期的实际利率，6%则作为对预期通货膨胀率的补偿，如果实际通货膨胀为7.5%，投资人实际得到的收益率将为1.5%，而不是预期的3%，这对借款人当然有利；反之，如果实际通货膨胀率低于预期通货膨胀率，则借款人蒙受损失，投资人会因实际收益率高于预期收益率而获得收益。

（4）变现力风险。变现力风险是指无法在短期内按合理的价格售出证券的风险。如果某种证券能够在短时间内以接近于市价的价格售出,则这种证券就具有较高的变现力;反之,一些冷门证券要想在短期内售出,往往会蒙受折价损失。

(5) 有价证券收益率的变动趋势。根据以上所述,企业投资于违约风险较大,变现力较差的证券,将能获得较高的收益,但风险也较大。企业应权衡风险和收益率,选择合理的有价证券投资组合。根据有价证券变现力、到期日和行情波动的风险,在保证良好的流动性前提下,力求提高收益率。

【问题与思考 6-2】

微软公司的现金储备额一直排在 IT 技术公司之首,虽然由于过去几年里的股票回购、分红和收购花掉了不少,但其 2008 年的 260 亿美元的现金储备仍然在 IT 技术公司里面排第一。与此相仿,苹果公司的现金储备也在大幅提升,其现金储备已从过去几年的 55 亿美元升至 2008 年的 195 亿美元。如果你是投资者,你对这样的高额现金储备有何看法?

第三节 应收账款管理

应收账款是企业因对外赊销产品、材料、供应劳务等而应向购货或接受劳务单位收取的款项。如应收账款、应收票据和其他应收款等。为了确保生产经营中的各种耗费能及时得到补偿,企业应控制应收账款的限额和收回的时间,及时组织催收,避免资金被其他单位占用。

一、应收账款管理的目标

企业应收账款的形成,在于采用了赊销的方式。概括地说,企业的销售形式无外乎两种:现销和赊销。现销方式的优点是应计现金流入量与实际现金流入量相吻合,能避免呆坏账损失,及时将收回的款项投入再生产过程。这是企业最希望的一种销售结算方式。但是在竞争日趋激烈的市场经济条件下,单纯依赖现销方式往往是不行的,这可能会丧失许多有利的销售机会。因此,由于竞争的需要和压力,适时采取有效的赊销方式,可以弥补单纯的现销方式的缺陷。

从某种意义上讲,赊销方式具有许多功能,如可以强化企业在市场竞争中的地位,具有促销功能,并可减少存货占用,降低存货管理成本。但相对于现销方式,赊销毕竟意味着应计现金流入与实际现金流入时间上的不一致性,发生坏账的可能性较高,而且由于资金被其他企业无偿占用,使该部分资金在收回前无法为企业创造新价值,形成了机会成本,同时企业还需要为之付出一定的管理费用。

应收账款这种投资收益与风险并存的客观现实,要求企业必须对应收账款的边际收益与边际成本加以全面权衡。应收账款管理的基本目标是:在发挥应收账款功能的同时,尽可能降低机会成本、坏账损失与管理成本,为企业实现尽可能多的利润。

二、信用政策的确定

所谓信用政策,是指企业为实现预期的商品销售目标和任务而规定的应收账款的行动准则。它包括信用标准、信用条件和收账政策等三部分内容。

(一) 信用标准

信用标准是指顾客获得企业的交易信用所应具备的条件。如果顾客达不到信用标准,便不能享受企业的信用或只能享受较低的信用优惠。企业在设定某一顾客的信用标准时,往往先要评估其资信程度,即按时足额偿付的可能性。通常采用"5C"系统来评价客户资信程度,即品质(character)、偿债能力(capacity)、资本(capital)、担保品(collateral)、经济情况(conditions)。

(1) 品质:客户履行偿还其债务的可能性。设法了解顾客过去的付款记录,看其是否具有按期如数偿付的一贯作风,与其他关联企业的关系是否良好。这是衡量客户是否信守合约的重要标准,也是决定是否赊销的首要条件。

(2) 偿债能力:考察客户流动资产的数量和质量及其转换现金的能力。主要通过了解企业的经营手段、偿债记录和获利情况等作出判断,或进行实地考察。

(3) 资本:分析客户的财务实力和财务状况,分析客户的实际有形资产及其债务,以了解其有形净资产、资产负债率、流动比率和速动比率。

(4) 担保品:客户为获得信用所能提供担保的资产,这是提供信用的可靠保证。这一点对于不知底细或信用状况有争议的客户尤为重要,一旦收不到这些客户的款项,便可以抵押品抵偿。

(5) 经济情况:可以影响到客户偿债能力的一般经济趋势和某些地区或经济领域的经济情况,这需要了解客户在过去困难时期的付款历史。

在掌握了客户的有关资料后,通过分析可能发生的损失率,相应确定其信用等级。不同信用等级的企业,所采取的信用条件的严格程度也不同。实际上,企业信用标准的高低将会直接影响企业的销售收入和利润。若信用标准规定较严,对信用好的客户给予赊销,这一方面可以使企业遭受坏账损失的可能性缩小,应收账款的机会成本也较低,但另一方面必将失去一部分信用一般或较差的客户。因此,这就需要财务人员在高信用标准可能导致的利润损失与低信用标准可能增加的坏账成本之间作出平衡。

(二) 信用条件

信用条件是指企业要求客户支付所欠款项的条件。信用条件一般包括信用期限、现金折扣和折扣期限。信用条件的基本表现方式,如"$2/10, n/30$",它的意思是：若客户能在发票开出后的 10 日内付款，可以享受 2% 的现金折扣；如果放弃折扣优惠，则全部款项必须在 30 日内付清。在此，30 天为信用期限，10 天为折扣期限，2% 为现金折扣。提供现金折扣的主要目的在于吸引客户为享受优惠而提前付款，也能招揽一些视折扣为减价出售的客户前来购货。

(1) 信用期限。信用期限长短对企业的销售量有一定的影响。延长信用期限相应延长了企业的平均收账期，结果是增加了垫支在应收账款上的资金，也增大了坏账损失的可能性。在考虑是否延长信用期限时，应将延长信用期限后所带来的收益和相应所增加的管理费用、坏账损失及由此多占用资金的机会成本进行比较，如果前者大于后者，则延长信用期限是有利的。

【例 6-2】 某企业未实行信用政策之前，都是现金交易，年销售产品 70 000 件，每件产品单价 10 元，单位变动成本 6 元，固定成本 120 000 元，销售税税率 8%，资金利润率 20%，企业尚有生产潜力可挖掘。为扩大销路，增强竞争力，企业拟采用赊销政策。经测算，如果按 30 天付款期限赊销商品，预计全年销售量可增加到 80 000 件，但将增加管理费用 12 000 元，坏账损失率为赊销额的 1%；如果按 60 天付款期限赊销商品，预计全年销售量可增加到 100 000 件，管理费用将增加 18 000 元，坏账损失率将为赊销额的 1.5%。根据以上资料测算，现销与赊销情况如表 6-1 所示。

表 6-1 现销与赊销比较

金额单位：元

项 目	现 金 销 售	30 天付款期限	60 天付款期限
销售量(件)	70 000	80 000	100 000
销售收入	700 000	800 000	1 000 000
减：变动成本	420 000	480 000	600 000
固定成本	120 000	120 000	120 000
销售税金	56 000	64 000	80 000
销售利润	104 000	136 000	200 000
管理费用		12 000	18 000
坏账损失		8 000	15 000
利润	104 000	116 000	167 000

上述简单测算表明，企业采用信用政策是有利的，既增加销售量，也增加利润。如按 30 天付款期限，较现金销售可增加利润 12 000 元(116 000－104 000)；如按 60 天付款期限，可增加利润 63 000 元(167 000－104 000)。

但上述计算仅考虑了企业采用政策后所增加的管理费用和坏账损失,没有考虑到企业所增加的机会成本或资金成本。因为企业扩大信用后,相应将增加应收账款从而增加资金占用。如果占用的是企业自有资金,企业就不能将这部分资金再用于其他用途从而形成机会成本。如果资金是向银行借入的,则因支付借款利息而增加资金成本。因此,上述计算结果还应和增加的机会成本或资金成本进行比较。假定企业扩大信用、增加应收账款占用的是自有资金,那么,只有增加的盈利大于其机会成本,该方案才是可行的。现比较上述方案如下:

30 天付款期方案:

$$年平均占用资金 = \frac{480\,000 + 120\,000}{360 \div 30} = 50\,000(元)$$

$$机会成本 = 50\,000 \times 20\% = 10\,000(元)$$

$$扣除机会成本后的盈利 = 12\,000 - 10\,000 = 2\,000(元)$$

企业收益大于增加的机会成本 2 000 元,表明该方案可行。

60 天付款期方案:

$$年平均占用资金 = \frac{600\,000 + 120\,000}{360 \div 60} = 120\,000(元)$$

$$机会成本 = 120\,000 \times 20\% = 24\,000(元)$$

$$扣除机会成本的盈利 = 63\,000 - 24\,000 = 39\,000(元)$$

企业收益大于增加的机会成本 39 000 元,表明该方案同样可行。

(2) 现金折扣和折扣期限。许多企业为了加速资金的周转,及时收回货款,减少坏账损失,往往在延长信用期限的同时,采用一定的优惠措施鼓励客户提前支付货款。即在规定的时限之内偿付货款的客户,可按销售额的一定比率享受折扣。企业是否提供现金折扣,主要取决于提供现金折扣后,减少资金占用所获收益是否超过现金折扣减少的收入。

有时,企业还可以根据实际需要,采取阶段式的现金折扣期和现金折现率。如"$3/10, 2/20, n/45$"的意思是:给予客户 45 天的信用期限,如客户能在开票后 10 天内付款,则可以享受 3% 的现金折扣;如在 10 天以上 20 天以内付款,则可以享受 2% 的现金折扣,否则必须全额付款。

【例 6-3】 承接[例 6-2],该企业为尽早收回货款,减少资金占用,对上述两个方案,分别规定现金折扣和折扣期限如下:

30 天付款方案为:"$2/10, 1/20, n/30$",即:给予客户 30 天的信用期限,如客户能在开票后 10 天内付款,则可以享受 2% 的现金折扣;如在 10 天以上 20 天以内付款,则可以享受 1% 的现金折扣,20 天以上 30 天以内必须全额付款。若采取这一信用条件,估计 80% 的顾客可在 10 天内付款,20% 的顾客会在 20 天内付款。这样,企业管理费用将减少 30%,坏账不会发生。假设资金利润率为 20%。

60 天付款方案为:"2.5/10,1.5/20,0.5/30,n/60",即给予客户 60 天的信用期限,如客户能在开票后 10 天内付款,则可以享受 2.5% 的现金折扣;如在 10 天以上 20 天以内付款,则可以享受 1.5% 的现金折扣;如在 20 天以上 30 天以内付款,则可以享受 0.5% 的现金折扣,30 天以上必须全额付款。若采取这一信用条件,估计有 80% 的顾客在 10 天内付款,15% 的顾客在 20 天内付款,4% 的顾客在 30 天内付款。这样,企业管理费用将减少 25%,估计有 1% 的坏账损失。假设资金利润率仍为 20%。

在 30 天的付款方案中:

应收账款平均占用资金减少比例 $= \left[1 - \left(\dfrac{1}{3} \times 80\% + \dfrac{2}{3} \times 20\%\right)\right] \times 100\% = 60\%$

应收账款平均占用资金机会成本节约额 $= 50\,000 \times 60\% \times 20\% = 6\,000$(元)

管理费用节约额 $= 12\,000 \times 30\% = 3\,600$(元)

坏账损失节约额 $= 8\,000$(元)

现金折扣导致收入减少额 $= 800\,000 \times (2\% \times 80\% + 1\% \times 20\%) = 14\,400$(元)

该企业实行 30 天付款期方案可获得的净收益 $= 6\,000 + 3\,600 + 8\,000 - 14\,400 = 3\,200$(元)

因此,30 天付款方案是可行的。

在 60 天的付款方案中:

应收账款平均占用资金减少比例 $= \left[1 - \left(\dfrac{1}{6} \times 80\% + \dfrac{2}{6} \times 20\% + \dfrac{3}{6} \times 4\%\right)\right] \times 100\% = 78\%$

应收账款平均占用资金机会成本节约额 $= 120\,000 \times 78\% \times 20\% = 18\,720$(元)

管理费用节约额 $= 18\,000 \times 25\% = 4\,500$(元)

坏账损失节约额 $= 1\,000\,000 \times (1.5\% - 1\%) = 5\,000$(元)

现金折扣导致收入减少额 $= 1\,000\,000 \times (2.5\% \times 80\% + 1.5\% \times 15\% + 0.5\% \times 4\%) = 22\,450$(元)

该企业实行 60 天付款期方案可获得的净收益 $= 18\,720 + 4\,500 + 5\,000 - 22\,450 = 5\,770$(元)

因此,60 天付款方案也是可行的。

将 30 天付款期方案和 60 天付款期方案相比较,后者获利大于前者,因此,选择 60 天付款期方案更有利。

3. 收账政策

企业对不同过期账款的收款方式,包括准备为此付出的代价,就是它的收账政策。例如,对过期较短的顾客,不予过多地打扰,以免将来失去这一市场;对过期稍长的顾客,可言辞委婉地催款;对过期较长的顾客,应频繁地去函或派人上门催收;对过期很长的顾客,应在催款时措辞严厉,必要时提请有关部门仲裁或提起诉讼。

三、应收账款的日常管理

企业必须强化应收账款的日常管理工作,采取有力措施进行分析、控制,及时发现问题,提前采取对策。这些措施包括应收账款追踪分析、应收账款账龄分析等。

(一)应收账款追踪分析

应收账款一旦发生,赊销企业就要考虑如何如期足额收回的问题。要达到这一目的,赊销企业就有必要在收账之前,对该项应收账款的运行过程进行追踪分析。重点应放在赊销商品的销售与变现方面。对方客户以欠账方式购入商品后,迫于获利和付款信誉的动力与压力,必然期望迅速地实现销售并收回货款,若是这样,客户又具有良好的信用品质,则企业如期足额地收回客户欠款一般不会有多大的问题,但对方客户一旦商品积压或赊销,就意味着现金支付能力的匮乏。在这样的情况下,客户能否严格履行赊销企业的信用条件,取决于两个因素:其一,客户的信用品质;其二,客户现金的持有量与可调剂程度(如现金用途的约束性、其他短期债务偿还对现金的要求等)。如果客户的信用品质良好,持有一定的现金余额,且现金支出的约束性较小,即可调剂程度较大,客户大多不愿以损失市场信誉为代价而拖欠货款。如果客户信用品质不佳,或者现金匮乏,或者现金的可调剂程度低下,那么,赊销企业的账款遭受拖欠也在所难免。

当然,赊销企业不可能对全部账款实施追踪分析。在通常情况下,赊销企业主要应以那些金额大或信用品质较差的客户欠款为考察的重点。如果有可能的话,赊销企业可对赊购者的信用品质与偿债能力进行延伸调查、分析。

(二)应收账款账龄分析

企业发生的应收账款时间长短不一,有的尚未超过信用期,有的则已逾期拖欠。一般来讲,逾期拖欠的时间越长,账款催收的难度越大,成为坏账的可能性也就越大。因此,对不同拖欠时间的账款及不同信用品质的客户,企业应采取不同的收账方法,制定出经济可行的不同收账政策、收账方案。对尚未到期的应收账款,也不能放松管理,以防成为新的拖欠款项。通过应收账款账龄分析,提示财务人员在把过期款项视为工作侧重点的同时,有必要进一步研究与制定新的信用政策。进行账龄分析是提高应收账款收现效率的重要环节。

应收账款账龄分析,也即应收账款账龄结构分析。它是企业将发生的各笔应收账款按照开票日期进行归类,确定账龄时间,并计算出不同账龄应收账款的余额占总计余额的比重。如表6-2所示。

表 6-2　应收账款账龄分析表

2007 年 12 月 31 日

应收账款账龄	账户数量(个)	金额(千元)	比　重(%)
信用期内(设平均为 3 个月)	100	600	60
超过信用期 1 个月内	50	100	10
超过信用期 2 个月内	20	60	6
超过信用期 3 个月内	10	40	4
超过信用期 4 个月内	15	70	7
超过信用期 5 个月内	12	50	5
超过信用期 6 个月内	8	20	2
超过信用期 6 个月以上	15	60	6
应收账款总计余额	230	1 000	100

表 6-2 表明,该企业应收账款余额中,有 600 万元尚在信用期内,占全部应收账款的 60%。过期数额 400 万元,占全部应收账款的 40%,其中逾期 1 个月、2 个月、3 个月、4 个月、5 个月、6 个月内的账款比重分别为 10%、6%、4%、7%、5%、2%,另有 6%的应收账款已经逾期半年以上。此时,应查明逾期账款具体属于哪些客户,这些客户是否经常发生拖欠情况。一般而言,账款的逾期时间越短,收回的可能性越大,坏账损失程度相对较小;反之,收回的难度及坏账损失的可能性相对较大。

(三) 收账政策的催收

催收账款要发生费用,某些催款方式的费用还会很高(如诉讼费)。一般来说,收账的花费越大,收账措施越有力,可收回的账款就越大,坏账损失也就越小。因此制定收账政策,要在收账费用和所减少的坏账损失之间进行权衡。制定有效、得当的收账政策在很大程度上靠相关人员的经验和判断。

【问题与思考 6-3】

某企业专门销售家庭娱乐产品,经过了多年努力,目前处于稳定发展阶段。这类家庭娱乐产品的特性是品种较少,但利润空间一般较大。如果你是该企业的财务主管,你会采取怎样的信用政策?

第四节　存货管理

存货是企业在生产经营过程中为销售或生产耗用而储备的物资。它是流动资产中所占比例最大的项目。包括原材料、燃料、低值易耗品、在产品、半成品、产成品、外购商品等。

一、存货管理的目标

企业存货的目的主要是为解决购料与生产不相配合的困难。因为即时采购往往难以和生产需要同步，所以企业必须在仓库储存一部分材料，以避免因购料未能及时供应而延误生产所造成的停工损失。有了在产品的保险库存，就可以确保企业产品的各个部件生产连续进行，减少材料临时性短缺所造成的不利影响。另外，储存产品主要是为了解决生产企业能把产品源源不断地供应给顾客，以避免不必要的存货短缺所带来的销售损失。

在企业由于内、外的主客观条件而无法全面推行"适时生产系统"的情况下，存货的存在增加了企业的财务负担，如为满足持有存货而筹集资金所支付的利息以及储存发生的费用等；除此之外，还需计入诸如市场价格下跌或需求式样改变等形成的存货风险。因此，存货管理的目标是在保证生产和销售正常、连续进行的前提下，尽可能使企业财务负担减到最轻。

二、存货成本分析

存货的决策就是要解决以下几个问题：选择从什么单位进货以及进什么货？什么时候进货以及进多少货？在这里，进什么货及从什么单位进货应属于销售部门、采购部门和生产部门的职责。财务部门要做的是决定进货时间和决定进货批量（分别用 T 和 Q 表示）。按照存货管理的目标，就是要选择决定存货进货的批量和进货时间，使得存货的总成本最低。这个批量叫做经济订货量或经济批量。有了经济订货量，就可以按再订货点和保险储存量找出最佳的进货时间。

（一）储备存货的相关成本

与存货总成本有关的变量（即影响存货储存成本的因素）很多，主要包括以下三种。

1. 取得成本

取得成本是指为取得某种存货而发生的支出。通常用 TQ 来表示。它又可细分为订货成本和购置成本。

（1）订货成本。订货成本是指取得订单的成本。如办公费、差旅费、邮资、电报电话费等支出。订货成本中有一部分与订货次数无关，如常设采购机构的基本开支等，称之为订货的固定成本，用 F_1 表示；另一部分与订货次数有关，如差旅费、邮资等，称之为订货的变动成本。每次订货的变动成本用 K 表示。订货次数等于存货年需用量 D 与每次进货批量 Q 之商。订货成本的计算公式为：

$$\frac{D}{Q} \times K + F_1$$

(2) 购置成本。购置成本是指存货本身的价值,经常用数量与单价的乘积来确定。年需用量用 D 表示,单价用 U 表示,于是购置成本为 DU。

订货成本加上购置成本,就等于存货的取得成本 T_c。其计算公式为:

取得成本＝订货成本＋购置成本＝订货固定成本＋订货变动成本＋购置成本

$$TC_a = F_1 + \frac{D}{Q}K + DU$$

2. 储存成本

储存成本是指为保持存货而发生的成本。包括存货占用资金所应计的利息(若企业用现有现金购买存货,便失去了现金存放银行或投资于证券本应取得的利息,从而发生"放弃利息"的成本;若借款来购买存货,便要支付利息费用,从而发生"付出利息"的成本)、仓库费用、保险费用、存货破损和变质损失等。通常用 TC_c 来表示。

储存成本也分为固定成本和变动成本。固定成本与存货数量的多少无关,如仓库折旧、仓库职工的固定月工资等。常用 F_2 表示。变动成本与存货的数量有关,如存货资金的应计利息、存货的破损和变质损失、存货的保险费用等。单位成本用 K_c 表示。其计算公式为:

储存成本＝储存固定成本＋储存变动成本

$$TC_c = F_2 + K_c \frac{Q}{2}$$

3. 缺货成本

缺货成本是指由于存货供应中断而造成的损失。包括材料供应中断而造成的停工损失、产成品库存缺货造成的拖欠发货损失和丧失销售机会的损失(还应包括需要主观估计的商誉损失)。如果生产企业紧急采购代用材料以解决库存材料中断之急,那么缺货成本表现为紧急额外购入成本(紧急额外购入的开支通常会大于正常采购的开支)。缺货成本以 TC_s 表示。

如果以 TC 来表示储备存货的总成本,它的计算公式则为:

$$TC = TC_a + TC_c + TC_s = F_1 + \frac{D}{Q}K + DU + F_2 + K_c \frac{Q}{2} + TC_s$$

企业存货的最优化决策问题,实际上就是使上式总成本 TC 值最小的问题。

(二) 存货投资决策

由于影响存货成本的变量因素太多,为了解决比较复杂的问题,有必要简化或舍弃一些变量,先研究解决简单的问题,然后再扩展到复杂的问题。这需要建立一些假设,在此基础上建立经济订货量的基本模型。

1. 经济订货量基本模型

经济订货量基本模型需要设立的假设条件是：

（1）企业不允许缺货，即无缺货成本，TC_s 为零，这是因为良好的存货管理不应该出现缺货成本。

（2）需求量确定且稳定，即 D 为已知常量。

（3）存货单价不变，不考虑现金折扣，即 U 为已知常量。

（4）企业能够及时补充存货，即需要订货时便可立即取得存货。

（5）能集中到货，而不是陆续入库。

（6）所需存货市场供应充足，不会因买不到需要的存货而影响其他。

（7）企业现金充足，不会因现金短缺而影响进货。

设立了上述假设后，存货总成本的公式可以简化为：

$$TC = F_1 + \frac{D}{Q}K + DU + F_2 + K_c \frac{Q}{2}$$

当 F_1、K、D、U、F_2、K_c 为常数时，TC 的大小取决于 Q。为了求出 TC 的极小值，对其进行求导演算，可得出公式为：

$$Q^* = \sqrt{2KD/K_c}$$

这一公式称作经济订货量基本模型。它求出的每次订货批量，可使 TC 达到最小值。

这个基本模型还可以演变为其他形式。

每年最佳订货次数公式为：

$$N^* = \frac{D}{Q^*} = \frac{D}{\sqrt{2KD/K_c}} = \sqrt{DK_c/2K}$$

存货总成本公式为：

$$TC(Q^*) = \frac{KD}{\sqrt{\frac{2KD}{K_c}}} + \frac{\sqrt{\frac{2KD}{K_c}}}{2} \times K_c = \sqrt{2KDK_c}$$

最佳订货周期公式为：

$$t^* = \frac{1}{N^*} = \frac{1}{\sqrt{\frac{DK_c}{2K}}} = \sqrt{\frac{2K}{DK_c}}$$

经济订货量占用资金为：

$$I^* = \frac{Q^*}{2} \times U = \frac{\sqrt{2KD/K_c}}{2} \times U = \sqrt{\frac{KD}{2K_c}} \times U$$

【例 6-4】 某企业每年耗用某种材料 3 600 千克,该材料单位成本 10 元,单位存储成本为 2 元/年,一次订货成本为 25 元,则:

$$Q^* = \sqrt{\frac{2KD}{K_c}} = \sqrt{\frac{2 \times 3\,600 \times 25}{2}} = 300(千克)$$

$$TC(Q^*) = \sqrt{2KDK_c} = \sqrt{2 \times 25 \times 3\,600 \times 2} = 600(元)$$

$$N^* = \frac{D}{Q^*} = \frac{3\,600}{300} = 12$$

$$t^* = \frac{1\,年}{N^*} = \frac{12\,个月}{12} = 1(月)$$

$$I^* = \frac{Q^*}{2} \times U = \frac{300}{2} \times 10 = 1\,500(元)$$

即最佳订货批量为 300 千克/批,存货总成本为 600 元,1 年订货 12 次,即每个月订货 1 次,经济订货量占用资金为 1 500 元。

不同批量下的有关成本指标见表 6-3。从中可以发现,当订货批量为 300 千克时,订货总成本的确最低。

表 6-3 不同批量下的订货总成本

项 目	订货批量(千克)					
	100	200	300	400	500	600
平均存量(千克)	50	100	150	200	250	300
储存成本(元)	100	200	300	400	500	600
订货次数(次)	36	18	12	9	7.2	6
订货成本(元)	900	450	300	225	180	150
总成本(元)	1 000	650	600	625	680	750

经济订货量也可以用图解法求得。其方法为:先计算出一系列不同批量的各有关成本,然后在坐标图上描绘出由各有关成本构成的订货成本线、储存成本线和总成本线。总成本的最低点相应的批量,即为经济订货量(当订货固定成本与储存固定成本均为零时,订货成本线和储存成本线的相交点即为总成本的最低点)。不同批量的有关成本变动情况如图 6-2 所示。

从以上成本指标的计算和图形可以很清楚地看出,当订货批量为 300 千克时总成本最低,小于或超过这一批量都是不合算的。

2. 基本模型的扩展

经济订货量的基本模型是在前述各假设条件下建立的,但现实生活中能够满足这些假设条件的情况十分罕见。为使模型更接近于实际情况,具有较高的可用

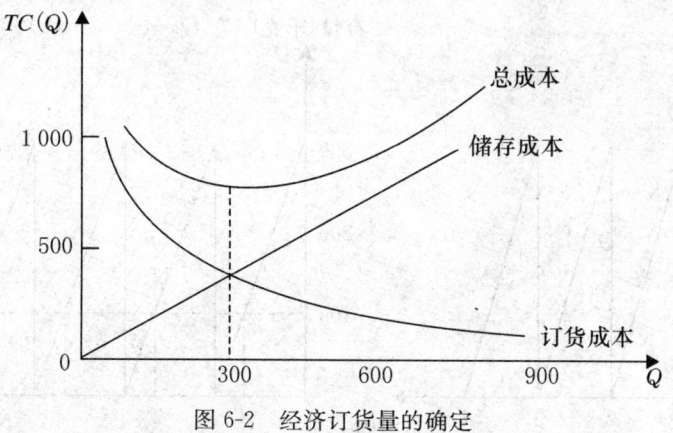

图 6-2 经济订货量的确定

性,需逐一放宽假设,同时改进模型。

(1) 订货提前期。一般情况下,企业的存货不能做到随用随到,因此不能等到存货彻底用完了再去开始订货,而需要在尚有部分存货的情况下开始订货。提前订货的情况下,当企业尚有存货降到某一数值时,需再次发出订货单,此库存量即称为再订货点,用 R 表示。再订货点的确定,取决于交货时间(L)和每月平均需用量(d)的乘积:

$$R = L \times d$$

续前例,企业订货日至到货的时间为 10 天,每日存货需用量 10 千克,那么:

$$R = L \times d = 10 \times 10 = 100 (千克)$$

即企业在尚存 100 千克存货时,就应当开始再次订货,等到下批订货到达时,也即在发出订单后第十天,原来的库存量正好用完。此时,有关存货的每次订货批量、订货次数、订货间隔时间等并无变化,与瞬时补充时相同。如图 6-3 所示。

这就是说,订货提前期对经济订货量并无影响,可仍按原来瞬时补充情况下的 300 千克为订货批量,只不过在达到再订货点(库存 100 千克)时即发出订货单罢了。

(2) 存货陆续供应和使用。在建立基本模型时,假设存货是一次全部入库,故存货增加时存量变化为一条垂直的直线。事实上,各批存货很可能是陆续入库,使存量陆续增加。尤其是产成品入库和在产品的转移,几乎总是陆续供应和陆续耗用的。这种情况下,需要对基本模型作一些修改。

【例 6-5】 某零件年需要量 D 为 3 600 件,每日送货量 P 为 30 件,每日耗用量 d 为 10 件,一次订货成本(生产准备成本 K)为 25 元,单位储存成本 K_c 为 2 元。

设每批订货量为 Q。由于每日送货量为 P,故该批货全部送达所需日数则为

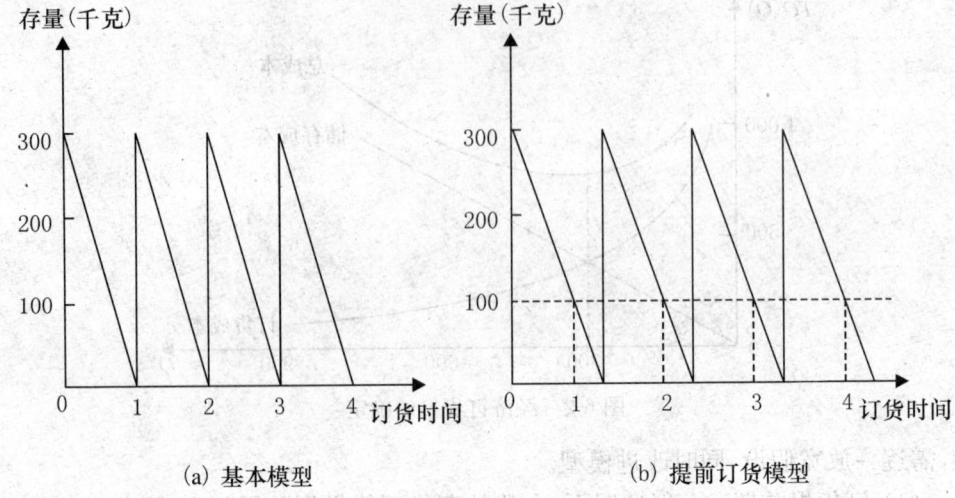

(a) 基本模型　　　　　　　　(b) 提前订货模型

图 6-3　基本模型和提前订货模型

$\dfrac{Q}{P}$。我们将它称为送货期。

因零件每日耗用量为 d，故送货期内的全部耗用量为 $\dfrac{Q}{P} \times d$。

由于零件边送边用，所以每批送完时，最高库存量为 $Q - \dfrac{Q}{P} \times d$，平均存量则为 $\dfrac{1}{2}\left(Q - \dfrac{Q}{P} \times d\right)$。

这时，与批量有关的总成本为：

$$TC(Q) = \dfrac{D}{Q} \times K + \dfrac{1}{2}\left(Q - \dfrac{Q}{P} \times d\right) \times K_c = \dfrac{D}{Q} \times K + \dfrac{Q}{2}\left(1 - \dfrac{d}{p}\right) \times K_c$$

当 $TC(Q)$ 的一阶导数为零时，$TC(Q)$ 有最小值。故存货陆续供应和使用的经济订货量公式为：

$$Q^* = \sqrt{\dfrac{2KD}{K_c} \times \left(\dfrac{P}{P-d}\right)} = \sqrt{\dfrac{2KD}{K_c \times \left(1 - \dfrac{d}{P}\right)}}$$

将这一公式代入上述 $TC(Q)$ 公式，可得出存货陆续供应和使用的经济订货量总成本公式为：

$$TC(Q^*) = \sqrt{2KDK_c\left(1 - \dfrac{d}{p}\right)}$$

将[例 6-5]中有关数字代入上式得：

$$Q^* = \sqrt{\frac{2 \times 3\,600 \times 25}{2} \times \frac{30}{30-10}} = 367(件)$$

$$TC(Q^*) = \sqrt{2 \times 25 \times 3\,600 \times 2 \times \left(1 - \frac{10}{30}\right)} = 490(元)$$

陆续使用和供应的经济订货量模型,还可以用于自制和外购的选择决策。自制零件属于边送边用的情况,单位成本可能较低,但每批零件投产的生产准备成本比一次外购订货的订货成本可能高出许多。外购零件的单位成本可能较高,但订货成本可能较低。要在自制零件和外购零件之间作出选择,需全面衡量它们各自的总成本,方能得出正确的结论。这时就可借用陆续供应或瞬时补充的模型。

【例 6-6】 某生产企业使用的 A 零件,可以外购也可以自制。如果外购,单价 4 元,一次订货成本 10 元;如果自制,单位成本 3 元,每次生产准备成本 600 元,每日产量 50 件。零件的全年需求量为 3 600 件,单位储存成本为零件价格的 20%,每日平均需求量为 10 件。

下面分别计算零件外购和自制的总成本,以选择较优的方案。

外购零件:

$$Q^* = \sqrt{\frac{2KD}{K_c}} = \sqrt{\frac{2 \times 10 \times 3\,600}{4 \times 0.2}} = 300(件)$$

$$TC(Q^*) = \sqrt{2KDK_c} = \sqrt{2 \times 10 \times 3\,600 \times 4 \times 0.2} = 240(元)$$

$$TC = DU + TC(Q) = 3\,600 \times 4 + 240 = 14\,640(元)$$

自制零件:

$$Q^* = \sqrt{\frac{2KD}{K_c \times \left(1 - \frac{d}{p}\right)}} = \sqrt{\frac{2 \times 600 \times 3\,600}{3 \times 0.2 \times \left(1 - \frac{10}{50}\right)}} = 3\,000(件)$$

$$TC(Q^*) = \sqrt{2KDK_c \times \left(1 - \frac{d}{p}\right)} = \sqrt{2 \times 600 \times 3\,600 \times 3 \times 0.2 \times \left(1 - \frac{10}{50}\right)} = 1\,440(元)$$

$$TC = DU + TC(Q) = 3\,600 \times 3 + 1\,440 = 12\,240(元)$$

由于自制的总成本 12 240 元低于外购的总成本 14 640 元,故以自制为宜。

(3) 保险储备。我们前面的讨论均假定存货的供需稳定且确定,即每日需求量不变,交货时间也固定不变。实际上,每日需求量可能变化,交货时间也可能变化。按照某一订货批量(如经济订货批量)和再订货点发出订单后,如果需求量增大或送货时间延迟,就会发生缺货或供货中断。为了防止由此造成的损失,就需要多储备一些存货以备应急之需。我们将这些储备量称为保险储备量(安全存量)。这些存货在正常情况下不动用,只有当存货过量使用或送货延迟时才动用。保险储备量如图 6-4 所示。

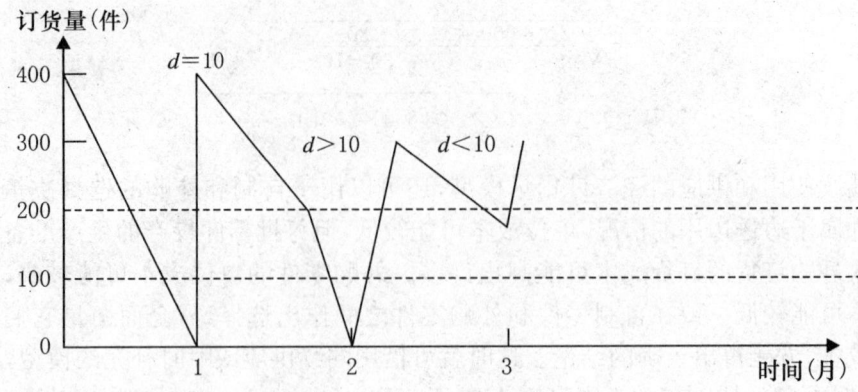

图 6-4 保险储备量的确定

图 6-4 中,年需用量 D 为 3 600 件,已计算出经济订货量为 300 件,每年订货 12 次。又知全年平均日需求量 d 为 10 件,平均每次交货时间 L 为 10 天。为防止需求变化引起缺货损失,设保险储备量 B 为 100 件,再订货点 R 由此而相应提高为:

$$\text{再订货点} R = \text{交货时间} \times \text{平均日需求} + \text{保险储备} = L \times d + B = 10 \times 10 + 100 = 200(\text{件})$$

在第一个订货周期里,$d=10$,不需要动用保险储备量。在第二个订货周期里,$d>10$,需求量大于供货量,需要动用保险储备;第三个订货周期里,$d<10$,不仅不需动用保险储备,正常储备亦未用完,下次存货即已送到。

建立保险储备,固然可以使企业避免缺货或供应中断所造成的损失,但存货平均储备量加大会使储备成本升高。研究保险储备的目的,就是要找出合理的保险储备量,使缺货或供应中断损失和储备成本之和最小。在方法上,可先计算出各不同保险储备量的总成本,然后再对总成本进行比较,选定其中最低的。

如果设与此有关的总成本为 $TC(S,B)$,缺货成本为 C_s,保险储备成本为 CB,则:

$$TC(S,B) = C_s + CB$$

设单位缺货成本为 K_u,一次订货缺货量为 S,年订货次数为 N,保险储备量为 B,单位存货储存成本为 K_c,则:

$$C_s = K_u \times S \times N$$
$$CB = B \times K_c$$
$$TC(S,B) = K_u \times S \times N + B \times K_c$$

现实中,缺货量 S 的概率可根据历史经验估计得出,保险储备量 B 可选择而定。

【例 6-7】 假定某存货的年需要量 $D=3\,600$ 件,单位储存变动成本 $K_c=2$ 元,单位缺货成本为 4 元,交货时间 $L=10$ 天;已经计算出经济订货量 $Q=300$ 件,每年订货次数 $N=12$ 次。交货期的存货需要量及其概率分布如表 6-4 所示。

表 6-4 存货需要量及其概率分布

需要量($10 \times d$)	70	80	90	100	110	120	130
概率(P_1)	0.01	0.04	0.2	0.5	0.2	0.04	0.01

先计算不同保险储备量的总成本:

首先,不设置保险储备量。即令 $B=0$,且以 100 件为再订货点。在此种情况下,当需求量为 100 件或其以下时,不会发生缺货,其概率为 $0.75(0.01+0.04+0.2+0.5)$;当需求量为 110 件时,缺货 10 件(110−100),其概率为 0.2;当需求为 120 件时,缺货为 20 件(120−100),其概率为 0.04;当需求为 130 件时,缺货 30 件(130−100),其概率为 0.01。因此,$B=0$ 时缺货的期望值 S_0、总成本 $TC(S,B)$ 可计算为:

$$S_0=(110-100)\times 0.2+(120-100)\times 0.04+(130-100)\times 0.01=3.1(件)$$
$$TC(S,B)=K_u\times S\times N+B\times K_c=4\times 3.1\times 12+0\times 2=148.8(元)$$

其次,保险储备量为 10 件。即 $B=10$,以 110 件为再订货点。在此种情况下,当需求量为 110 件或其以下时,不会发生缺货,其概率为 $0.95(0.01+0.04+0.2+0.5+0.2)$;当需求量为 120 件时,缺货 10 件(120−110),其概率为 0.04;当需求量为 130 件时,缺货 20 件(130−110),其概率为 0.01。因此,$B=10$ 时缺货的期望值 S_{10}、总成本 $TC(S,B)$ 可计算为:

$$S_{10}=(120-110)\times 0.04+(130-110)\times 0.01=0.6(件)$$
$$TC(S,B)=K_u\times S_{10}\times N+B\times K_c=4\times 0.6\times 12+10\times 2=48.8(元)$$

再次,保险储备量为 20 件。同样运用以上方法,可计算 S_{20}、$TC(S,B)$ 为:

$$S_{20}=(130-120)\times 0.01=0.1(件)$$
$$TC(S,B)=K_u\times S_{10}\times N+B\times K_c=4\times 0.1\times 12+20\times 2=44.8(元)$$

最后,保险储备金为 30 件。即 $B=30$ 件,再订货点 130 件。此种情况下可满足最大需求,不会发生缺货,因此:

$$S_{30}=0$$
$$TC(S,B)=K_u\times S_{10}\times N+B\times K_c=4\times 0\times 12+30\times 2=60(元)$$

然后,比较上述各不同保险储备量的总成本,以其低者为最佳。

当 $B=20$ 件时,总成本为 44.8 元,是各总成本中最低的,故应确定保险储备量为 20 件,或者说,应确定以 120 件为再订货点。

三、存货控制方法

存货控制是指在日常生产经营过程中,按照存货预测的要求,对存货的使用和周转情况进行的组织、调节和监督。

(一)存货的分级分口控制

存货的分级分口控制,是加强存货日常管理的一种重要方法。这一管理方法包括如下三项内容:

(1) 存货资金实行统一管理。企业必须加强存货资金的集中、统一管理,促进供、产、销部门的相互协调,实现资金使用的综合平衡,加速资金周转。

(2) 实行资金的归口管理。根据使用资金和管理资金相结合、物资管理和资产管理相结合的原则,每项资金由哪个部门使用,就归哪个部门管理。

(3) 实行资金的分级管理。各归口的管理部门要根据具体情况将资金计划指标进行分解,分配给所属单位或个人,层层落实,实行分级管理。

(二)存货的 ABC 分类控制法

ABC 分类法又称巴雷托分析法。它是根据事物在技术或经济方面的主要特征,进行分类排队,分清重点和一般,从而有区别地确定管理方式的一种分析方法。由于它把被分析的对象分成 A、B、C 三类,所以又称为 ABC 分析法。

ABC 分析法是由意大利经济学家巴雷托首创的。1879 年,巴雷托在研究个人收入的分布状态时,发现少数人的收入占全部人口收入的大部分,而多数人的收入却只占一小部分,他将这一关系用图表示出来,这就是著名的巴雷托图。该分析方法的核心思想是在决定一个事物的众多因素中分清主次,识别出少数的但对事物起决定作用的关键因素和多数的但对事物影响较少的次要因素。后来,巴雷托法被不断应用于管理的各个方面。1951 年,管理学家戴克将其应用于库存管理,并将其命名为 ABC 法。

ABC 法大致可以分五个步骤:

第一,收集各个品目商品的年销售量,商品单价等数据。

第二,对原始数据进行整理并按要求进行计算,如计算销售额、品目数、累计品目数、累计品目百分数、累计销售额、累计销售百分数等。

第三,制作 ABC 分类表。在总品目数不太多的情况下,可以用大排队的方法将全部品目逐个列表。按销售额的大小,由高到低对所有品目顺序排列;将必要的原始数据和经过统计汇总的数据,如销售量、销售额、销售额百分数填入,计算累计品目数、累计品目百分数、累计销售额、累计销售额百分数;将累计销售额为60%~

80%的前若干品目定为A类,将销售额为20%～30%的若干品目定为B类,将其余的品目定为C类。如果品目数很多,无法全部排列在表中或没有必要全部排列出来,可以采用分层的方法,即先按销售额进行分层,以减少品目栏内的项数,再根据分层的结果将关键的A类品目逐个列出来进行重点管理。如表6-5所示。

表6-5 分层的ABC分析表

按销售额分层范围（千元）	品目数（种）	累计品目数（种）	累计品目百分数（%）	销售额（千元）	累计销售额（千元）	累计销售额百分数（%）	分类结果
≥6	260	260	7.6	5 800	5 800	69	A
5～6	86	346	10.1	500	6 300	75	A
4～5	55	401	11.7	250	6 550	78	B
3～4	95	496	14.4	340	6 890	82	B
2～3	170	666	19.4	420	7 310	87	B
1～2	352	1 018	29.6	410	7 720	92	B
≤1	2 421	3 439	100.0	670	8 390	100	C

第四,以累计品目百分数为横坐标,累计销售额百分数为纵坐标,根据ABC分析表中的相关数据,画出ABC分析图。如图6-5所示。

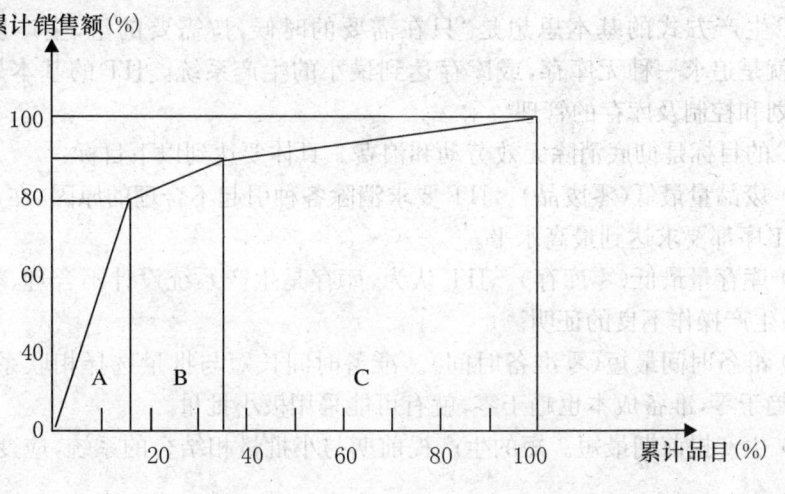

图6-5 ABC分类图

第五,根据ABC分析的结果,对ABC三类商品采取不同的管理策略。具体策略如表6-6所示。

表6-6　ABC分类管理策略

	A	B	C
管理要点	投入较大力量精心管理，将库存压缩到最低水平	按经营方针调节库存水平	集中大量订货，以较高的库存来减少订货费用
订货方式	计算每种商品的订货量，按最优批量订货，采用定期订货的方式	采用定量订货方式，当库存降到最低点时发出订货，定货量为经济批量	采用双堆法，用两个库位储存，一个库位货发完了，用另一个库位发，并补充第一个库位的存货
定额水平	按品种甚至规格控制	按大类品种控制	按总金额控制
检查方式	经常检查	一般检查	按年度或季度检查
统计方法	详细统计，按品种、规格规定统计项目	一般统计，按大类规定统计项目	按金额统计

ABC分类法还可以应用到质量管理、成本管理和营销管理等管理的各个方面。

(三) JIT生产方式

1953年，日本丰田公司综合了单件生产和批量生产的特点和优点，创造了一种在多品种小批量混合生产条件下高质量低消耗的生产方式，即即时生产方式（just in time，简称JIT）。

JIT生产方式的基本思想是"只在需要的时候，按需要的量，生产所需的产品"，也就是追求一种无库存，或库存达到最小的生产系统。JIT的基本思想是生产的计划和控制及库存的管理。

JIT的目标是彻底消除无效劳动和浪费。具体要达到以下目标：

(1) 废品量最低（零废品）。JIT要求消除各种引起不合理的原因，在加工过程中每一工序都要求达到最高水平。

(2) 库存量最低（零库存）。JIT认为，库存是生产系统设计不合理、生产过程不协调、生产操作不良的证明。

(3) 准备时间最短（零准备时间）。准备时间长短与批量选择相联系，如果准备时间趋于零，准备成本也趋于零，就有可能采用极小批量。

(4) 生产提前期最短。短的生产提前期与小批量相结合的系统，应变能力强，柔性好。

(5) 减少零件搬运，搬运量低。零件搬运是非增值操作，如果能使零件和装配件运送量减少，搬运次数减少，可以节约装配时间，减少装配中可能出现的问题。

(6) 机器损坏低。

(7) 批量小。

JIT以订单驱动,通过看板,采用拉动方式把供、产、销紧密地衔接起来,使物资储备、成本库存和在制品大为减少,提高了生产效率。这一生产方式在推广应用中,经过不断发展完善,为世界工业界所注目,被视为当今制造业中最理想且最具有生命力的新型生产系统之一。

第五节 营运资金的筹资组合策略

一、营运资本的盈利性和风险性

在评估企业的净营运资本状况时,我们必须同时从盈利性和风险性两个角度进行考察。

从盈利性看,与"净营运资本"相对应的"净流动资产"是以长期资本为其资金来源的。基于流动资产与固定资产在盈利能力上的差别以及短期资本与长期资本在筹资成本上的差别,"净营运资本"越多,意味着企业以更大份额的长期资本运用到流动资产上,由于长期资本的筹资成本较高,而流动资产的盈利能力较低,从而使企业整体的盈利水平相应地降低,反之亦然。这是理财工作中不可忽视的净营运资本与企业盈利水平之间的内在联系。

再从风险性看,风险性主要是指企业陷入无力偿还到期债务而导致技术性无力清偿的可能性。通常用净营运资本的大小来衡量。企业的净营运资本越多,意味着流动资产与流动负债之间的差额越大,则陷入技术性无力清偿的可能性也就越小,反之亦然。

然而,在现代市场经济中,盈利与风险往往是并存的。要赚取更高的利润,往往要以承担更大的风险为代价;如果只愿意承受较小的风险,则必须在所赚取的利润水平上作出一定的牺牲,它们之间一定存在着此消彼长的关系。为此,企业必须对流动资产、流动负债以及两者之间的变动所引起的盈利与风险之间的消长关系进行全面的评估,正确进行营运资本的结构性管理,确定适当的营运资本筹资组合策略。

二、流动资产的结构性管理

(一)流动资产的盈利性与风险性分析

流动资产结构性管理的目的,在于确定一个既能维持企业的正常生产经营活动,又能在减少或不增加风险的前提下,给企业带来尽可能多利润的流动资金水平。一般而言,流动资产的盈利能力低于固定资产。首先,制造型企业中的厂房、设备等固定资产作为劳动资料,通过人作用于原材料、辅助材料、燃料等劳动对象,生产出在产品、产成品,并通过产品的销售转化为现金、有价证券,或转化为应收账款,收回的价值大于生产与销售中的资金耗费,就会给企业带来利润。因而固定资产可视为在生产过程中的盈利性资产。与此相联系,流动资产也是生产经营中不可或缺的。但除现金、有价证券外,应收账款、存货等流动资产只是为企业在生产活动的正常进行提供必要的条件,它们本身并不具有直接的盈利性。其次,依据"盈利与风险对应原则",一项资产的风险越小,其报酬也就越低。由于流动资产比固定资产更易于变现,其潜亏的可能性小于固定资产,其报酬率自然也低于固定资产。因此,对于流动资产进行结构性的管理,公司财务人员必须在盈利性与风险性之间进行全面的权衡并作出合理的选择。

(二)营运资本投资策略的报酬与风险分析

为便于分析,我们假定公司的固定资产额保持不变,并假定在相关的产量范围内,企业的应收账款及存货的管理是非常有效的,在每一产量水平下,应收账款和存货的投资是固定的。这样,我们的分析就可集中于流动资产中现金和有价证券部分。盈利能力按全部资产收益率(税前息前利润÷全部资产)计量,而企业陷入财务困境的风险则与企业的净营运资本状况有关。一般而言,一个公司的流动资产占全部资产的比例越大,则在流动负债保持不变的情况下,其净营运资本越多,其支付到期债务的能力越强,风险也就越小。另外,在某一特定的销售水平下,流动资产所占比例越大,其冻结或近于闲置在流动资产上的资金也越多,其利润率自然低于将这些资金投入固定资产,因而其盈利能力也就越低。相反,流动资产占全部资产的比例越小,则企业的盈利能力越大,而风险也越大。

三、流动负债的结构性管理

由于预期现金流动很难与债务的到期时间及数量保持协调一致,这就要求流动负债的结构性管理把重点放在负债的到期结构问题上。即在允许现金流动波动的前提下,我们在负债到期结构上应保持多大的安全边际。这一问题的解决,也有赖于盈利能力与风险之间的权衡、选择。

(一)长、短期融资来源的风险与成本

负债筹资根据其到期时间的长短可分为短期融资与长期融资两类。短期融资与长期融资所涉及的风险差异,将导致不同的利息成本。具体表现在两个方面:首先,由于长期融资相对于短期融资而言,比较缺乏弹性,因而,长期融资的实际成本,通常高于短期融资。其次,长期融资在债务存在期限内,即使在公司不需要资金的时候,也必须支付利息。而短期融资则会使公司在资金的使用上具有弹性。如果公司的资金需要具有季节性,则采用短期融资方式,便可使公司资金需要量减少而逐渐偿还负债,从而节省不必要的利息支出。

不仅长、短期融资的成本不同,而且它们的风险也不同。借款人与贷款人对于长、短期负债的相对风险的态度是不同的。就贷款人(资金的提供者)而言,贷款期限越长,风险也就越大。但对借款人(企业)而言,情况刚好相反。一般而言,一家公司离债务到期日越近,其不能偿付本金和利息的风险就越大;反之,如其他情况不变,则离债务到期日越远,该公司的融资风险就越小。其理由主要是:

首先,公司有可能因现金流量不足,而难以偿还到期债务。当公司的债务到期,它要么按借款偿付计划日期偿还,要么安排新的借款以偿还到期债务。然而,由于短期借款的到期日很短,公司很有可能因各种意外事件的干扰而难以取得所需资金;同时,贷款人又不愿更新契约,由此,公司就越需重筹负债资金,其不能取得必要资金的风险也就越大。

其次,短期融资的利息成本具有不确定性。长期负债融资,其利息成本在整个资金使用期内基本稳定。而短期融资,在一次借款偿还后,下次再借款的利息成本是多少也难以知道,其利率在各个时期波动较大,由此可能加重公司税后利润的波动。

(二) 不同筹资计划的盈利能力与风险的选择

如前所述,长、短期负债的盈利能力与风险各不相同,这就要求在进行流动负债的结构性管理时,对其盈利能力和风险进行权衡和选择,以制定出既能使风险最小又能使企业盈利能力最大化的流动负债结构。企业流动负债水平的变动对盈利能力与风险选择的影响,可用流动负债占全部资产的比率来表示。这一比率可以反映出在企业的全部资产中由流动负债融资的百分比。假定企业的总资产保持不变,则流动负债占总资产比率的提高,将使企业的盈利能力和风险同时提高。这是因为,流动负债占总资产比率的提高,意味着短期融资多于长期融资,而应付账款、应付票据以及其他应付款等短期负债的成本远低于长期融资,导致企业融资成本的下降,将使其利润提高。而在假定企业的流动资产不变的情况下,企业的净营运资本将随流动负债的增加而减少,而净营运资本的减少意味着企业风险的增加。另外,这一策略实际上因短期债务大于长期债务而缩短了企业的债务到期结构,更多的负债将在短期内到期,从而使用于偿还到期债务的现金流量的负担增大,由此造成企业陷入无力清偿的风险也就越大。相反,流动负债占总资产比率的下降,使企业大部分资产通过成本更高的长期资金筹措,从而将使企业的盈利能力下降;相应地,企业的财务风险也将因流动负债的减少,引起净营运资本的减少而下降。其结果是:延长了企业负债的到期结构,减轻了短期债务的负担,从而减少了企业的清偿风险。

四、营运资金的筹资组合策略

前面我们分别讨论了流动资产和流动负债的结构性管理问题,着重分析在其他因素不变的情况下,与它们各自相关的盈利能力和风险之间的选择问题。然而,有效的营运资本管理要求进一步分析它们之间相互影响、共同作用对企业盈利能力和风险的综合影响。下面,我们将这两个相互联系、相互依存、共同作用的方面综合起来加以考虑。

由于流动资产和流动负债的变动对盈利能力和风险的影响各不相同,因此营运资本管理的一个重要任务,就是确定流动资产的来源渠道。概括地说,流动资产的融资来源有短期性资本来源(短期负债)和长期性资本来源(长期负债和权益资本),这就要求企业财务人员分析确定应以多大比例的流动负债和多大比例的长期资金作为流动资金的正常资金来源,即如何正确地确定最佳的筹资组合。

企业流动资产根据期限可分为经常性(固定性)流动资产和季节性(变动性)流动资产。经常性流动资产是维持企业基本业务正常需要所必须保持的最低数额的现金、应收账款和存货。它属于长期性的,要根据企业的销售政策、性质以及经营策略来确定。经常性流动资产可利用长期性资本方式来提供。季节性流动资产是为了季节性需要而保持的具有规则性变动的流动资产。由于季节性变动而引起的额外流动资产的需求一般无法准确计算出数额,在性质上属于临时性或短暂性的,所以其资本来源必须以短期资本为主。

对经常性流动资产和季节性流动资产的不同融资方式,构成了营运资本的筹资组合。一般来说,营运资本的筹资组合有以下三种策略。

(一)完全配合的筹资组合

在这种筹资组合下,季节性流动资产由短期性资本来源提供,经常性流动资产由长期性资本来源提供。这是一种理想的筹资模式,但在现实经济生活中较难实现。如图 6-6 所示。

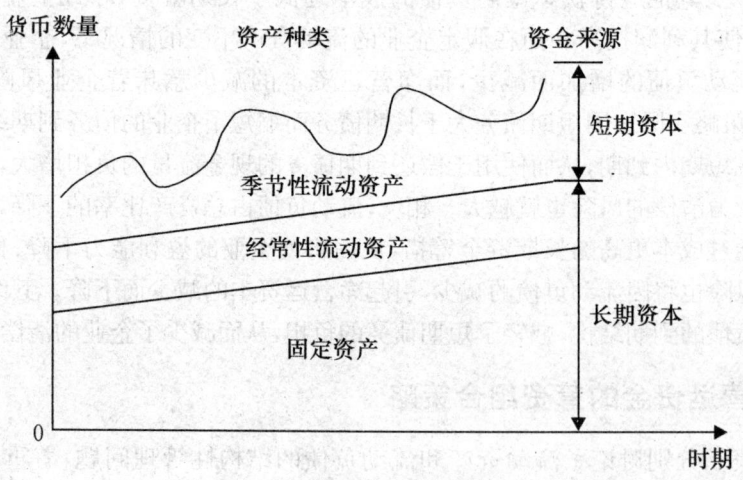

图 6-6 完全配合的筹资组合

（二）冒险的筹资组合

在冒险的筹资组合下，全部季节性流动资产和部分经常性流动资产由短期资本来源提供。这种筹资组合的资本成本较低，能减少利息支出而增加企业收益。但用短期资本融通了部分长期性资产，风险较大，故而称之为冒险的投资组合。如图 6-7 所示。

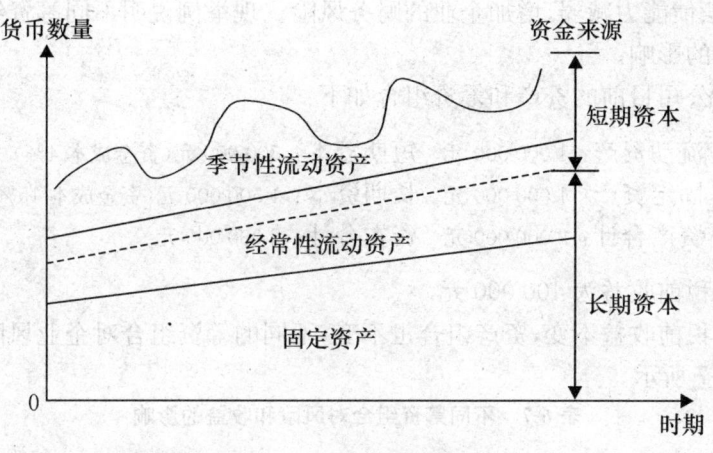

图 6-7　冒险的筹资组合

（三）保守的筹资组合

在保守的筹资组合下，经常性流动资产和固定资产以及部分季节性流动资产由长期性资本来源提供，其余季节性流动资产由短期资本来源提供。由于这种筹资组合具有独有的特点，即即使企业面临信贷收缩也仍有足够资本以供调度，因此

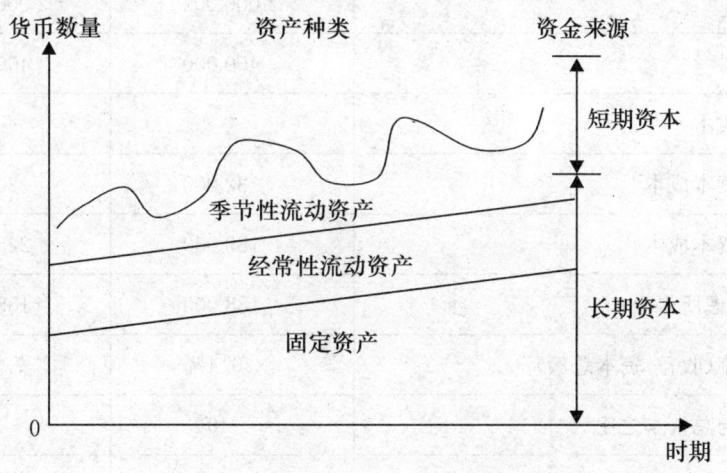

图 6-8　保守的筹资组合

风险较小,但成本较高,使收益减少。所以称之为保守的筹资组合。如图 6-8 所示。

不同的筹资组合对企业风险和收益的影响也不相同。在资本总额不变的条件下,短期资本增加,可使收益增加,即由于使用了成本较低的短期资本,使企业的利润增加。但如果此时流动资产的水平保持不变,则流动负债的增加会使流动比率下降,短期偿债能力减弱,增加企业的财务风险。现举例说明不同筹资组合对企业风险和收益的影响。

假定某公司目前的资产和筹资组合如下:

流动资产:1 000 000 元　短期资本:500 000 元(资金成本 4%)
固定资产:1 000 000 元　长期资本:1 500 000 元(资金成本 15%)
资产合计:2 000 000 元　资本合计:2 000 000 元

目前息税前收益为 400 000 元。

如果息税前收益不变,资产组合也不变,不同的筹资组合对企业风险和收益的影响如表 6-7 所示。

表 6-7　不同筹资组合对风险和收益的影响

金额单位:元

项　　目	冒险的筹资组合	目前的筹资组合
短期资本(流动负债)	800 000	500 000
长期资本	1 200 000	1 500 000
资本总额	2 000 000	2 000 000
息税前收益	400 000	400 000
减:资本成本		
短期资本成本	32 000	20 000
长期资本成本	180 000	225 000
收益(不考虑所得税)	188 000	155 000
投资收益率(收益/资本总额)	9.4%	7.75%
短期资本与总资本之比	40%	25%
流动比率	1.25	2

从表6-7可以看出，冒险的筹资组合使用了较多的和成本较低的流动负债，使企业的收益从155 000元增加到了188 000元，投资收益也从7.75%上升到9.4%，但由于流动比率也由2下降到1.25，表明企业财务风险加大。所以，企业在筹资时必须在风险和收益之间作出选择，选择最适合于自身的筹资组合，以实现企业的财务目标。

▶ **【问题与思考6-4】**

某企业财务主管认为，在金融危机大背景下，利率也将处于长期下跌的趋势或长期处于较低的水平。为此，他准备调整其财务策略。从融资角度出发，你认为该企业适合采取什么样的筹资组合？

本 章 小 结

营运资金管理既包括流动资产管理，也包括流动负债管理。流动资产主要包括现金、有价证券、应收账款、存货等，而流动负债则主要包括银行短期借款、应付账款、应付票据、预售账款、应计费用等。流动资产的特点是：回收期短、变现能力强、实物形态多变、来源灵活性大、获利能力较弱、投资风险相对较小。流动负债的特点是：速度快、弹性大、成本低、风险大。现金是变现能力最强的非盈利性资产。现金管理的过程就是在现金的流动性与收益性之间进行权衡选择的过程。企业持有现金的成本包括持有成本、转换成本和短缺成本。最佳现金持有量模型是企业最常用的现金管理模型。应收账款的主要功能是促进销售和减少存货。信用政策即应收账款的管理政策，它包括信用标准、信用条件和收账政策三部分内容。对于已经发生的应收账款，企业应及时进行应收账款追踪分析和应收账款账龄分析。存货管理的目标是在保证生产和销售正常、连续进行的前提下，尽可能使企业财务负担达到最小。存货成本包括进货成本、储存成本和缺货成本，经济订货量模型是企业最常用的存货决策模型。由于流动资产和流动负债的变动对盈利能力和风险的影响各不相同，因此营运资本管理的一个重要任务，就是确定流动资产的来源渠道，即确定应以多大比例的流动负债和多大比例的长期资金作为流动资金的正常资金来源。筹资组合策略分为完全配合的筹资组合、冒险的筹资组合和保守的筹资组合三类。

复 习 思 考 题

1. 流动资产和流动负债的特点各是什么？
2. 企业持有现金的目的是什么？企业持有现金的成本是什么？

3. 什么是信用政策？信用标准、信用条件和收账政策的含义各是什么？
4. 经济订货量基本模型的假设条件是什么？

案 例 讨 论 题

A公司商业信用使用案例

A公司经常性地向B公司购买原材料，B公司开出的付款条件为"2/10, n/30"。某天，A公司的财务经理查阅公司关于此项业务的会计账目，惊讶地发现，会计人员对此项交易的处理方式是：一般在收到货物后15天支付款项。当询问记账的会计人员为什么不取得现金折扣时，负责该项交易的会计不假思索地回答道："这一交易的资金成本仅为2%，而银行贷款成本却为12%，因此根本没有必要接受现金折扣。"

案例思考题：
1. 会计人员在财务概念上混淆了什么？
2. 丧失现金折扣的实际成本有多大？
3. 如果A公司无法获得银行贷款，而被迫使用商业信用资金（即利用推迟付款商业信用筹资方式），那么，为降低年利息成本，你应向财务经理提出何种建议？

同 步 测 试 题

一、单项选择题

1. 各种持有现金的动机中，属于应付未来现金流入和流出随机波动的动机是（   ）。
   A. 交易动机   B. 预防动机   C. 投机动机   D. 长期投资动机
2. 企业赊销政策的内容不包括（   ）。
   A. 确定信用期间   B. 确定信用条件
   C. 确定现金折扣政策   D. 确定收账方法
3. 在下列各项中，属于应收账款机会成本的是（   ）。
   A. 收账费用   B. 坏账损失
   C. 应收账款占用资金的应计利息 D. 对客户信用进行调查的费用
4. 根据"5C"系统原理，在确定信用标准时，应掌握客户能力方面的信息。下列各项中，最能反映客户"能力"的是（   ）。
   A. 流动资产的数量、质量及与流动负债的比例

B. 获取现金流量的能力
C. 财务状况
D. 获利能力

5. 某企业全年需要A材料3 600吨,单价100元/吨,目前每次的订货量和订货成本分别为600吨和400元,则该企业每年存货的订货成本是(　　)元。
　　A. 4 800　　　　B. 1 200　　　　C. 3 600　　　　D. 2 400

二、多项选择题

1. 存货决策的内容中属于财务部门职责的是(　　)。
　　A. 决定进货项目　　　　B. 选择供货单位
　　C. 决定供货时间　　　　D. 决定进货批量

2. 下列属于存货的储存变动成本的有(　　)。
　　A. 存货占用资金的应计利息　　B. 紧急额外购入成本
　　C. 存货的破损和变质损失　　　D. 存货的保险费用

3. 存货管理的经济订货量基本模型建立于下列假设条件之上的是(　　)。
　　A. 企业能及时补充所需存货
　　B. 存货单价不考虑销售折扣
　　C. 每批订货之间相互独立
　　D. 存货的需求量稳定或虽有变化但可根据历史经验估计其概率
　　E. 存货的单位储存变动成本不变

4. 下列各项中,使放弃现金折扣成本提高的情况是(　　)。
　　A. 信用期、折扣期不变,折扣百分比提高
　　B. 折扣期、折扣百分比不变,信用期延长
　　C. 折扣百分比不变,信用期和折扣期等量延长
　　D. 折扣百分比、信用期不变,折扣期延长

5. 企业在持续经营过程中,会自发地、直接地产生一些资金来源,部分地满足企业的经营需要,如(　　)。
　　A. 预收账款　　　　　B. 应付工资
　　C. 应付票据　　　　　D. 根据周转信贷协定取得的限额内借款
　　E. 应付债券

三、判断题

1. 通过编制应收账款账龄分析表并对之加以分析,可以了解顾客的欠款金额、欠款期限和偿还欠款的可能时间。　　　　　　　　　　　　　　　　(　　)

2. 在计算经济订货批量时,如果考虑订货提前期,则应在按经济订货量基本模型计算出订货批量的基础上,再加上订货提前期天数与每日存货消耗量的乘积。

才能求出符合实际的最佳订货批量。（　　）

3. 与长期负债融资相比，短期负债融资的资金成本低但风险大。（　　）

4. 一般来讲，当某种存货品种数量比重达到70%左右时，可将其划分为A类存货，进行重点管理和控制。（　　）

5. 某企业的主营业务是生产和销售食品。目前该企业正处于生产经营活动的旺季。该企业的资产总额6 000万元，其中长期资产3 000万元，流动资产3 000万元，经常性流动资产约占流动资产的40%；负债总额3 600万元，其中流动负债2 600万元，流动负债的65%为自发性负债。由此可得出结论，该企业奉行的是稳健型营运资金筹资策略。（　　）

四、核算题

1. 某公司现金收支平稳，预计全年（按360天计算）现金需要量为250 000元，现金与有价证券的转换成本为每次500元，有价证券年利率为10%。

要求：

(1) 计算最佳现金持有量。

(2) 计算最佳现金持有量下的全年现金管理总成本、全年现金转换成本和全年现金持有机会成本。

(3) 计算最佳现金持有量下的全年有价证券交易次数和有价证券交易间隔期。

2. 某公司预计的年度赊销收入为6 000万元，信用条件是"2/10,1/20,n/60"，其变动成本率为65%，资金成本率为8%，收账费用为70万元，坏账损失率为4%。预计占赊销额70%的客户会利用2%的现金折扣，占赊销额10%的客户利用1%的现金折扣。一年按360天计算。

要求：

(1) 信用成本前收益。

(2) 平均收账期。

(3) 应收账款机会成本。

(4) 信用成本。

(5) 信用成本后收益。

3. 某企业2006年A产品销售收入为4 000万元，总成本为3 000万元，其中固定成本为600万元。2007年，该企业有两种信用政策可供选用：甲方案给予客户50天信用期限"n/50"，预计销售收入为5 000万元，货款将于第五十天收到，其信用成本为140万元；乙方案的信用政策为"2/10,1/20,n/90"，预计销售收入为5 400万元，将有30%的货款于第十天收到，20%的货款于第二十天收到，其余50%的货款于第九十天收到（前两部分货款不会产生坏账，后一部分货款的坏账损失率为该部分货款的4%),收账费用为50万元。该企业A产品销售额的相关范围为3 000万～6 000万元,企业的资金成本率为8%(为简化计算,本题不考虑增值税因素)。

要求:
(1) 计算该企业2006年的下列指标:
① 变动成本总额。
② 以销售收入为基础计算的变动成本率。
(2) 计算乙方案的下列指标:
① 应收账款平均收账天数。
② 应收账款平均余额。
③ 维持应收账款所需资金。
④ 应收账款机会成本。
⑤ 坏账成本。
⑥ 采用乙方案的信用成本。
(3) 计算以下指标:
① 甲方案的现金折扣。
② 乙方案的现金折扣。
③ 甲、乙两方案信用成本前收益之差。
④ 甲、乙两方案信用成本后收益之差。
(4) 为该企业作出采取何种信用政策的决策。并说明理由。

4. 某企业年需用甲材料250 000千克,单价10元/千克。目前该企业每次订货量和每次进货费用分别为50 000千克和400元/次。

要求:
(1) 该企业每年存货的进货费用为多少?
(2) 若单位存货的年储存成本为0.1元/千克,企业存货管理相关最低总成本控制目标为4 000元,则企业每次进货费用限额为多少?
(3) 若企业通过测算可达上述(2)的限额,其他条件不变,则该企业的订货批量为多少?此时存货占用资金为多少?

第七章 公司股利决策

- 了解股利理论的内容,学会比较不同理论的优缺点
- 了解股利政策的分类,理解股利政策与内部筹资的关系
- 了解股利支付的程序和方式
- 了解与掌握股票股利、股票分割和股票回购的内容,能够区分股票股利和股票分割的异同

引　言

　　2004—2007 年,1 600 多家上市公司中,平均每年只有 726 家公司有现金分红,占全体 A 股上市公司的 45.39%,每年都有超过一半的上市公司不参与分红。截至 2008 年中期,共有 110 家上市公司超过 10 年没有现金分红,剔除那些因业绩不好被划归为 ST 类的公司,还有 62 家超过 10 年没有给股民分过 1 分钱。而 5 年以上没有现金分红的公司更是高达 386 家,其中,最吝啬的公司莫过于金杯汽车,从 1992 年上市以来,就从来没给股民分过红,到 2009 年已经是 17 个年头了。

　　在成熟股市上,稳定的股利政策是评估上市公司价值的重要依据之一。正常情况下,高派现的公司,反映了公司的盈利能力和未来良好的现金流;相应地,舍不得派现或者不愿意派现的公司,往往其盈利能力从长期看也是比较差的,其公司对自身的盈利前景也缺乏信心。作为企业而言,如何制定适合自身发展要求的鼓励政策,是企业财务管理中的重要环节。本章将对股利分配的原理、内容、股利政策的制定进行全面分析。

第一节 利润分配概述

利润分配是指将企业实现的净利润,按照国家财务制度规定的分配形式和分配顺序,在国家、企业和投资者之间进行的分配。利润分配关系着国家、企业、职工及所有者各方面的利益,是一项政策性较强的工作,必须严格按照国家的法规和制度执行。利润分配的结果,形成了国家的所得税收入,投资者的投资报酬和企业的留用利润等不同的项目,其中企业的留用利润是指盈余公积金、公益金和未分配利润。由于税法具有强制性和严肃性,交纳税款是企业必须履行的义务,从这个意义上看,财务管理中的利润分配主要是指企业的净利润分配。利润分配的实质就是确定给投资者分红与企业留用利润的比例。

一、利润分配基本原则

(一)依法分配原则

为规范企业的利润分配行为,国家制定和颁布了若干法规,这些法规规定了企业利润分配的基本要求、一般程序和重大比例。企业的利润分配必须依法进行,这是正确处理企业各项财务关系的关键。

(二)分配与积累并重原则

企业的利润分配,要正确处理长期利益和近期利益这两者的关系,坚持分配与积累并重。企业除按规定提取法定盈余公积金以外,可适当留存一部分利润作为积累,这部分未分配利润仍归企业所有者所有。这部分积累的净利润不仅可以为企业扩大生产筹措资金,增强企业发展能力和抵抗风险的能力,同时,还可以供未来年度进行分配,起到以丰补歉、平抑利润分配数额波动、稳定投资报酬率的作用。

(三)权益对等的原则

企业在利润分配中应遵守公平、公正、公开的原则。投资者在企业中只有以其股权比例享有合法权益,不得从中谋取私利。企业的获利情况应当向所有的投资人及时公开,利润的分配方案应交股东会讨论,并充分考虑小股东的意见,利润分配的方式应当在所有股东中一视同仁。

二、利润分配的一般程序

利润分配的一般程序是指企业实现企业经营所得后,应先用于哪些方面,后用于哪些方面的先后顺序问题。我国企业的利润分配程序一般为:企业的利润总额按照国家规定作相应调整后,首先要交纳所得税;税后剩余部分的利润为可供分配的利润。按照新《企业财务通则》第49条规定,企业发生的年度经营亏损,依照税法的规定弥补。税法规定年限内的税前利润不足弥补的,用以后年度的税后利润弥补,或者经投资者审议后用盈余公积弥补。《企业财务通则》第50条规定,企业年度净利润,除法律、行政法规另有规定外,按照以下顺序分配:

(1) 弥补以前年度亏损。

(2) 提取10%法定公积金。法定公积金累计额达到注册资本50%以后,可以不再提取。

(3) 提取任意公积金。任意公积金提取比例由投资者决议。

(4) 向投资者分配利润。企业以前年度未分配的利润,并入本年度利润,在充分考虑现金流量状况后,向投资者分配。属于各级人民政府及其部门、机构出资的企业,应当将应付国有利润上交财政。

另外,《企业财务通则》规定,国有企业可以将任意公积金与法定公积金合并提取。股份有限公司依法回购后暂未转让或者注销的股份,不得参与利润分配;以回购股份对经营者及其他职工实施股权激励的,在拟订利润分配方案时,应当预留回购股份所需利润。企业弥补以前年度亏损和提取盈余公积后,当年没有可供分配的利润时,不得向投资者分配利润,但法律、行政法规另有规定的除外。

鉴于新经济条件下人力资本或技术资本的重要性,《企业财务通则》对与此相关的收益分配也作出了相应规定,企业经营者和其他职工以管理、技术等要素参与企业收益分配的,应当按照国家有关规定在企业章程或者有关合同中对分配办法作出规定,并区别以下情况处理:

(1) 取得企业股权的,与其他投资者一同进行企业利润分配。

(2) 没有取得企业股权的,在相关业务实现的利润限额和分配标准内,从当期费用中列支。

【问题与思考7-1】

某公司本年实现净利润100万元,年初累计亏损为40万元,其中有25万元属于5年前的亏损,计提法定公积金的比例为10%,则本年计提的法定公积金为多少?

第二节 股利政策原理及其影响因素

股利政策是关于公司是否发放股利、发放多少股利以及何时发放股利等方面的方针和策略,它是现代公司财务活动的核心内容之一。一方面,股利政策是公司筹资、投资活动的逻辑延续,是其理财行为的必然结果;另一方面,恰当的股利分配政策,不仅可以树立起良好的公司形象,而且能激发广大投资者对公司持续投资的热情,从而使公司获得长期、稳定的发展条件和机会。因此,股利政策关系到公司的当前利益与未来发展,也关系到投资者的利益以及整个证券市场的可持续发展。

一、股利政策相关理论

西方股利政策理论存在两大流派:股利无关论和股利相关论。财务学家们从税负因素和信息不对称因素展开研究,各自形成了有一定影响力的理论,为企业股利支付模式的选取提供理论指导。

(一)股利无关论

股利无关论,即 MM 理论。1961 年,米勒(Miller)和莫迪利安尼(Modigliani)发表了《股利政策,增长和公司价值》一文认为,在一定的假设条件限定下,股利政策不会对公司的价值或股票的价格产生任何影响。一个公司的股票价格完全由公司的投资获利能力和风险组合决定,而与公司的利润分配政策无关。该理论是建立在完全市场理论之上的。假定条件包括:① 市场具有强式效率。② 不存在任何公司或个人所得税。③ 不存在任何筹资费用(包括发行费用和各种交易费用)。④ 公司的投资决策与股利决策彼此独立(公司的股利政策不影响投资决策)。股利无关论的上述假定描述的是一种完美无缺的市场,因此股利无关论又被称为完全市场理论。股利无关论的主要结论是:

(1)投资者不关心公司股利的分配。如果公司留存较多的利润用于再投资,会导致公司股票价格上升;此时尽管股利较低,但需用现金的投资者可以出售股票换取现金。若公司发放较多的股利,投资者又可以用现金再买入一些股票以扩大投资。即投资者对股利和资本利得并无偏好。

(2)股利的支付比率不影响公司的价值。既然投资者不关心股利分配,公司的价值就完全由其投资的获利能力来决定,公司的盈余在股利和保留盈余之间的分配并不影响公司的价值。

(二)股利相关论

股利相关论认为公司的股利分配对公司市场价值有影响。在现实生活中,不存在无关论提出的假定前提,公司的股利分配是在种种制约因素下进行的,公司不可能摆脱这些因素的影响。林特纳(Lintener)通过研究发现,美国上市公司都遵循一定的股利分配模式,也就是说,在实践中股利分配同公司价值相关。De Angelo 等人的进一步研究表明,股利分配的变化只是说明了现在,并不能预见企业的未来发展情况。由于存在种种影响股利分配的限制,股利政策与股票价格就不是无关的,公司的价值或者说股票价格不会仅仅由其投资的获利能力来决定。

股利支付不是可有可无的,而是非常必要的,并且具有策略性。因为股利支付政策的选择对股票市价、公司的资本结构与公司价值以及股东财富的实现等都有重要影响，股利政策与公司价值是密切相关的。因此股利政策不是被动的，而是一种主动的理财计划与策略。

股利相关论有如下的不同分支。

1. 不确定感消除论，即"一鸟在手论"

在股东的投资报酬中，股利和资本利得的风险等级是不同的。股利支付可以减少投资报酬中的不确定性和风险。这种不确定性的减少和消亡，使人们在投资报酬的选择上偏好前者。未来的资本利得就像林中的鸟一样不一定能抓得到，眼中的股利则犹如手中的鸟一样飞不掉。投资者比较喜欢近期的确定收入的股利，而不喜欢远期的不确定收入的资本利得。公司支付现金股利，有利于消除投资者的不确定感，从而有利于提高股价。

2. 信号传递理论

该理论得以成立的基础是：信息在各个市场参与者之间的概率分布不同，即信息不对称。为了消除经理人员和其他外部人士之间的可能冲突，就需要建立一种信息传递机制，以调节信息的不均衡状况，而股利政策恰好具有这种信息传递机制的功能和作用。因为股利政策的定位与变动，反映着经理人员对公司未来发展认识方向的信号，投资者可据此作出自己的恰当判断，并调整对企业收益状况的判断和对公司价值的期望值。

3. 所得税差异理论

在许多国家的税法中，长期资本利得所得税税率要低于普通所得税税率。因为股利税率比资本利得的税率高，投资者自然喜欢公司少支付股利而将较多的收益保存下来以作为再投资用，以期提高股票价格，把股利转化为资本利得。即使资本利得与股利收入的税率相同，但由于股利所得税在股利发放时征收，而资本利得在股票出售时征收，因此对股东来说，资本利得也有推迟纳税的效果。同时，为了获得较高的预期资本利得，投资者将愿意接受较低的股票必要报酬率。根据这种理论，股利决策与企业价值也是相关的，而只有采取低股利和推迟股利支付的政策，才有可能使公司的价值达到最大。

二、股利政策的影响因素

由于市场的不完善和政府税收在现实中的存在，公司的股利分配政策是在多种制约因素下进行的。公司的股利分配政策受以下因素的影响。

（一）法律因素

为了保护债权人和股东的利益，有关法规对公司的股利分配经常作如下限制：

（1）资本保全：规定公司不能用资本（包括股本和资本公积）发放股利。

（2）企业积累：规定公司必须按净利润的一定比例提取法定盈余公积金。

(3) 净利润：规定公司年度累计净利润必须为正数时才可发放股利，以前年度亏损必须足额弥补。

(4) 超额累积利润：由于股东接受股利交纳的所得税高于其进行股票交易的资本利得税，于是许多国家规定公司不得超额累积利润，一旦公司的保留盈余超过法律认可的水平，将被加征额外税额。由于我国尚未开征资本利得税，所以对公司累积利润尚未作出限制性规定。

（二）经济因素

股东出于自身经济利益的需要，对公司的股利分配往往产生以下影响：

(1) 获得稳定的收入和避税的需要。一些依靠股利维持生计的股东，往往要求公司支付稳定的股利，以满足生活的需要。若公司留存较多的利润，将受到这部分股东的反对。另外，一些股东又出于避税的需要，往往反对公司发放较多的股利。

(2) 控制权的稀释。公司支付的股利越多，留存收益越少，内部融资的可能性降低，意味着将来发放新股融资的可能性变大。发行新股又意味着公司控制权的稀释，影响老股东对公司的控制权。对于老股东，如果他们拿不出更多的资金来购买新股，他们宁愿不分配股利而反对募集新股。

（三）财务限制

从财务管理的角度出发，也存在着以下限制股利分配的因素：

(1) 盈余的稳定性。公司是否能获得长期稳定的盈余，将影响公司支付股利的水平高低。在成熟的市场中，由于股利的信号传递作用，稳定的股利政策会增加投资者的信心。盈余相对稳定的公司比盈余不稳定的公司有把握支付较多的股利给股东，因此盈余较稳定的公司一般采取高股利政策，盈余不稳定的公司采取低股利政策。

(2) 资产的流动性。假如某公司的资产有较强的变现能力，现金的来源较充裕，其支付现金股利的能力就强。而高速成长中的、盈利性较好的公司，如其将大部分资金投在固定资产和永久性营运资金上，它通常不愿意支付较多的现金股利，这样就会影响公司的长期发展战略，以及偿债和举债能力。因此，公司在确定股利分配数量时，一定要考虑到这一点，保证在现金股利分配后，公司仍能保持较强的偿债能力，以维护公司的信誉和借贷能力。具有较强举债能力的公司因为较易筹措到所需的现金，因此会采取较宽松的股利政策；而举债能力弱的公司，则不得不多保留盈余，采取较紧的股利政策。

(3) 投资机会。公司股利政策在较大程度上要受到投资机会的制约。一般来说，若公司的投资机会多、对资金的需求量大，往往会采取低股利、高留存利润的政策；反之，若投资机会少、对资金需求量小，就可能采取高股利政策。另外，受公司投资项目加快或延缓的可能性大小影响,假如这种可能性较大,股利政策就有较大的灵活性。比如有的企业有意多派发股利来影响股价的上涨,使已经发行的可转换债券尽早实现转换,达到调整资本结构的目的。

(4) 资本成本。与发行新股相比,保留盈余不需花费筹资费用,它是一种较经济的筹资渠道。公司在确定股利政策时,应全面考虑各条筹资渠道资金来源的数量大小和成本高低,使股利政策与公司合理的资本结构、资本成本相适应。

(四) 其他限制

(1) 契约限制又称债务合同约束。公司在借入长期债务时,债务合同对公司发放现金股利通常都有一定的限制,股利政策必须满足这类契约的限制。

(2) 通货膨胀。当发生通货膨胀时,计提折旧储备的资金往往不能满足重置资产的需要,公司为了维持其原有生产能力,需要从留存利润中予以补足,这样可能会导致股利支付水平的下降。因此在通货膨胀时期,公司股利政策往往偏紧。

【问题与思考 7-2】

2008 年 10 月 9 日,中国证监会正式公布了《关于修改上市公司现金分红若干规定的决定》,提高了上市公司申请再融资时的现金分红标准,用以规范分红制度。如果你是投资者,你会坚持上市公司的分红吗?为什么?

第三节 股利政策类型

公司在制定股利政策时,必须充分考虑股利政策的各种影响因素,从保护股东、公司本身和债权人的利益出发,才能使公司的收益分配合理化。如何综合权衡这些因素的影响,根据企业的实际情况制定恰当的股利政策,以促进企业价值的最大化,是每个企业管理者必须进行的重大财务决策之一。

实践中,公司采用的股利政策有多种,各种股利政策各有所长。公司在制定分配股利政策时应借鉴其基本决策思想,根据自己的实际情况选择最合适的股利政策。公司经常采用的股利政策如下。

一、剩余股利政策

剩余股利政策是以首先满足公司资金需求为出发点的股利政策。即采用剩余股利政策,意味着公司只将剩余的盈余用于发放股利。股利分配与公司的资本结构相关,而资本结构又是由投资所需资金构成的,因此实际上股利政策要受到投资机会及其资金成本的双重影响。剩余股利政策就是在公司有着良好的投资机会时,根据一定的目标资本结构,测算出投资所需的权益资本,先从盈余当中留用,然后将剩余的盈余作为股利进行分配。可见,采取剩余股利政策的根本原因是为了

保持加权平均资本最低,即保持最佳资本结构。根据这一政策,公司按如下步骤确定其股利分配额:

(1) 确定公司的最佳资本结构,即确定权益资本与债务资本的比率,在此资本结构下,加权平均资本将达到最低水平。

(2) 确定公司下一年度的资金需求量。

(3) 确定按照最佳资本结构、为满足投资方案所需增加的股东权益数额。

(4) 将公司税后利润首先满足公司下一年度的增加投资的需求,剩余部分用来发放当年的现金股利。

【例 7-1】 某公司上年税后利润 500 万元,2009 年年初公司讨论决定股利分配的数额。预计 2009 年需要增加投资资本 600 万元。公司的目标资本结构是:权益资本占 60%,债务资本占 40%,2009 年继续保持。按法律规定,至少要提取 10% 的公积金。公司采用剩余股利政策。筹资的优先顺序是留存利润、借款和增发股份。问:公司应分配多少股利?

解:利润留存 = 600 × 60% = 360(万元)

股利分配 = 500 − 360 = 140(万元)

根据前一节内容,该公司股利分配受到以下几点限制:

(1) 财务限制。股利分配中,财务限制主要是指资本结构限制。在本题中,财务限制是指投资所需 600 万元应当按目标比例筹集资金,也就是留存 360 万元,另外的 240 万元通过长期有息负债筹集。

(2) 经济限制。出于经济上有利的原则,筹集资金要在满足目标资本结构的前提下,首先使用留存利润补充资金,其次的来源是长期借款,最后的选择是增发股份。本题中,该公司先用留存收益补充 360 万元,而后通过长期借款 240 万元筹集,没有违反经济原则。

(3) 法律限制。法律规定在分配当年税后利润时应当按照 10% 的比例提取法定公积金。本题中,该公司应提取 50 万元(500 × 10%),作为留存收益。实际该公司出于目标资本结构的要求已留存 360 万元,超过 50 万元。所以,本题中法律限制没有构成实际限制。

剩余股利政策的优点是:充分利用留存利润筹资成本最低的资本来源,保持理想的资本结构,使综合资本成本最低,实现公司价值的长期最大化。其缺点是:如果完全遵照执行剩余股利政策,将使股利发放额每年随投资机会和盈利水平的波动而波动,即使在盈利水平不变的情况下,股利将与投资机会的多寡呈反方向变动。因为投资机会越多,股利越小;反之,投资机会越少,股利发放越多。另外,在投资机会不变的情况下,股利发放额将因公司每年盈利的波动而呈同方向波动。所以,剩余股利政策一般适用于公司初创阶段。

二、固定股利支付率政策

固定股利支付率政策是公司确定固定的股利支付率,并长期按此比率从净利润中支付股利的政策。主张实行固定股利支付率的人认为,这样做能使股利与公司盈余紧密地配合,以体现多盈多分、少盈少分、无盈不分的原则。从公司支付能力的角度看,这是一种真正稳定的股利政策。

【例 7-2】 某股份公司发行在外的普通股为 300 万股。该公司 2006 年的税后利润为 3 000 万元,发放的股利为 3 元/股。2007 年的税后利润为 5 000 万元。目前的资金结构为资金总额 10 000 万元,其中,自有资金为 6 000 万元,负债资金为 4 000 万元。已知现在的公司的加权平均资本成本最低。该公司准备在 2008 年上一个项目,需要再投资 2 500 万元。问:如果该公司采用固定股利支付率政策,则其在 2007 年的每股股利为多少?

采用固定股利比例政策时,公司确定一个股利占盈余的比例,并长期按此比例支付股利的政策,所以计算如下:

2006 年每股盈余＝3 000÷300＝10(元/股)

2006 年股利占盈余的比例＝3÷10＝30%

2007 年发放的股利＝5 000×30%＝1 500(万元)

2007 年每股发放的股利＝1 500÷300＝5(元)

固定股利支付率政策的优点是:能使股利与公司盈余紧密结合,平衡了风险投资与风险收益。固定股利支付率政策的缺点是:① 公司财务压力较大。根据固定股利支付率政策,公司实现利润越多,派发股利也就应当越多。而公司实现利润多,只能说明公司盈利状况好,并不能表明公司的财务状况就一定好。在此政策下,采用现金分派股利是刚性的,这必然给公司带来相当的财务压力。② 缺乏财务弹性。在公司发展的不同阶段,公司应当根据自身的财务状况制定不同的股利政策,这样更有利于实现公司的财务目标。但在固定股利支付率政策下,公司丧失了利用股利政策的财务方法,缺乏财务弹性。③ 确定合理的固定股利支付率难度很大。一家公司如果股利支付率定得低了,则不能满足投资者对现实股利的要求;反之,公司股利支付率定得高了,就会使大量资金因支付股利而流出,公司又会因资金缺乏而制约其发展。可见,确定公司较优的股利支付率是具有相当难度的工作。所以,在现实中,固定股利支付率政策只能适用于稳定发展的公司。

三、稳定或者持续增加股利额政策

稳定或者持续增加股利额政策是将每年发放的股利固定在某一固定的水平

上,并在较长的时期内不变,只有当公司认为未来盈余会显著且不可逆转地增长时,才会提高年度的股利发放额。该理论认为,股利政策能够向投资者传递重要信息。如果公司支付的股利稳定,就说明该公司的经营业绩比较稳定,经营风险较小,有利于股票价格上升;如果公司的股利政策不稳定,股利忽高忽低,这就给投资者传递了公司经营不稳定的信息,导致投资者对风险的担心,进而使股票价格下降。从投资者角度看,稳定的股利政策,是许多依靠固定股利收入生活的股东更喜欢的股利支付方式,它更利于投资者有规律地安排股利收入和支出。普通投资者一般不愿意投资于股利支付额忽高忽低的股票,因此,这种股票不大可能长期维持于相对较高的价位。而稳定股利或稳定的股利增长率可以消除投资者内心的不确定性,等于向投资者传递了该公司经营业绩稳定或稳定增长的信息,从而使公司股票价格上升。

沿用[例7-2]的例子,如果公司采取固定的股利政策,那么其每年发放的股利在较长的时期内会保持不变,只有当公司认为未来盈余将会显著地、不可逆转地增长时,才会提高年度的股利发放额。所以,2007年每股发放的股利应该与2006年每股发放的股利相等。2007年每股发放的股利为3元/股。

固定股利或稳定增长股利政策的缺陷表现为两个方面:其一,公司股利支付与公司盈利相脱离,造成投资的风险与投资的收益不对称;其二,它可能会给公司造成较大的财务压力,甚至侵蚀公司留存利润和公司资本,公司很难长期采用该政策。所以,固定股利或稳定增长股利政策一般适用于经营比较稳定的公司。

四、低正常股利加额外股利政策

低正常股利加额外股利政策是指公司除每年按一固定股利额向股东发放成为正常股利的现金股利外,还在公司盈利较高、资金较为充裕的年度向股东发放高于一般年度的正常股利额的现金股利,其高出部分即为额外股利。但额外股利并不固定化,即公司并非永久地提高规定的股利率。

这种股利政策的优点是股利政策具有较大的灵活性。低正常股利加额外股利政策,既可以维持股利的稳定性,又有利于公司的资本结构达到目标资本结构,使灵活性与稳定性较好地相结合,因而为许多公司所采用。低正常股利加额外股利政策的缺点是:一方面,股利派发仍然缺乏稳定性,额外股利随盈利的变化,时有时无,给人漂浮不定的印象;另一方面,如果公司较长时期一直发放额外股利,股东就会误认为这是"正常股利",一旦取消,极易造成公司"财务状况"逆转的负面影响,股价下跌在所难免。

综上所述,上市公司制定股利政策应综合考虑各种影响因素,分析其优缺点,并根据公司的成长周期,恰当地选取适宜的股利政策,使股利政策能够与公司的发展相适应。上述各种鼓励政策的特点和适用范围可总结为如表7-1所示。

表7-1 公司股利分配政策的选择

公司发展阶段	特　　点	适应的股利政策
公司初创阶段	公司经营风险高,融资能力差	剩余股利政策
公司高速发展阶段	产品销量急剧上升,需要进行大规模的投资	低正常股利加额外股利政策
公司稳定增长阶段	销售收入稳定增长,公司的市场竞争力增强,行业地位已经巩固,公司扩张的投资需求减少,广告开支比例下降,净现金流入量稳步增长,每股净利呈上升态势	稳定或持续增长型股利政策
公司成熟阶段	产品市场趋于饱和,销售收入难以增长,但盈利水平稳定,公司通常已积累了相当的盈余和资金	固定型股利政策
公司衰退阶段	产品销售收入锐减,利润严重下降,股利支付能力日绌	剩余股利政策

【问题与思考7-3】

按照剩余股利政策,假定某公司目标资本结构为自有资金与借入资金之比5:3,该公司下一年度计划投资1 000万元,2009年年末实现的净利润为1 500万元。请问:股利分配时,应将多少万元用于发放股利?

第四节　股利支付的程序和方式

一、股利支付的程序

股份公司的股利分配方案通常由公司董事会决定并宣布,必要时要经股东大会或股东代表大会批准后才能实施(如我国就是这样规定的)。股利发放有几个非常重要的日期:

宣布日:股份公司董事会根据定期发放股利的周期举行董事会会议,讨论并提出股利分配方案,由公司股东大会讨论通过后,正式宣布股利发放方案,宣布股利发放方案的那一天即为宣布日。在宣布日,股份公司应登记有关股利负债(应付股利)。

登记日：由于工作和实施方面的原因，自公司宣布发放股利至公司实际将股利发出要有一定的时间间隔。由于上市公司的股票在此时间间隔内处在不停的交易之中，公司股东会随股票交易而不断易人。为了明确股利的归属，公司确定股权登记日，凡在股权登记日之前（含登记日当天）列于公司股东名单上的股东，都将获得此次发放的股利；而在这一天之后才列于公司股东名单上的股东，将得不到此次发放的股利，股利仍归原股东所有。

除息日：由于股票交易与过户之间需要一定的时间，因此，只有在登记日之前一段时间前购买股票的投资者，才可能在登记日之前列于公司股东名单之上，并享有当期股利的分配权。一般规定登记日之前的第四个工作日为除息日（逢节假日顺延），在除息日之前（含除息日）购买的股票可以得到将要发放的股利，在除息日之后购买的股票则无权得到股利。又称之为除息股。除息日对股票的价格有明显的影响。在除息日之前进行的股票交易，股票价格中含有将要发放的股利的价值，在除息日之后进行的股票交易，股票价格中不再包含股利收入，因此其价格应低于除息日之前的交易价格。

发放日：在这一天，公司以各种方式向股东支付股利，并冲销股利负债。

股利支付程序现举例如下。

【例 7-3】 假定某公司 2008 年 11 月 16 日发布公告："本公司董事会在 2008 年 11 月 16 日的会议上决定，本年度发放每股为 4 元的股利；本公司将于 2009 年 1 月 2 日将上述股利支付给已在 2008 年 12 月 16 日登记为本公司股东的人士。"

上例中，2008 年 11 月 16 日为某公司的股利宣告日，2008 年 12 月 16 日为其股权登记日，2009 年 1 月 2 日则为其股利发放日。

在这 4 个日期中，尤为重要的是股权登记日和除息日。由于每日有无数的投资者在股票市场上买进或卖出，公司的股票不断易手。这就意味着股东也在不断变化之中。因此，公司董事会在决定分红派息时，必须明确公布股权登记日，派发股息就以股权登记日这一天的公司名册为准。凡在这一天记录在股东名册上的投资者，公司承认为股东，有权享受本期派发的股息与红利。如果股票持有者在股权登记日之前没有登记过户，那么其股票出售者的姓名仍保留在股东名册上，这样公司仍承认其为股东，其股息仍会按照规定分派给股票的出售者而不是现在的持有者。由此可见，购买了股票并不一定就能得到股息红利，只有在股权登记日以前到公司办理了登记过户手续，才能获取正常的股息红利收入。

至于除息日的把握，对于投资者也至关重要，由于投资者在除息日当天以后购买的股票已无权参加此期的股息红利分配，因此，除息日当天的价格会与除息日前的股价有所不同。一般来讲，除息日当天的股市报价就是除息参考价，也即是除息日前一天的收盘价减去每股股息后的价格。例如,某种股票计划每股派发4元的股息,如除息日前的价格为每股15元,则除息日这天的参考报价应是11元。掌握除息日前后股价的这种变化规律,有利于投资者在购买时填报适当的委托价,以有效降低其购股成本,减少不必要的损失。

二、股利支付的方式

股息红利作为股东的投资收益,是以股份为单位计算的货币金额,如每股多少元,但在上市公司实施具体分派时,其形式可以有四种:现金股利、财产股利、负债股利和股票股利等。

现金股利是上市公司以货币形式支付给股东的股息红利。它也是最普通、最常见的股利形式。如每股派息多少元,就是现金股利。财产股利是上市公司用现金以外的其他资产向股东分派的股息和红利。它可以是上市公司持有的其他公司的有价证券,也可以是实物。负债股利是上市公司通过建立一种负债,用债券或应付票据作为股利分派给股东。这些债券或应付票据既是公司支付的股利,又确定了股东对上市公司享有的独立债权。股票股利是上市公司用股票的形式向股东分派的股利。也就是通常所说的送红股。在上市公司分红时,我国股民普遍都偏好送红股。其实对上市公司来说,在给股东分红时采取送红股的方式,与完全不分红、将利润滚存至下一年度等方式并没有什么区别。这几种方式,都是把应分给股东的利润留在企业作为下一年度发展生产所用的资金。它一方面增强了上市公司的经营实力,进一步扩大了公司的生产经营规模;另一方面不像现金分红那样需要拿出较大额度的现金来应付派息工作,因为公司一般留存的现金都是不太多的。所以,这几种形式对上市公司来说都是较为有利的。

与送红股相联系的另外一种形式是配股。配股是上市公司根据公司发展的需要,依据有关规定和相应程序,旨在向原股东进一步发行新股、筹集资金的行为。按照惯例,公司配股时新股的认购权按照原有股权比例在原股东之间分配、即原股东拥有优先认购权。上市公司实行配股必须符合一定的条件:

(1) 前一次发行的股份已经募足,募集资金使用效果良好。

(2) 公司上市超过3个完整会计年度的,最近3年连续盈利。

(3) 公司在最近3年内财务会计文件无虚假记载或重大遗漏。

(4) 本次配股募集资金后,公司预测的净资产收益率应达到或超过同期银行存款利率水平。

(5) 配售的股票限于普通股,配售的对象为股权登记日登记在册的公司全体股东。

(6)公司一次配股发行股份总数,不得超过该公司前一次发行并募足股份后其股份总数的30%。公司将本次配股募集资金用于国家重点建设项目、技改项目的,可不受30%比例的限制。

配股的一大特点,就是新股的价格是按照发行公告发布时的股票市价作一定的折价处理来确定的。所折价格是为了鼓励股东出价认购。当市场环境不稳定的时候,确定配股价是非常困难的。在正常情况下,新股发行的价格按发行配股公告时股票市场价格折价10%～25%。理论上的除权价格是增股发行公告前股票与新股的加权平均价格,它应该是新股配售后的股票价格。值得注意的是,配股不同于送股。送股是上市公司将利润转化为股本,回报投资者,投资者不需要掏钱;而配股需要投资者按照一定比例以一定的价格购买股票,即投资者要得到更多的股票就要付出相应的代价。所以,配股后虽然股东持有的股票增多了,但它不是公司给股民投资的回报,而是追加投资后的一种凭证。

由于要在获得利润后才能向股东分派股息和红利,上市公司一般是在公司营业年度结算以后才从事这项工作。在实际中,有的上市公司在1年内进行两次决算:一次在营业年度中期,另一次是营业年度终结,相应地向股东分派两次股利,以便及时回报股东,吸引投资者。但年度中期分派股利不同于年终分派股利,它只能在中期以前的利润余额范围内分派,且必须是预期本年度终结时不可能亏损的前提下才能进行。

根据我国《公司法》的规定,上市公司分红的基本程序是:首先由公司董事会根据公司盈利水平和股利政策,确定股利分派方案,然后提交股东大会审议通过,方能生效。董事会即可依股利分配方案向股东宣布,并在规定的付息日在约定的地点以约定的方式派发。

在我国沪、深股市,股票的分红派息都由证券交易所及登记公司协助进行。在分红时,深市的上市公司将会把分派的红股直接登录到股民的股票账户中,将现金红利通过股民开户的券商划拨到股民的资金账户。沪市上市公司对红股的处理方式与深市一致,但现金红利需要股民到券商处履行相关的手续,即股民在规定的期限内到柜台中将红利以现金红利权卖出,其红利款项由券商划入股民资金账户中;如逾期未办理手续,则需委托券商到证券交易所办理相关手续。

⬥【问题与思考7-4】

某股票股权登记日的收盘价是每股10元,规定每10股派发现金红利6元(含税),每10股送股3股,每10股配股5股,配股价为5元。如果某投资者持有该股票1000股,扣除10%的个人所得税后,那么此人账户上会增加多少现金和股票?进行除息除权后,该股票每股理论价格是多少?

第五节 股票股利、股票分割和股票回购

一、股票股利

股票股利是股份公司以增发的股票作为股利的支付方式。从会计角度看,股票股利只是资金在股东权益账户间的转移而不是资金的运用。企业发放股票股利不会导致企业资产的减少或负债的增加,也不会引起股东所持股票比例的变化,而只会导致股东权益各项目间的增减变化。如下例所示。

【例 7-4】 某上市公司在发放股票股利前,股东权益情况如表 7-2 所示。

表 7-2 某公司发放股票股利前的股东权益情况

金额单位:元

项 目	金 额
普通股(面额 1 元,已发行 100 000 股)	100 000
资本公积	200 000
未分配利润	1 000 000
股东权益合计	1 300 000

假定该公司宣布发放 10% 的股票股利,即发放 10 000 股普通股股票,也即现有股东每持 10 股可得 1 股新发放股票。随着股票股利的发放,需从"未分配利润"项目划转出的资金为:

$$100\ 000 \times 10\% = 10\ 000(元)$$

由于股票面额(1 元)不变,发放 10 000 股,普通股只应增加"普通股"项目 10 000 元,未分配利润减少 10 000 元,而公司股东权益总额保持不变。发放股票股利后,公司股东权益各项目如表 7-3 所示。

表 7-3 某公司发放股票股利后的股东权益情况

金额单位:元

项 目	金 额
普通股(面额 1 元,已发行 110 000 股)	110 000
资本公积	200 000
未分配利润	990 000
股东权益合计	1 300 000

可见,发放股票股利,不会对公司股东权益总额产生影响,但会发生资金在各股东权益项目间的再分配。

股票股利以发放比例大小划分,可分为小比例股票股利和大比例股票股利。

(一)小比例股票股利

如果股票股利的发放比例低于原发行在外普通股的20%,一般称之为小比例股票股利。我国《证券法》规定:"公司一次配股发行股份总数,不得超过该公司前一次发行并募足股份后普通股股份总数的30%。"因而我国上市公司较多采用小比例股票股利政策。小比例股票股利由于其发放比例比较小,一般不会造成股价的大幅度波动,发放小比例股票股利会造成以下影响:① 引起留存收益减少,普通股股本和资本公积增加,所有者权益总额不变。② 由于税后净利润不会因发放股票股利而增加,而发行在外的普通股数量却由于股票股利的发放而上升,从而导致普通股每股收益的降低。

(二)大比例股票股利

如果股票股利的发行比例大于或等于原发行在外普通股数量20%,就称为大比例股票股利。小比例股票股利发放不会对股价产生较大的波动,大比例股票股利的发放却足以引起股价的变化。一般来说,大比例股票股利政策会产生以下影响:① 引起普通股股本的增加、留存收益减少以及每股收益的降低。② 资本公积和所有者权益总额保持不变。

尽管股票股利不直接增加股东的财富,也不增加公司的价值,但对股东和公司都有特殊意义。

1. 股票股利对股东的意义

(1)公司在发放股票股利之后发放现金股利,股东会因所持股数的增加而获得更多的现金。

(2)有时公司发放股票股利后股票会不成比例地下降,这可使股东得到股票价值相对上升的好处。

(3)发行股票股利通常由成长中的公司所为,因此,投资者往往认为发行股票股利预示着公司将会有较大的发展,这种心理会稳定股价甚至略有上升。

(4)在有的国家出售股票的收益比现金股利的收益税率低,投资者可以获得税收方面的好处。

2. 股票股利对公司的意义

(1)可使公司保留大量的现金,便于进行再投资,有利于公司的长期发展。

(2)发放股票股利可以降低股票价格,从而吸引更多的投资者。

(3)发放股票股利往往向社会传递公司继续发展的信息,从而提高投资者对公司的信心,在一定程度上稳定股票价格。

二、股票分割

股票分割是指通过成比例地降低股票面值而增加普通股的数量。它是一种将面额较高的股票转换成面额较低股票的行为。股票分割不属于某种股利方式。但在股票分割后,由于普通股数量的增加,普通股面值相应降低,其所产生的效果与发放股票股利近似。归纳起来,主要有以下两点:

(1) 普通股股本、资本公积、留存收益都保持不变,股东权益总额因而也不变。

(2) 每股面值和每股收益由于普通股数量的增加而降低。

【例 7-5】 张先生拥有 1 000 股某公司的股票,当公司宣布 2∶1 股票分割后,张先生原有的 1 000 股股票便会变为 2 000 股。

$$1\,000 \times (2 \div 1) = 2\,000(股)$$

如果 1 股股票原先价钱是 40 元,那么分割后的价格便为:

$$40 \times (1 \div 2) = 20(元)$$

基本上股票的价值总数还是一样的。在股票未分割前它的价值是 40 000 元(1 000×40)。分割后它的总价值还是 40 000 元(2 000×20)。

实行股票分割的目的在于通过增加股票股数降低股票价格,从而吸引更多的投资者。此外,股票分割往往是成长中的公司的行为,所以,宣布股票分割往往给人一种公司正处于发展之中的印象。股票分割对公司的资本结构不会产生任何影响,一般只会使发行在外的股票总数增加,资产负债表中股东权益各账户(股本、资本公积、留存收益)的余额都保持不变,股东权益的总额也保持不变。

相对于增加流通在外普通股数量的股票分割政策,公司在某个时期如希望减少流通在外普通股的数量,可通过股票合并来实现。股票合并作为股票分割的反向操作行为,又称为"反分割"。它造成的影响可以归纳为:

(1) 由于普通股数量的减少,导致普通股面值相应提高。

(2) 与股票分割一样,股票合并后,普通股股本总额、资本公积、留存收益都保持不变,股东权益总额也保持不变。

(3) 由于普通股数量减少,而本年税后净利润不变,导致普通股每股收益增加。

【例 7-6】 王先生拥有 600 股某公司的股票,当该公司将其股票分割为 1∶2 后,王先生原有的 600 股股票便会变为 300 股。

$$600 \times (1 \div 2) = 300(股)$$

如果 1 股股票原先价钱是 50 元,那么反向分割后的价格便为:

$$50 \times (2 \div 1) = 100(元)$$

同样,股票的价值总数还是一样的。在股票未分割前它的价值是 30 000 元(600×50)。分割后它的价值还是 30 000 元(300×100)。

综上所述,股票股利和股票分割具有不少相似的特点,也具有某些相同的作用。第一,股票股利与股票分割使公司的股票处于一个价位更低的交易范围,从而可以吸收更多的购买者购买公司的股票,扩大个人投资者持有股票的数量,有利于扩大公司的影响。第二,在投资者看来,股票股利与股票分割是成长中公司的行为,因而能提高投资者对公司的信心,在一定程度上可稳定甚至提高公司股票的价格。第三,发放股票股利可使股东分享公司的盈余,便于公司扩大规模进行再投资,有利于公司的长期稳定发展。第四,股票股利与股票分割都能达到降低公司股价的目的。但一般来说,只有公司股价剧涨且预期难以下降时,才采用股票分割的办法;而在公司股价上涨幅度不大时,往往通过股票股利将其股价维持在一个理想的范围之内。

三、股票回购

股票回购是指上市公司从股票市场上购回本公司一定数额的发行在外的股票。公司在股票回购完成后可以将所回购的股票注销,但在绝大多数情况下,公司将回购的股份作为"库藏股"保留,仍属于发行在外的股份,但不参与每股收益的计算和收益分配。库藏股的目的是暂时购买公司股票以用于公司发行债券或者激励管理者等。例如,雇员福利计划、发行可转换债券等,也可在需要资金时将其出售。股票回购的主要目的是:

(1) 反收购措施。股票回购在国外经常是作为一种重要的反收购措施而被运用。回购将提高本公司的股价,减少在外流通的股份,给收购方造成更大的收购难度。股票回购后,公司在外流通的股份少了,可以防止浮动股票落入进攻公司手中。

(2) 改善资本结构,是改善公司资本结构的一个较好途径。回购一部分股份后,公司的资本得到了充分利用,每股收益也提高了。过低的股价,无疑将对公司经营造成严重影响,使人们对公司的信心下降,使消费者对公司产品产生怀疑,会削弱公司出售产品、开拓市场的能力。在这种情况下,公司回购本公司股票以支撑公司股价,有利于改善公司形象。股价在上升过程中,投资者又重新关注公司的运营情况,消费者对公司产品的信任度增加,公司也有了进一步配股融资的可能。因此,在股价过低时回购股票,是维护公司形象的有力途径。

(3) 建立企业职工持股制度的需要。公司以回购的股票作为奖励优秀经营管理人员、以优惠的价格转让给职工的股票储备。

股票回购将对公司利润产生一定影响。当一个公司实行股票回购时，股价将发生变化，这种变化是两方面的叠加：首先，股票回购后公司股票的每股净资产值将发生变化。在假设净资产收益率和市盈率都不变的情况下，股票的净资产值和股价存在一个不变的常数关系，也就是净资产倍数。因此，股价将随着每股净资产值的变化而发生相应的变化，而股票回购中净资产值的变化可能是向上的，也可能是向下的。其次，由于公司回购行为的影响以及投资者对此的心理预期，将促使市场看好该股而使该股股价上升。

【问题与思考7-5】

梅雁股份2000年度分红派息方案为10股送2股派0.5元（含税），但经过扣所得税后，为何实际分到股东账户的只有零元？这其中的所得税是怎样计算的？

本 章 小 结

股利分配涉及最终有多少留存收益作为股利发放给股东，有多少留存收益则保留在公司进行再投资，它是企业财务管理的一项重要措施。我国《公司法》规定了利润分配的项目和顺序。在股利分配对公司价值的影响这一问题上存在不同的观点。主要有股利无关论和股利相关论。股利相关论有不同分支：如不确定感消除论即"一鸟在手论"、信号传递理论、所得税差异理论等。由于市场的不完善和政府税收在现实中的存在，公司的股利分配政策是在多种制约因素下进行的。公司的股利分配政策受以下因素的影响：法律因素、经济因素、财务限制和其他限制。在进行股利分配的实践中，公司经常采用的股利政策包括：剩余股利政策、稳定或者持续增加股利额政策、固定股利支付率政策和低正常股利加额外股利政策等。投资者要关注股利发放的几个非常重要的日期：宣布日、登记日、除息日和发放日。尤为重要的是股权登记日和除息日。上市公司实施具体分派股利时，其形式可以有四种：现金股利、财产股利、负债股利和股票股利等。股票股利是股份公司以增发的股票作为股利的支付方式。从会计角度看，股票股利只是资金在股东权益账户间的转移而不是资金的运用。股票股利以发放比例大小划分，可分为小比例股票股利和大比例股票股利。股票分割是指通过成比例地降低股票面值而增加普通股的数量。它是一种将面额较高的股票转换成面额较低股票的行为。股票分割不属于某种股利方式，但在股票分割后，由于普通股数量的增加，普通股面值相应降低，其所产生的效果与发放股票股利近似。股票回购是指上市公司从股票市场上购回本公司一定数额的发行在外的股票。股票回购的主要目的包括反收购、改善资本结构和建立企业职工持股制度的需要。

复习思考题

1. 西方股利政策的发展历程是怎么样的？
2. 什么是现金股利？什么是股票股利？它们在各个方面有什么区别？
3. 股利政策的影响因素有哪些？如何定制合适的股利政策？
4. 股利政策有哪几种？各有什么特点？

案例讨论题

中国石油的分红政策是否合理？

2007年11月登陆A股市场的中国石油，一直被誉为"亚洲最赚钱公司"，但其几年来的分红政策却令许多A股股东倍感失望。2009年5月，中国石油（601857，SH）发布公告称，公司将实施2008年度末期A股分红派息方案，即以2008年12月31日总股本18 302 097.78万股为基数，向全体股东按每股人民币0.149 53元（含税）派发2008年度之末期股息，总共分红273.67亿元。此次派息仍是按照中石油一贯做法将净利润45%用于分红，但由于2008年净利润下降，2009年的每股分红也是近3年最低的。有人通过算账发现，如果维持这样的分红政策，"中石油股东靠分红收回成本需要100年"。

与此形成鲜明对比的是，中石油在美国上市融资不过29亿美元，上市4年海外分红累积高达119亿美元。股东认为，相对丰厚的海外分红，A股股东却无法分享到"最赚钱"的成果。中石油公司承认，要先对占股本较多的H股进行分配之后，才能进行A股市场分红。

中石油管理层认为，中石油多年一直坚持拿出45%的利润进行分红，不论是在海外还是境内，这在全国甚至全亚洲都是个比较高的水平。A股市场更多股东投资是看重二级市场股价上涨带来的回报，广大股东既然购买中石油股票也是看好公司的长期盈利能力。不过中石油内部对于A股开盘首日达到48元并套牢广大A股投资者也表示非常无奈。有业内人士认为，中石油A股股东和H股股东都是股东，但是他们为中石油付出的代价不一样，中石油A股市场的发行价是H股市场的10多倍（中石油2000年在港上市时每股1.27元）。既然存在A股和H股的差异，就应该分别予以对待。

资料来源：《证券日报》2009年5月5日。

案例思考题：
你认为中石油分红方案是否合理？

同步测试题

一、单项选择题

1. 某公司2007年税后利润1 000万元，2008年需要增加投资资本1 500万元。公司的目标资本结构为权益资本占60%，债务资本占40%。公司采用剩余股利政策，增加投资资本1 500万元之后资产总额增加（　　）万元。
   A. 1 000　　　　B. 1 500　　　　C. 900　　　　D. 500

2. 在以下股利政策中，股利的支付与公司盈余相脱节的股利政策是（　　）。
   A. 剩余股利政策　　　　　　B. 固定或持续增长的股利政策
   C. 固定股利支付率政策　　　D. 低正常股利加额外股利政策

3. 某股份公司目前的每股收益和每股市价分别为2元和20元，现拟实施10送1股的送股方案，如果盈利总额不变，市盈率不变，则送股后的每股收益和每股市价分别为（　　）元。
   A. 1.82,18.2　　B. 2,18.2　　C. 2,20　　D. 1.82,22

4. 发放股票股利的结果是（　　）。
   A. 企业资产增加　　　　　　B. 企业所有者权益增加
   C. 企业所有者权益内部结构变动　　D. 企业筹资规模增加

5. 下列说法中，正确的是（　　）。
   A. 通常在除息日之前进行交易的股票，其价格低于在除息日之后进行交易的股票价格
   B. 在公司的高速发展阶段，往往需要大量的资金，此时适合采用剩余股利政策
   C. 法定公积金按照本年实现净利润的10%提取
   D. 股票回购可以防止派发剩余现金所造成的短期效应

二、多项选择题

1. 据《公司法》规定，下列各项中，（　　）不能用于发放股利。
   A. 本年实现的净利润　　　　B. 留存收益
   C. 股本　　　　　　　　　　D. 资本公积

2. 企业本年盈利1 000万元，法律规定的法定公积金计提比率为10%。下列关于计提法定公积金的说法中，正确的是（　　）。
   A. 如果存在年初累计亏损为100万元，则本年计提的法定公积金为90

万元

B. 如果不存在年初累计亏损,则本年计提的法定公积金为 100 万元

C. 如果存在年初累计亏损 1 200 万元,则本年计提的法定公积金为零

D. 如果存在年初累计亏损 1 200 万元,且都是 6 年前的亏损所导致的,则本年计提的法定公积金为 100 万元

3. 下列各项中,会导致企业采取低股利政策的事项是( )。
   A. 物价持续上升　　　　　　B. 金融市场利率走势下降
   C. 企业资产的流动性较弱　　D. 企业盈余不稳定

4. 企业通常采用的股利分配形式包括( )。
   A. 现金　　　B. 股票　　　C. 债务　　　D. 财产

5. 下列属于股票股利的优点包括( )。
   A. 可以避免企业支付能力下降、财务风险加大
   B. 可以起到稳定股利、维护市场形象的作用
   C. 可以扩大股东权益
   D. 可以避免发放现金股利后再筹集资本所发生的筹资费用

三、判断题

1. 公司只要有累计盈余即可发放现金股利。　　　　　　　　　　( )

2. 一般地讲,只有在公司股价剧涨、预期难以下降时,才采用股票股利的办法降低股价;而在公司股价上涨幅度不大时,往往采用股票分割的方法将股价维持在理想的范围之内。　　　　　　　　　　　　　　　　　　　　　　( )

3. 领取股利的权利与股票相互分离的日期,称为股权登记日。　　( )

4. 公司通过发放股票股利,实际上等同于变相发行股票,即实际上是将公司盈利资本化。　　　　　　　　　　　　　　　　　　　　　　　　( )

5. 某公司目前的普通股 100 万股(每股面值 1 元,市价 25 元),资本公积 400 万元,未分配利润 500 万元。发放 10% 的股票股利后,公司的未分配利润减少 250 万元,股本增加 250 万元。　　　　　　　　　　　　　　　　　　( )

四、核算题

1. 某公司 2005 年度的税后利润为 1 000 万元,该年分配股利 500 万元,2006 年度的税后利润为 1 200 万元。2007 年拟投资 1 000 万元引进一条生产线以扩大生产能力。该公司目标资本结构为自有资金占 80%,借入资金占 20%。如果该公司执行的是固定股利支付率政策,并保持资金结构不变,则 2007 年度该公司为引进生产线需要从外部筹集多少股权资金?

2. 某公司某年年底的所有者权益总额为 9 000 万元,普通股 6 000 万股。目前的资本结构为长期负债占 55%,所有者权益占 45%,没有需要付息的流动负债。

该公司的所得税税率为30%。预计继续增加长期债务不会改变目前的11%的平均利率水平。

董事会在讨论20××年资金安排时提出：
(1) 计划年度分配现金股利0.05元/股。
(2) 为新的投资项目筹集4 000万元的资金。
(3) 计划年度维持目前的资本结构，并且不增发新股，不举借短期借款。

要求：测算实现董事会上述要求所需要的息税前利润。

3. A股份有限公司是一家上市公司，成立于1999年，2002年6月5日在深交所上市。公司主营商业零售业务，其收入多为现金，支付能力强，公司股东希望每年从该公司获取超过8%的分红（该大股东初始投资资本为每股1.8元）。由于2004年所在地区将有两家国外大型连锁经营店设店，预计将进一步使竞争加剧，对公司业绩产生重大影响。为了改善经营结构，提高公司盈利能力和抗风险能力，公司于2004年扩大经营范围，准备投资5 000万元收购B公司55%的股权。公司2003年度实现净利润50 000万元，每股收益0.5元；年初未分配利润为5 000万元。公司目前的资产负债率为65%。根据以上情况，公司设计了三套收益分配方案：

方案一：仍维持公司设定的每股0.2元的固定股利分配政策，以2003年年末总股本100 000万股为基数，据此计算的本次派发现金红利总额为20 000万元。

方案二：以2003年年末总股本100 000万股为基数，按每股0.15元向全体股东分配现金红利。据此计算的本次派发现金红利总额为15 000万元。

方案三：以2003年年末总股本100 000万股为基数，向全体股东每10股送1股，派现金红利0.5元。本次共送红股10 000万股，共派发现金红利5 000万元。

要求：分析上述三套方案的优缺点，并从中选出你认为的最佳分配方案。

第八章　财务预测与计划

- 了解财务预测的产生过程
- 理解财务预测的原理
- 掌握编制财务预算的基本方法
- 能够利用财务预测信息进行相关分析和决策

引　言

　　山东黄金矿业股份有限公司(600547)2008年7月14日发布公告称,预计2008年上半年业绩大幅上升,净利润比上年同期增长400%以上。2007年上半年,山东黄金实现净利润约9 260.93万元,同比增长67.09%,每股收益为0.58元。山东黄金称,业绩增长主要原因为公司增发上市,使资产规模增大,黄金产量增加。另外,公司加大了资源整合力度,降低成本,使盈利能力大幅提高。

　　上市公司对业绩突变作出预告,目的是帮助投资者预先掌握业绩变化的信息,帮助投资者及时了解公司经营业绩动向,正确进行投资决策,最大限度地规避投资风险。那么,从企业角度来看,如何进行财务预测就显得十分重要。本章将集中对财务预测和财务预算进行深入的讨论。

第一节　财务预测概述

　　财务预测是企业管理人员以一定假设为基础,对企业预期的经营成果、财务状况和现金流量所作的预测。财务预测分析的成果是预测性的财务报告。其表现形式可以是整套的财务报告预测,也可以是财务报告一部分或多部分的预测。预测信息是关于公司未来发展前景和经营业绩的信息,由于其生成过程的多重假定性,以及在披露时的弹性和灵活性,因此预测性信息又称软信息。虽然从世界范围来看,比较一致的财务预测信息披露规范尚未形成,但财务预测信息依然是会计信息使用者所需要的重要信息。

一、财务预测的产生

财务信息是为投资者、债权人等信息使用者提供决策服务的。然而,传统财务报告以过去的交易和事项为报告对象,虽然具备相关性、有用性和可靠性等有助于决策的特点,但很少涵盖与公司未来财务状况及经营状况直接相关的信息。财务预测信息的产生正是反映了信息使用者对未来信息的要求。

企业财务预测概念最早出现于美国。1947年,美国的斯图加特莱斯在注册会计师年会上提出公司应编制财务预算并将它公开揭示出来。1973年,美国证券交易管理委员会准许公司自愿进行预测性财务信息的披露。1985年、1986年,美国注册会计师协会(AICPA)发布了《财务预测审计准则》及《预测财务报表指南》,进一步规范财务预测的编制与披露。1995年和1998年,美国颁布《证券民事诉讼改革法》和《证券诉讼统一标准法》,其中涉及预测性信息披露的免责问题。

由于预测性财务信息的编制和披露符合企业编制财务报告的目标,所以西方会计界对此十分重视。英国、加拿大、新加坡、我国香港和我国台湾以及国际会计准则委员会(IASC)也先后制定发布了企业提供预测性财务信息的有关规范,企业提供预测性财务信息已经成为普遍现象。财务预测信息有三种来源:强制性披露、自愿性披露或财务分析师披露。目前,以美国为首的西方国家,对财务预测基本上采取自愿性披露方式。

我国在预测性信息的披露方面,也存在一个循序渐进的过程。从股票市场角度来看,在其成立之初,由于我国《公司法》规定,公司发行新股必须具备的条件之一是:公司预期利润率可以达到同期银行存款利率,因此,申请上市的公司都必须发布预测信息。因为强制披露盈利预测的不合理性及其带来的虚报夸大等诸种弊端,故从1993年起将其改为自愿披露。但是,在当时股份制改组上市的实际操作中,由于股票发行价格是预期盈利与市盈率的乘积,所以,虽然法律规定自愿披露盈利预测政策,实际上所有发行股票公司都要披露盈利预测。为了充分实行盈利预测自愿披露原则,从1996年起,新股发行定价不再以盈利预测为依据,而改为按过去3年已实现每股税后利润计算平均值为依据,这便从根本上保障了公司决定是否披露盈利预测的选择权。现行的披露规则是:公司有披露盈利预测报告的选择权。但是,披露需遵守两个准则:① 提供盈利预测报告有助于投资者对其投资作出准确判断。② 公司确信有能力对最近的未来期间的盈利情况作出比较切合实际的预测。凡公司在年度报告中披露新一年度盈利预测的,则该盈利预测必须经过具有从事证券相关业务资格的注册会计师审核并发表意见,且在盈利预测报告中应载明:"本公司盈利预测报告的编制遵循了谨慎性原则,但盈利预测所依据的各种假设具有不确定性,投资者进行投资决策时不应过分依赖该项资料。"可见,我国现阶段的法律、法规一般只对申请公开发行股票的公司要求提供盈利预测,但对于编制盈利预测的程序、方法、具体要求等则没有相应的规定或指南。预测的范围主要是盈利预测,其他诸如现金流量、资产负债等情况的预测等没有进一步进行规定。另外,根据深圳证券交易所2006年7月11日颁布的《上市公司信息披露工作指引第1号——业绩预告和业绩快报》的规定:上市公司董事会应当密切关注公司经营情况,出现以下情形之一的,应当及时进行业绩预告:① 预计公司本报告期或未来报告期(预计时点距报告期末不应超过12个月)业绩将出现亏损、实现扭亏为盈或者与上年同期相比业绩出现大幅变动(上升或者下降50%以上)的。② 在公司会计年度结束后1个月内,经财务核算或初步审计确认,公司该年度经营业绩将出现亏损、实现扭亏为盈、与上年同期相比业绩出现大幅变动(上升或者下降50%以上)的。③ 其他本所认为应披露的情形。

二、财务预测信息的内容

在美国,一般认为预测性信息披露的范围包括:① 关于总收入、收益、每股盈利、资本支出、红利、资本结构或其他财务项目的预测性说明。② 对将来经营计划和目标的说明。③ 关于未来经济形势的说明。④ 关于前三类事项的假设性前提说明。⑤ 由发行人聘请的外部评论人员就发行人所作的前景预测进行评估的报告。⑥ 对SEC规定的其他项目的预测或者估计。

按照我国现行证券法的有关规定,上市公司的预测性信息的披露划分为发展规划(计划)和盈利预测。发展规划指发行人已经制定的、有一定依据、比较切实可行的发展计划与安排。包括(但不限于)发行人的生产经营发展战略、发展目标和规模、销售计划、生产经营计划、固定资产投资计划及设备更新计划,人员扩充计划、资金筹措和运用计划等。在中期报告中还要求披露发行人下半年经营计划,包括公司针对宏观经济环境的变化和国家有关政策的要求所要着重进行的工作以及针对上半年生产经营过程中存在的问题拟采取的措施和对策。这一类信息虽然也涉及未来的措施,但由于具有较强的确定性和计划性,实现的可能性也较大。目前,这一类信息是上市公司在招股说明书和中期报告中必须予以披露的事项。

盈利预测是指股票发行人在对一般经济条件、营业环境、市场情况、发行人生产经营条件和财务状况等进行合理假设的基础上，按照发行人正常的发展速度，本着谨慎的原则对未来会计年度的净利润总额、每股盈利、市盈率等财务事项所作的预测。2001年颁布的《公开发行证券的公司信息披露内容与格式准则第11号——上市公司发行新股招股说明书》中规定，发行人在招股说明书中可披露盈利预测报告。盈利预测报告中应载明：本公司盈利预测报告的编制遵循了谨慎性原则，但盈利预测所依据的各种假设具有不确定性，投资者进行投资决策时应谨慎使用。盈利预测报告包括盈利预测表及其说明，盈利预测表的格式应与利润表一致，其中预测数应分栏列示已审实现数、未审实现数、预测数和合计数。凡有控股子公司并需要编制合并财务报表的，应分别编制母公司盈利预测表和合并盈利预测表。盈利预测表后应附有与本预测相关的背景及分析资料，例如：

（1）预测中包括尚未投入使用的项目的收益时，介绍项目情况并提供项目可在预测期间投入使用并产生预期收益的依据。

（2）各假设条件与过去几年相比有重大变动时，予以相应说明。

（3）盈利预测与历史数据相比增减幅度较大时，分析差异所产生的原因。

（4）发行人为本次发行而进行重组时，分析重组行为对预测产生的影响。

另外，2001年3月28日颁布的《上市公司新股发行管理办法》第26条规定："上市公司增发披露盈利前景的，应当审慎地作出盈利预测，并经过具有证券从业资格的注册会计师审核，如存在影响盈利预测的不确定因素，应当就有关不确定因素提供分析与说明。上市公司增发未作盈利预测的，应当在招股意向书、发行公告和招股说明书的显要位置作出特别风险警示。"

【问题与思考 8-1】

预测性财务信息的公开披露制度有何作用？如何看待在我国证券市场中存在的上市公司盈利预测不实的问题？

第二节 财务预测的方法

财务预测信息的范围较广，但目前在国内应用较多的是盈利预测。以下就以盈利预测为例，说明财务预测的方法。

企业盈利预测信息的生成是企业内部各相关部门及各个环节共同完成的。可靠的预测性财务信息应建立在合理确定预测基准和预测假设、科学界定预测时间、正确运用会计政策、预测方法和编制程序等基础之上。

一、盈利预测的程序

（一）确定预测基准

确定预测基准主要由企业的内部事实和外部事实两方面构成。内部事实一般包括公司历史财务报告、公司现有的生产能力、各月预算数据及其完成情况等信息。外部事实是指产品市场需求状况等信息。

（二）保证预测假设的合理性

预测假设是对影响企业未来财务状况和经营业绩的相关因素的未来状况所作的合理假定。如：

（1）公司经营面临的政治、经济、法律、文化等环境因素没有重大变化。

（2）公司的经营运作未受到诸如人员、交通、电信、水电和原材料供应的严重短缺和成本中客观因素的巨大变动而产生的不利影响。

（3）公司的生产经营计划、投资计划和销售计划如期实现，无重大变化。

（4）公司的能源和原材料供应无重大变化，主要产品市场需求状况、价格状况无重大变化和重大影响。

（5）在盈利预测期内有关汇率及贷款利率无重大改变，公司所在地方的税负基准及税率政策无重大改变。

（6）不发生人力不可抗拒因素及不可预见因素所造成的重大不利影响。

（三）科学界定预测时间

预测性财务信息时间跨度的长短与预测财务信息的质量呈反向关系。一般情况下，通用性的预测财务信息的编制时间应与实际财务报表的编制时间相同，以便进行对比分析。

（四）正确运用会计原则（政策）和预测方法

为了确保预测信息和历史信息的可比性，生成预测性财务信息所运用的会计原则、会计政策应当与提供实际财务报表所用的原则、政策相一致。

（五）运用科学的程序和方法进行盈利预测

财务预测工作必须通过一定的科学方法才能完成。公司应根据预测的目的以及取得信息资料的特点，选择适当的预测方法。使用定量方法时，应建立数理统计模型；使用定性方法时，要按照一定的逻辑思维，制定预算的提纲。

（六）评价与修正预测结果

预测毕竟是对未来财务活动的设想和推断，难免会出现预测误差，因而，对于预测结果，要经过经济分析评价之后，才能予以确认。分析评价的重点是影响未来发展的内外因素的新变化。若误差较大，就应进行修正或重新预测，以确定最佳预测值。

二、盈利预测的内容和方法

在上述假设下,盈利预测还应当结合考虑计划年度的营销计划、生产计划和财务预算,分析公司面临的市场环境和未来发展前景,并充分考虑现实各项基础、经营能力、未来的发展计划。

（一）销售预测

在企业预测系统中,销售预测处于先导地位,它对指导盈利预测、成本预测和资金预测,以及安排经营计划、组织生产等都起着重要的作用。销售预测应考虑的因素包括外部因素和内部因素。其中,外部因素包括市场需求动向、区域经济变动、同业竞争的动向等,内部因素包括营销活动政策、企业的生产状况、新产品的开发、销售渠道的拓宽等。销售预测的方法主要有两大类：一类是定性分析法。它主要根据经营负责人的经验、销售人员的推测,参考顾客与客户的意见,分析市场变化,预测未来的市场需求。此方法不需要经过精确的设计即可简单迅速地进行预测。所以,当预测资料不足而预测者的经验相当丰富的时候,这时是一种最适宜的方法。另一类是定量分析法。它主要是以时间序列分析法为代表的数学推断法。在销售预测时,通常都将销售实绩按照年、月的次序进行排列,以观察随时间变化的轨迹,从而来预测未来销量。也可以采用相关分析法,根据销量及影响销量的某个变量之间的关系,通过统计分析,来预测未来销量。

（二）费用和利润预测

费用的内容很多,因此,必须逐项预测。但是,由于大多数的费用与收入之间存在较明显的关联度,因此,有时也可以简单的百分比法来粗略估算随着收入增长而增长的费用部分。这些费用主要包括销售成本及销售管理费用等。而其他一些费用往往与其发生的动因有关。如财务费用通常受债务水平和利率的影响,折旧费用通常与企业的固定资产规模和折旧政策有关。

三、实际运用案例

以下以上海实业医药投资股份有限公司2007年度盈利预测报告为例,介绍盈利预测的相关方法和内容。

（一）2007年度盈利预测编制基础与主要假设

(1) 盈利预测编制目的(略)。

(2) 盈利预测编制基础。

本盈利预测以业经立信会计师事务所有限公司审计的本公司2004年度、2005年度和2006年度会计期间的备考合并经营业绩为基础,遵循下文"3"所列主要假设,充分考虑本公司现实的各项基础、经营能力和市场需求等因素,并结合本公司

2007年度的经营计划、资金使用计划、投资计划及其他有关资料进行预测。

（3）盈利预测所依据的主要假设（略）。

（二）2007年度备考合并盈利预测表

上海实业医药投资股份有限公司2007年度备考合并盈利预测情况，如表8-1所示。

表8-1　上海实业医药投资股份有限公司2007年度备考合并盈利预测表

编制单位：上海实业医药投资股份有限公司　　　　　　　　　　金额单位：万元

项　　目	注释	2006年度（注）	2007年1～6月实际数（未审）	2007年7～12月预测数	2007年度预测数
一、营业总收入		398 370	212 503	188 024	400 527
其中：主营业务收入	三（一）	395 708	210 403	187 672	398 075
其他业务收入	三（二）	2 662	2 100	352	2 452
减：营业总成本		357 587	192 100	169 128	361 228
其中：营业成本		239 752	123 781	102 156	225 937
其他业务支出		1 767	1 324	68	1 392
营业税金及附加	三（三）	1 459	835	891	1 726
销售费用	三（五）	69 087	42 020	40 880	82 900
管理费用	三（六）	44 560	23 331	23 781	47 112
财务费用	三（七）	14	165	1 352	1 517
资产减值损失	三（四）	948	644	0	644
加：公允价值变动收益（损失以"－"号填列）					
投资收益（损失以"－"号填列）	三（八）	7 667	5 839	2 925	8 764
其中：对联营企业和合营企业的投资收益		5 517	3 315	2 838	6 153
二、营业利润（亏损以"－"号填列）		48 450	26 242	21 821	48 063
加：营业外收入	三（九）	2 053	1 020	997	2 017
减：营业外支出	三（十）	1 699	208	321	529
其中：非流动资产处置损失		626	11	182	193
三、利润总额（亏损总额以"－"号填列）		48 804	27 054	22 497	49 551
减：所得税费用	三（十一）	10 761	6 215	5 65	12 180
四、净利润（净亏损以"－"号填列）		38 043	20 839	16 532	37 371
归属于母公司所有者的净利润		21 732	12 294	10 083	22 377
少数股东损益	三（十二）	15 503	8 545	6 449	14 994

(三)备考合并盈利预测编制说明

(1)主营业务收入、主营业务成本及主营业务毛利分析,如表8-2所示。

表8-2 上海实业医药投资股份有限公司2007年度主营
业务收入、主营业务成本及主营业务毛利分析

金额单位:万元

项 目	2006年实际数	2007年预测数	增减变动率(%)
医药的开发、制造、销售、咨询等			
销售收入	334 721	342 555	2.34
销售成本	191 471	184 316	−3.74
销售毛利率(%)	42.80	46.19	7.92
医疗器械:			
销售收入	60 987	55 520	−8.96
销售成本	48 281	41 621	−13.79
销售毛利率(%)	20.83	25.03	20.16
房租物业、广告及其他			
销售收入	2 662	2 452	−7.89
销售成本	1 767	1 392	−21.22
销售毛利率(%)	33.62	43.23	28.58
合计:			
销售收入	398 370	400 527	0.54
销售成本	241 519	227 329	−5.88
销售毛利率(%)	39.37	43.24	9.83

2007年度主营业务收入的预测依据是2006年度实现的收入、历年收入增长情况及2007年度的市场状况。具体如下:

(a)医药的开发、制造、销售、咨询业务2007年度预计营业收入342 555万元,比2006年度增加人民币7 834万元,增加比率为2.34%。其增加原因为:公司下属子公司常州药业股份有限公司自制产品不断推广,医药药材市场占有率不断扩大,使该公司2007年度预计营业收入比2006年度增加7 697万元,预计增长6.88%。公司下属子公司广东天普生化医药股份有限公司开发研制的乌司他丁尚在保护期内,该产品每年销售都能稳定增长,新药凯力康市场已经逐渐打开,市场销售前景乐观,预计2007年度有较大的增长,使得该公司2007年度预计营业收入

比2006年度增加3 264万元,预计增长17.58%。

(b) 医疗器械2007年度预计营业收入55 520万元,比2006年度减少人民币5 467万元,减少比率为8.96%。其变动原因为:2007年度受国家进出口政策的影响,公司下属子公司上海医疗器械股份有限公司出口业务受到了一定的影响,销售收入下降较大。

按主要业务的销售成本及毛利率分析:

(a) 医药的开发、制造、销售、咨询业务2006年度销售毛利率42.80%,预计2007年度销售毛利率46.19%,预计增长率7.92%。其变动原因为:公司下属子公司以制药为主,随着产业化的逐步完善,使得产品单位成本下降,毛利率保持较高位。

(b) 医疗器械销售业务2006年度销售毛利率20.83%,预计2007年度销售毛利率25.03%,预计增长率20.16%。其变动原因为:出口业务消耗原料及人工较多,预测期内出口业务下降,使得总体成本下降,毛利率有所增长。

(2) 其他业务分析,如表8-3所示。

表8-3 上海实业医药投资股份有限公司2007年度其他业务分析

金额单位:万元

项 目	2006年实际数			2007年预测数		
	收 入	支 出	利 润	收 入	支 出	利 润
材料销售	1 553	1 367	186	199	149	50
租赁收入	647	275	372	466	68	398
技术转让收入	90		90	40		40
房屋转让收入				1 354	1 172	182
其他收入	372	125	247	393	3	390
合 计	2 662	1 767	895	2 452	1 392	1 060

2007年度预计其他业务收入比2006年度减少210万元,预计减少比率7.89%,变化较大。主要原因为:

(a) 材料销售减少较大。公司下属子公司上海医疗器械股份有限公司2006年度销售材料收入996万元,而2007年度预计无收入。其主要原因是由于该公司材料销售毛利为亏损,导致该公司不再将材料销售作为公司业务。

(b) 房屋转让收入。母公司预计2007年度销售投资性房产1 354万元,并将获得收益。

(3) 营业税金及附加。2007 年度预计营业税金及附加为 1 726 万元,较 2006 年度增长 18.30%。增加的主要原因是主营业务收入增长导致的增值税附加税费的增长。

(4) 资产减值损失。公司根据既定的会计政策,结合 2007 年度资产、负债的结构,预测 2007 年度的资产减值损失。

(5) 销售费用分析,如表 8-4 所示。

表 8-4　上海实业医药投资股份有限公司 2007 年度销售费用分析

金额单位:万元

项　目	注　释	2006 年实际数	2007 年预测数	增减变动(%)
职工薪酬	1	12 921	13 378	3.54
差旅费	2	7 506	7 611	1.40
业务招待费	2	756	922	21.96
广告费	3	10 604	14 474	36.50
市场开发费		2 215	2 200	-0.68
办公室	4	3 225	4 838	50.02
会议费	4	7 719	7 304	-5.38
其他		24 141	32 173	33.27
合　计		69 087	82 900	20.00

公司根据历史情况及预计销售收入,预测 2007 年度的销售费用。销售费用变动的主要原因如下:

(a) 2007 年度之职工薪酬预计较 2006 年度增加 457 万元。其主要原因是公司 2007 年度销售量上升使销售人员规模增长,并且 2007 年度工资水平调整,致使职工薪酬有所增长。

(b) 2007 年度差旅费支出预计较 2006 年度增长幅度较小;2007 年度业务招待费支出预计较 2006 年度增加 166 万元。其主要原因是差旅费支出和业务招待费支出与销售收入的增长密切相关。公司在 2007 年度将加大市场拓展力度,销售推广人员将进行更多的宣传。故 2007 年度差旅费支出和业务招待费支出较 2006 年度有相应幅度的上升。

(c) 2007 年度广告费支出预计较 2006 年度增长显著。其主要原因是公司预计于 2007 年度扩大市场拓展力度,增加广告投入,加强业务宣传,以配合促进公司产品销售、扩大公司的品牌效应。

(d) 2007年度办公费和会议费支出增长明显。其主要原因是公司销售平台规模扩大而产生的消耗也随之增长。

(6) 管理费用分析,如表8-5所示。

表8-5 上海实业医药投资股份有限公司2007年度管理费用分析

金额单位:万元

项 目	注 释	2006年实际数	2007年预测数	增减变动(%)
职工薪酬	1	11 467	12 518	9.17
劳动保险费	1	3 804	4 273	12.33
差旅费	2	1 016	1 030	1.38
业务招待费	3	1 228	1 069	−12.95
技术开发及研究费	4	3 564	4 101	15.07
办公费	5	986	1 065	8.01
其他		22 495	23 056	2.49
合 计		44 560	47 112	5.73

本年度管理费用的预测依据是上年同期实际发生数和本年各项费用增减因素。管理费用变动的主要原因如下:

(a) 2007年度预计职工薪酬和劳动保险费增长是由于业务增长、各管理平台人员人数增加及工资福利水平增长所致。

(b) 2007年度预计差旅费的增长。其主要原因是随管理人员增加而相应增加的费用。

(c) 2007年度预计业务招待费支出较2006年度略有下降,其主要原因主要是管理层本着降本增效的原则控制费用的支出。

(d) 2007年度预计技术开发及研究费较2006年度有较大的增长。其主要原因是为了增强公司在药品制造及销售市场上的优势及发展后劲,为未来业务的发展奠定良好的基础。

(e) 2007年度办公费用增加。其主要原因是公司管理平台规模扩大而产生的消耗也随之增长。

(7) 财务费用。公司2007年预计财务费用1 517万元,较2006年度大幅增加1 503万元。公司利息收入的预测是根据预计的银行存款余额及适用的活期存款利率计算所得,并根据2007年度的投资计划及进度预测未来的资金借贷及相应的利息支出。

(8) 投资收益。2007年度预计投资收益为8 764万元,主要为联营公司贡献投资收益6 153万元,预计股票投资及出售法人股等其他投资收益2 611万元。

(9) 营业外收入。公司根据以往历年的实际情况谨慎考虑,2007年度预计将获得与以往年度相同的补贴收入。

(10) 营业外支出。2007年度预测营业外支出529万元,比2006年度减少68.86%。其主要原因为2006年度非流动资产报废损失较多。

(11) 所得税费用。2007年度所得税费用的预测是依据本年预计利润总额及所适用税率相乘而得。具体情况如下:

(a) 公司下属子公司广东天普生化医药股份有限公司经广州市科学技术局认定为高新技术企业,2007年度享受企业所得税减按15%的税率交纳的税收优惠政策。

(b) 公司下属子公司上海医疗器械股份有限公司已取得上海市科学技术委员会颁发的上海市高新技术企业认定证书,2007年度享受企业所得税减按15%的税率交纳的税收优惠政策。

(c) 公司下属子公司辽宁好护士药业(集团)有限责任公司享受中外合资企业的两免三减半政策,从2004年起享受,2007年度为减半期16.5%。

(d) 公司下属子公司厦门中药厂有限公司享受中外合资企业的两免三减半政策,从2003年起享受,2007年度为减半期7.5%。

(12) 少数股东损益。公司是根据预测子公司盈利情况及各子公司之少数股东分别所占权益比例计算2007年度之少数股东损益。

(四) 影响盈利预测结果实现的主要问题和准备采取的措施

(1) 影响盈利预测结果实现的主要问题:

(a) 国家宏观调控政策对药品市场的影响。

(b) 原材料、人工成本的上升是否超过预期。

(c) 新药的开发及研制是否按照计划进行。

(d) 新药及新产品的推广是否达到预期。

(2) 准备采取的措施:

(a) 了解最新的国家政策,及时改变产品结构,以降低国家政策对公司的影响。

(b) 与主要供应商建立良好的合作关系,加强原材料价格信息比较分析,控制采购成本,进一步完善信息系统,提高存货管理及生产效率,降低耗用来解决成本上升问题。

(c) 加强研究开发投入,并与研发单位建立良好的合作关系,及时了解新药开发进度,确保新药开发的顺利进行。

(d) 加强市场推广投入,力争让大众接受新药及新产品。

第三节 财务预算

预测未来业绩的最佳方法是讲求全面性,所以,不仅要对盈利进行预测,也要预测现金流量和资产负债的有关数据。因为,盈利预测主要注重未来几年内的销售收入及其相关费用的变动情况,而收入费用的增长必然伴随着营运资本、固定资产及相关融资数量的增长。为避免盈利预测中某些不切实际的因素,我们必须进行全面预测,编制财务预算。

财务预算是企业全面预算的一个部分。预算是计划工作的成果,它既是决策的具体化,又是开支生产经营活动的依据。2001年发布的《企业国有资本与财务管理暂行办法》第17条规定:"企业对年度内的资本营运与各项财务活动,应当实行财务预算管理制度。"对不按规定编报年度财务预算的,主管财政机关根据《中华人民共和国行政处罚法》的规定,可以责令限期改正。2002年4月,财政部又制定了《关于企业实行财务预算管理的指导意见》,明确企业财务预算是在预测和决策的基础上,围绕企业战略目标,对一定时期内企业资金取得和投放、各项收入和支出、企业经营成果及其分配等资金运动所作的具体安排。

全面预算涉及许多预测,这些预测往往与"动因"相关,所以,必须结合各类动因,分别对各项内容进行分析预测。而在所有的动因中,销售收入始终是一个最重要的因素,因此,也可以利用销售收入与这些项目之间的关系,对计划期间各个项目进行合理的调整。全面预测及财务预算的编制也涉及企业的方方面面,企业内部生产、投资、物资、人力资源、市场营销等职能部门都必须参与其中。唯有如此,才能做好企业总预算的综合平衡、协调、分析、控制、考核等工作。

一、财务预算的内容

按照2002年4月10日由财政部颁布的《关于企业实行财务预算管理的指导意见》规定,企业财务预算应当围绕企业的战略要求和发展规划,以业务预算、资本预算为基础,以经营利润为目标,以现金流为核心进行编制,并主要以财务报表形式予以充分反映。财务预算与业务预算、资本预算、筹资预算共同构成企业的全面预算。企业财务预算一般按年度编制,业务预算、资本预算、筹资预算分季度、月份落实。企业编制全面预算应当按照先业务预算、资本预算、筹资预算,后财务预算的流程进行,并按照各预算执行单位所承担的经济业务的类型及其责任权限,编制不同形式的全面预算。其主要内容包括:基础部分,如业务预算、资本预算、筹资预算;财务预算部分,如现金预算、预计资产负债表和预计利润表。

二、财务预算的编制

财务预算应当在编制基础部分预算的基础上进行,具体步骤为:按照先后财务预算的流程进行,并按照各预算执行单位所承担的经济业务的类型及其责任权限,编制不同形式的财务预算。

（一）业务预算

业务预算是反映预算期内企业可能形成现金收付的生产经营活动(或营业活动)的预算,一般包括销售或营业预算、生产预算、制造费用预算、产品成本预算、营业成本预算、采购预算、期间费用预算等。企业可根据实际情况具体编制。

（1）销售或营业预算是预算期内预算执行单位销售各种产品或者提供各种劳务可能实现的销售量或者业务量及其收入的预算。它主要依据年度目标利润、预测的市场销量或劳务需求及提供的产品结构以及市场价格而编制。

（2）生产预算是从事工业生产的预算执行单位在预算期内所要达到的生产规模及其产品结构的预算。它主要是在销售预算的基础上,依据各种产品的生产能力、各项材料及人工的消耗定额及其物价水平和期末存货状况而编制。为了实现有效管理,还应当进一步编制直接人工预算和直接材料预算。

（3）制造费用预算是从事工业生产的预算执行单位在预算期内为完成生产预算所需各种间接费用的预算。它主要在生产预算基础上,按照费用项目及其上年预算执行情况,根据预算期降低成本、费用的要求而编制。

（4）产品成本预算是从事工业生产的预算执行单位在预算期内生产产品所需的生产成本、单位成本和销售成本的预算。它主要依据生产预算、直接材料预算、直接人工预算、制造费用预算等汇总而编制。

（5）营业成本预算是非生产型预算执行单位对预算期内为了实现营业预算而在人力、物力、财力方面所进行的直接成本预算。它主要依据企业有关定额、费用标准、物价水平、上年实际执行情况等资料而编制。

（6）采购预算是预算执行单位在预算期内为保证生产或者经营的需要而从外部购买各类商品、各项材料、低值易耗品等存货的预算。它主要根据销售或营业预算、生产预算、期初存货情况和期末存货经济存量而编制。

（7）期间费用预算是预算期内预算执行单位组织经营活动必要的管理费用、财务费用、销售(营业)费用等预算。应当区分变动费用与固定费用、可控费用与不可控费用的性质,根据上年实际费用水平和预算期内的变化因素,结合费用开支标准和企业降低成本、费用的要求,分项目、分责任单位进行编制。其中,科技开发费用以及业务招待费、会议费、宣传广告费等重要项目,应当重点列示。

（8）企业对自办医院、学校及离退休人员费用支出,解除劳动关系补偿支出,交纳税金,政策性补贴、对外捐赠支出及其他营业外支出等,应当根据实际情况和国家有关政策规定,编制营业外支出等相关业务预算。

(二) 资本预算

资本预算是企业在预算期内进行资本性投资活动的预算。它主要包括固定资产投资预算、权益性资本投资预算和债券投资预算。

(1) 固定资产投资预算是企业在预算期内购建、改建、扩建、更新固定资产进行资本投资的预算。企业应当根据本单位有关投资决策资料和年度固定资产投资计划编制。企业处置固定资产所引起的现金流入,也应列入资本预算。企业如有国家基本建设投资、国家财政生产性拨款,则应当根据国家有关部门批准的文件、产业结构调整政策、企业技术改造方案等资料单独编制预算。

(2) 权益性资本投资预算是企业在预算期内为了获得其他企业单位的股权及收益分配权而进行资本投资的预算。企业应当根据企业有关投资决策资料和年度权益性资本投资计划编制。企业转让权益性资本投资或者收取被投资单位分配的利润(股利)所引起的现金流入,也应列入资本预算。

(3) 债券投资预算是企业在预算期内为购买国债、企业债券、金融债券等所作的预算。企业应当根据有关投资决策资料和证券市场行情编制。企业转让债券收回本息所引起的现金流入,也应列入资本预算。

(三) 筹资预算

筹资预算是企业在预算期内需要新借入的长短期借款、经批准发行的债券以及对原有借款、债券还本付息的预算。它主要依据企业有关资金需求决策资料、发行债券审批文件、期初借款余额及利率等编制。企业经批准发行股票、配股和增发股票,应当根据股票发行计划、配股计划和增发股票计划等资料单独编制预算。股票发行费用,也应当在筹资预算中分项作出安排。

(四) 财务预算

财务预算主要以现金预算、预计资产负债表和预计利润表等形式反映。

(1) 现金预算是按照现金流量表主要项目内容而编制的反映企业预算期内一切现金收支及其结果的预算。它以业务预算、资本预算和筹资预算为基础,是其他预算有关现金收支的汇总。它主要作为企业资金头寸调控管理的依据。

(2) 预计资产负债表是按照资产负债表的内容和格式而编制的综合反映预算执行单位期末财务状况的预算报表。一般根据预算期初实际的资产负债表和销售或营业预算、生产预算、采购预算、资本预算、筹资预算等有关资料分析编制。

(3) 预计利润表是按照损益表的内容和格式而编制的反映预算执行单位在预算期内利润目标的预算报表。一般根据销售或营业预算、生产预算、产品成本预算或者营业成本预算、期间费用预算、其他专项预算等有关资料分析编制。

【问题与思考 8-2】

预算一般被视作开支费用的工具。但新的观念认为,预算是使企业的资源获得最佳生产率、最佳获利率的一种方法。你如何看待这种观念?

第四节 财务预测信息的分析

一、企业与财务预测信息的编制和披露

西方国家的上市公司对盈利预测均采取自愿性披露的方式。但出于种种原因,西方企业提供预测性财务信息的现象十分普遍。其主要原因是市场经济是一种以市场机制作为资源配置方式的。在资本市场上,资本作为一种稀缺资源,其流向主要取决于筹资者之间竞争的情况。为了更广泛地筹集资本和激发投资者的投资欲望,上市公司作为筹资者必须尽可能地提供足够的信息以满足投资者的需求,吸引他们把资金投向本公司。在美国披露预测性信息的时候,核心规则是安全港规则,即只要预测性信息是基于诚信原则进行编制的,并且编制的时候所采取的各项基本假设均属合理性的,即使后来事实证明没有达到目标,也不必承担责任。如果原告投诉,则必须举证说明预测缺乏合理的基础与诚信。

我国的股票市场尚处于不断完善阶段,主动提供预测性财务信息的上市公司不多,盈利预测的披露质量也存在一些问题。对于盈利预测偏差的责任界定,我国证监会规定:若年度利润实现数低于预测数的 10%~20%,发行公司及聘任的注册会计师应在指定报刊上作出公开解释并致歉;若低于预测数的 20% 以上,除公司作出解释并致歉外,证监会要进行事后查实,视其情节对公司和注册会计师作出相应处罚。上市公司增发完成后,凡不属于公司管理层事前无法预测且事后无法控制的原因,利润实现数未达到盈利预测的,上市公司董事长、公司聘请的注册会计师、担任主承销商的证券公司法定代表人、业务负责人和项目负责人应当在股东大会及指定报刊上公开作出解释。利润实现数未达到盈利预测 80% 的,如无合理解释,上述人员应当在指定报刊上公开道歉;未达到盈利预测 50% 的,中国证监会对有关上市公司给予公开批评,自作出公开批评之日起 2 年内,不再受理该公司发行新股的申请。

虽然我国在上市公司盈利预测信息监管方面推出了不少举措,但是,由于利润预测将引导投资者对上市公司的预期,因而将直接关系到公司筹资金额的多少,以及已上市公司股价的高低波动。为了尽量多地筹集资金,一些拟上市公司新股发行和已上市公司配股或增发时,就会夸大盈利预测,导致股票价格与价值严重不符,损害了投资者的利益。在 2000 年 123 家盈利预测的公司中,有 62 家公司未完成盈利预测目标,占其总数的一半以上。2001 年新上市公司完成盈利预测方面有所好转,在预

测了净利润等主要指标的48家公司中,有28家完成或超额完成了盈利预测,占58.3%。但是,从我国证券市场总体来看,盈利预测质量还有待于进一步提高。

提高盈利预测质量的首要因素是提高上市公司的诚信意识。无论是强制性披露还是自愿性披露,上市公司都要本着诚信的意识,采取合理的基本假设和会计政策进行预测,并在需要调整时及时予以公告更新。当然,预测信息的披露也应当符合会计信息提供者的成本效益原则,属于企业商业秘密的预测信息不能披露。其次要建立健全企业内部基础工作,其中最重要的是企业全面预算制度。企业应当成立预算委员会,按期编制各种预算,形成完整的预算体系,为生成科学的预测性财务信息提供基础。另外,预测性财务信息具有较大的不确定性,涉及面较广,编制过程实际上也是对编制者市场预测能力、判断能力及综合管理能力的检验,因此,提高提供者的业务能力也十分重要。

二、注册会计师与财务预测信息的审核

在西方国家,注册会计师在保证预测性财务信息质量方面主要起以下两个方面的作用:第一,审核预测性财务信息。在预测性财务信息是否必经注册会计师审核的问题上,美国证券交易委员会(SEC)认为,应当容许外部审核,但不强制。而英国、加拿大、新加坡、我国香港和我国台湾均规定必须实施注册会计师强制审核。在审核内容上,国外一般要求注册会计师审核预测假设的合理性、会计政策的适当性和一致性、计算的正确性、披露的充分性等,并出具审核报告。在审核责任上,国外强调注册会计师仅关注预测性财务信息的编制基准、假设、方法是否合理,注册会计师不会也没有能力对预测结果的可实现程度提供保证,由此明确区分了企业管理当局的编制责任和注册会计师的审核责任。第二,受托代编预测性财务信息。在企业管理当局独立编制预测性财务信息力量不足时,注册会计师可以接受委托代编。作为协助者,注册会计师要负代编责任。在国外发达资本市场中,预测性财务信息的提供者除企业管理当局外,还有外部财务分析师。两者相互竞争,促进了预测性财务信息质量的提高。

尽管在审核责任上,美国有相应的条款来区分企业管理当局的编制责任和注册会计师的审核责任,但是,在实际生活中,一旦有投资人因为预测性信息披露原因而发生投资损失的时候,注册会计师就会随时存在执业风险。1992年,美国投资者购买了由狄洛德·托许会计公司出具盈利预测报告的公司股票,但是公司却破产了,遭受惨重损失的投资者起诉该会计公司,理由是因信赖该公司报告而进行投资的。虽然会计公司进行了辩解,但是法庭仍判决会计公司败诉。法庭认为,如果一个具有高级技能的会计师签署了证实报告中所述事实的意见,那么该会计师的意见就能成为该事实可以确认的断言。不难看出,社会公众认定的注册会计师

所应承担的法律责任的范围远远超过其自身所设定的审核责任。

目前，我国注册会计师协助企业编制预测性财务信息的现象还很少见，但对上市公司的盈利预测，我们实行注册会计师强制审核制度。为了规范注册会计师执行盈利预测审核业务，还专门颁布了《独立审计实务公告第4号——盈利预测审核》，其中明确规定，注册会计师进行盈利预测审核的目的，是对被审核单位盈利预测所依据的基本假设、选用的会计政策及其编制基础进行审核，并发表审核意见。在审核责任上，由于盈利预测具有固有的不确定性，不能避免主观判断，注册会计师不应对预测结果的可实现程度作出保证。之所以有这样的责任界定，固然与上市公司经营活动日趋复杂有关，也由于目前受审计技术、审计成本等方面的限制，希望通过详细审计以发现所有错弊已不可能。但是随着"审计社会"的到来，注册会计师行业的责任意识和风险意识需日益加大。中国证监会规定，企业盈利实现数低于预测数10%～20%的，注册会计师应作出公开解释并道歉；若低于20%以上的，除公开解释并道歉外，还应承担相应的责任。我国《注册会计师法》和我国《刑法》中也规定了适用的民事责任及法律责任。1998年发生的"红光事件"是我国注册会计师承担盈利预测法律责任的第一例。成都蜀都事务所因出具"有严重虚假内容的盈利预测审核书"被处以罚款，暂停从事证券业务3年，签字注册会计师也被认定为证券市场终身禁入者。

三、投资者与财务预测信息的分析

企业盈利预测是广大投资者进行投资决策的重要参考依据，所以最大限度地保证预测信息的科学性、准确性和严肃性，对于投资者而言，更是十分重要。虽然根据有关条款规定，提供盈利预测的发行人都在盈利预测报告的首要部分提醒投资者。鉴于盈利预测所依据的种种假设的不确定性，进行投资判断时不应过于依赖该项资料。但是对于处于信息不对称下的投资者尤其是中小投资者来说，盈利预测始终是他们进行投资决策的重要参考依据。由于众多上市公司经常在有关媒体上发布变更盈利预测或实际结果远远偏离盈利预测的公告，致使投资者蒙受损失的案例不可谓不多。

2004年4月，诺基亚宣布其销售比2003年下降了2%，比其一季度财务预测的增长3%～7%低了很多。由此，引发了其股票的大幅下跌，股市市值大约缩水了150亿欧元。赫尔辛基市场的诺基亚股票暴跌了17%。为此，一部分投资者在美国对芬兰的这家公司提起了共同起诉。在起诉书中和该公司一起被起诉的诺基亚官员包括其首席执行官和首席财务官等要员。2001年12月20日，宝光股份刊登招股说明书，在时距2001年年底不过10天的时间内，预测2001年度主营业务收入与净利润分别为2.4亿元和2175万元，相比2000年的收入和盈利，分别增长

10.74%和246.34%。宝光股份发行价2.76元,首日收盘价高达11.29元,涨幅超过3倍,随后一路涨至16.75元,不少被盈利预测数据和市场上涨气势所迷惑的投资者纷纷高价介入。但之后的年度报告却表明,2001年度,宝光股份仅实现其盈利预测的60%。2002年5月14日,中国证券会稽查局进驻该公司,就2001年度利润总额未实现盈利预测一事进行稽查。当天,市场股价从12.86元跌至11.79元,跌幅达7.02%。之后的股价也是一蹶不振,使投资者蒙受了巨大损失。虽然事后监管部门对盈利预测出现差异的上市公司进行了"惩罚",但目前主要是对上市公司进行批评谴责,对投资者遭受的经济损失没有硬性规定和要求。

综上所述,虽然投资者在作出决策时可参考公司披露的盈利预测报告,但也不能过分依赖其预测结果。在作出投资决策时,要真正本着谨慎的态度对待公司所披露的盈利预测报告,综合分析上市公司的经营状况和经营业绩,以便进一步减少投资风险,取得更大的投资收益。

【问题与思考8-3】

截至2009年1月15日,273家中小板公司全部披露了2008年业绩预告。其中业绩预增49家、预升100家、扭亏为盈3家。值得注意的是,目前已经有52家公司对2008年全年业绩予以修正。与首次发布的业绩预告相比,上述公司中有47家修正后业绩出现较此前下滑或亏损,所占比重高达90.2%,其中的13家公司甚至出现"由增变减、由盈转亏"的业绩变脸。最典型的是太阳纸业(002078),由于行业景气度下滑,经过两次业绩变脸,最先是2008年10月28日公告预增50%以上,至12月12日公司预增幅度已减至30%以下,到了2009年1月14日又一次公告业绩转为预降30%~50%。请结合实际对此现象进行分析。

本 章 小 结

本章讲述财务预测、财务预算的原理和方法。财务预测是根据财务活动的历史资料,考虑现实的要求和条件,对企业未来的财务活动和财务成果作出科学的预计和测算。它是财务管理的环节之一。进行预测的目的,是为了体现财务管理的事先性,即帮助企业管理人员认识和控制未来的不确定性,使财务计划的预期目标同可能变化的周围环境和经济条件保持一致,并对财务计划的实施效果做到心中有数。预测性财务信息的公开披露也能使外部使用者了解上市公司未来的发展状况,以作出正确的判断和决策,防范和化解投资风险。财务预测需要运用科学的技术手段和数学方法,在财务预测和决策的基础上,对财务目标进行综合平衡,制定主要财务计划指标,并协调其他计划指标。财务预测涉及许多预测,这些预测往往与"动因"相关,所以,必须结合各类动因,分别对各项内容进行分析预测。而在所有的动因中,销售收入始终是一个最重要的因素。全面预测及财务预算的编制也涉及企业的方方面面，企业内部生产、投资、物资、人力资源、市场营销等职能部门都必须参与其中，唯有如此，才能做好企业总预算的综合平衡、协调、分析、控制、考核等工作。

复习思考题

1. 预测性信息披露的范围大致包括哪些内容？
2. 盈利预测的程序是如何的？
3. 财务预算编制的内容有哪些？

案例讨论题

11家企业盈利预测处罚案例

中国证监会公告

上市公司1999年年报显示，1999年新上市公司中，昌九化工等11家公司1999年经营业绩与盈利预测的差距都在20%以上，现对这些公司予以通报批评。中国证监会对这些公司盈利预测误差产生的原因将作进一步调查，对有意出具虚假盈利预测报告的上市公司及相关中介机构，中国证监会将依法进行查处。

中国证券监督管理委员会
2000年7月14日

证券市场中，与上述11家企业相仿的现象还有许多，这些企业通过运用不恰当的测试技术和预测方法或虚构未来交易的方法公布盈利预测信息，对投资者造成误导，损害投资者的利益。

案例思考题：

请对以上现象进行评述。

同步测试题

一、单项选择题

1. 财务预算是关于资金筹措和使用的预算，其内容不包括（　　）。

   A. 短期现金收支预算和信贷预算

B. 业务预算

C. 长期资本支出预算

D. 长期资金筹措预算

2. 财务预测的起点是(   )。

　　A. 销售预测　　　　　　　　　B. 费用预测

　　C. 资产负债项目预测　　　　　D. 现金流量预测

3. 关于编制预算的方法,下列说法中,正确的是(   )。

　　A. 按其业务量基础的数量特征不同,可分为固定预算方法和弹性预算方法

　　B. 按其出发点的特征不同,可分为定期预算方法与滚动预算方法

　　C. 按其预算期的时间特征不同,可分为定期预算方法和滑动预算方法

　　D. 按其预算期的时间特征不同,可分为静态预算方法和永续预算方法

4. 现金预算的内容不包括(   )。

　　A. 现金收入　　B. 现金支出　　C. 向银行借款　　D. 生产量

5. 下列关于财务预算的论述中,错误的是(   )。

　　A. 财务预算是财务预测的依据

　　B. 财务预算能使决策目标具体化、系统化、定量化

　　C. 财务预算可以从价值方面总括反映经营决策预算和业务预算的结果

　　D. 财务预算是企业全面预算体系中的最后环节,也称总预算

二、多项选择题

1. 下列关于预测性财务报告说法中,正确的是(   )。

　　A. 可从企业内部加强经营管理,提高经济效益。

　　B. 表明企业未来发展方向和经营状况

　　C. 预测性财务报告可被看作企业发展的蓝图和规划

　　D. 预测性财务报告如果不能实现,会产生信任危机或引起法律纠纷

2. 注册会计师在判断盈利预测是否运用了不合理假设时,应当特别关注(   )的假设。

　　A. 对盈利预测结果有重大影响　　B. 特别容易受关键因素变动影响

　　C. 偏离历史趋势　　　　　　　　D. 具有高度不确定性

3. 在现金预算反映的各项目中,不能够直接从日常业务预算中获得的数据是(   )。

　　A. 预分现金股利　　　　　　　　B. 流动资金借款

　　C. 归还流动资金借款　　　　　　D. 经营性现金收入

4. 下列说法中,正确的是(   )。

A. 财务报表预算的作用与历史实际的财务报表相同
B. 利润表预算中的"所得税"项目通常不是根据"利润"和所得税税率计算出来的
C. 资产负债表预算中的数据反映的是预算期初的财务状况
D. 因为已经编制了现金预算,通常没有必要再编制现金流量表预算

5. 编制生产预算中的"预计生产量"项目时,需要考虑的因素是(   )。
A. 预计销售量　　　　　　　B. 预计期初存货
C. 预计期末存货　　　　　　D. 前期实际销量
E. 生产需用量

三、判断题

1. 预测发布的目的主要是为了有助于投资者作出正确的决策。（   ）
2. 财务预测是企业管理当局根据其计划及经营环境,对未来财务状况、经营成果和现金流量所作的精确估计。（   ）
3. 由于财务预测信息具有明显的模糊性和不确定性,因此,对于财务预测信息容易存在虚假陈述。（   ）
4. 现金预算实际上是其他预算有关现金收支部分的汇总,以及收支差额平衡措施的具体计划。（   ）
5. 管理费用多属于固定成本,所以,管理费用预算一般是以过去的实际开支为基础,按预算期的可预见变化来调整。（   ）

四、核算题

1. 某企业2007年1月31日的资产负债表反映的部分数据如下(金额单位:元):

现金	35 000
应收账款	79 200
存货	160 000
固定资产	250 000
资产总计	524 200

补充资料如下:
(1) 销售收入预算:2月份100 000元,3月份120 000元。
(2) 预计销售当月可收回货款60%,其余款项可在次月收回。
(3) 每月购货为下月计划销售额(含税)的70%,均为当月付款。
(4) 预交所得税5 000元。
(5) 每月用现金支付的其他费用为5 000元,每月发生的各种非付现费用为15 000元。
(6) 公司适用的消费税税率为8%,增值税税率为17%,城建税税率为7%,教

育费附加增收比率为3%,假设流转税均需在当月支付,所得税税率为33%。

要求:根据上述资料计算:

(1) 2007年2月份预算的现金期末余额。

(2) 若销售毛利率为30%,2007年2月份的预计税后利润总额。

(3) 2007年2月28日的应收账款金额。

(4) 2007年2月28日的未交所得税。

2. A公司是一家商业企业,主要从事商品批发业务,该公司2002年和2003年的财务报表数据如表8-6、表8-7所示。

表8-6 利 润 表

金额单位:万元

项 目	2002年	2003年
一、主营业务收入	1 000.00	1 060.00
减:主营业务成本	688.57	702.10
二、主营业务利润	311.43	357.90
营业和管理费用(不含折旧摊销)	200.00	210.00
折旧	50.00	52.00
长期资产摊销	10.00	10.00
财务费用	20.00	29.00
三、营业利润	31.43	56.90
加:投资收益	40.00	0
营业外收入(处置固定资产净收益)	0	34.00
减:营业外支出	0	0
四、利润总额	71.43	90.90
减:所得税费用(30%)	21.43	27.27
五、净利润	50.00	63.63
加:年初未分配利润	90.00	115.00
六、可供分配的利润	140.00	178.63
应付普通股股利	25.00	31.82
七、未分配利润	115.00	146.81

表 8-7 资产负债表

金额单位:元

项 目	2001 年	2002 年	2003 年
货币资金	13.00	26.00	29.00
短期投资	0	30.00	0
应收账款	100.00	143.00	159.00
存货	200.00	220.00	330.00
待摊费用	121.00	113.00	76.00
流动资产合计	434.00	532.00	594.00
长期投资	0	0	0
固定资产原值	1 020.00	701.00	1 570.64
累计折旧	23.00	73.00	125.00
固定资产净值	997.00	628.00	1 445.64
其他长期资产	100.00	90.00	80.00
长期资产合计	1 097.00	718.00	1 525.64
资产总计	1 531.00	1 250.00	2 119.64
短期借款	0	64.00	108.00
应付账款	65.00	87.00	114.00
预提费用	68.00	189.00	248.00
流动负债合计	133.00	340.00	470.00
长期借款	808.00	285.25	942.73
负债合计	941.00	625.25	1 412.73
股本	500.00	509.75	560.10
未分配利润	90.00	115.00	146.81
股东权益合计	590.00	624.75	706.91
负债及股东权益总计	1 531.00	1 250.00	2 119.64

有关预算编制的数据条件如下:

(1) 2004 年的销售增长率为 10%。

(2) 利润表各项目:折旧和长期资产的年摊销金额与上年相同;利息(财务费用)为年初有息负债的 5%;股利支付率维持上年水平;营业外支出、投资收益项目金额为零;所得税税率预计不变(30%);利润表其他各项目占销售收入的百分比与2003年相同。

(3) 资产负债表项目:流动资产各项目与销售收入的增长率相同;没有进行对外长期投资;除 2003 年 12 月份用现金 869.64 万元购置固定资产外,没有其他固定资产购置业务;其他长期资产项目除摊销外没有其他业务;流动负债各项目(短期借款除外)与销售收入的增长率相同;短期借款维持上年水平;不考虑通过增加股权筹集资金;现金短缺通过长期借款补充,多余现金偿还长期借款。

要求:编制 2004 年预计利润表和预计资产负债表。

请将答题结果填入给定的预计利润表和预计资产负债表中。如表 8-8、表 8-9 所示。

表 8-8 预 计 利 润 表

金额单位:元

项　　　　目	2003 年	2004 年
一、主营业务收入	1 060.00	
减:主营业务成本	702.10	
二、主营业务利润	357.90	
减:营业和管理费用(不含折旧摊销)	210.00	
折旧	52.00	
长期资产摊销	10.00	
财务费用	29.00	
三、营业利润	56.90	
加:投资收益	0	
营业外收入(处置固定资产净收益)	34.00	
减:营业外支出	0	
四、利润总额	90.90	
减:所得税费用(30%)	27.27	
五、净利润	63.63	
加:年初未分配利润	115.00	
六、可供分配的利润	178.63	
减:应付普通股股利	31.83	
七、未分配利润	146.81	

表 8-9 预计资产负债表

金额单位：元

项　目	2003 年	2004 年
货币资金	29.00	
短期投资	0	
应收账款	159.00	
存货	330.00	
待摊费用	76.00	
流动资产合计	594.00	
长期投资	0	
固定资产原值	1 570.64	
累计折旧	125.00	
固定资产净值	1 445.64	
其他长期资产	80.00	
长期资产合计	1 525.64	
资产总计	2 119.64	
短期借款	108.00	
应付账款	114.00	
预提费用	248.00	
流动负债合计	470.00	
长期借款	942.73	
负债合计	1 412.73	
股本	560.10	
未分配利润	146.81	
股东权益合计	706.91	
负债及股东权益总计	2 119.64	

第九章 财务分析

学习目标

- 了解财务分析的产生与发展
- 掌握财务分析的基本内容和基本原理
- 熟练利用常用的财务分析指标进行财务分析,并能够结合企业其他背景资料对企业作出综合评价

引 言

新太科技股份有限公司2004年3月25日发布公告,主要内容是关于会计政策与会计估计变更的议案,结合公司业务发展的实际情况,根据会计谨慎性原则,本期对坏账准备的计提比例进行了调整,即账龄在1年(含1年,以下类推)以内的,由按应收款项余额的3‰计提,改为按其余额的5‰计提;在1~2年内的,由按应收款项余额的5‰计提改为按其余额的1%计提;在2~3年内的,由按应收款项余额的1%计提改为按其余额的3%计提;3年以上的,由按应收款项余额的5%计提改为按其余额的10%计提。由于此项会计估计变更,使本年度净利润减少了2 460 738.23元。企业监事会认为,以上会计政策与会计估计的变更是合理的和稳健的。

在经济业务日益复杂的背景下,企业财务报告的内容和篇幅也越来越多。如何在海量的会计信息中,对企业财务状况、经营成果和业绩作出正确的评价和预测,需要具备专门的知识和方法。

第一节 财务分析概述

一、财务分析的产生与发展

财务分析是指企业内部或外部人员,运用分析工具和经验,以企业财务报表为主要依据,结合其他财务报告和相关资料进行判断、分析和解释,对企业财务状况、经营成果和业绩作出评价和预测,从而有助于经济决策。

财务分析产生于20世纪初,至今已有100多年的历史。在财务分析的理论发展史上,1900年,美国托马斯·F·乌洛克的《铁路财务报表分析》,可能是被发现的最早的有关财务分析的书籍。1919年,亚历山大·沃尔发表《信用预测研究》一文,提出比率分析体系。之后,他陆续又出版了《财务报表分析》等一系列书籍,对财务分析理论作出了卓越贡献。由沃尔提出的综合比率分析模式至今仍是财务分析实践中重要的分析方法。

在我国,财务分析在相当长的时期内,是作为经济活动分析的一个组成部分存在的。经济活动分析是20世纪50年代我国从苏联引进的,它依据企业内部的各种会计资料、统计资料、技术或业务资料等信息,对生产活动进行分析,主要面向的是企业经营者。由于财务分析与财务管理都将财务问题作为研究的对象,因此,过去我们又常常把财务分析仅仅作为财务管理的一个环节。但实际上两者研究财务问题的侧重点不同。财务分析侧重于对财务活动状况和结果的研究,财务管理则侧重于对财务活动的全过程进行研究。因此,虽然它们密不可分,但如将财务分析仅仅作为财务管理的一个环节,则完全忽视了财务分析丰富的内涵和外延。

随着企业经济活动范围的进一步扩大,人们理财观念的进一步加深,财务分析已经成为企业利益关系各方评价企业经营状况和成果的重要工具。没有财务分析,企业内外各方既无法明确企业过去所发生的财务状况,也无法对企业将来的经营前景作出合理的推断。正是由于其广泛的实用性,财务分析的理论知识已被运用到社会经济生活的各个领域。企业财务人员、注册会计师、证券经纪人、金融机构工作人员等都必须经过财务分析知识和技能的培训,而财务分析学也成为了一些大学财务管理专业、会计专业、企业管理专业和金融专业的一门必修课。

二、财务分析的主体

财务报表分析的目的是为有关各方提供可以用来作决策的信息。对于不同的财务信息使用者来说,由于所处的环境不同,他们进行财务分析的目的也是各不相同的。财务信息的使用者主要有企业管理人员、权益投资者、贷款提供者、政府机构、客户及供应商、企业员工及社会中介机构。

1. 企业管理人员

企业管理人员常常需要通过财务报表信息,判断公司的现状及可能存在的问题,以便进一步改善经营管理。由于企业的经营活动涉及面广,因此,他们所需要的信息往往是综合的信息,包括企业的盈利能力、成长潜力、财务实力、现金周转情况等。这些信息可以为其融资、投资及经营等决策提供决策依据。

2. 权益投资者

权益投资者将资本提供给企业,享有的是企业收益的剩余索取权。也就是说,在一个持续经营的主体中,权益投资者只有在其他优先索取者(包括债权人和优先股股东)得到满足之后,才享有利润分配权。权益投资者凭借其拥有的权益比例参与企业的经营管理,在企业存续期间,不得以任何方式抽走资金,并对企业的经营状况承担有限责任。权益投资者与企业间的关系实际上是利益共享、风险共担的关系。因此,他们是最主要的财务报表信息使用者。权益投资者十分关心公司的财务状况、盈利能力。他们通过对财务报表所传递的信息进行分析、加工,计算投资收益率、评价风险,从而决定自己的投资策略。

3. 贷款提供者

在权益资金不足以维持企业经营活动所需资金时,企业还需要以贷款、发行债券等方式借入资金。在企业与各债权人之间的处理关系过程中,财务信息也是十分有用的。债权人在最初的贷款审定阶段,财务信息往往为其是否放贷及放贷数量提供重要依据。在向企业贷款之后,为了按期获得本金和利息,债权人必然十分关注企业的经营状况,特别是企业的还款能力。通过密切观察公司有关财务情况、分析财务报表,对公司短期偿债能力和长期偿债能力进行判断,以决定是否需要追加抵押和担保,是否提前收回债权等。

4. 政府机构

政府机构主要包括工商、税收、财政、物价、审计等部门。他们出于履行政府社会职能的需要,如进行宏观经济决策、征税、考核、评价时,对财务报表信息产生需求。当然,财务信息并非是政府在作出上述决策时所使用的唯一的信息。例如,政府在决定是否给一些面临财务困境的企业提供担保贷款或减免税收时,就业和社会安定可能是一个更为关键的因素。

5. 客户及供应商

企业与其客户之间的关系可能采取法律义务的方式(如产品质量保证、服务承诺等)加以规定,但公司是否有实际能力履行这些保证或承诺,则依赖于自身的经营状况。作为企业的供应商,他与企业之间的关系是采购与支付的关系,供应商是否能够及时且足额地收到货款,取决于公司的财务状况。作为企业的客户,他所关心的是企业连续提供商品和劳务的能力,这同样取决于企业的经营状况。因此,财务信息就成了企业客户及供应商的一个重要的信息来源,它们可以根据财务信息来推断公司财务状况,从而作出相应的决策。

6. 企业员工

企业员工之所以有着对财务报表信息的需求,往往缘于多种动机。首先,员工的基本利益,如基本薪水等合同的制定,本身就是以企业的经营效益为基础;其次,员工工作岗位的稳定性、工作环境的安全性,也都与企业的经营状况相关;再次,员工的奖励计划往往与企业预期收益密切挂钩。因此,员工与企业之间无时无刻都有着密切的联系。作为员工,他们可能更关心企业的获利能力和可持续发展能力。

7. 社会中介机构

随着社会环境的变化,机构投资者大量涌现,个人的理财意识逐渐加强,专门服务于投资理财决策的财务分析师、投资顾问的队伍不断壮大,使财务信息使用者的队伍也不断扩大。相对于一般的信息使用者来说,他们对财务信息的需求更多、更全面,分析方法也更为专业。社会中介机构除了包括上述的证券咨询机构外,还包括一些会计师事务所、资产评估机构。在企业进行股份制改造、合资联营、兼并收购、破产清算时,都需要这些中介机构对企业的财务状况和经营成果作出公正的评价。

三、财务分析的内容

尽管各利益相关者对财务信息需求的目的不同,分析的侧重点不同,但各利益相关者之所以需要财务报表信息的原因是相同的,即:他们与企业之间存在着千丝万缕的关系,他们都希望能够更好地实现其在公司中应享有的利益。总括起来,财务分析主要是以企业财务报告反映的财务指标为主要依据,对企业的财务状况和经营成果进行评价和剖析。具体包括以下内容。

1. 分析企业的财务状况

企业各种交易、事项都将对企业的资产、负债、所有者权益产生影响,通过分析财务报告,可以了解企业资产的流动性、负债水平及企业偿还长短期债务的能力,从而评价企业的财务状况。

2. 分析企业的经营成果

企业利润是企业的重要经营目标之一,对企业的收入、成本数据进行分析,可以了解企业的经营情况。

3. 分析企业现金流动情况

在市场经济条件下,企业的现金流转情况在很大程度上影响着企业的生存和发展。企业现金充裕,就可以及时购入必要的材料物资和固定资产、及时支付工资、偿还债务、支付股利和利息；反之，轻则影响企业的正常生产经营，重则危及企业的生存。按照我国《公司法》的规定，公司中因不能清偿到期债务，被依法宣告破产的，由人民法院依照有关法律的规定，组织股东、有关机构及有关专业人员成立清算组，对公司进行破产清算。现金流动情况日益受到企业管理人员、投资者、债权人以及政府监管部门的关注。

4. 企业管理水平分析

企业管理水平直接影响到企业的经济效益，通过财务报告分析企业管理水平，可以明确经营者的经营业绩，便于更好地实施激励和约束制度。

5. 分析企业的发展趋势

通过分析，判断企业的发展趋势，预测企业的经营前景，为决策者提供依据。

6. 企业未来价值预测

在进行上述分析对企业内部条件有了较充分认识之后，就可结合企业的所处行业背景，对企业的价值作出较全面的预测。

四、财务分析的方法

（一）比较分析法

比较分析法是指将实际达到的数据同特定的各种标准相比较，从数量上确定其差异，并进行差异分析或趋势分析的一种分析方法。它是最常用的分析方法。

1. 按照所选择的比较标准不同，比较分析法可分为本期实际与预期指标或历史最高水平比较、本期实际与历史同期或相近各期比较两种形式

（1）本期实际与预期指标或历史最高水平比较。这种比较方法的主要目的是揭示实际与预定目标或历史最高水平之间的差异，通过差异揭示成绩或差距，作出评价，并找出产生差异的原因及其对差异的影响程度，为今后改进企业的经营管理指引方向。差异分析所选用的指标是国内外同类企业经营管理数值或由权威部门设定的评价标准值，有利于找出本企业与国内外企业经营管理水平之间的差距，得出更为准确、客观的评价结论，明确本企业今后的努力方向。

（2）本期实际与历史同期或相近各期比较。这种比较主要通过本期实际与若干期的历史资料比较，并进行趋势分析，以了解和掌握经济活动的变化趋势及其规律性，为预测前景提供依据。由于同一企业的财务资料容易获得，所以，这种方法运用非常普遍。

2. 按照比较的具体方法，比较分析法可分为横向比较法、纵向比较法两种方法

（1）横向比较法又称水平比较法。它是指将实际达到的结果同某一标准，包括某一期或数期财务报表中的相同项目的实际数据作比较。它可以用绝对数比较，也可

以用相对数比较。横向比较分析经常采用的一种形式是编制比较财务报表,即将数期的资产负债表、利润表、现金流量表并列,或选取几个重要的指标数据。在使用横向比较法时,比较的数据可以是绝对值,也可以是相对值。它们的计算公式分别为:

绝对值变动数量＝分析期某项指标实际值－基期同项指标实际值

相对值变动率＝某项指标变动额÷基期同项指标实际值

利用比较财务报表进行两期以上的财务分析,有时会由于财务数据值太大而给分析工作带来不便。为使长期趋势分析结果更为清晰,一个有效的方法是采用指数趋势序列分析。指数趋势序列分析法是指将各期间的报表数据换算为同一基期的指数,藉此直观地反映企业的总体财务状况、经营成果以及分项内容的发展趋势的一种方法。采用这种方法,必须给每个项目选择一个基期,并用事先选定的一个指数表示,这一指数通常为100。各期指数的计算方式是:各期指数＝各期数值÷当期数值×100。为使各期的数据变化具有较好的可比性,基期的选择是很重要的。它应是一个企业经营状况比较"正常"的年份。趋势分析法也有其局限性,那就是即使在通货膨胀率相对较低的时期内,财务数据也会因消费物价指数变动的影响而失真,因此长期趋势分析必须随着通货膨胀而作调整。

(2) 纵向比较法又称垂直分析法或结构分析法。它是以资产负债表、利润表等财务报表中的某一关键项目为基数项目,视其金额为100元,而将其余项目的金额分别计算出各占关键项目金额的百分比,这个百分比则表示各项目的比重,通过比重对各项目作出判断和评价。一般我们常把利润表中的年度销售额视作100%,其他数据写成销售额的百分比形式,或将资产负债表中的总资产价值视为100%,从而简化了对比。

3. 运用比较分析法应注意的问题

(1) 指标内容、范围和计算方法的一致性。以某一指标比较分析为例,如果比较两个企业的流动资产周转率,则必须使其计算的内容和方法保持一致。

(2) 会计计量标准、会计政策和会计处理方法的一致性。如存货的计价方法有多种,必须考虑由此产生的差异。

(3) 时间单位和长度的一致性。

(4) 企业类型、经营规模和财务规模以及目标大体一致。这是在选择不同企业进行比较时的一个关键因素。不同类型的企业无论资产规模、结构,还是获利能力都有很大差异。

(二) 比率分析法

比率分析法是指利用指标间的相互关系,通过计算比率来分析评价企业业绩、状况或能力的方法。比率是两个数相比所得的值,是相对数,可以弥补由于某些绝对数不可比的缺陷。财务报表是一定时点或一定期间企业经营状况或经营业绩的综合反映,其中的许多指标之间存在着相互依存的关系,据此可以计算出一系列有意义的比率。这种比率通常叫做财务比率。利用财务比率,可以分析把握企业的经营情况。比率分析法从出现到今天,经历了一个不断发展的过程。由最初的为债权人提供的短期偿债能力演变到现在的盈利能力、发展能力等许多指标,已经形成了比较完整的财务比率指标体系,其作用地位日趋重要。

财务比率将相关的财务数据联系在一起,有助于人们认识企业经营活动各项内容之间的相关性,分析企业的综合财务状况和经营业绩。财务比率分析也有其局限性,主要体现为财务比率并无绝对的定义和标准,不同行业、不同规模的企业差异更大,用以评价公司财务状况并不能得出绝对肯定的答案。在计算财务比率时经常会运用一些概括的数据,如流动资产和流动负债。但在这些概括数据中所包括的独立元素会对公司的情况有着很不同的反映,如在流动资产的构成中,有的是以货币资金为主,有的是以应收账款为主,也有的是以存货为主。因此,单纯的财务比率可能隐藏了一些信息,对分析结论会产生误导。另外,某一期的财务比率常常不足以获得企业财务状况和经营业绩的完整信息,因此,也应结合几期的资料进行比率间的比较分析。

(三) 因素分析法

因素分析法是指通过按序变换各个因素的数量来确定影响因素、测量其影响程度、查明指标变动原因的一种分析方法。因素分析法主要通过全面分析各个因素对某一个经济指标的影响,寻找影响财务状况和业绩的主导因素或根本原因,为有针对性地解决问题提供依据。因素分析法的主要特征是要按照影响因素同综合性经济指标之间的因果关系,确定影响因素;同时,在因素替代的顺序上,必须有一个事先的假定。因素分析法主要有连环替代法、差额计算法两种。其中,连环替代法是最常用的一种。它是指确定影响因素并按照一定的替换顺序作逐个因素替换,计算出各个因素对综合性经济指标变动程度影响的一种计算方法。而差额计算法是因素分析法在实际应用中的一种简化形式。

以连环替代法为例,这一方法是利用各个因素的实际数与标准数的连续替代来计算各因素脱离标准所造成的影响。例如,某一个财务指标及有关因素的关系由如下式子构成:实际指标:$P_0 = A_0 \times B_0 \times C_0$;标准指标:$P_s = A_s \times B_s \times C_s$;实际与标准的总差异为:$P_0 - P_s$,这一总差异同时受到 A、B、C 三个因素的影响,它们各自的影响程度可分别由以下式子计算求得:

A 因素变动的影响:$(A_0 - A_s) \times B_s \times C_s$

B 因素变动的影响:$A_0 \times (B_0 - B_s) \times C_s$

C 因素变动的影响:$A_0 \times B_0 \times (C_0 - C_s)$

最后,可以将以上三大因素各自的影响数相加就应该等于总差异 P_0-P_s。

【问题与思考 9-1】

某企业 2006 年、2007 年、2008 年 3 年的净利润分别为 500 000 元、700 000 元和 1 200 000 元。请问:按照定基的方法,2008 年净利润增减差异幅度应为多少?

第二节 财务核心比率

比率分析法是财务分析最基本的工具。它是通过对同一期财务报表上的若干重要项目间的相关数据,互相比较得出比率,分析和评价企业经营状况和经营业绩的一种方法。财务比率种类很多,可分别用以反映企业偿债能力、盈利能力、资产管理能力和企业发展能力。

一、偿债能力比率

(一) 短期偿债能力分析

1. 流动比率

流动比率是流动资产与流动负债的比率。它表明企业每 1 元流动负债有多少流动资产作为偿还的保证,反映企业用可在短期内转变为现金的流动资产偿还到期流动负债的能力。其计算公式为:

$$流动比率 = 流动资产 \div 流动负债$$

一般情况下,流动比率越高,反映企业短期偿债能力越强。流动比率过高,也可能表明企业流动资产占用较多,会影响资金使用效率和企业的筹资成本从而影响获利能力。一般认为,合理的最低流动比率是 2,因为流动资产中变现能力最差的存货约占流动资产的一半。在具体运用流动比率时,必须注意几个问题:

(1) 流动资产的组成有许多项,流动比率高也可能是存货积压、应收账款增多且收账期延长,以及待摊费用和待处理财产损失增加所致。因此,流动比率高并不等于说企业已有足够的现金或存款用来偿债,企业对此应对现金流量作进一步分析。

(2) 流动比率是否合理,不同的企业以及同一企业不同时期的评价标准是不同的,因此,不应用统一的标准来评价各企业流动比率合理与否。

(3) 一般来说,营业周期、流动资产中的应收账款数额和存货的周转速度是影响流动比率的主要因素。

2. 速动比率

速度比率也称酸性测试比率。它是企业速动资产与流动负债的比率。所谓速动资产,是指流动资产减去变现能力较差且不稳定的存货、待处理流动资产损失等后的余额。由于剔除了存货等变现能力较弱且不稳定的资产,因此,速动比率较之流动比率能够更加准确、可靠地评价企业资产的流动性及其偿还短期负债的能力。其计算公式为:

$$速动比率=速动资产\div 流动负债$$

分析速动比率应注意以下几点:

(1) 通常认为正常的速动比率为1。低于1被认为短期偿债能力偏低,这仅仅是一般的看法。如要更深入地研究,就必须分析速动资产的组成和质量。如从应收账款的数额和变现能力来看,账面上的应收账款不一定都能变成现金,实际坏账可能比计提的准备要多。

(2) 要注意季节性因素和行业因素对速动比率的影响。对于存在季节性因素的企业,在销售旺季,结算速度也可能随之而加快;而在销售淡季,结算速度也可能随之而减缓。对于不同的行业,如采用现金销售的商店,几乎没有应收账款,比率可能大大低于1。相反,一些应收账款多的企业,比率可能大大高于1。

(3) 尽管速动比率较之流动比率更能反映出流动负债偿还的安全性和稳定性,但并不能认为速动比率较低的企业的流动负债到期绝对不能偿还。实际上,如果企业存货流转顺畅,变现能力较强,即使速动比率较低,只要流动比率高,企业仍然有望偿还到期的债务本息。

上述流动比率和速动比率主要反映企业资产的变现能力,其计算依据主要来自于财务报表数据。但在财务报表之外,还有一些影响变现能力的因素,如可动用的银行贷款指标可随时增加现金,提高支付能力。准备能很快变现的长期资产等都是属于可以增加企业变现能力的因素。而一些未作记录的或有负债,包括售出成品可能发生的质量事故赔偿、尚未解决的税额争议可能出现的不利后果、诉讼案件和经济纠纷案可能败诉并需赔偿等,并不在报表中反映。一旦成为事实,将会加大企业的偿债负担。近年来,由担保责任引起的债务纠纷越来越多,也成为减弱企业变现能力的因素。

3. 现金流动负债比率

现金流动负债比率是指企业一定时期的经营现金净流量与流动负债的比率。其计算公式为:

$$现金流动负债比率=年经营现金净流量\div 年末流动负债$$

在所有的流动资产中,现金的流动性最强,它是企业偿还债务的最终保障。现金流动负债比率越高,还款能力越强。但同样需注意,企业不可能、也无必要保留过多的现金类资产。如果这一比率过高,就意味着企业存在大量闲置现金。

(二) 长期偿债能力分析

1. 资产负债率

它是指企业负债总额对资产总额的比率。它表明在企业资产总额中,债权人提供资金所占的比重,以及企业资产对债权人权益的保障程度。这一比率越小,表明企业的负债水平较低,对债权人债务的偿还越有保证。其计算公式为:

$$资产负债率 = 负债总额 \div 资产总额$$

需要指出的是,公式中的负债总额不仅包括长期负债,而且还包括短期负债;资产总额则是扣除累计折旧后的净额。对于这个指标,不同的财务信息使用者有着自己不同的分析。

(1) 从债权人的立场看,他们最关心的是提供给企业的贷款的安全程度,也就是能否按期收回本金和利息。债务比例越低越好,企业偿债越有保证,贷款风险越小。

(2) 从股东的角度看,由于企业通过举债筹措的资金与股东提供的资金在经营中发挥同样的作用,债权人只享有固定收益权,股东享有剩余收益分配权。一旦经营成功,高于市场平均水平的利润归于股东。所以,从股东的立场看,在全部资本利润率高于借款利息率时,负债比例越大越好。

(3) 从经营者的立场看,举债水平的高低,反映经营者对待风险的态度。如果企业不举债,或负债比例很小,说明企业畏缩不前,对前途信心不足;如果举债很大,又说明过于冒险。一旦借款额度超出债权人心理承受程度,企业的再借款能力就会受到制约。因此,企业应当审时度势,在预期的利润和预期风险之间权衡利害得失,作出正确决策。

资产负债率以企业所有的资产作为还款的保障,反映的是长期的偿债能力,但并非企业所有的资产都可以作为偿债的物质保证。待处理财产损失、递延资产等项目即使在持续经营状态下,也难以作为偿债的保证。而在清算过程中,商誉以及无形资产当中的商标、专利、非专利技术等能否用于偿债,也存在极大的不确定性。

2. 产权比率

它指负债总额与所有者权益的比率。它反映企业的基本财务结构状况。也称资本负债率。其计算公式为:

$$产权比率 = 负债总额 \div 所有者权益$$

产权比率反映企业所有者权益对债权人权益的保障程度。产权比率越低,说明企业负债越少,债权人承担的风险越小,其权益的保障程度越高,表明企业的长期偿债能力越强;但同时也表明企业不能充分地发挥负债的财务杠杆效应。所以,企业在评价产权比率适度与否时,应从提高获利能力与增强偿债能力两个方面综合进行。

产权比率与资产负债率对评价偿债能力的作用基本相同。但它们主要区别是：资产负债率侧重分析债务偿付安全性的物质保障程度，产权比率则侧重于揭示财务结构的稳健程度以及自有资金对偿债风险的承受能力。产权比率高，反映的是高风险、高报酬的财务结构；产权比率低，反映的是低风险、低报酬的财务结构。

3. 利息保障倍数

利息保障倍数又称已获利息倍数。它是指企业息税前利润与利息支出的比率。它反映了获利能力对债务偿付的保证程度。其计算公式为：

$$利息保障倍数=息税前利润 \div 利息支出$$

公式中的"息税前利润"是指利润表中未扣除利息费用和所得税之前的利润。它可以用"利润总额加利息费用"来测算。在我国，外部报表使用人可以用"利润总额加财务费用"来估计。公式中的"利息支出"是指本期发生的全部应付利息。它不仅包括财务费用中的利息费用，还应包括计入固定资产成本的资本化利息。另外，为排除非正常项目对利润的影响，息税前利润应指包括债务利息和所得税前的正常业务经营利润。

利息保障倍数指标反映企业经营收益为所需支付的债务利息的倍数，反映了获利能力对偿还到期债务的保证程度。其比值越高，企业长期偿债能力就越强。从长期看，利息保障倍数至少应当大于1，如果过小，企业将面临偿债风险。但是，利息保障倍数究竟为多少才算偿付能力强，也并无定论，必须与本行业平均水平进行比较，尤其要根据本企业连续几年的还款经验来判断。

二、盈利能力比率

盈利能力反映的是企业资金增值的能力。它通常体现为企业收益数额的大小与水平的高低。一般来说，评价企业的盈利能力应主要考虑企业正常情况下的营业状况。而非正常的营业状况也会给企业带来收益或损失，但这只是在特殊情况下发生，不能为企业带来持久的利润。因此，在分析企业盈利能力时，应当排除证券买卖等非正常项目、已经或将要停止的营业项目、重大事故或法律更改等特别项目、会计准则和财务制度变更带来的累积影响等因素。企业盈利能力的分析可从一般盈利能力分析和社会贡献能力分析两方面研究。

（一）一般盈利能力分析

1. 销售净利率

它反映每1元销售收入带来的净利润的多少。表示销售收入的收益水平。其计算公式为：

$$销售净利率 = (净利 \div 销售收入) \times 100\%$$

从销售净利率的指标关系看,净利额与销售净利率呈正比关系,而销售收入额与销售净利率呈反比关系。通过分析销售净利率的升降变动,可以促使企业在扩大销售的同时,注意改进经营管理,提高盈利水平。

2. 销售毛利率

它是毛利占销售收入的比例。表示每1元销售收入扣除销售成本后,可以用于各项期间费用开支及形成盈利的比例。其计算公式为:

$$销售毛利率 = [(销售收入 - 销售成本) \div 销售收入] \times 100\%$$

销售毛利率是企业盈利的最初基础;没有充足的毛利率,企业无法获得必要的利润水平。

3. 主营业务利润率

它是主营业务利润与主营业务收入的百分比。其计算公式为:

$$主营业务利润率 = (主营业务利润 \div 主营业务收入) \times 100$$

由于主营业务是企业的主要业务活动,也是企业利润的主要来源,因此,主营业务利润水平的高低对企业总体盈利能力有着举足轻重的影响。透过主营业务利润率水平的变动,可以发现企业盈利状况的稳定情况。

4. 资产净利率

它是企业一定期间的净利与企业的平均资产的比例。它表明企业资产利用的综合效果。其计算公式为:

$$资产净利率 = (净利润 \div 平均资产总额) \times 100\%$$

其中: $$平均资产总额 = (期初资产总额 + 期末资产总额) \div 2$$

资产净利率是一个综合指标。资产净利率指标越高,表明资产的利用效率越高,说明企业在增收节支和节约资金使用等方面取得了良好的效果。为了正确评价企业经济效益的高低,挖掘提高利润水平的潜力,可以用该项指标与本企业前期指标进行对比,与企业计划、本行业平均水平和本行业内先进企业进行对比,分析形成差异的原因。

5. 净资产收益率

它是净利润与平均净资产的比例。也称净值报酬率或权益报酬率。其计算公式为:

$$净资产收益率 = (净利润 \div 平均净资产) \times 100\%$$

其中: $$平均净资产 = (年初净资产 + 年末净资产) \div 2$$

公式中的"平均净资产",也可以使用"年末净资产"。净资产收益率反映公司所有者权益的投资报酬率,是投资者评价其资金回报水平的最重要的指标。该指标是企业盈利能力指标的核心,而且也是整个财务指标体系的核心。详细分析见杜邦分析体系。

6. 资本保值增值率

它是指所有者权益的期末总额与期初总额的比值。其计算公式为:

资本保值增值率＝扣除客观因素后的期末所有者权益总额÷期初所有者权益总额

一般来说,如果资本保值增值率大于1,说明所有者权益增加;否则,意味着所有者权益遭受损失。应当注意的是,这一指标的高低除了受企业经营成果的影响外,还受企业利润分配政策的影响。

(二) 社会贡献能力分析

现代企业无论就自身而言还是外界要求,都不再是纯经济营利组织。现代企业在创造自己的经营业绩的同时,也应对社会有所贡献。所谓社会贡献能力,是指企业在一定时期对整个社会和政府所作的贡献水平。具体有以下两大指标。

1. 社会贡献率计算公式

社会贡献率＝企业社会贡献总额÷平均资产总额×100%

其中的企业社会贡献总额包括工资、劳保退休统筹及其他社会福利支出、利息支出净额、应交增值税、应交产品销售税金及附加、应交所得税及其他税收、净利润等。

2. 社会积累率计算公式

社会积累率＝上交国家财政总额÷企业社会贡献总额×100%

其中的上交国家财政总额包括应交增值税、应交产品销售税金及附加、应交所得税及其他税收等。

三、资产管理比率

资产管理比率是用以衡量企业在资产管理方面的效率的财务指标。主要包括以下几个指标。

1. 营业周期

它是指从取得存货开始到销售存货并取得现金为止的这段时间。营业周期的长短取决于存货周转天数和应收账款周转天数。其计算公式为:

营业周期＝存货周转天数＋应收账款周转天数

一般情况下,营业周期短,说明资金周转速度快;营业周期长,说明资金周转速度慢。

2. 存货周转率

它是指销售成本与平均存货的比率。或称存货的周转次数。用时间表示的存货周转率就是存货周转天数。其计算公式为：

$$存货周转率 = 销货成本 \div 平均存货$$

$$存货周转天数 = \frac{360}{存货周转率} = \frac{360}{销货成本 \div 平均存货} = \frac{平均存货 \times 360}{销货成本}$$

公式中的销货成本数据来自利润表，平均存货来自资产负债表中的"期初存货"与"期末存货"的平均数。

存货周转率是衡量和评价企业购入存货、投入生产、销售收回等各环节管理状况的综合性指标。一般来讲，存货周转速度越快，存货的占用水平越低，流动性越强，存货转换为现金或应收账款的速度越快，反映企业资产管理水平越高；反之，存货周转速度越慢，变现能力越差，企业资产管理水平越低。

3. 应收账款周转率

它是反映应收账款周转速度的指标。用时间表示的周转速度是应收账款周转天数。也称平均应收账款回收期或平均收现期。其计算公式为：

$$应收账款周转率 = 销售收入 \div 平均应收账款$$

$$应收账款周转天数 = 360 \div 应收账款周转率 = (平均应收账款 \times 360) \div 销售收入$$

公式中的销售收入数据来自利润表。它是指扣除折扣和折让后的销售净额。平均应收账款是指未扣除坏账准备的应收账款金额。它是资产负债表中"年初应收账款余额"与"年末应收账款余额"的平均数。

一般来讲，应收账款周转率越高，平均收账期越短，说明应收账款的收回越快；否则，企业的营运资金会过多地呆滞在应收账款上，影响正常的资金周转。及时收回应收账款，不仅能增强企业的短期偿债能力，而且也能反映出企业管理应收账款方面的效率。

4. 流动资产周转率

它是销售收入与全部流动资产的平均余额的比值。其计算公式为：

$$流动资产周转率 = 销售收入 \div 平均流动资产$$

其中：$平均流动资产 = (年初流动资产 + 年末流动资产) \div 2$

流动资产周转率反映流动资产的周转速度。周转速度快，会相对节约流动资产，等于相对扩大资产投入，增强企业盈利能力；而延缓周转速度，就要补充流动资产的周转，会造成资金浪费，降低企业盈利能力。

5. 总资产周转率

它是销售收入与全部资产平均余额的比值。其计算公式为：

$$总资产周转率 = 销售收入 \div 平均资产总额$$

其中：

$$平均资产总额 = (年初资产总额 + 年末资产总额) \div 2$$

该项指标反映资产总额的周转速度。周转越快，反映销售能力越强。企业可以采取薄利多销的办法，加速资产的周转，带来利润绝对额的增加。

四、企业发展能力分析

企业发展能力是人们在综合考察企业以往发展水平和其他内外部客观因素基础上所作出的对企业未来发展的一种预期。发展能力指标，可以反映企业不断挖掘未利用资源而持续实现其价值的潜在能力。

对于企业成长性和发展能力的财务指标，人们的认识存在一定差异。概括起来，这些指标大致有以下几类。

1. 销售收入增长率

它是指企业本期销售收入增长额与上期销售收入的比率。其计算公式为：

$$销售收入增长率 = (本期销售收入 - 上期销售收入) \div 上期销售收入 \times 100\%$$

销售收入增长率综合反映了企业市场扩张速度，是衡量企业经营状况和市场占有能力、预测企业经营业务拓展趋势的重要标志。销售收入的增长，是企业生存的基础和发展的条件。销售收入增长率指标值越高，表明增长速度越快，企业市场前景越好；该指标若大于零，表示企业本年的收入有所增长；若该指标小于零，则说明产品或服务不适销对路、质次价高，或是在售后服务等方面存在问题，市场份额萎缩。

2. 净利润增长率

它是指企业本期净利润增长额与上期净利润的比率。其计算公式为：

$$净利润增长率 = (本期净利润额 - 上期净利润额) \div 上期净利润额 \times 100\%$$

净利润是公司经营业绩的最终结果。净利润增长是公司成长性的基本特征，反映了企业实现价值最大化的扩张速度。净利润增幅较大，表明公司经营业绩突出，市场竞争能力强；反之，净利润增幅小，甚至出现负增长，则反映其盈利能力的减弱。

3. 净资产增长率

它是指企业本期净资产增长总额与上期净资产总额的比率。其计算公式为：

$$净资产增长率 = (本期净资产总额 - 上期净资产总额) \div 上期净资产总额 \times 100\%$$

净资产反映企业的资本规模，是企业资本实力的重要标志。净资产增长率反映了企业资本规模的扩张速度，是衡量企业总量规模变动和成长状况的重要指标。

4. 主营业务收入增长率

它是企业本期主营业务收入增长总额与上期主营业务收入的比率。其计算公式为：

$$\text{主营业务收入增长率}=(\text{本期主营业务收入}-\text{上期主营业务收入})\div\text{上期主营业务收入}\times 100\%$$

主营业务收入反映企业的核心业务收入。主营业务收入增长率高，表明公司核心业务的市场需求大，业务扩张能力强。同时也表明企业有较强的核心竞争能力。通常，主营业务突出或具有明显竞争优势的企业，才具有长久的成长性。

5. 主营业务利润增长率

它是企业本期主营业务利润增长总额与上期主营业务利润的比率。其计算公式为：

$$\text{主营业务利润增长率}=(\text{本期主营业务利润}-\text{上期主营业务利润})\div\text{上期主营业务利润}\times 100\%$$

主营业务利润反映在主营业务收入中获取利润的程度。一些企业尽管年度内利润总额有较大幅度的增加，或者尽管主营业务收入有较大幅度的增加，但主营业务利润却未相应增加，表明企业虽然在市场份额上占有一定优势，但其在主营业务收入中的获取利润的程度不高。如果企业对市场的占领是通过削弱其盈利水平而获得的，那么，企业未来的发展能力就会受到限制。

6. 总资产增长率

它是企业本年总资产增长额同年初资产总额的比率。其计算公式为：

$$\text{总资产增长率}=(\text{资产总额年末数}-\text{资产总额年初数})\div\text{年初资产总额}\times 100\%$$

总资产增长率主要是衡量企业本期资产规模的增长情况、评价企业经营规模总量扩张程度的重要指标。总资产增长率指标是从企业资产总量扩张方面衡量企业的发展能力，表明企业规模增长水平对企业发展后劲的影响。该指标越高，表明企业一个经营周期内资产经营规模扩张的速度越快。但在实际操作时，应注意资产规模扩张的质与量的关系，以及企业的后续发展能力，避免资产盲目扩张。

必须注意的是，影响与决定企业发展能力的因素相当广泛，不仅包括企业的资本实力、销售规模、利润水平，还包括企业经营效率、人员素质以及技术装备等生产组织要素，而且涉及市场营销、研究开发、控制协调等各种管理能力要素，还会广泛涉及知识产权、专有技术、商标商誉以及企业文化、社会信息资源等"无形资产"。其中具有某些优势的企业可能会在一定时期获得较快的发展。如某企业在一段时间利用促销手段使其销售额或利润出现了增长,但生产能力、资产规模等其他方面并未发生相应增长,则并不能构成严格意义上的成长型企业。只有当企业在未来生产能力、资产规模、市场份额以及利润保有等各方面均保持某种程度的整体增长状态,才是一个具有长久的良好发展前景的企业。

结合上述指标,现综合举例如下。

【例 9-1】 某企业 2008 年年末资产总额为 5 000 万元,负债总额为 3 000 万元,其中流动资产为 4 000 万元,存货为 500 万元,年初、年末的应收账款分别为 800 万元和 1 200 万元,流动负债为 2 500 万元。销售收入为 1 800 万元,产品销售成本为 1 000 万元,利润总额为 600 万元,其中净利润为 400 万元,财务费用为 50 万元。要求:计算 2008 年流动比率、速动比率、资产负债率、应收账款周转率、销售净利率和销售毛利率。

解: 流动比率＝4 000÷2 500＝1.6

速动比率＝(4 000－500)÷2 500＝1.4

资产负债率＝3 000÷5 000＝0.6

平均应收账款的余额＝(800＋1 200)÷2＝1 000(元)

应收账款周转率＝1 800÷1 000＝1.8

销售净利率＝400÷1 800×100%＝22.22%

销售毛利率＝(1 800－1 000)÷1 800×100%＝44.44%

【问题与思考 9-2】

假设甲、乙两家企业 2008 年年末的部分资产负债表数字如表 9-1 所示。

表 9-1 部分资产负债表

金额单位:元

项　　目	甲 企 业	乙 企 业
货币资金	2 000	10 000
短期投资	6 000	8 000
应收账款	8 000	12 500
存货	24 000	9 500
流动资产合计	40 000	40 000
流动负债合计	32 000	32 000

要求对甲、乙两家企业的短期偿债能力进行评价。

第三节 上市公司特有财务比率

上市公司通过股票市场公开发行股票并进行市场交易,因此,上市公司的财务比率除了以上的指标比率之外,还有一些是其特有的指标。投资者可以通过搜集上市公司发布的财务信息,关心股票市场的交易行情,对这些指标进行计算分析。

一、每股收益

每股收益是指本年净收益与年末普通股股份总数的比值。其计算公式为:

$$每股收益 = 净利润 \div 年末普通股股份总数$$

每股收益是衡量上市公司盈利能力最重要的财务指标。它反映普通股的获利水平。在分析时,可以进行公司间的比较,以评价该公司相对的盈利能力;可以进行不同时期的比较,以了解该公司盈利能力的变化趋势;可以进行经营实绩和盈利预测的比较,以掌握该公司的管理能力。在公司没有优先股的情况下,该指标反映普通股的获利水平,指标值越高,每一股份所得的利润越多,股东的投资效益越好;反之,则越差。

在使用每股收益这一指标时,需注意每股收益不反映股票所含有的风险。同时,股票是一个"份额"概念,由于不同股票的每一股在经济上不等量,所以限制了每股收益的公司间比较。每股收益多,也不一定意味着多分红,还要看公司股利分配政策。

在计算每股收益时,需注意以下问题:

(1) 合并报表问题:编制合并报表的公司,应以合并报表数据计算该指标。

(2) 优先股问题:如果公司发行了不可转换优先股,则计算时要扣除优先股股数及其分享的股利,以使每股收益反映普通股的收益状况。用公式表示为:

$$每股收益 = (净利润 - 优先股股利) \div (年度末股份总数 - 年度末优先股股数)$$

需注意的是已作部分扣除的净利润,通常被称为"盈余",扣除优先股股利后计算出的每股收益通常又称为"每股盈余"。

(3) 年度中普通股增减问题:由于计算各种财务比率时要求分子和分母口

径对称,本年净利润是整个年度内实存资本创造的,在普通股发生增减变化时该公式的分母应使用按月计算的"加权平均发行在外普通股股数"。用公式表示为:

$$平均发行在外的普通股股数 = \sum(发行在外普通股股数 \times 发行在外月份数) \div 12$$

二、每股净资产

每股净资产是净资产除以发行在外的普通股股数的比值。也称为每股账面价值或每股权益。用公式表示为:

$$每股净资产 = 净资产 \div 发行在外的普通股股数$$

其中"净资产"即是股东权益,是资产总额与负债总额之差。

每股净资产指标反映发行在外的每股普通股所代表的净资产成本即账面权益。在理论上,每股净资产提供了股票的最低价值。如果公司的股票价格低于净资产的成本,成本又接近变现价值,说明公司已不存在价值,清算是股东最好的选择。由于净资产即股东权益是用历史成本计量的账面价值,当物价变动时,它既不反映净资产的变现价值,也不反映净资产的产出能力。因此,在投资分析时,只能有限地使用这个指标。

三、市净率

市净率是反映每股市价和每股净资产关系的比率。其计算公式为:

$$市净率(倍数) = 每股市价 \div 每股净资产$$

市净率把每股净资产和每股市价联系起来,可以说明市场对公司资产质量的评价。每股净资产是股票的账面价值,它是用成本计量的;每股市价是这些资产的现在价值,它是证券市场上交易的结果。如果投资者认为企业资产的质量好,有发展潜力,其市价可能远远高于账面价值,市净率会较高;反之,则资产质量差,没有发展前景,其市价可能低于账面价值,市净率会较低。市净率常常应用于企业的收购兼并,其数值反映兼并方以每股净资产的若干倍进行收购,或被兼并方以每股净资产的若干倍在流通转让。市净率越大,收购价格越高。

四、市盈率

市盈率是每股市价与每股税后净利的比率。亦称本益比。其计算公式为:

$$市盈率 = 每股市价 \div 每股净利$$

对于因送红股、公积金转增股本、配股造成股本总数比上一年年末数增加的公司,其每股税后利润按变动后的股本总数予以相应地摊薄。

分析市盈率时,应注意以下几点:

(1) 市盈率指标反映投资者对每1元净利所愿支付的价格。这一比率越高,在一定程度上反映了投资者对企业增长潜力的认同,如充满扩展机会的新兴行业市盈率普遍较高,而成熟工业的市盈率普遍较低,这不仅在中国内地股市是如此,在欧美、中国香港成熟的股票市场上同样如此,但这并不说明后者的股票没有投资价值,投资者应对不同行业的企业加以区别。

(2) 市盈率的高低受净利润的影响,而净利润受可选择的会计政策的影响,从而使得企业间的比较受到限制。

(3) 在市场过热、投机气氛浓郁时,股票价格常有被扭曲的情况。我国股市尚处于初级阶段,市盈率偏高,既有对将来的良好预期,也不排除一些庄家的肆意拉抬股价。如果市盈率过高,反映市场风险巨大,投资者应该从公司背景、基本素质等方面多加分析,对市盈率水平进行合理判断。

(4) 企业界通常是在市盈率较低时,以收购股票的方式实现对其他公司的兼并,然后进行改造,待到市盈率升高时,再以出售股票的方式卖出公司,从中获利。

(5) 在成熟市场,合理市盈率水平应是市场平均收益率水平的倒数,银行1年期利率近似地看作市场平均收益率水平,成为全球投资者约定俗成的规定。中国利率没有完全市场化,研究者发现股市市盈率的波动大约在长期利率的倒数和短期利率的倒数之间。其中短期利率的倒数是波峰,长期利率的倒数是波谷。如中国1年期储蓄存款实际收益率假如为1.58%,倒数是63倍;假定长期利率按20年期国债利率,按年固定付息即4.26%,倒数是23.47倍。可见,中国股市市盈率的底部为23倍,相对顶部为63倍。

五、每股股利和股票获利率

每股股利是指股利总额与期末普通股股份总数之比。其计算公式为:

$$每股股利 = 股利总额 \div 年末普通股股份总数$$

公式中的股利总额是指用于分配普通股现金股利的总额。

股票获利率是指每股股利与股票市价的比率。亦称市价股利比率。其计算公式为:

$$股票获利率 = 普通股每股股利 \div 普通股每股市价 \times 100\%$$

股票获利率是衡量普通股股东当期股息收益的指标。该指标在用于分析股东投资收益时,分母应采用投资者当初购买股票时支付的价格;在其用于对准备投资的股票进行分析时,则使用当时的市价。这样既可揭示投资该股票可能获得股息的收益率,也可表明出售或放弃投资这种股票的机会成本。股票获利率反映股利和股价的比例关系。只有股票持有人认为股价将上升,才会接受较低的股票获利率。

股票获利率主要应用于非上市公司的少数股权。在这种情况下,股东难以出售其股票,也没有能力影响股利分配政策。他们持有股票的主要动机在于获得稳定的股利收益。使用该指标的限制因素,在于公司采用非常稳健的股利政策,留存大量的净利润用以扩充。在这种情况下,股票获利率仅仅是股票投资价值非常保守的估计,分析企业未来发展前景对股价的影响是评价股票投资价值的主要依据。

六、股息支付率

股息支付率是普通股每股股利与每股净收益的百分比。其计算公式为:

$$股息支付率=(每股股利\div每股净收益)\times 100\%$$

该指标反映企业的股利分配政策和支付股利的能力。反映普通股股东从每股的全部净收益中分得多少利润,更直接地体现了股东的当前利益,体现了企业的股利分配政策。股息支付率的高低并不能直接反映企业盈利水平的高低,也不能简单地认为股利支付率越高越好。一般来说,处于成长阶段的公司股息发放率低一些,而大型蓝筹股公司的股息发放率高一些。

【例 9-2】 某股份有限公司财务报表中的有关资料如表 9-2 所示。

表 9-2 某股份有限公司财务资料

金额单位:元

普通股股本(流通在外 5 000 万股)	50 000 000	税后净利	12 000 000
优先股股本	10 000 000	优先股股利	2 000 000
资本公积(其中优先股溢价 1 000 万)	60 000 000	普通股股利	6 000 000
留存收益	20 000 000		
股东权益合计	140 000 000	普通股每股市价	35

要求:根据该公司上述资料计算以下财务比率:普通股股东权益报酬率、每股收益、每股股利、每股账面价值和市盈率。

普通股股东权益报酬率＝[(12 000 000－2 000 000)÷(140 000 000－20 000 000)]×100％＝
　　　　　　　　　　(10 000 000÷120 000 000)×100％＝8.33％
每股收益＝(12 000 000－2 000 000)÷50 000 000＝0.2(元/股)
每股股利＝6 000 000÷50 000 000＝0.12(元/股)
每股账面价值＝(140 000 000－20 000 000)÷50 000 000＝2.4(元/股)
市盈率＝35÷0.2＝175(倍)

【问题与思考 9-3】

小张入股市时间不长，但他有自己的选股依据，即喜欢选择低市盈率的股票。他认为，市盈率越小越好，它越小代表着当前股价越被低估。你是否赞成他的观点？

第四节　财务综合分析

财务综合分析是对企业的各个方面进行系统、全面的分析，从而对企业的财务状况和经营成果作出整体的评价与判断。企业通过综合分析，有利于把握不同财务指标之间的相互关联关系，也有利于正确地评判企业的财务状况和经营成果。与前述单项指标相比，财务综合分析具有全面性和综合性的特点。财务综合分析与评价关注的是整体财务状况和经营成果，因此在分析过程中，要关注到企业偿债能力、营运能力、盈利能力和成长能力等各个层面的内容。财务综合分析与评价不是各单项财务能力分析的简单相加，而是通过一定的技术方法进行的有机结合。当然，在进行财务综合分析与评价过程中还需要抓住主要分析指标，这样才能抓住影响企业财务状况和经营成果的主要矛盾，在主要财务指标分析的基础上，再对其辅助指标进行分析。财务综合分析与评价有很多种思路和方法，其中最常用的两种方法是杜邦分析法和沃尔评分法。

一、杜邦财务分析体系

(一) 杜邦分析法原理

杜邦分析法是利用各主要财务比率之间的内在联系来综合分析企业财务状况的方法。因这种分析是由美国杜邦公司首创的，故称为杜邦分析法。杜邦分析法的最显著特点是将若干个用以评价企业经营效率和财务状况的比率按其内在关系有机地结合起来，形成一个完整的指标体系，并最终通过权益收益率来进行综合反映。采用这一方法，可使财务比率分析的层次更清晰、条理更突出，为报表分析者全面仔细地了解企业的经营和盈利状况提供方便。

杜邦分析体系如图 9-1 所示。

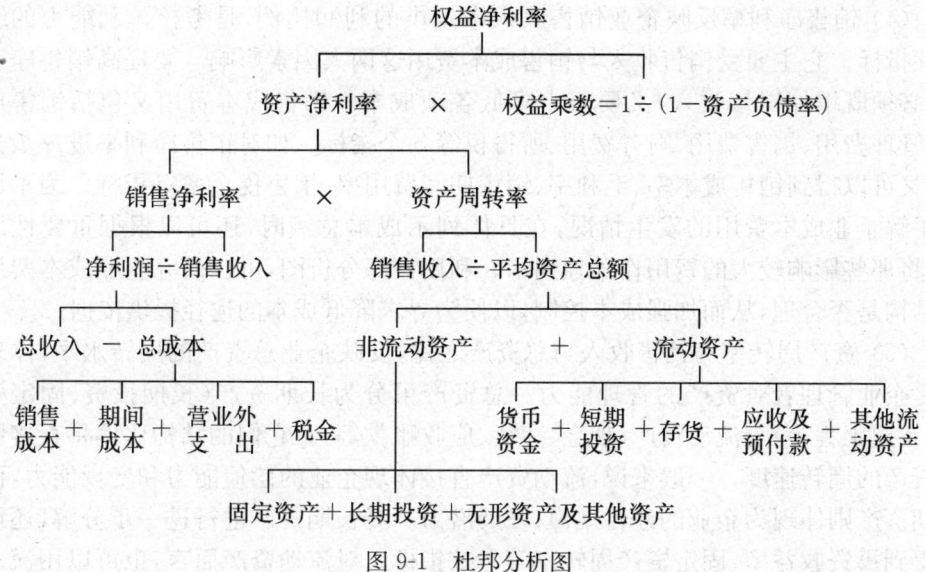

图 9-1 杜邦分析图

需要指出的是,杜邦分析法不是另外建立新的财务指标,它只是对财务比率进行分解的一种方法。在将多项财务指标间的内在关系绘制成杜邦分析图后,我们可以清楚地看到,企业的各项财务活动及财务指标是相互联系、相互依存、相互影响的。

(1) 权益净利率反映的是所有者权益的投资报酬率。也称净资产收益率。它是一个综合性最强的财务分析指标,是杜邦分析系统的核心。决定权益净利率高低的因素有两个:权益乘数和资产净利率。权益乘数反映企业的资本结构,资产净利率反映企业盈利能力。可见,权益净利率指标是企业资产使用效率与企业融资状况的综合体现。如果将资产净利率作进一步分解,由公式可以看出,决定权益净利率高低的因素有三个:权益乘数、销售净利率和总资产周转率。权益乘数、销售净利率和总资产周转率三个比率分别反映了企业的负债比率、盈利能力比率和资产管理比率。也就是说,企业的负债比率、盈利能力比率和资产管理比率共同决定了企业的权益净利率。

(2) 资产净利率是净利润与平均资产的比值,反映企业整体资产的盈利能力。它是影响所有者权益利润率的最重要的指标。其大小又取决于销售净利率和资产周转率的高低。

(3) 权益乘数反映所有者权益同企业总资产的关系,实际上是反映企业的负债经营程度。负债比率越大,权益乘数越高,企业权益净利率水平也越高。但是,企业如有较高的负债程度,那么,这一状况既可以给企业带来较多的杠杆利益,同时也给企业带来了较多的风险。

（4）销售净利率反映企业销售收入中提供的利润比例，是考核盈利能力的综合性指标。它主要受销售收入与销售成本费用这两大因素影响。要提高销售净利率，必须既增加销售收入，又要努力降低各项成本。销售成本费用又包括销售成本、管理费用、销售费用、财务费用、所得税等各个指标。如对销售净利率进一步分解，又可以得到销售成本率、毛利率、销售期间费用率、销售税金率等指标。为了详细了解企业成本费用的发生情况，在具体列示成本总额时，还可以根据重要性原则，将那些影响较大的费用作单独列示。利用杜邦分析图，可以研究企业成本费用的结构是否合理，从而加强成本控制，以便为寻求降低成本的途径提供依据。

（5）资产周转率为销售收入与总资产之比，反映企业总资产的周转水平，体现的是企业管理者对资产的管理能力。总资产可分为长期资产（长期投资、固定资产、在建工程等）与流动资产（现金、存货、应收账款等）。它们的结构比例将直接影响资产的周转速度。一般来说，流动资产直接体现企业的偿债能力和变现能力，而长期资产则体现为企业的经营规模、发展潜力。对长期资产进行进一步分解，还可以得到投资收益率、固定资产周转率等考核指标。对流动资产而言，也可以用流动资产周转率、存货周转率、应收账款周转率、现金比率、现金周转率等指标来考核。

由上可见，企业的财务状况是一个完整的系统，内部各因素是相互依存、相互作用的。任何一个因素的变动都会引起企业整体财务状况的改变。杜邦分析体系提供的上述财务信息，较好地解释了各因素变动的原因和趋势，这为及时解决企业经营过程中存在的问题、明确企业管理方向提供了依据。

（二）杜邦分析法实例分析

杜邦分析法可以解释指标变动的原因和变动趋势，以及为采取措施指明方向。下面举例说明杜邦分析法的运用。

【例9-3】 某公司2005年销售净利率8%，总资产周转率1.3，平均资产负债率41%。2006年部分报表数据如下：年初资产总额900万元，负债总额350万元，年末资产总额1 000万元，负债总额400万元；2006年销售收入1200万元，实现净利120万元。要求：

（1）计算2005年净资产收益率。

（2）计算2006年销售净利率、平均资产额、资产周转率、平均负债额、平均资产负债率、净资产收益率。

（3）运用杜邦分析原理，定性分析说明该公司净资产收益率变动的原因。

解：

（1）净资产收益率＝销售净利率×总资产周转率×权益乘数

由于：平均资产负债率＝41%

所以：权益乘数＝1÷(1－平均资产负债率)＝1÷(1－41%)＝1.6949

2005年净资产收益率＝销售净利率×总资产周转率×权益乘数×100％＝
8％×1.3×1.6949×100％＝17.63％

（2）2006年销售净利率＝净利润÷销售收入×100％＝120÷1 200×100％＝10％
2006年平均资产额＝(900＋1 000)÷2＝950(万元)
2006年资产周转率＝销售收入÷平均资产额＝1 200÷950＝1.2632
2006年平均负债额＝(350＋400)÷2＝375(万元)
2006年平均资产负债率＝负债平均额÷资产平均额×100％＝
375÷950×100％＝39.47％
2006年净资产收益率＝净利润÷平均净资产×100％＝
120÷(950－375)×100％＝20.87％

或者：权益乘数＝1÷(1－39.47％)＝1.6521
净资产收益率＝销售净利率×总资产周转率×权益乘数×100％＝
10％×1.2632×1.6521×100％＝20.87％

（3）2005年净资产收益率＝销售净利率×总资产周转率×权益乘数×100％＝
8％×1.3×1.6949×100％＝17.63％
2006年净资产收益率＝销售净利率×总资产周转率×权益乘数×100％＝
10％×1.2632×1.6521×100％＝20.87％

该公司2006年净资产收益率比2005年净资产收益率上升了3.24％。其主要原因是2006年销售净利率比2005年销售净利率上升了2％。虽然总资产周转率和权益乘数2006年比2005年均有所下降,但由于销售净利率的提高抵销了这种不利的影响,最终导致2006年净资产收益率高于2005年净资产收益率。

（三）结论

综上所述,杜邦分析法以权益净利率为主线,将企业在某一时期的销售成果以及资产营运状况全面地联系在一起,层层分解,逐步深入,构成一个完整的分析体系。它能较好地帮助管理者发现企业财务和经营管理中存在的问题,能够为改善企业经营管理提供十分有价值的信息,因而得到普遍的认同,并在实际工作中得到广泛的应用。但是,杜邦分析法也有其局限性。从企业绩效评价的角度来看,杜邦分析法只包括财务方面的信息,不能全面反映企业的实力,所以在实际运用中需要加以注意,必须结合企业的其他信息加以分析。

二、沃尔评分法

沃尔评分法又叫综合评分法。它通过对选定的多项财务比率进行评分,然后计算综合得分,并据此评价企业综合的财务状况。由于创造这种方法的先驱者之一是亚历山大·沃尔,因此被称作沃尔评分法。沃尔评分法的主要思想是将分散的财务指标通过一个加权体系综合起来,使得一个多维度的评价体系变成一个综合得分,这样就可以用综合得分对企业作出综合评价。

1. 选择财务比率

不同的分析者所选择的财务比率可能都不尽相同,但在选择财务比率时应注意以下几点原则:

(1) 所选择的比率要具有全面性,反映偿债能力、盈利能力、营运能力等的比率都应包括在内。只有这样,才能反映企业的综合财务状况。

(2) 所选择的比率要具有代表性,即在每个方面的众多财务比率中要选择那些典型的、重要的比率。

(3) 所选择的比率最好具有变化方向的一致性。即当财务比率增大时,表示财务状况的改善;当财务比率减小时,表示财务状况的恶化。例如,在选择反映偿债能力的比率时,就最好选择股权比率而不选择资产负债率。因为通常认为,在一定的范围内,股权比率高说明企业的偿债能力强,而资产负债率高则说明企业的负债安全程度低。

2. 确定各项财务比率的权重

如何将100分的总分合理地分配给所选择的各个财务比率,是沃尔评分法中的一个非常重要的环节。分配的标准是依据各个比率的重要程度,越重要的比率分配的权重越高。

3. 确定各项财务比率的标准值

财务比率的标准值也就是判断财务比率高低的比较标准。可以是企业的历史水平,也可以是竞争企业的水平,还可以是同行业的平均水平,其中最常见的是选择同行业的平均水平作为财务比率的标准值。

4. 确定各个财务比率的实际值

财务比率的实际值的确定,可以根据企业实际发生的销售收入、资产、负债等数额计算获得。

5. 计算各个财务比率的得分

计算得分的方法有很多,其中最常见的是用比率的实际值除以标准值得到一个相对值,再用这个相对值乘以比率的权重得到该比率的得分。为了避免个别比率异常对总分造成不合理的影响,还可以为每个比率的得分确定一个上限和下限,即每个比率的得分最高不能超过其上限,最低不能低于其下限。

6. 计算综合得分

将各个财务比率的实际得分加总,即得到企业的综合得分。企业的综合得分如果接近100分,说明企业的综合财务状况接近于行业的平均水平。企业的综合得分如果明显超过100分,则说明企业的综合财务状况优于行业的平均水平。企业的综合得分如果大大低于100分,则说明企业的综合财务状况较差,应当积极采取措施加以改善。

在沃尔评分法的各个步骤中,最为关键也最为困难的是第二步和第三步,即各项财务比率权重和标准值的确定。其主要内容如表9-3所示。

表9-3 沃尔评分法示意表

财务比率	比重1	标准比率2	实际比率3	相对比4=3÷2	评分=1×4
流动比率	25	2.00			
净资产÷负债	25	1.50			
资产÷固定资产	15	2.50			
销售成本÷存货	10	8			
销售额÷应收账款	10	6			
销售额÷固定资产	10	4			
销售额÷净资产	5	3			
合　　计	100				

沃尔评分法通过公司各项指标与行业平均值的比较分析,给予综合评分,并按档次评定其财务水平级别,从而反映企业在行业中的经营管理水平。它能够比较直观地为投资者判断企业的财务状况的总体水平,揭示其所面临的风险大小,从而对企业的信用水平作出评价。但原始意义上的沃尔评分法存在两个缺陷:一是对所选定的7项指标缺乏证明力;二是当某项指标严重异常时,会对总评分产生不合逻辑的重大影响。尽管如此,沃尔评分法还是在实际中得到了广泛运用。我国财政部颁布的《企业效绩评价操作细则》也在一定程度上参考了沃尔评分法,结合我国企业的实际情况,设定了详细评价指标,其中包括评价指标的选择及其权重的确定等。

【问题与思考9-4】

净资产收益率反映股东权益的收益水平,指标值越高,说明投资带来的收益越高。但在我国证券市场中,有时一些ST公司的净资产收益率很高。你认为其中的原因是什么?

第五节　财务信息质量分析

一、会计信息披露制度的基本框架

在会计信息披露制度的基本框架上,目前各国主要以美国为效仿对象,其基本框架包括证券立法、会计规范和审计规范三个方面的内容。其中,证券立法主要从证券发行和交易的角度,对上市公司的会计信息的披露予以规范。会计规范包括一系列会计准则体系和会计信息披露规则体系。审计规范主要从一系列审计准则体系的角度规范会计信息的披露制度。

（一）证券立法

证券立法主要从三个方面规范会计信息的披露:强制披露、强制审计、法律责任。在基本证券立法方面,美国主要以《证券法》和《证券交易法》为主。我国在《股票发行与交易管理暂行条例》、《公司法》及《证券法》中,都对会计信息的强制披露、强制审计、法律责任等作出了规范。

（二）会计信息披露规则体系

这是对上述证券立法中的披露要求进一步作出的规范。会计准则体系与会计信息披露规则体系是有所区别的。前者规范的侧重点是对披露要求的规定,如信息披露的内容和格式;后者主要对会计信息的确认和计量作出直接规范。美国在会计信息披露规则的制定方面非常详细,在《S-X条例》和《S-K条例》中分别规范财务报表信息及非财务报表信息的内容和格式基础上,SEC还颁布了《会计系列公告》、《财务报告公告》、《会计与审计公告》和《专业会计公告》等相关规定,为更加具体地规范信息披露提供指南。在我国,会计信息披露规则体系主要体现在《公开发行股票公司信息披露实施细则》和《信息披露内容与格式准则》中。此外,我国证监会通过不定期发布一些相关文件对上述规定作出补充,有时也有一些编制指南。

（三）会计准则体系

美国会计准则体系包含两个层次:财务会计概念框架和狭义的公认会计准则。我国的会计准则体系以《会计法》为指导,包含两个层次:第一个层次是《企业会计准则(基本准则)》,为会计确认、计量、记录与报告提供原则性规定;第二个层次是陆续颁布了企业新会计准则(包括1项基本准则和38项具体准则),2007年1月1日起在全国正式施行。从内容上看,我国的会计准则和相关制度与国际通行制度已基本趋同。新会计准则的颁布将极大提高我国会计信息的质量。

（四）审计准则体系

美国审计准则体系由审计基本准则、审计具体准则和审计指南三个层次构成。在我国,1986年,国务院颁布了《中华人民共和国注册会计师条例》。1993年,全国人大颁布《中华人民共和国注册会计师法》以替代上述条例。1988年,中国注册会计师协会成立,并先后颁布了《注册会计师法检查验证会计报表规则》、《注册会计师查账验资报告规则》等多个专业标准。从1994年起,中国注册会计师协会起草和制定了一系列独立审计准则,对上述执业规则作出了全面的修订和补充。2006年,财政部正式颁布了48项审计准则,2007年1月1日起在全国正式施行。

证券市场中信息披露的来源多种多样,但会计信息披露的规范一般都体现着强制性的特征,这是为了减少因信息不对称而产生的内幕交易和信息误导而采取的必要举措。当管理者和投资者发生利益冲突时,会计规范和外部审计有助于促进资本市场的运作。会计规范为经理人员怎样去进行会计决策提供了指南,审计也为督促经理人员遵守会计规范、降低管理人员盈余管理提供了可能性。然而,报告使用者们的信息需求是多种多样的,通用报告模式不能完全满足使用者的需求,审计师所占有的信息与公司经理人员相比也是有限的,这些都妨碍管理层利用财务报告与投资者沟通的有效性。更何况,强制披露也可能产生负面效应,如迫使公司公开本属于商业秘密的事项,这是不利于竞争的,有的甚至会导致公司放弃公开募股或股票上市的选择。随着证券市场的发展和公司生存环境的变化,上市公司一方面为了适应投资者的需要,改善与投资者的沟通;另一方面为突出公司竞争优势,提高公司对投资者的吸引力,自愿披露信息的动机不断增强并付诸实践。当前许多国家上市公司的信息披露方式也正在朝着强制性披露与自愿性披露相结合的方向发展。

二、财务信息披露的质量规范

上述有关财务会计信息的披露制度对上市公司的会计信息的披露予以了规范,也为投资者的财务分析和投资决策提供了依据。但是,如果要使上市公司所提供的信息真正发挥其应有的作用,其质量水平是关键的因素。如果股票市场依照规定提供了许多信息,但却是虚假不实的信息,那么这种信息只能起到误导投资者的作用。因此,股票市场的会计信息披露应有一定的质量规范标准。所谓质量规范,是指在会计信息的确认、计量、记录及报告过程中所必须遵守的最具有根本性的规范。

财务会计信息质量标准是由财务会计信息的目的所决定的。财务会计的主要目的,是通过对财务会计信息的确认、计量、记录和报告,为信息使用者决策提供有用的信息。国际会计准则委员会(IASC)发布的《编报财务报表的框架》中所规范的会计信息质量特征包括三个层次:主要会计信息质量标准、构成主要质量标准的因素、相关和可靠信息的限制因素。主要会计信息质量标准有四项:可理解性、相关性、可靠性和可比性。构成主要质量标准的因素有六项:重要性、真实反映、实质重于形式、中立性、审慎性、完整性。相关和可靠信息的限制因素有三项:及时性、效益和成本的对比、质量标准之间的平衡。

我国有关会计信息质量特征的规定主要在2006年颁布的《企业会计准则》之中。在《企业会计准则——基本准则》的第二章——会计信息质量要求中,全面阐述了有关会计信息质量的要求。具体包括:

(1) 企业应当以实际发生的交易或者事项为依据进行会计确认、计量和报告，如实反映符合确认和计量要求的各项会计要素及其他相关信息，保证会计信息真实可靠、内容完整。

(2) 企业提供的会计信息应当与财务会计报告使用者的经济决策需要相关，有助于财务会计报告使用者对企业过去、现在或者未来的情况作出评价或者预测。

(3) 企业提供的会计信息应当清晰明了，便于财务会计报告使用者理解和使用。

(4) 企业提供的会计信息应当具有可比性。同一企业不同时期发生的相同或者相似的交易或者事项，应当采用一致的会计政策，不得随意变更。确需变更的，应当在附注中说明。不同企业发生的相同或者相似的交易或者事项，应当采用规定的会计政策，确保会计信息口径一致、相互可比。

(5) 企业应当按照交易或者事项的经济实质进行会计确认、计量和报告，不应仅以交易或者事项的法律形式为依据。

(6) 企业提供的会计信息应当反映与企业财务状况、经营成果和现金流量等有关的所有重要交易或者事项。

(7) 企业对交易或者事项进行会计确认、计量和报告应当保持应有的谨慎，不应高估资产或者收益、低估负债或者费用。

(8) 企业对于已经发生的交易或者事项，应当及时进行会计确认、计量和报告，不得提前或者延后。

三、影响财务信息质量的因素

（一）会计确认理论的适应性

会计处理的对象是能引起会计要素变化的各项经济业务。但是企业本身的活动纷繁复杂，这些经济活动并非全部属于会计信息系统处理对象的范围。因此，企业各项经济业务所产生的数据是否应当在会计凭证、账簿中加以记录，以及怎样把账簿中的信息和其他数据转化为财务报告，都必须经过会计确认进行辨别和认定。

会计确认有狭义和广义之分。狭义的会计确认是指对经济活动产生的有关信息数据进行识别、判断、选择和归类，从而确定是否与何时应当记录和报告的问题。广义的会计确认包括了会计记录、计量和在财务报告上报告这三个过程。美国财务会计准则委员会在第5号《财务会计概念公告》中把确认定义为"是将某一项目，作为一项资产、负债、营业收入、费用等正式记入或列入某一主体的财务报表的过程"。可见，会计确认贯穿了整个会计工作的始终，确认的内容涵盖财务状况、经营成果和现金流量等众多要素。

1. 会计确认要素的局限性

当新的会计要素不断出现的时候,原有的确认理论的不适应性就逐渐暴露了出来,相应地影响了会计信息的质量。以对资产的确认为例。一个项目要确认为资产,首先要符合资产的定义。在会计上,资产是指企业拥有或者控制的经济资源,其取得时的成本能够可靠地予以计量。该资源预期会给企业带来经济利益。如果企业经过长年的努力形成了一个声名卓著的品牌,尽管它可以为企业带来巨大的经济效益,但是,由于品牌的形成过程是一个漫长的过程,其间究竟付出了多少成本,却没有客观的原始记录来加以证明,市场上也不会有相同的交易价格,因此,自创的品牌无法被确认为企业的资产。与此相似的还有人力资本的确认问题以及由此而产生的利益分配等问题。目前,投资于人力方面的支出,均被作为当期费用处理,人力资产被低估。而在当今社会品牌等无形资产价值和人力资源的价值是谁也无法低估的,如果在企业的财务报告中无法体现这一关键要素的话,自然也就无法反映企业的真实信息。

2. 会计确认基础的主观性

满足了会计确认基本标准的经济业务,在什么时间进行记录,又是会计确认中的一个重要问题。权责发生制是会计中运用最广的确认基础。它是与收付实现制相对应的一个制度。要求企业应当以经济活动的权利和责任的发生与否为标准来确认企业记录的时间。即:凡是收取一项收入的权利已经具备,不论企业是否已经取得这项现金,都应确认为收入;同样,只要主体已经承担了某项费用的义务,不管是否已经支付现金,都应入账确认为费用。会计上由此产生了大量的应计和递延项目,并进一步产生了估计判断的需要。如在是否确认收入实现时,对销售商品的价款能否收回,主要根据企业以前与买方交往的直接经验,或从其他方面取得的信息,或政府的有关政策等进行判断。如果企业根据以前与买方交往的直接经验判断买方信誉较差,或销售时得知买方在另一项交易中发生了巨额亏损,企业应推迟确认收入。可见,在企业判断价款收回的可能性时,掺入了主观因素。由于个人的判断依据、判断能力不同,对于同一项业务,也许会产生不同的结果,体现在确认的时间上,就有可能有先有后,这些,也都将影响到会计信息的真实性。

事实上,随着科学技术的不断进步,现代社会中信息的传播速度越来越快,企业经营活动所面临的风险也越来越多,会计领域中信息的不确定性因素也越来越多。一方面,会计系统外部环境的不断变化如税率调整、物价变动及汇率变化等因素,固然会对财务信息的准确性产生影响;另一方面,现代社会将信用作为企业经营中一种必要的融通工具和交易保障,企业与银行之间的借贷行为、企业与企业之间的交易关系能否按约履行,在很大程度上有赖于各方的信用程度,这样,充当经济活动反映职能的会计信息的不确定性由此产生。当因以上经济活动内外不确定性因素影响而导致有些交易或事项在某一会计报告期间结束时尚在延续中或还未发生,其结果尚不明确,金额亦无法确定,或有些交易或事项虽已发生,但在资产负债表日因时间、成本等因素的限制企业无法充分获取有关数据时,就需要运用越来越多的会计估计。

下列各项属于常见的需要进行估计的项目:

(1) 坏账。

(2) 存货遭受毁损、全部或部分陈旧过时。

(3) 固定资产的耐用年限与净残值。

(4) 无形资产的受益期。

(5) 递延资产的分摊期间。

(6) 或有损失。

(7) 收入确认中的估计。

(二) 会计计量基础的局限性

会计核算中的计量属性包括历史成本、重置成本、可变现净值和公允价值等。由于历史成本计价是买卖双方交易结果的客观反映,便于进行验证,以防止对财务数据的篡改,因此,历史成本会计核算原则一直沿用至今。但是,历史成本是建立在货币计量和币值稳定基础上的,这一基础本身存在无法克服的缺陷。通货膨胀和收缩都会引起币值的变化,加之经济业务的不确定性,即便历史成本反映的会计信息与交易发生时的经济事项相等并计量正确,也不能保证其与报告时的经济事项相符,这使会计信息的客观性受到一定程度的损害。2006年颁布的新会计准则,降低了历史成本的地位,强调了以公允价值计量的重要性,但是用公允价值反映的一些资产的新价值也同样存在缺陷,因为公允价值只是某个时点的账面价值,可能会对投资者产生误导,带来投资决策风险。

(三) 会计政策的选择

1. 会计政策选择的产生原因

会计政策是指企业在会计核算时所遵循的具体原则以及企业所采纳的具体会计处理方法。一般来说,会计政策主要是由国家会计制度规定的,如在我国的《会计法》、《公司法》等一些相关法律中,在财政部制定的一系列会计准则中,都有许多有关会计政策的强制性规定。但在现有的以会计准则为会计政策规范主体的模式下,对某一经济事项的会计处理有多种备选的会计处理方法,这为企业进行会计政策选择留下了较大的选择空间。比如,存货的计价方法、折旧的计提方式等。

实际上,会计核算的一些原则也为企业会计政策的自主选择提供了可能。如谨慎性原则,它要求在处理企业不确定的经济业务时,应持谨慎态度,不得多计资产或收益、少计负债或费用,但是,在真正实施这一原则时,如计提资产减值准备,以多少限额为度,实务中很难整齐划一,从而给会计政策选择提供了充分空间。再如重要性原则,它要求在会计核算过程中对交易或事项应当区别其重要程度,采用不同的核算方式,但在实际执行过程中,如何评价某一经济活动的重要程度时,在很大程度上也取决于会计人员的职业判断。

2. 会计政策选择的范围

会计政策的选择必须在企业不改变会计原则的前提下进行。并非所有的会计方法都可以根据需要自行选择。例如,借款费用资本化的计价条件、计价期间通常是不可选择的,长期投资、固定资产、无形资产等资产的原始计价方法也是不可以选择的。企业在会计核算中所采纳的会计政策,通常应在会计报表附注中加以披露,其需要披露的项目主要有以下几项:

(1) 合并政策。它是指编制合并会计报表所采纳的原则。例如,母公司与子公司的会计年度不一致的处理原则,合并范围的确定原则,母公司和子公司所采用的会计政策是否一致等。

(2) 外币折算。它是指外币折算所采用的方法以及汇兑损益的处理。例如,外币报表折算是采用现行汇率法,还是采用时态法或其他方法。

(3) 收入的确认。它是指收入确认的原则。例如,建造合同是按完成合同法确认收入,还是按完工百分比法或其他方法确认收入。

(4) 所得税的核算。它是指企业所得税的会计处理方法。例如,企业所得税会计处理是采用递延法,还是债务法或其他方法。

(5) 存货的计价。它是指企业存货的计价方法。例如,企业的存货是采用先进先出法,还是采用其他《企业会计准则》所允许的计价方法。

(6) 长期投资的核算。它是指长期投资的具体会计处理方法。例如,企业对被投资单位的股权投资是采用成本法,还是采用权益法核算。

(7) 坏账损失的核算。它是指坏账损失的具体会计处理方法。例如,企业的坏账损失是采用直接转销法,还是采用备抵法。

(8) 借款费用的处理。它是指借款费用的处理方法。例如,企业对借款费用是采用资本化,还是采用费用化。

(9) 其他。它是指无形资产的计价及核销方法、财产损益的处理、研究与开发费用的处理等。

会计政策一经制定,不得随意变更,除非国家法规或会计准则要求采用不同的政策或者认为政策的变更能使企业财务会计报表的编制更为恰当。会计政策如有变更,应在财务会计报表中详细说明;对于有重大影响的会计政策,还应在本期或以后各期的财务会计报告中列出影响的具体数据;对于过去各期的财务会计报告(主要是利润表)需进行调整,从中反映新会计政策的运用所带来的影响。国内外的财务实践都表明,会计政策的制定和调整,直接影响了企业财务会计报告所披露出来的会计信息,约束了投资人、债权人的经济决策,如:存货计价方法选择或变更,直接影响到企业生产经营的成本核算;有形资产或无形资产的确认、折旧或摊销方法,资产减值准备的计提方法,借款费用和其他支出的资本化等,都会影响企业利润的实现和所得税的交纳。所以在财务分析时,应充分认识到其对企业的影响。

(四) 盈余管理

对于会计估计和会计政策的运用,实际上与企业盈余管理观念有着密切的关系。对于盈余管理的争论很多,其大致有广义和狭义两种观点。广义的观点认为,盈余管理是企业管理的组成部分,以目标利润为中心,统一管理企业的各种经营活动。狭义的观点则认为,盈余管理是公司的管理层为实现自身的效用或公司的市场价值最大化目标,进行会计政策的选择,从而调节公司盈余的行为。不管是广义的还是狭义的观点,盈余管理的主体是企业管理当局,包括公司的经理、部门经理和董事会。盈余管理的方法就是对会计政策的选择和会计估计的运用,包括会计政策的运用时点和交易事项发生的时点选择。当然,盈余管理最终的对象还是会计数据本身。

西方实证会计研究的大量成果都证明,企业管理当局往往通过借助于形式多样的会计政策选择与博弈实现对自己有利的经济后果。如出于对获取巨额红利的企图,管理者更有可能会把会计报告利润由未来期间提前至本期确认;出于借款中的某些限制性契约的影响,管理者也有可能选择可增加本期会计利润的会计政策;出于避免政府和市场管理机构的关注,规模较大的公司更倾向于利润均衡分布。盈余管理的常用方法包括:控制应计项目、应付账款和应计债务;会计政策变更;控制经济业务,如关联交易、资产重组、债务重组、非货币性交易等,来实现收益最大化、收益最小化或收益平滑。美国《华尔街日报》的3位记者所作的一项研究结果表明,通用电器公司能保持利润稳定增长的一个办法就是合理利用会计准则,精心安排确认收益和损失的时间来消除利润波动,从而实施盈余管理。

对我国企业会计政策选择现状的实证研究表明,我国上市公司也存在着包括通过利用会计政策选择等手段操纵会计利润的现象。如在公开发行股票时,为提高股票发行价格的目的,为达到配股的目的,为免受特别处理或摘牌的处罚,甚至为某些政治目的,企业常常利用会计政策粉饰报表。从这个角度看,会计过程的最终产品——会计信息在一定程度上是主观判断的产物,是各个利害关系集团如股东、债权人、政府、企业管理当局等各方利益博弈均衡的结果。而不同的会计政策选择产生不同的会计信息,导致企业利害关系集团不同的利益分配结果和投资决策行为,进而影响社会资源的配置效率和结果。

既然会计本身的特点给盈余管理提供了空间,而会计数字在企业的契约关系中又有着重要的作用,甚至会影响到企业外界包括政府、竞争者和投资者等信息使用者对企业的印象,继而影响到企业在资本市场的筹资能力,特别是随着企业活动范围的扩大、金融业务创新的不断增多,不确定的经济交易和会计事项将越来越多。为此,我们必须承认,盈余管理现象是客观存在的。完全杜绝盈余管理几乎是不可能的,因为消除盈余管理行为的成本太大。但从另一个方面看,如果企业大量使用盈余管理方法,就会影响财务信息的真实性和相关性,而缺乏真实性和相关性的会计信息很难说它对财务信息的使用者有很高的价值。因此,在财务分析时,需要我们全面、系统地审查财务报告在反映信息方面的内在联系,从中识别盈利操纵的痕迹。

(五)会计人员的职业道德和执业水平

会计人员是社会上一种特定职业群体的组成人员,会计工作是整个宏观经济工作的基础性工作。会计信息的质量高低,将直接影响到国家的经济预测和决策。我国《会计法》明确地将会计职业道德写入了法律条文,将我国会计职业道德提高到了法律规范的高度。《会计法》明确要求:会计人员应当遵守职业道德,提高业务素质。对会计人员的教育和培训应当加强。同时《会计法》也规定,会计人员因不遵守职业道德,情节较轻被吊销会计从业资格证书,5年内不得从事会计工作;触犯刑律被追究刑事责任的,终身不得从事会计工作。

另外,我国会计人员执业水平也有待进一步加强。在财务会计报告编制过程中出现的错误或失误,很大程度上是由于财务人员本身的执业水平较低而造成的。由于受知识水平、工作经历和经验的影响,财务人员对国家财经法规、制度的理解,对企业会计事项的判断,对财务会计报告编制规律的认识等方面都存在着偏差,这些都严重影响着会计信息的质量。

四、财务信息质量的鉴别

(一)根据审计报告进行鉴别

我国《公司法》规定,公司应当在每一会计年度终了时制作财务会计报告,并依法审查验证。在证券市场,独立审计是维护会计报表满足公允价值与公允列报要求的重要途径。审计人员需站在公正的立场上,对企业编制的报表及相关信息进行审计,并出具审计报告。审计报告是指注册会计师依据独立审计准则,在实施必要审计程序后出具的、对被审计单位提供的会计报表发表审计意见的书面文件。审计人员出具的关于财务报表的审计报告有以下四种类型。

1. 无保留意见的审计报告

注册会计师发表无保留意见的前提条件如下:

(1) 会计报表的编制符合会计准则及其他会计制度。
(2) 会计报表在所有重大方面公允地反映了被审计单位的财务状况、经营成果及现金流量情况。
(3) 会计处理方法的选用符合一贯性原则。
(4) 已顺利实施了必要的审计程序。
(5) 不存在应调整但被审计单位未予调整的事项。

在上述前提下，如果注册会计师认为存在需要引起财务会计报告使用者关注，而且并不影响其对公允价值与公允列报作出判断及决策的可靠性，可出具带说明段文字的无保留意见审计报告。

2. 保留意见的审计报告

注册会计师发表保留意见的审计报告的前提条件是：如果被审计单位会计报表就其整体而言是公允的，但存在以下情况之一：

(1) 个别重要会计事项的处理或个别会计报表项目的编制不符合会计准则及其他会计制度，被审计单位拒绝调整。
(2) 审计范围受到限制，无法取得应有的审计证据。
(3) 个别会计处理方法的选用不符合一贯性原则，注册会计师应当发表保留意见。

3. 否定意见的审计报告

注册会计师发表否定意见的前提条件是：

(1) 会计方法的选用严重违反会计准则及其他会计制度，被审计单位拒绝调整。
(2) 会计报表严重歪曲了被审计单位的财务状况、经营成果和现金流量情况，被审计单位拒绝调整。

4. 拒绝表示意见的审计报告

如果受委托人、被委托单位或客观环境的限制，不能获得必要的审计证据，以致无法对会计报表的整体反映发表审计意见，注册会计师应当发表拒绝表示意见。

上述审计报告又可分为标准审计报告与非标准审计报告。其中，标准审计报告指无保留意见审计报告，非标准审计报告包括有说明段文字的无保留意见审计报告、保留意见审计报告、否定意见审计报告和拒绝表示意见审计报告。

审计报告是审计人员站在对企业编制的报表是否遵循了会计准则、是否恰当地反映了企业的财务状况的立场上所发表的一种看法或意见。所以，投资者可以根据审计报告来判断企业的财务状况和经营业绩的真实性。

(二) 根据同业分析进行鉴别

企业不是一个孤立存在的单位，它的生存发展首先受制于企业所处的宏观经济环境,其中,行业背景对企业的发展产生重要影响。同业分析主要是在行业分类的基础上,进行行业背景分析。评判企业经营优劣的主要依据,一是行业标准,二是同业指标。

在行业范围内,以行业标准为依据,对同行业企业进行财务分析比较,是目前财务分析广泛使用的方法。此方法可以增加财务分析的相应数据的可比性,提高分析的准确度,可以直观地显示出被分析的目标企业在所属行业中的地位和未来前景。在美国,行业标准一般采用算术平均法,即将行业内所有公司所对应的财务指标数据进行算术平均,将所得出的平均值作为此行业的行业标准。

同业比较实际上是一种横向比较,是对上市公司及其同业企业进行比较分析,以便判断上市公司财务状况在同行业中所处的地位。如:是否是领导性企业,在价格上是否具有影响力,有没有竞争优势等。一般来说,企业的行业地位决定了其盈利能力是高于还是低于行业平均水平,决定了其行业内的竞争地位。以同业指标分析财务信息质量的依据是:处于某一行业的任何一家公司,必然受到行业发展状况的影响,其实际财务状况不会严重脱离本行业的平均发展水平或经营状况。如果发生严重的偏离,就可能存在虚假信息的可能。

进行同业比较分析,最主要的是搜集同行业竞争对手资料,对它们财务指标和财务数据进行综合计算分析,对一些重要的财务指标如主营业务收入、净利润、净资产收益率等指标列出同业平均值、同业最高值和同业最低值。再将本企业与同行业平均水平相比较,寻找出严重偏离同行业平均水平的财务数据或财务指标,并深入寻找其形成原因。

【问题与思考 9-5】

寻找一家上市公司 3~5 年的年报,分析各年的会计政策,观察其是否具有连贯性,进一步分析会计政策对企业业绩的影响。

本 章 小 结

本章讲述财务分析的原理和方法。财务分析是指企业内部或外部人员运用分析工具和经验,以企业财务报表为主要依据,结合其他财务报告和相关资料进行判断、分析和解释,目的是对企业财务状况、经营成果和业绩作出评价和预测,从而有助于经济决策。对于不同的财务信息使用者来说,由于他们所处的环境不同,他们进行财务分析的目的也是各不相同的。财务信息的使用者主要有企业管理人员、权益投资者、贷款提供者、政府机构、客户及供应商、企业员工及社会中介机构。财务分析具体包括企业的财务状况分析、企业的经营成果分析、企业现金流动情况分析、企业管理水平分析、企业的发展趋势分析及企业未来价值预测。财务分析的常用方法有比较分析法、比率分析法和因素分析法等。财务信息的质量是各方关注的焦点。本章结合会计信息披露制度的基本框架、影响财务信息质量的因素等内容，提出了鉴别财务信息质量的方法。

复习思考题

1. 财务分析主要包括哪些内容？常用的分析方法有哪些？
2. 财务分析的局限性有哪些？
3. 比率分析法中的常用指标种类有哪些？各种类中具体又包括哪些重要指标？
4. 影响财务信息质量的因素有哪些？
5. 如何鉴别财务信息的质量？

案例讨论题

杭萧钢构天价合同案

浙江杭萧钢构股份有限公司，注册地为杭州市萧山经济技术开发区，于2003年11月在上海证券交易所挂牌上市（600477，杭萧钢构）。虽然自称是"国内最早从事建筑钢结构的品牌企业之一"，但之前并不为多数人所知。

2007年2月12日至14日，杭萧钢构股价连续3个交易日涨停之后，15日发布公告称，"截至本公告之日止，公司正与有关业主洽谈一境外建设项目，该意向项目整体涉及总金额折合人民币约300亿元，该意向项目分阶段实施，建设周期大致在两年左右"。同时表示，"若公司参与该意向项目，将会对公司2007年业绩产生较大幅度增长。但截至本公告日止，公司尚未正式签署任何相关合同协议"。这是那个引发争议的天价合同的第一次说明。

同年3月13日，杭萧钢构发布第二份公告称，近日，公司作为卖方及承包方与买方及发包方中国国际基金有限公司（以下简称中基公司）签订了《安哥拉共和国——安哥拉安居家园建设工程——产品销售合同》、《安哥拉共和国——安哥拉安居家园建设工程施工合同》，产品销售合同总价计人民币248.26亿元，施工合同总价计人民币95.75亿元，合同总额达344亿元。当天股票复牌后，又是连续4个涨停。至于中基公司，这个给杭萧钢构带来344亿元巨额合同的"财神爷"，在杭萧钢构的公告中，只有寥寥数语的介绍，除了该公司注册地位于中国香港、从事投资和贸易外，其余信息皆无。

同年 3 月 19 日,上证所对杭萧钢构实行停牌处理。至此,杭萧钢构 10 个交易日股价飙升至 10.75 元,累计涨幅 159%。同时,对于 344 亿元合同的质疑之声充斥整个市场。3 月 22 日,证监会表态,对杭萧钢构的信息披露问题,以及是否存在二级市场操纵、内幕交易行为进行调查。在调查过程中,公司高层反复向记者解释,"合同中涉及大量转包、分包项目,甚至标注有具体施工成本核算内容,因此不便公开","这里面涉及重大商业秘密,我们的底价要是被媒体抖搂出去,那这笔生意基本就没法做了"。4 月 27 日,证监会经调查认定杭萧钢构合同信息披露方面违规,并已将有关证据及线索移交公安机关。5 月 11 日,上证所公开谴责杭萧钢构及董事长等人。5 月 14 日,杭萧钢构披露证监会已向该公司及相关负责人共开出 70 万元"罚单"。6 月 11 日,浙江省公安机关对涉嫌泄露内幕信息罪的犯罪嫌疑人罗高峰、涉嫌内幕交易罪的犯罪嫌疑人王向东、陈玉兴执行逮捕。

资料来源:www.stockstar.com,2007 年 4 月 23 日。

案例思考题:

以上案例中的上市公司在信息披露方面存在哪些问题?

同步测试题

一、单项选择题

1. 某企业某年度的流动负债为 70 万元,年初存货为 40 万元,销售成本为 140 万元,流动比率为 2.7,速动比率为 1.7,则该年度存货周转次数是( )次。

    A. 1.6   B. 2.5   C. 2   D. 1.56

2. 下列各项中,不会影响流动比率的业务是( )。

    A. 用现金购买短期债券

    B. 现金购买债券

    C. 用存货进行对外长期投资

    D. 从银行取得长期借款

3. 下列各项中,不会影响流动比率的业务是( )。

    A. 用现金购买短期债券

    B. 现金购买债券

    C. 用存货进行对外长期投资

    D. 从银行取得长期借款

4. 权益净利润率=资产周转率×权益乘数×( )。

    A. 资产净利润率

B. 销售毛利率

C. 销售净利润率

D. 成本利润率

5. 在资产总额一定的条件下,企业速动资产过多就会使企业( )。

A. 增加企业的财务风险

B. 降低企业的机会成本

C. 提高企业流动资产收益率

D. 增加企业的机会成本

二、多项选择题

1. 流动比率为120%,则赊购材料一批(不考虑增值税),将会导致( )。

A. 流动比率提高

B. 流动比率降低

C. 流动比率不变

D. 速动比率降低

2. 在其他条件不变的情况下,会引起总资产周转率指标上升的经济业务是( )。

A. 用现金偿还负债

B. 借入一笔短期借款

C. 用银行存款购入一台设备

D. 用银行存款支付1年的电话费

3. 财务分析在资料来源、分析方法和分析指标方面有一定的局限性,针对这些缺陷必须采取的弥补措施是( )。

A. 去异求同,增强指标的可比性

B. 将资金时间价值纳入分析过程

C. 注意将各种指标严格区分,分别运用

D. 善于运用"例外管理"原则

4. 可以用于财务分析的方法是( )。

A. 趋势分析法   B. 结构分析法

C. 比率分析法   D. 因素分析法

5. 下列各项中,可能直接影响企业净资产收益率指标的措施是( )。

A. 提高销售净利率

B. 提高资产负债率

C. 提高总资产周转率

D. 提高流动比率

三、判断题

1. 在财务分析所包含的几个方面中,偿债能力是财务目标实现的稳健保证,营运能力是财务目标实现的物质基础,盈利能力对两者起推动作用。（ ）
2. 资产转换成现金的时间越短,则变现能力越强,风险越大。（ ）
3. 企业的速动比率肯定小于流动比率。（ ）
4. 利息保障倍数中的利息是企业利润表的财务费用项目中所含的利息。（ ）
5. 所有的债务都对企业直接构成清偿压力。（ ）

四、核算题

1. 某商业企业2000年度赊销净额为2 000万元,销售成本为1 600万元,年初、年末应收账款余额分别为200万元和400万元;年初、年末存货余额分别为200万元和600万元;年末速动比率为1.2,年末现金比率为0.7。假定该企业流动资产由速动资产和存货组成,速动资产由应收账款和现金类资产组成,1年按360天计算。

要求:
(1) 计算2000年应收账款周转天数。
(2) 计算2000年存货周转天数。
(3) 计算2000年年末流动负债余额和速动资产余额。
(4) 计算2000年年末流动比率。

2. 某公司流动资产由速动资产和存货构成,年初垫货为145万元,年初应收账款为125万元,年末流动比率为3,年末速动比率为1.5,存货周转率为4次,年末流动资产余额为270万元。1年按360天计算。

要求:
(1) 计算该公司流动负债年末余额。
(2) 计算该公司存货年末余额和年平均余额。
(3) 计算该公司本年销货成本。
(4) 假定本年赊销净额为960万元,应收账款以外的其他速动资产忽略不计,计算该公司应收账款周转期。

3. ABC公司近3年的主要财务数据和财务比率如下:

	2004年	2005年	2006年
销售额(万元)	4 000	4 300	3 800
总资产(万元)	1 430	1 560	1 695
普通股(万元)	100	100	100
保留盈余(万元)	500	550	550
所有者权益合计	600	650	650

(续上)

	2004年	2005年	2006年
流动比率	1.19	1.25	1.20
平均收现期(天)	18	22	27
存货周转率	8.0	7.5	5.5
债务/所有者权益	1.38	1.40	1.61
长期债务/所有者权益	0.5	0.46	0.46
销售毛利率(%)	20.0	16.3	13.2
销售净利率(%)	7.5	4.7	2.6
总资产周转率	2.80	2.76	2.24
总资产净利率(%)	21	13	6

假设该公司所得税税率为30%,利润总额=毛利一期间费用。

要求:

(1) 分析说明总资产净利率下降的原因。

(2) 分析说明总资产周转率下降的原因。

(3) 计算2005年和2006年的毛利、期间费用、利润总额和净利润,并说明销售净利率下降的原因。

(4) 分析说明该公司的资金来源。

(5) 分析公司的股利支付比例。

(6) 假如你是该公司的财务经理,在2007年应从哪些方面改善公司的财务状况和经营业绩。

4. 某公司可以免交所得税,2006年的销售额比2005年提高,有关的财务比率如下:

财务比率	2005年同业平均	2005年本公司	2006年本公司
平均收现期(天)	35	36	36
存货周转率	2.5	2.59	2.11
销售毛利率(%)	38	40	40
销售息税前利润率(%)	10	9.6	10.63
销售利息率(%)	3.73	2.4	3.82
销售净利率(%)	6.27	7.2	6.81
总资产周转率	1.14	1.11	1.07
固定资产周转率	1.4	2.02	1.82
资产负债率(%)	58	50	61.3
已获利息倍数	2.68	4	2.78

要求：

(1) 运用杜邦分析原理，比较 2005 年公司与同业平均净资产收益率的差异，分析其差异的原因。

(2) 运用杜邦分析原理，比较本公司 2006 年与 2005 年的净资产收益率的差异，分析其变化的原因。

附录

表一 复利

期数	1%	2%	3%	4%	5%	6%	7%	8%	9%	10%
1	1.0100	1.0200	1.0300	1.0400	1.0500	1.0600	1.0700	1.0800	1.0900	1.1000
2	1.0201	1.0404	1.0609	1.0816	1.1025	1.1236	1.1449	1.1664	1.1881	1.2100
3	1.0303	1.0612	1.0927	1.1249	1.1576	1.1910	1.2250	1.2597	1.2950	1.3310
4	1.0406	1.0824	1.1255	1.1699	1.2155	1.2625	1.3108	1.3605	1.4116	1.4641
5	1.0510	1.1041	1.1593	1.2167	1.2763	1.3382	1.4026	1.4693	1.5386	1.6105
6	1.0615	1.1262	1.1941	1.2653	1.3401	1.4185	1.5007	1.5809	1.6771	1.7716
7	1.0721	1.1487	1.2299	1.3159	1.4071	1.5036	1.6058	1.7138	1.8280	1.9487
8	1.0829	1.1717	1.2668	1.3686	1.4775	1.5938	1.7182	1.8509	1.9926	2.1436
9	1.0937	1.1951	1.3048	1.4233	1.5513	1.6895	1.8385	1.9990	2.1719	2.3579
10	1.1046	1.2190	1.3439	1.4802	1.6289	1.7908	1.9672	2.1589	2.3674	2.5937
11	1.1157	1.2434	1.3842	1.5395	1.7103	1.8983	2.1049	2.3316	2.5804	2.8531
12	1.1268	1.2682	1.4258	1.6010	1.7959	2.0122	2.2522	2.5182	2.8127	3.1384
13	1.1381	1.2936	1.4685	1.6651	1.8856	2.1329	2.4098	2.7196	3.0658	3.4523
14	1.1495	1.3195	1.5126	1.7317	1.9799	2.2609	2.5785	2.9372	3.3417	3.7975
15	1.1610	1.3459	1.5580	1.8009	2.0789	2.3966	2.7590	3.1722	3.6425	4.1772
16	1.1726	1.3728	1.6047	1.8730	2.1829	2.5404	2.9522	3.4259	3.9703	4.5950
17	1.1843	1.4002	1.6528	1.9479	2.2920	2.6928	3.1588	3.7000	4.3276	5.0545
18	1.1961	1.4282	1.7024	2.0258	2.4066	2.8543	3.3799	3.9960	4.7171	5.5599
19	1.2081	1.4568	1.7535	2.1068	2.5270	3.0256	3.6165	4.3157	5.1417	6.1159
20	1.2202	1.4859	1.8061	2.1911	2.6533	3.2071	3.8697	4.6610	5.6044	6.7275
21	1.2324	1.5157	1.8603	2.2788	2.7860	3.3996	4.1406	5.0338	6.1088	7.4002
22	1.2447	1.5460	1.9161	2.3699	2.9253	3.6035	4.4304	5.4365	6.6586	8.1403
23	1.2572	1.5769	1.9736	2.4647	3.0715	3.8197	4.7405	5.8715	7.2579	8.9543
24	1.2697	1.6084	2.0328	2.5633	3.2251	4.0489	5.0724	6.3412	7.9111	9.8497
25	1.2824	1.6406	2.0938	2.6658	3.3864	4.2919	5.4274	6.8485	8.6231	10.835
26	1.2953	1.6734	2.1566	2.7725	3.5557	4.5494	5.8074	7.3964	9.3992	11.918
27	1.3082	1.7069	2.2213	2.8834	3.7335	4.8882	6.2139	7.9881	10.245	13.110
28	1.3213	1.7410	2.2879	2.9987	3.9201	5.1117	6.6488	8.6271	11.167	14.421
29	1.3345	1.7758	2.3566	3.1187	4.1161	5.4184	7.1143	9.3173	12.172	15.863
30	1.3478	1.8114	2.4273	3.2434	4.3219	5.7435	7.6123	10.063	13.268	17.449
40	1.4889	2.2080	3.2620	4.8010	7.0400	10.286	14.794	21.725	31.409	45.259
50	1.6446	2.6916	4.3839	7.1065	11.467	18.420	29.457	46.902	74.358	117.39
60	1.8167	3.2810	5.8916	10.520	18.679	32.988	57.946	101.26	176.03	304.48

终值系数表

12%	14%	15%	16%	18%	20%	24%	28%	32%	36%
1.1200	1.1400	1.1500	1.1600	1.1800	1.2000	1.2400	1.2800	1.3200	1.3600
1.2544	1.2996	1.3225	1.3456	1.3924	1.4400	1.5376	1.6384	1.7424	1.8496
1.4049	1.4815	1.5209	1.5609	1.6430	1.7280	1.9066	2.0972	2.3000	2.5155
1.5735	1.6890	1.7490	1.8106	1.9388	2.0736	2.3642	2.6844	3.0360	3.4210
1.7623	1.9254	2.0114	2.1003	2.2878	2.4883	2.9316	3.4360	4.0075	4.6526
1.9738	2.1950	2.3131	2.4364	2.6996	2.9860	3.6352	4.3980	5.2899	6.3275
2.2107	2.5023	2.6600	2.8262	3.1855	3.5832	4.5077	5.6295	6.9826	8.6054
2.4760	2.8526	3.0590	3.2784	3.7589	4.2998	5.5895	7.2058	9.2170	11.703
2.7731	3.2519	3.5179	3.8030	4.4355	5.1598	6.9310	9.2234	12.166	15.917
3.1058	3.7072	4.0456	4.4114	5.2338	6.1917	8.5944	11.806	16.060	21.647
3.4785	4.2262	4.6524	5.1173	6.1759	7.4301	10.657	15.112	21.199	29.439
3.8960	4.8179	5.3503	5.9360	7.2876	8.9161	13.215	19.343	27.983	40.037
4.3635	5.4924	6.1528	6.8858	8.5994	10.699	16.386	24.759	36.937	54.451
4.8871	6.2613	7.0757	7.9875	10.147	12.839	20.319	31.691	48.757	74.053
5.4736	7.1379	8.1371	9.2655	11.974	15.407	25.196	40.565	64.359	100.71
6.1304	8.1372	9.3576	10.748	14.129	18.488	31.243	51.923	84.954	136.97
6.8660	9.2765	10.761	12.468	16.672	22.186	38.741	66.461	112.14	186.28
7.6900	10.575	12.375	14.463	19.673	26.623	48.039	86.071	148.02	253.34
8.6128	12.056	14.232	16.777	23.214	31.948	59.568	108.89	195.39	344.54
9.6463	13.743	16.367	19.461	27.393	38.338	73.864	139.38	257.92	468.57
10.804	15.668	18.822	22.574	32.324	46.005	91.592	178.41	340.45	637.26
12.100	17.861	21.645	26.186	38.142	55.206	113.57	228.36	449.39	866.67
13.552	20.362	24.891	30.376	45.008	66.247	140.83	292.30	593.20	1178.7
15.179	23.212	28.625	35.236	53.109	79.497	174.63	374.14	783.02	1603.0
17.000	26.462	32.919	40.874	62.669	95.396	216.54	478.90	1033.6	2180.1
19.040	30.167	37.857	47.414	73.949	114.48	268.51	613.00	1364.3	2964.9
21.325	34.390	43.535	55.000	87.260	137.37	332.95	784.64	1800.9	4032.3
23.884	39.204	50.066	63.800	102.97	164.84	412.86	1004.3	2377.2	5483.9
26.750	44.693	57.575	74.009	121.50	197.81	511.95	1285.6	3137.9	7458.1
29.960	50.950	66.212	85.850	143.37	237.38	634.82	1645.5	4142.1	10143
93.051	188.83	267.86	378.72	750.38	1469.8	5455.9	19427	66521	*
289.00	700.23	1083.7	1670.7	3927.4	9100.4	46890	*	*	*
897.60	2595.9	4384.0	7370.2	20555	56348	*	*	*	*

*>99999

附录

309

表二 复利

期数	1%	2%	3%	4%	5%	6%	7%	8%	9%	10%
1	0.990 1	0.980 4	0.970 9	0.961 5	0.952 4	0.943 4	0.934 6	0.925 9	0.917 4	0.909 1
2	0.980 3	0.961 2	0.942 6	0.924 6	0.907 0	0.890 0	0.873 4	0.857 3	0.841 7	0.826 4
3	0.970 6	0.942 3	0.915 1	0.889 0	0.863 8	0.839 6	0.816 3	0.793 8	0.772 2	0.751 3
4	0.961 0	0.923 8	0.888 5	0.854 8	0.822 7	0.792 1	0.762 9	0.735 0	0.708 4	0.683 0
5	0.951 5	0.905 7	0.862 6	0.821 9	0.783 5	0.747 3	0.713 0	0.680 6	0.649 9	0.620 9
6	0.942 0	0.888 0	0.837 5	0.790 3	0.746 2	0.705 0	0.666 3	0.630 2	0.596 3	0.564 5
7	0.932 7	0.860 6	0.813 1	0.759 9	0.710 7	0.665 1	0.622 7	0.583 5	0.547 0	0.513 2
8	0.923 5	0.853 5	0.787 4	0.730 7	0.676 8	0.627 4	0.582 0	0.540 3	0.501 9	0.466 5
9	0.914 3	0.836 8	0.766 4	0.702 6	0.644 6	0.591 9	0.543 9	0.500 2	0.460 4	0.424 1
10	0.905 3	0.820 3	0.744 1	0.675 6	0.613 9	0.558 4	0.508 3	0.463 2	0.422 4	0.385 5
11	0.896 3	0.804 3	0.722 4	0.649 6	0.584 7	0.526 8	0.475 1	0.428 9	0.387 5	0.350 5
12	0.887 4	0.788 5	0.701 4	0.624 6	0.556 8	0.497 0	0.444 0	0.397 1	0.355 5	0.318 6
13	0.878 7	0.773 0	0.681 0	0.600 6	0.530 3	0.468 8	0.415 0	0.367 7	0.326 2	0.289 7
14	0.870 0	0.757 9	0.661 1	0.577 5	0.505 1	0.442 3	0.387 8	0.340 5	0.299 2	0.263 3
15	0.861 3	0.743 0	0.641 9	0.555 3	0.481 0	0.417 3	0.362 4	0.315 2	0.274 5	0.239 4
16	0.852 8	0.728 4	0.623 2	0.533 9	0.458 1	0.393 6	0.338 7	0.291 9	0.251 9	0.217 6
17	0.844 4	0.714 2	0.605 0	0.513 4	0.436 3	0.371 4	0.316 6	0.270 3	0.231 1	0.197 8
18	0.836 0	0.700 2	0.587 4	0.493 6	0.415 5	0.350 3	0.295 9	0.250 2	0.212 0	0.179 9
19	0.827 7	0.686 4	0.570 3	0.474 6	0.395 7	0.330 5	0.276 5	0.231 7	0.194 5	0.163 5
20	0.819 5	0.673 0	0.553 7	0.456 4	0.376 9	0.311 8	0.258 4	0.214 5	0.178 4	0.148 6
21	0.811 4	0.659 8	0.537 5	0.438 8	0.358 9	0.294 2	0.241 5	0.198 7	0.163 7	0.135 1
22	0.803 4	0.646 8	0.521 9	0.422 0	0.341 8	0.277 5	0.225 7	0.183 9	0.150 2	0.122 8
23	0.795 4	0.634 2	0.506 7	0.405 7	0.325 6	0.261 8	0.210 9	0.170 3	0.137 8	0.111 7
24	0.787 6	0.621 7	0.491 9	0.390 1	0.310 1	0.247 0	0.197 1	0.157 7	0.126 4	0.101 5
25	0.779 8	0.609 5	0.477 6	0.375 1	0.295 3	0.233 0	0.184 2	0.146 0	0.116 0	0.092 3
26	0.772 0	0.597 6	0.463 7	0.360 4	0.281 2	0.219 8	0.172 2	0.135 2	0.106 4	0.083 9
27	0.764 4	0.585 9	0.450 2	0.346 8	0.267 8	0.207 4	0.160 9	0.125 2	0.097 6	0.076 3
28	0.756 8	0.574 4	0.437 1	0.333 5	0.255 1	0.195 6	0.150 4	0.115 9	0.089 5	0.069 3
29	0.749 3	0.563 1	0.424 3	0.320 7	0.242 9	0.184 6	0.140 6	0.107 3	0.082 2	0.063 0
30	0.741 9	0.552 1	0.412 0	0.308 3	0.231 4	0.174 1	0.131 4	0.099 4	0.075 4	0.057 3
35	0.705 9	0.500 0	0.355 4	0.253 4	0.181 3	0.130 1	0.093 7	0.067 6	0.049 0	0.035 6
40	0.671 7	0.452 9	0.306 6	0.208 3	0.142 0	0.097 2	0.066 8	0.046 0	0.031 8	0.022 1
45	0.639 1	0.410 2	0.264 4	0.171 2	0.111 3	0.072 7	0.047 6	0.031 3	0.020 7	0.013 7
50	0.608 0	0.371 5	0.228 1	0.140 7	0.087 2	0.054 3	0.033 9	0.021 3	0.013 4	0.008 5
55	0.578 5	0.336 5	0.196 8	0.115 7	0.068 3	0.040 6	0.024 2	0.014 5	0.008 7	0.005 3

现值系数表

12%	14%	15%	16%	18%	20%	24%	28%	32%	36%
0.892 9	0.877 2	0.869 6	0.862 1	0.847 5	0.833 3	0.806 5	0.781 3	0.757 6	0.735 3
0.797 2	0.769 5	0.756 1	0.743 2	0.718 2	0.694 4	0.650 4	0.610 4	0.573 9	0.540 7
0.711 8	0.675 0	0.657 5	0.640 7	0.608 6	0.578 7	0.524 5	0.476 8	0.434 8	0.397 5
0.635 5	0.592 1	0.571 8	0.552 3	0.515 8	0.482 3	0.423 0	0.372 5	0.329 4	0.292 3
0.567 4	0.519 4	0.497 2	0.476 1	0.437 1	0.401 9	0.341 1	0.291 0	0.249 5	0.214 9
0.506 6	0.455 6	0.432 3	0.410 4	0.370 4	0.334 9	0.275 1	0.227 4	0.189 0	0.158 0
0.452 3	0.399 6	0.375 9	0.353 8	0.313 9	0.279 1	0.221 8	0.177 6	0.143 2	0.116 2
0.403 9	0.350 6	0.326 9	0.305 0	0.266 0	0.232 6	0.178 9	0.138 8	0.108 5	0.085 4
0.360 6	0.307 5	0.284 3	0.263 0	0.225 5	0.193 8	0.144 3	0.108 4	0.082 2	0.062 8
0.322 0	0.269 7	0.247 2	0.226 7	0.191 1	0.161 5	0.116 4	0.084 7	0.062 3	0.046 2
0.287 5	0.236 6	0.214 9	0.195 4	0.161 9	0.134 6	0.093 8	0.066 2	0.047 2	0.034 0
0.256 7	0.207 6	0.186 9	0.168 5	0.137 3	0.112 2	0.075 7	0.051 7	0.035 7	0.025 0
0.229 2	0.182 1	0.162 5	0.145 2	0.116 3	0.093 5	0.061 0	0.040 4	0.027 1	0.018 4
0.204 6	0.159 7	0.141 3	0.125 2	0.098 5	0.077 9	0.049 2	0.031 6	0.020 5	0.013 5
0.182 7	0.140 1	0.122 9	0.107 9	0.083 5	0.064 9	0.039 7	0.024 7	0.015 5	0.009 9
0.163 1	0.122 9	0.106 9	0.098 0	0.070 9	0.054 1	0.032 0	0.019 3	0.011 8	0.007 3
0.145 6	0.107 8	0.092 9	0.080 2	0.060 0	0.045 1	0.025 9	0.015 0	0.008 9	0.005 4
0.130 0	0.094 6	0.080 8	0.069 1	0.050 8	0.037 6	0.020 8	0.011 8	0.006 8	0.003 9
0.116 1	0.082 9	0.070 3	0.059 6	0.043 1	0.031 3	0.016 8	0.009 2	0.005 1	0.002 9
0.103 7	0.072 8	0.061 1	0.051 4	0.036 5	0.026 1	0.013 5	0.007 2	0.003 9	0.002 1
0.092 6	0.063 8	0.053 1	0.044 3	0.030 9	0.021 7	0.010 9	0.005 6	0.002 9	0.001 6
0.082 6	0.056 0	0.046 2	0.038 2	0.026 2	0.018 1	0.008 8	0.004 4	0.002 2	0.001 2
0.073 8	0.049 1	0.040 2	0.032 9	0.022 2	0.015 1	0.007 1	0.003 4	0.001 7	0.000 8
0.065 9	0.043 1	0.034 9	0.028 4	0.018 8	0.012 6	0.005 7	0.002 7	0.001 3	0.000 6
0.058 8	0.037 8	0.030 4	0.024 5	0.016 0	0.010 5	0.004 6	0.002 1	0.001 0	0.000 5
0.052 5	0.033 1	0.026 4	0.021 1	0.013 5	0.008 7	0.003 7	0.001 6	0.000 7	0.000 3
0.046 9	0.029 1	0.023 0	0.018 2	0.011 5	0.007 3	0.003 0	0.001 3	0.000 6	0.000 2
0.041 9	0.025 5	0.020 0	0.015 7	0.009 7	0.006 1	0.002 4	0.001 0	0.000 4	0.000 2
0.037 4	0.022 4	0.017 4	0.013 5	0.008 2	0.005 1	0.002 0	0.000 8	0.000 3	0.000 1
0.033 4	0.019 6	0.015 1	0.011 6	0.007 0	0.004 2	0.001 6	0.000 6	0.000 2	0.000 1
0.018 9	0.010 2	0.007 5	0.005 5	0.003 0	0.001 7	0.000 5	0.000 2	0.000 1	*
0.010 7	0.005 3	0.003 7	0.002 6	0.001 3	0.000 7	0.000 2	0.000 1	*	*
0.006 1	0.002 7	0.001 9	0.001 3	0.000 6	0.000 3	0.000 1	*	*	*
0.003 5	0.001 4	0.000 9	0.000 6	0.000 3	0.000 1	*	*	*	*
0.002 0	0.000 7	0.000 5	0.000 3	0.000 1	*	*	*	*	*

* <0.000 1

表三　年金

期数	1%	2%	3%	4%	5%	6%	7%	8%	9%	10%
1	1.000 0	1.000 0	1.000 0	1.000 0	1.000 0	1.000 0	1.000 0	1.000 0	1.000 0	1.000 0
2	2.010 0	2.020 0	2.030 0	2.040 0	2.050 0	2.060 0	2.070 0	2.080 0	2.090 0	2.100 0
3	3.030 1	3.060 4	3.090 9	3.121 6	3.152 5	3.183 6	2.214 9	3.246 4	3.278 1	3.310 0
4	4.060 4	4.121 6	4.183 6	4.246 5	4.310 1	4.374 6	4.439 9	4.506 1	4.573 1	4.641 0
5	5.101 0	5.204 0	5.309 1	5.416 3	5.525 6	5.637 1	5.750 7	5.866 6	5.984 7	6.105 1
6	6.152 0	6.308 1	6.468 4	6.633 0	6.801 9	6.975 3	7.153 3	7.335 9	7.523 3	7.715 6
7	7.213 5	7.434 3	7.662 5	7.898 3	8.142 0	8.393 8	8.654 0	8.922 8	9.200 4	9.487 2
8	8.285 7	8.583 0	8.892 3	9.214 2	9.549 1	9.897 5	10.260	10.637	11.028	11.436
9	9.368 5	9.754 6	10.159	10.583	11.027	11.491	11.978	12.488	13.021	13.579
10	10.462	10.950	11.464	12.006	12.578	13.181	13.816	14.487	15.193	15.937
11	11.567	12.169	12.808	13.486	14.207	14.972	15.784	16.645	17.560	18.531
12	12.683	13.412	14.192	15.026	15.917	16.870	17.888	18.977	20.141	21.384
13	13.809	14.680	15.618	16.627	17.713	18.882	20.141	21.495	22.953	24.523
14	14.947	15.974	17.086	18.292	19.599	21.015	22.550	24.215	26.019	27.975
15	16.097	17.293	18.599	20.024	21.579	23.276	25.129	27.152	29.361	31.772
16	17.258	18.639	20.157	21.825	23.657	25.673	27.888	30.324	33.003	35.950
17	18.430	20.012	21.762	23.698	25.840	28.213	30.840	33.750	36.974	40.545
18	19.615	21.412	23.414	25.645	28.132	30.906	33.999	37.450	41.301	45.599
19	20.811	22.841	25.117	27.671	30.539	33.760	37.379	41.446	46.018	51.159
20	22.019	24.297	26.870	29.778	33.066	36.786	40.995	45.752	51.160	57.275
21	23.239	25.783	28.676	31.969	35.719	39.993	44.865	50.423	56.765	64.002
22	24.472	27.299	30.537	34.248	38.505	43.392	49.006	55.457	62.873	71.403
23	25.716	28.845	32.453	36.618	41.430	46.996	53.436	60.893	69.532	79.543
24	26.973	30.422	34.426	39.083	44.502	50.816	58.177	66.765	76.790	88.497
25	28.243	32.030	36.459	41.646	47.727	54.853	63.249	73.106	84.701	98.347
26	29.526	33.671	38.553	44.312	51.113	59.156	68.676	79.954	93.324	109.18
27	30.821	35.344	40.710	47.084	54.669	63.706	74.484	87.351	102.72	121.10
28	32.129	37.051	42.931	49.968	58.403	68.528	80.698	95.339	112.97	134.21
29	33.450	38.792	45.219	52.966	62.323	73.640	87.347	103.97	124.14	148.63
30	34.785	40.568	47.575	56.085	66.439	79.058	94.461	113.28	136.31	164.49
40	48.886	60.402	75.401	95.026	120.80	154.76	199.64	259.06	337.88	442.59
50	64.463	83.579	112.80	152.67	209.35	290.34	406.53	573.77	815.08	1 163.9
60	81.670	114.05	163.05	237.99	353.58	533.13	813.52	1 253.2	1 944.8	3 034.8

终值系数表

12%	14%	15%	16%	18%	20%	24%	28%	32%	36%
1.000 0	1.000 0	1.000 0	1.000 0	1.000 0	1.000 0	1.000 0	1.000 0	1.000 0	1.000 0
2.120 0	2.140 0	2.150 0	2.160 0	2.180 0	2.200 0	2.240 0	2.280 0	2.320 0	2.360 0
3.374 4	3.439 6	3.472 5	3.505 6	3.572 4	3.640 0	3.777 6	3.918 4	3.062 4	3.209 6
4.779 3	4.921 1	4.993 4	5.066 5	5.215 4	5.368 0	5.684 2	6.015 6	6.362 4	6.725 1
6.352 8	6.610 1	6.742 4	6.877 1	7.154 2	7.441 6	8.048 4	8.699 9	9.398 3	10.146
8.115 2	8.535 5	8.753 7	8.977 5	9.442 0	9.929 9	10.980	12.136	13.406	14.799
10.089	10.730	11.067	11.414	12.142	12.916	14.615	16.534	18.696	21.126
12.300	13.233	13.727	14.240	15.327	16.499	19.123	22.163	25.678	29.732
14.776	16.085	16.786	17.519	19.086	20.799	24.712	29.369	34.895	41.435
17.549	19.337	20.304	21.321	23.521	25.959	31.643	38.593	47.062	57.352
20.655	23.045	24.349	25.733	28.755	32.150	40.238	50.398	63.122	78.998
24.133	27.271	29.002	30.850	34.931	39.581	50.895	65.510	84.320	108.44
28.029	32.089	34.352	36.786	42.219	48.497	64.110	84.853	112.30	148.47
32.393	37.581	40.505	43.672	50.818	59.196	80.496	109.61	149.24	202.93
37.280	43.842	47.580	51.660	60.965	72.035	100.82	141.30	198.00	276.98
42.753	50.980	55.717	60.925	72.939	87.442	126.01	181.87	262.36	377.69
48.884	59.118	65.075	71.673	87.068	105.93	157.25	233.79	347.31	514.66
55.750	68.394	75.836	84.141	103.74	128.12	195.99	300.25	459.45	700.94
63.440	78.969	88.212	98.603	123.41	154.74	244.03	385.32	607.47	954.28
72.052	91.025	102.44	115.38	146.63	186.69	303.60	494.21	802.86	1298.8
81.699	104.77	118.81	134.84	174.02	225.03	377.46	633.59	1 060.8	1 767.4
92.503	120.44	137.63	157.41	206.34	271.03	469.06	812.00	1401.2	2 404.7
104.60	138.30	159.28	183.60	244.49	326.24	582.63	1 040.4	1 850.6	3 271.3
118.16	158.66	184.17	213.98	289.49	392.48	723.46	1 332.7	2 443.8	4 450.0
133.33	181.87	212.79	249.21	342.60	471.98	898.09	1 706.8	3 226.8	6 053.0
150.33	208.33	245.71	290.09	405.27	567.38	1 114.6	2 185.7	4 260.4	8 233.1
169.37	238.50	283.57	337.50	479.22	681.85	1 383.1	2 798.7	5 624.8	11 198.0
190.70	272.89	327.10	392.50	566.48	819.22	1 716.1	3 583.3	7 425.7	15 230.3
214.58	312.09	377.17	456.30	669.45	984.07	2 129.0	4 587.7	9 802.9	20 714.2
241.33	356.79	434.75	530.31	790.95	1 181.9	2 640.9	5 873.2	12 941	28 172.3
767.09	1 342.0	1 779.1	2 360.8	4 163.2	7 343.2	27 729	69 377	*	*
2 400.0	4 994.5	7 217.7	10 436	21 813	45 497	*	*	*	*
7 471.6	18 535	29 220	46 058	*	*	*	*	*	*

* > 99 999

表四　年金

期数	1%	2%	3%	4%	5%	6%	7%	8%	9%
1	0.990 1	0.980 4	0.970 9	0.961 5	0.952 4	0.943 4	0.934 6	0.925 9	0.917 4
2	1.970 4	1.941 6	1.913 5	1.886 1	1.859 4	1.833 4	1.808 0	1.783 3	1.759 1
3	2.941 0	2.883 9	2.828 6	2.775 1	2.723 2	2.673 0	2.624 3	2.577 1	2.531 3
4	3.902 0	3.807 7	3.717 1	3.629 9	3.546 0	3.465 1	3.387 2	3.312 1	3.239 7
5	4.853 4	4.713 5	4.579 7	4.451 8	4.329 5	4.212 4	4.100 2	3.992 7	3.889 7
6	5.795 5	5.601 4	5.417 2	5.242 1	5.075 7	4.917 3	4.766 5	4.622 9	4.485 9
7	6.728 2	6.472 0	6.230 3	6.002 1	5.786 4	5.582 4	5.389 3	5.206 4	5.033 0
8	7.651 7	7.325 5	7.019 7	6.732 7	6.463 2	6.209 8	5.971 3	5.746 6	5.534 8
9	8.566 0	8.162 2	7.786 1	7.435 3	7.107 8	6.801 7	6.515 2	6.246 9	5.995 2
10	9.471 3	8.982 6	8.530 2	8.110 9	7.721 7	7.360 1	7.023 6	6.710 1	6.417 7
11	10.367 6	9.786 8	9.252 6	8.760 5	8.306 4	7.886 9	7.498 7	7.139 0	6.805 2
12	11.255 1	10.575 3	9.954 0	9.385 1	8.863 3	8.383 8	7.942 7	7.536 1	7.160 7
13	12.133 7	11.348 4	10.635 0	9.985 6	9.393 6	8.852 7	8.357 7	7.903 8	7.486 9
14	13.003 7	12.106 2	11.296 1	10.563 1	9.898 6	9.295 0	8.745 5	8.244 2	7.786 2
15	13.865 1	12.849 3	11.937 9	11.118 4	10.379 7	9.712 2	9.107 9	8.559 5	8.060 7
16	14.717 9	13.577 7	12.561 1	11.652 3	10.837 8	10.105 9	9.446 6	8.851 4	8.312 6
17	15.562 3	14.291 9	13.166 1	12.165 7	11.274 1	10.477 3	9.763 2	9.121 6	8.543 6
18	16.398 3	14.992 0	13.753 5	12.659 3	11.689 6	10.827 6	10.059 1	9.371 9	8.755 6
19	17.226 0	15.678 5	14.323 8	13.133 9	12.085 3	11.158 1	10.335 6	9.603 6	8.960 1
20	18.045 6	16.351 4	14.877 5	13.590 3	12.462 2	11.469 9	10.594 0	9.818 1	9.128 5
21	18.857 0	17.011 2	15.415 0	14.029 2	12.821 2	11.764 1	10.835 5	10.016 8	9.292 2
22	19.660 4	17.658 0	15.936 9	14.451 1	13.163 0	12.041 4	11.061 2	10.200 7	9.442 4
23	20.455 8	18.292 2	16.443 6	14.856 8	13.488 6	12.303 4	11.272 2	10.371 1	9.580 2
24	21.243 4	18.913 9	16.935 5	15.247 0	13.798 6	12.550 4	11.469 3	10.528 8	9.706 6
25	22.023 2	19.523 5	17.413 1	15.622 1	14.093 9	12.783 4	11.653 6	10.674 8	9.822 6
26	22.795 2	20.121 0	17.876 8	15.982 8	14.375 2	13.003 2	11.825 8	10.810 0	9.929 0
27	23.559 6	20.706 9	18.327 0	16.329 6	14.643 0	13.210 5	11.986 7	10.935 2	10.026 6
28	24.316 4	21.281 3	18.764 1	16.663 1	14.898 1	13.406 2	12.137 1	11.051 1	10.116 1
29	25.065 8	21.844 4	19.188 5	16.983 7	15.141 1	13.590 7	12.277 7	11.158 4	10.198 3
30	25.807 7	22.396 5	19.600 4	17.292 0	15.372 5	13.764 8	12.409 0	11.257 8	10.273 7
35	29.408 6	24.998 6	21.487 2	18.664 6	16.374 2	14.498 2	12.947 7	11.654 6	10.566 8
40	32.834 7	27.355 5	23.114 8	19.792 8	17.159 1	15.046 3	13.331 7	11.924 6	10.757 4
45	36.094 5	29.490 2	24.518 7	20.720 0	17.774 1	15.455 8	13.605 5	12.108 4	10.881 2
50	39.196 1	31.423 6	25.729 8	21.482 2	18.255 9	15.761 9	13.800 7	12.233 5	10.961 7
55	42.147 2	33.174 8	26.774 4	22.108 6	18.633 5	15.990 5	13.939 9	12.318 6	11.014 0

现值系数表

10%	12%	14%	15%	16%	18%	20%	24%	28%	32%
0.909 1	0.892 9	0.877 2	0.869 6	0.862 1	0.847 5	0.833 3	0.806 5	0.781 3	0.757 6
1.735 5	1.690 1	1.646 7	1.625 7	1.605 2	1.565 6	1.527 8	1.456 8	1.391 6	1.331 5
2.486 9	2.401 8	2.321 6	2.283 2	2.245 9	2.174 3	2.106 5	1.981 3	1.868 4	1.766 3
3.169 9	3.037 3	2.917 3	2.855 0	2.798 2	2.690 1	2.588 7	2.404 3	2.241 0	2.095 7
3.790 8	3.604 8	3.433 1	3.352 2	3.274 3	3.127 2	2.990 6	2.745 4	2.532 0	2.345 2
4.355 3	4.111 4	3.888 7	3.784 5	3.684 7	3.497 6	3.325 5	3.020 5	2.759 4	2.534 2
4.868 4	4.563 8	4.288 2	4.160 4	4.038 6	3.811 5	3.604 6	3.242 3	2.937 0	2.677 5
5.334 9	4.967 6	4.638 9	4.487 3	4.343 6	4.077 6	3.837 2	3.421 2	3.075 8	2.786 0
5.759 0	5.328 2	4.916 4	4.771 6	4.606 5	4.303 0	4.031 0	3.565 5	3.184 2	2.868 1
6.144 6	5.650 2	5.216 1	5.018 8	4.833 2	4.494 1	4.192 5	3.681 9	3.268 9	2.930 4
6.495 1	5.937 7	5.452 7	5.233 7	5.028 6	4.656 0	4.327 1	3.775 7	3.335 1	2.977 6
6.813 7	6.194 4	5.660 3	5.420 6	5.197 1	4.793 2	4.439 2	3.851 4	3.386 8	3.013 3
7.103 4	6.423 5	5.842 4	5.583 1	5.342 3	4.909 5	4.532 7	3.912 4	3.427 2	3.040 4
7.366 7	6.628 2	6.002 1	5.724 5	5.467 5	5.008 1	4.610 6	3.961 5	3.458 7	3.060 9
7.606 1	6.810 9	6.142 2	5.847 4	5.575 5	5.091 6	4.675 5	4.001 3	3.483 4	3.076 4
7.823 7	6.974 0	6.265 1	5.954 2	5.668 5	5.162 4	4.729 6	4.033 3	3.502 6	3.088 2
8.021 6	7.119 6	6.372 9	6.047 2	5.748 7	5.222 3	4.774 6	4.059 1	3.517 7	3.097 1
8.201 4	7.249 7	6.467 4	6.128 0	5.817 8	5.273 2	4.812 2	4.079 9	3.529 4	3.103 9
8.364 9	7.365 8	6.550 4	6.198 2	5.877 5	5.316 2	4.843 5	4.096 7	3.538 6	3.109 0
8.513 6	7.469 4	6.623 1	6.259 3	5.928 8	5.352 7	4.869 6	4.110 3	3.545 8	3.112 9
8.648 7	7.562 0	6.687 0	6.312 5	5.973 1	5.383 7	4.891 3	4.121 2	3.551 4	3.115 8
8.771 5	7.644 6	6.742 9	6.358 7	6.011 3	5.409 9	4.909 4	4.130 0	3.555 8	3.118 0
8.883 2	7.718 4	6.792 1	6.398 8	6.044 2	5.432 1	4.924 5	4.137 1	3.559 2	3.119 7
8.984 7	7.784 3	6.835 1	6.433 8	6.072 6	5.450 9	4.937 1	4.142 8	3.561 9	3.121 0
9.077 0	7.843 1	6.872 9	6.464 1	6.097 1	5.466 9	4.947 6	4.147 4	3.564 0	3.122 0
9.160 9	7.895 7	6.906 1	6.490 6	6.118 2	5.480 4	4.956 3	4.151 1	3.565 6	3.122 7
9.237 2	7.942 6	6.935 2	6.513 5	6.136 4	5.491 9	4.963 6	4.154 2	3.566 9	3.123 3
9.306 6	7.984 4	6.960 7	6.533 5	6.152 0	5.501 6	4.969 7	4.156 6	3.567 9	3.123 7
9.369 6	8.021 8	6.983 0	6.550 9	6.165 5	5.509 8	4.974 7	4.158 5	3.568 7	3.124 0
9.426 9	8.055 2	7.002 7	6.566 0	6.177 2	5.516 8	4.978 9	4.160 1	3.569 3	3.124 2
9.644 2	8.175 5	7.070 0	6.616 6	6.215 3	5.538 6	4.991 5	4.164 4	3.570 8	3.124 8
9.779 1	8.243 8	7.105 0	6.641 8	6.233 5	5.548 5	4.996 6	4.165 9	3.571 2	3.125 0
9.862 8	8.282 5	7.123 2	6.654 3	6.242 1	5.552 3	4.998 6	4.166 4	3.571 4	3.125 0
9.914 8	8.304 5	7.132 7	6.660 5	6.246 3	5.554 1	4.999 5	4.166 6	3.571 4	3.125 0
9.947 1	8.317 0	7.137 6	6.663 6	6.248 2	5.554 9	4.999 8	4.166 6	3.571 4	3.125 0

参考文献

[1] 王满.公司理财学[M].上海:立信会计出版社,2004.
[2] 李梦云,代桂霞.公司理财[M].北京:北京大学出版社,2005.
[3] 李雪莲.公司财务学[M].北京:科学出版社,2007.
[4] 陈文浩.公司财务[M].上海:上海财经大学出版社,2003.
[5] 葛文雷.财务管理[M].上海:东华大学出版社,2003.
[6] 希金斯.财务管理分析[M].沈艺峰,等,译.北京:北京大学出版社,1998.
[7] 伯恩斯坦,等.财务报表分析[M].许秉岩,张海燕,译.北京:北京大学出版社,2001.
[8] 蒋政,王琪,韩立岩.融资方略[M].北京:经济管理出版社,2003.
[9] 刘红忠,蒋冠.金融市场学[M].上海:上海财经大学出版社,2006.
[10] 姚晓民.财务管理[M].上海:上海财经大学出版社,2007.
[11] 刘俊彦.筹资管理学[M].北京:中国人民大学出版社,2003.